Gerald Ehegartner

Feuer ins Herz
Wie ich lernte, mit der Angst zu tanzen

Roman

Gerald Ehegartner
Feuer ins Herz

Gestaltung Umschlag: Kerstin Fiebig, ad department
Satz: Pagina GmbH, Tübingen
Druck & Verarbeitung: druckhaus köthen
© Kamphausen Media GmbH, Bielefeld 2021
info@kamphausen.media | www.kamphausen.media

ISBN Print: 978-3-95883-518-4
ISBN eBook: 978-3-95883-519-1

2. Auflage 2021

Bibliografische Information der Deutschen Nationalbibliothek
Die Deutsche Nationalbibliothek verzeichnet diese Publikation in der Deutschen Nationalbibliografie; detaillierte bibliografische Daten sind im Internet über https://dnb.de abrufbar.

Dieses Buch wurde auf 100% Altpapier gedruckt und ist alterungsbeständig. Weitere Informationen hierzu finden Sie unter www.kamphausen.media

Inhalt

Man muss noch Chaos in sich haben, um einen tanzenden Stern gebären zu können.

Friedrich Nietzsche

Alles ist so unglaublich miteinander verbunden.
Wir dürfen kein Virus sein, das hier ist, um seinen Wirt zu töten.
Das ist inakzeptabel.

Jack Hutton (21), Umweltaktivist,
Steuermann und Drone-Operator
für Sea shepherd in der preisge-
krönten Doku »Sea of shadows«

INDIAN SPIRIT UND LOCKDOWN

Hastig schlüpfte ich in meine Schuhe und steppte die Stiege nach unten. Franziska korrigierte Schülerarbeiten. Draußen war es ruhig, auf dem Gehsteig verirrten sich nur vereinzelt Spaziergänger. Hatte ich jemals den Gesang der Vögel so deutlich gehört? Ich legte den Kopf in den Nacken. Keine Gefahr, mit jemandem zusammenzustoßen. Der Himmel, sonst dunstig und mit Kondensstreifen durchzogen, hatte sein blaues Kleid gewaschen und strahlte klarer als je zuvor.

Die Schule lag verwaist vor mir. Die Fenster waren geschlossen, Fahrräder und Autos verschwunden. Das bunte Treiben war einer Stille gewichen. Katja, unsere Direktorin, hatte mich gerufen. Ich sollte ihr beim Verfassen einer E-Mail helfen.

»Noah, was machst du hier? Freut mich, dich zu sehen.« Dietmar, der kreative Zyniker des Lehrerteams, hatte drei Packungen Klopapier auf seiner Arbeitsfläche im Lehrerzimmer gestapelt. »Willst du was davon? Im Supermarkt ist das Klopapier vergriffen, Noah. Gibt wahnsinnig viele Scheißer da draußen, wenn's ausverkauft ist.«

Katja stakste herein, traurig, ein wenig erschöpft, und gähnte herzhaft. Sicher war sie froh, dass ihre Zeit hier bald zu Ende war. Schade, ihre Abschlussfeier könnte ausfallen.

Dietmar schimpfte weiter vor sich hin, dass wir uns auf einen Polizeistaat einstellen müssten. Die Reichen würden wieder das Geld den Ärmeren aus der Tasche ziehen. Wie bei der letzten Wirtschaftskrise.

»Der finanzielle Mittelstand ist verloren. Der intellektuelle schon längst. Ich setze nun auf vier Anlageformen: Gold, Bitcoin, Immobilien und Klopapier. Klopapier hat das größte Potenzial und mit den vielen Ärschen in dieser Welt ist es ein absolut sicheres Investment. Gott sei Dank fallen die Osterfeierlichkeiten mit meiner buckligen Verwandtschaft diesmal aus. Endlich Friede auf Erden.«

Er klemmte sich seine drei Pakete unter den Arm. »Bis dann, ich mach mich aus dem Staub in Richtung Shutdown.«

Nachdem ich Katja geholfen hatte, brauchte ich einen Cappuccino. Ich schlenderte zum Kaffeeautomaten. Tim, der Hausmeister, grüßte mich von Weitem. »Du bist mit Abstand der beste Lehrer!«

»Danke, Tim. Du bist mit Abstand das beste Team, äh, der beste Tim! Abstand scheint derzeit die Form der Wertschätzung.«

Ich besuchte meinen Klassenraum. Traurig sah ich mich um. Stühle, Tische, eine blank geputzte Tafel. Sofort stieg mir der vertraute Geruch von Kreide in die Nase. Ja, wir waren immer noch in der Kreidezeit. Bald würde das Zeitalter der Digitalisierung ihr ein Ende setzen. Seit vier Jahren arbeitete ich hier mit meinen Schülern. Wir hatten das Zimmer selbst ausgemalt, es mit unseren Ideen und unserem Lachen gefüllt. Einsam und verlassen starrte nun der Raum aus den Fenstern, um nach den Kindern zu sehen. Die Luft war stickig.

Am Lehrertisch lagen Klassenlektüren für den Englischunterricht. Einige Schüler hatten diese noch nicht abgeholt. Es war still. Die Uhr zeigte auf zwölf Uhr Mittag. Die Topfpflanzen, von den Schülern nach den Lehrern benannt, betrieben still ihre Fotosynthese. Ich stellte mich vor die Bänke und sah jeden Schüler vor mir. Wunderbare Jugendliche, jeder von ihnen etwas Besonders. Ich konnte beinahe sehen, wie sie zurücklächelten.

Melina scherzte und die Klasse lachte. Benjamin war kurz davor einzuschlafen und Valentina fragte sich, warum man lernt, wenn man sowieso sterben würde.

Die Schule würde sich ändern. Etwas Neues lag in der Luft. Der Vogel der Freiheit wollte schlüpfen, die Schale des dreidimensionalen Eies aufbrechen. Die Kraft des Herzens würde wieder Leben in die Schulen pumpen.

Ich jedenfalls schlüpfte durch den Hintereingang, um eine Zigarette zu genießen. Eine *Indian Spirit* konnte nicht schaden. Hier standen wir immer, Franziska, Martin, Patrizia und ich.

Was Patrizia wohl machte? Sie wohnte allein in einem Wohnhaus, wunderschön an einem Bach gelegen. War sie einsam? Vom Balkon angelte sie Fische. Unerlaubt. Sie hatte Selfies davon verschickt. Ein Rotkehlchen, das Nahrung aufpickte, beruhigte meinen Verstand. Ich liebte diese Vögel, die wie lichtvolle Edelsteine durch die Lüfte schwirrten. Jedes Mal, wenn ich sie sah, explodierte eine unbändige Freude in mir.

Auf dem Heimweg fühlte ich mich beschattet. War jemand hinter mir? Ich drehte mich um. Niemand. Kein Mensch zu sehen. Woher kamen meine Ängste und Sorgen? War es die Unsicherheit, die derzeit in der Luft lag? Oder meine Besorgnis um die Zukunft des Planeten?

DER RESET-KNOPF

Die Vorbereitungen für unsere Schüler waren abgeschickt und der Laptop zugeklappt. Die Nacht steckte mir noch in den Knochen. Der tägliche Kontakt mit den Jugendlichen war Franziska und mir eine heilige Pflicht in dieser Corona-Ausnahmezeit. Ich erhob mich, streckte mich und rauchte eine *Indian Spirit* auf dem Balkon.

Wie viele Jahre waren vergangen, seit ich mit Coyote die verrücktesten Dinge erlebt hatte? War das wirklich alles passiert? Tief in mir wusste ich die Antwort. Damals war ich ein völlig neuer Mensch geworden.

Erinnerungen stiegen wie Kohlensäurebläschen in mir auf. Wie sehr ich ihn vermisste. Nachdem Coyote sich verabschiedet hatte, war es schwer für mich gewesen. Monatelang.

Wie aus dem Nichts war dieser verrückte Alte in meiner Wohnung gestanden und hatte mein Leben auf den Kopf gestellt.

Jetzt, wie aus dem scheinbaren Nichts, hatte ein Virus das Leben der Menschen rund um den Planeten durcheinandergewirbelt.

Diesen Frühling herrschte Ausnahmezustand. Nicht nur mein Zigarettenrauch, auch eine Menge Angst lag in der Luft. Laut und unbarmherzig marschierte sie mit schweren Stiefeln durch die Seelen und Hirne der Menschen. Wie nachhaltig würde diese Zeit die Gesellschaft prägen?

Der Reset-Knopf war gedrückt. Der erste weltweite Shutdown der Menschheitsgeschichte war auch in unserem Alpendorf spürbar. Ich blickte vom Balkon. Keine Motorengeräusche, denn das Leben, wie wir es kannten, stand still. Der Himmel strahlte in einem klaren Blau, das ich so seit meiner Kindheit nicht mehr gesehen hatte. Alle sollten zu Hause bleiben. Nur für äußerst wichtige Erledigungen durfte man das Haus verlassen. Franziska und ich wollten trotzdem Bert und seine Familie in den Bergen besuchen. Wir brauchten Luft zum Durchatmen. Die pausenlose Erreichbarkeit über Smartphone und Laptop nahm uns den Atem. Nachrichten konsumierten wir kaum noch; wenn überhaupt, dann nur per Teletext. Wir wollten uns nicht den Bildern aussetzen.

Dem Sog des Mainstreams hatten wir uns schon länger entzogen. Auch die vielen angstbesetzten, auf Klicks schielenden Infos verschiedener Plattformen vermieden wir. Sogar den Kontakt zu investigativen Journalisten und Informationsquellen hinter den Kulissen hatte ich fast auf null reduziert. Was ich wissen musste, das wusste ich. Mir war schon länger klar, dass eine Krise kommen würde. Nur einen Virus als Auslöser hatte ich doch nicht vermutet.

»Beeil dich, Noah. Und vergiss nicht wieder dein Ladegerät«, mahnte Franziska.

Wir klopften noch an der Tür unseres Nachbarn. Josef öffnete vorsichtig. Ich überreichte ihm den Einkauf, den wir für ihn besorgt hatten.

»Kann ich später zahlen? Ich mag jetzt nicht mit Bargeld hantieren.«

»Passt schon.«

»Wahrscheinlich schaffen sie bald das Bargeld auch noch ab.«

»Hoffentlich nicht«, sagte ich. »Ich möchte noch Geschäfte ohne die Banken machen dürfen.«

»Wenn ihr mir den Einkauf vorbeibringt, komme ich mir vor wie beim betreuten Wohnen.«

»Und wenn ich so manche Medien konsumiere, komme ich mir vor wie beim betreuten Denken, Josef. Wir flüchten jetzt in die Berge. Dort können wir abschalten.«

»Vielleicht sollte ich auch den Fernseher abschalten. Die Nachrichten richten mich noch zugrunde vor Angst.«

Ich lenkte meinen klapprigen Toyota an der Schule vorbei. Prachtwetter, blühende Sträucher und zwitschernde Vögel passten nicht so recht zur allgemeinen Atmosphäre der Angst und Unsicherheit. Wohin würden wir uns in den nächsten Jahren bewegen? Löste das Virus neue Entwicklungen aus?

Ich parkte vor dem Bioladen. Franziska sprang raus und holte den Einkauf für Bert, unseren wunderbaren Freund in den Bergen.

»Soll ich die Bestellung hinten in deine Kiste reinstellen, Noah?«, rief sie mir zu.

»Ja, bitte. Und nenn meinen Wagen keine Kiste. Immerhin ist er noch zugelassen.«

»Jakob sagt, er sei eine fahrende Hundehütte. Da bin ich ja noch nett.«

Franziska desinfizierte sich und reichte auch mir das Fläschchen. Am Ende des Ortes winkte uns eine Polizeistreife an den Straßenrand.

»Ihren Führerschein bitte. Warum sind Sie unterwegs?«

»Wir bringen Essensnachschub zu einem Freund in den Bergen.«

»Unser Gebiet ist noch nicht unter Quarantäne gestellt. Das kann aber jederzeit geschehen. Passen Sie gut auf. Und halten Sie Abstand, wenn Sie kommunizieren, junger Mann«, erklärte der Polizeibeamte und runzelte die Stirn.

»Er kommuniziert mit Abstand am besten«, rief Franziska. Der Polizist schmunzelte.

Weiter ging es, hoch in die Berge. Die Landschaft flog an uns vorbei, kaum jemand war unterwegs. Dieses eigenartig sprunghafte Virus hatte die menschliche Welt fast lahmgelegt. Oftmals hatte ich darüber nachgedacht, ob wir Menschen tatsächlich die Krone der Schöpfung waren oder doch nur ein brandgefährliches Virus. Der Mensch hatte eine riskante und beeindruckende Bandbreite. Vom Folterknecht bis zum Heiligen war alles möglich. Jetzt setzte uns ein Virus, das so viel wie Krone bedeutete, tatsächlich die Krone auf. Nur welche? Ein Rettungswagen zischte mit Blaulicht und eingeschaltetem Folgetonhorn an uns vorbei. Ich bremste sanft ab und bog in eine schmale Landstraße ein, die schon zur Forststraße führte, die sich zu Berts Hütte hochschlängelte.

Bei Bert in den Bergen

Ich parkte das Auto. Mein Herz hüpfte wie wild, als ich Bert aus dem Haus laufen sah. So sehr wollte ich ihn umarmen. Bert verbeugte sich und grinste schelmisch.

»Namaste«, flüsterte er.

»Jammerst eh?«, gab ich zurück.

»Ein wenig.« Bert kickte mich mit seinem rechten Fuß, sodass ich etwas das Gleichgewicht verlor. »Wenn man bedenkt, was gerade abgeht. Denk nur an die scheibchenweise Aushöhlung der Grundrechte.«

Miriam, Berts Frau, eilte aus dem Holzhaus, gefolgt von den Kindern Ben und Jana, die sofort auf Franziska zustürmten.

Miriam und Bert waren in den letzten Jahren richtig dicke Freunde von uns geworden. Franziska liebte es, mit Ben und Jana zu spielen. Wenn ich sie mit den Kindern sah, war mir klar, dass sie eine wunderbare Mutter sein würde.

»Ich weiß, ihr hattet noch Kontakt zu Schülern. Aber was meinst du, Noah? Wir könnten uns ja trotzdem umarmen. Das Virus, auch wenn es etwas giftig wirkt, wird uns als junge Familie nichts anhaben können.«

»Ich würde euch gern knuddeln«, erwiderte Franziska. Sie hatte kaum ausgeredet, da rannte Miriam zu ihr, drückte und küsste sie.

»Wir sind derzeit nur mit euch in Kontakt«, erklärte Bert nochmals. »Und wir nehmen das Virus nur ein klein wenig ernst.«

»Ach, der Ernst!« Ich schnappte mir Bert und tanzte mit ihm rund um seinen Lagerfeuerplatz. Tat das gut, hier oben in den Bergen unbemerkt und unbeschadet einander zu herzen. Eine Oase der Seligen inmitten einer erstarrten Welt.

»Holt eure Sachen und kommt rein«, befahl Miriam.

Wir huschten in die warme Stube und setzten uns um den großen Ess-
tisch. Miriam servierte eine Gemüsesuppe und ihr frisch gebackenes
Brot. Wie sehr hatte mir das Zusammensein mit Freunden gefehlt.

»Wie läuft's unten im Tal? Wie geht's euren Schülern?«, wollte Miriam
wissen.

»Es ist gespenstisch ruhig im Ort«, erklärte ich. »Kaum jemand ist auf
der Straße. Am ehesten noch alte Leute, die einkaufen gehen. Unsere
Schüler machen sich großartig. Die Arbeiten gehen gut voran. Irgendwie ist es aber stressig. Ich habe das Gefühl, dauernd erreichbar sein
zu müssen.«

»Ja, ich bin ständig am Handy und am Laptop wegen der Mails und der
Ergebnisse auf den Online-Plattformen. Ich brauche echt mal richtig
Zeit zum Durchatmen.« Franziska biss herzhaft in die Brotscheibe und
verdrehte verzückt die Augen.

Miriam setzte Kaffee auf und wies uns das Gästezimmer zu, in dem ein
Spruch von Lame Deer jun. an der Wand zu lesen war.

*Man brachte euch bei, euren Verstand bis zum Perfektionismus zu
gebrauchen. Wir bringen unseren Kindern bei, mit dem Herzen zu
denken. So musst du dich nicht schämen, einem Menschen unter die
Augen zu treten, seine Hand zu schütteln und ihn offen anzuschauen
und mit ihm zu sprechen. Das ist ein gutes Gefühl.*

Bert liebte inspirierende Zitate und verteilte sie überall im Haus.

»Wie geht es Jana und Ben in der Schule?«, fragte ich ihn.

»Miriam und ich überlegen, sie rauszunehmen.«

Er zeigte auf ein weiteres Zitat. Es war wieder von einem Sioux-India-
ner. Leonhard Crow Dog.

*Meine Eltern sorgten sich um meine Erziehung, daher ließen sie mich
nicht zur Schule gehen.*

»Noah, es ist der indigene Weg, dem ich noch intensiver folgen möchte. Er erscheint mir zurzeit der wesentlichste. Kommst du mit raus? Ich
will dir was zeigen«, fragte mich Bert.

»Ja, ein wenig Vitamin D tanken kann dem Immunsystem nicht schaden.«

Wir spazierten in Richtung einer Anhöhe. Der Weg führte durch einen prachtvollen Nadelwald. Fichten, Tannen und sogar Lärchen streckten sich gegen den Himmel.

»Was würdest du den Menschen sagen, die jetzt allein sind?«

»Liebe Mitbürger und -innen«, begann ich und zündete mir eine Zigarette an. »Hier spricht euer Präsident. Wisst, dass wir auch das schaffen werden. Ich danke euch, dass ihr mir mein Laster verzeiht. Mittlerweile raucht ja auch mein griechischer Straßenköter, den ich adoptiert habe. Es soll der Rauch des Friedens sein, der uns verbindet.«

»Ach, Noah!« Bert steckte seine Hände in die Hosentaschen. »Kannst du etwas präziser sein?«

»Ich möchte euch eines mitteilen, euch allen, die ihr nun getrennt und in Isolation sein müsst, um euch und andere zu schützen: Es gibt keine Trennung. Wir sind in Wahrheit nicht getrennt. Der Gedanke der Trennung ist die erste große Illusion, die zu allen weiteren führt. Gerade jetzt ist dies elementar zu verstehen. Wir kriegen das schon hin, auch wenn Corona wie ein Frisör in den nächsten Monaten Dauerwellen produziert. Das wird schon.«

Bert applaudierte. »Du hast mir gefehlt, Noah. Jetzt zieht wieder Humor ein in mein Leben.« Schweigend gingen wir weiter, bis er stehen blieb und fragte: »Warum sind die meisten Kabarettisten Männer? Und warum lachen Frauen mehr als Männer? Was meinst du, Noah?«

»Ganz klar, das ist das liebevoll-geistige Eindringen des Männlichen. Das Weibliche antwortet mit ekstatischem Lachen.«

Bert schmunzelte und strahlte so viel Wärme aus, als wäre er voller Licht.

»Sag einmal, ich spüre bei dir was Neues. Als wärest du an eine frische Energie angeschlossen. Ist da was?«

Bert grinste wieder. »Vor dir lässt sich aber auch nichts verbergen. Wenn die Zeit reif ist, weihe ich dich in ein Geheimnis ein. Du wirst staunen.«

»Ich freu mich drauf. Bin schon gespannt wie ein Regenschirm.«

»Zurück zur Verbindung, Noah. Du weißt ja, dass die Wale der Meere und die des Festlandes, die Elefanten, miteinander Kontakt aufnehmen können. Sogar über weite Strecken. Sicher sind sie auch telepathisch verbunden und wir sind dazu ebenso in der Lage.«

»Hoffentlich können wir die Elefanten vor dem Aussterben bewahren wie vor vielen Jahren die Blauwale. Aber seit China global so kräftig mitspielt, ist die Situation verheerend.«

»Und jetzt kommt dieses Virus wieder aus China.« Bert runzelte die Stirn.

»Ob das Virus in den Tiermärkten Wuhans mutierte oder vom einzigen chinesischen Biolabor der Schutzstufe 4, dem *Institut für Virologie Wuhan*, seine weltweite Reise antrat: China und viele fernöstliche Länder haben ein Problem im Umgang mit Tieren. Tiere sind dort einfach nur eine Ware, die man konsumiert. Diese Tiermärkte sind ein Skandal. Das Wort Tierkörperverwertung bekommt eine ganz andere Bedeutung. Sogar die traditionelle chinesische Medizin ist gekippt und hat das Aussterben vieler Arten weltweit zu verantworten.«

In diesem Moment huschte ein Eichkätzchen vorbei und kletterte eine Eiche hoch. Kurz hielt es am ersten Ast inne und schimpfte mit uns. Wir hatten es wohl gestört. Was für ein hübscher, kleiner Räuber. Bald würde er die Nester vieler Vögel bedrohen.

»Weißt du was, Bert? Mir fällt gerade das Schuppentier vom Kopf, also die Schuppen von den Augen. Ja, das ist es: Das Virus ist doch Medizin. Starke Medizin mit starken Nebenwirkungen. Die Quarantäne wird vielen Menschen Leiden zufügen. Aber dieses Anhalten wird auch ein Innehalten auslösen. Wenn du nicht raus kannst, was machst du dann im besten Fall? Du gehst nach innen. Ich will es nicht schönreden. Viele wissen jetzt nicht, wie es weitergeht. Künstler, Kleinunternehmer, alte und kranke Menschen. Ich weiß. Und dann die Gefahr großer Überwachung. Internetgiganten profitieren, kleine Geschäfte sterben. Aber die Stopptaste ist auch die Chance der Einkehr und Umkehr, die Chance für eine neue Erde.«

»Amen, Noah.«

»Bitte, gerne geschehen. Frag nur, wenn du etwas wissen willst.«

Wir schlenderten die Anhöhe hinauf und genossen den Ausblick. Unzählige Dohlen zeigten uns ihre Flugkünste am tiefblauen Himmel. Das Tal lag still vor uns, kein Auto war zu hören und zu sehen. Eine Zäsur des Lärms legte einen Teppich der Stille über die Welt. Der Lärm hatte sich in die digitale Welt geflüchtet. Die Natur schien sich jene Plätze zurückzuholen, die der Mensch in seinem Expansionsdrang vor Kurzem noch besetzt hatte.

Wir mussten uns wieder daran erinnern, dass wir Teil der Natur waren und auch Teil des Geistes. Beides hatten wir zu lange vergessen. Würden wir nach dieser Pandemie neue Wege gehen? Liebevolle Wege der Freiheit oder ängstliche Wege der Sicherheit?

Rilke und das Vergessen

Franziska winkte aufgeregt. »Noah, du sollst sofort deine Mutter zurückrufen. Irgendetwas ist passiert.«

Bert und ich liefen zur Hütte, ich kramte nach meinem Smartphone im Rucksack und wählte die Nummer meiner Mutter.

»Noah, bist du es? Oma ist gestürzt und Opa kann sie nicht mehr heben.«

Opa hatte am Telefon geweint, erklärte meine Mutter. Er wäre völlig überfordert. Oma war an Demenz erkrankt und wurde in letzter Zeit zunehmend aggressiv und unruhig. Opa konnte kaum noch schlafen.

»Ich bin ja selbst im Haus eingeschlossen. Da sind mir die Hände gebunden und da vermisse ich deinen Papa so. Der würde Oma sofort wieder auf die Beine stellen. Ich hab geträumt, dass ich ihn bald besuchen komme.«

»Okay, ich fahr zu Oma und Opa. Ich hab Einweghandschuhe und Desinfektionsmittel dabei. Du aber hältst noch Stellung in deinem Haus, okay?«

Ich verabschiedete mich schweren Herzens von Franziska, Miriam, Bert und den Kindern.

Franziska blieb auf der Hütte, um sich ein wenig zu erholen. Sie hatte viel gearbeitet und wirkte gestresst. Außerdem wollte sie Ben und Jana bei ihren Online-Übungen für die Schule helfen.

Es war schon dunkel geworden, als ich mein Auto das Tal abwärts lenkte. Nur der Lichtkegel meines Toyotas erhellte die Gegend. Nachdem ich die Hauptstraße erreicht hatte, leuchteten mir auch Laternen den Weg. Wie gut, dass unsere Orte nicht unter Quarantäne gestellt worden waren. Noch nicht.

Ich parkte vor dem Haus meiner Großeltern, zog die Handschuhe über und steckte das Desinfektionsfläschchen ein. Opa blickte beim Fenster raus und deutete mir, dass er die Haustüre schon geöffnet hatte. Der Anblick meines hilflosen Großvaters und meiner verwirrten Großmutter, die mit leicht geöffnetem Mund am Boden lag, rührte mich zu Tränen.

Als ich Oma berühren wollte, schrie sie laut auf. Ihr Blick war mir fremd. So kannte ich sie nicht. Wie ein wildes Tier, das in die Enge getrieben worden war. Opa drohte in seiner Verzweiflung mit dem Krankenhaus. Da gab Oma nach. Ich zog sie auf und führte sie zu ihrem Bett. Danach telefonierte ich mit Gerhard, meinem Cousin, der mittlerweile als Hausarzt arbeitete. Er riet mir, die Medikation der Tabletten zu erhöhen.

Ich versprach meinem Opa, ihm jederzeit zu helfen, wenn die Situation akut werden sollte, und verabschiedete mich von ihm. Danach verständigte ich meine Mutter.

Aufgewühlt fuhr ich in Richtung meiner Wohnung, um für Franziska einen Stick mit wichtigen Dateien für ihren Unterricht zu holen. Bei der Ortseinfahrt winkten mich die Polizisten, die mich schon bei der Hinfahrt kontrolliert hatten, an die Seite.

»Junger Mann, haben Sie vergessen, dass nur absolut notwendige Fahrten erlaubt sind?«

Ich wollte dem Polizisten meine missliche Lage erklären, aber er ermahnte mich und machte mir klar, dass er mich in nächster Zeit nicht mehr auf der Straße sehen wollte.

Ich war gefangen. Wütend fuhr ich am Schulgebäude vorbei und hoch zu meiner Wohnung. Verdammt! Ich stieg aus und spazierte zurück zur Schule.

Frische Luft würde mir guttun. Straßenlampen leuchteten mir den Weg. Ich zitterte und spürte, wie die Angst sich langsam ausbreitete.

Im Wäldchen nebenan knackste es. Ich beschleunigte meine Schritte. Gerade noch befand ich mich nicht nur stimmungsmäßig am Berg, nun war ich im Tal gelandet. Als ich die Schule sah, hüpfte mein Herz vor Freude. Mir fehlten die Schüler. Hinter mir vernahm ich einen Atem. Ich drehte mich um. Niemand.

Ich wurde verrückt, musste eine Stimme hören und wählte die Nummer von Martin.

»Noah, wie geht's?«

Ich erzählte ihm, was vorgefallen war.

»Ja, ist schon eine eigenartige Zeit. Aber wir werden da stärker rauskommen. Sieh dir doch die Fotos von unserem gemeinsam Hausboot-Urlaub letzten Sommer am *Shannon* an. Das wird dich aufheitern.«

Dann erzählte er mir, wie viel er nun als Ausgleich Sport betreibe und täglich auch Online-Kung-Fu-Stunden gebe. »Nur, ich sag's dir. Ich habe Kontakte zu ganz spannenden Leuten und einige meinen, hier läuft was ganz anderes ab. Schau auf die neue Seidenstraße Chinas. Ich sag nur Geopolitik.«

Nach dem Telefonat schlenderte ich weiter Richtung *Shannon Inn*. Keine Menschenseele, nur das Heulen eines Hundes war zu hören. Ich stand vor dem Eingang des Pubs und zündete mir eine Zigarette an. Mein Zigarettenkonsum hatte einen Beinahe-Shutdown erlebt, doch seit dem Shutdown rauchte ich öfter, als mir lieb war. Das *Shannon* wirkte gealtert, wenn es unbeleuchtet und verlassen an der Straße herumlungerte. Erinnerungen stiegen hoch wie bunte Luftballons in den Himmel des Bewusstseins. Ich kehrte um und schlurfte den Weg zu meiner Wohnung. An der Kuppe angelangt, blickte ich hoch und staunte. Was für ein Sternenhimmel!

Waren nicht mehr Sterne als sonst zu sehen? Beteigeuze vom Sternbild des Orion flackerte auffällig, Sirius strahlte kraftvoll vom Firmament. Als ich wieder nach vorn blickte, huschte im Schein der Straßenlampe ein Fuchs über den Weg. Nicht irgendein Fuchs, sondern mein langjähriger Freund Rilke. Franziska und ich hatten ihm den Namen gegeben.

»Er ist ein Gedicht, ein rätselhaftes«, hatte ich Franziska erklärt, als er wieder das Trottoir entlang getrottet war.

»Nenn ihn doch Rilke«, hatte Franziska vorgeschlagen. Rilke war ständiger Begleiter in meinem Leben, und es war erstaunlich, dass er so viele Jahre hindurch immer wieder auftauchte.

Leise öffnete ich die Wohnungstür, fiel auf das Sofa und klappte meinen Laptop auf. Nachrichten von meinen Schülern flatterten herein. Christian hatte als Schulsprecher eine WhatsApp-Gruppe mit allen Klassensprechern gegründet. So konnten die Schüler untereinander feststellen, in welchen Klassen und Gegenständen das *home schooling* funktionierte und in welchen nicht. Er hatte mir seine Rückmeldung gesendet. Bis auf ein paar kleine Schwierigkeiten schien alles gut zu laufen. Ich war überrascht, wie schnell sich ein schwer bewegliches System doch bewegen konnte. Vielleicht würden sich auch andere Systeme neu bewegen, einfach, weil sie sich bewegen mussten.

In meinem Spamordner war wieder eine E-Mail für Penisvergrößerung gelandet. Wollte man aus mir noch eine Zirkusattraktion machen?

Das Fernsehprogramm meines Nachbarn Josef lief in voller Lautstärke. Gefühlt jedes zweite Wort war Corona. Was wohl diese Flut an Berichterstattung mit den Menschen machte? Ich dachte an meine Mutter, an meine Großeltern, an Menschen, die einsam waren. Franziskas Bruder, der an Autismus litt, war jetzt zu Hause bei seinen Eltern. Seine Firma konnte ihn nicht länger halten. Ich merkte, wie mich ein wenig der Mut verließ. Müde schlief ich ein und tauchte ab in das Land der Träume.

Eine Schnauze voller Liebe

»Aufstehen! Willst du den ganzen Tag verschlafen? Der Kaffee ist schon fertig.«

»Was? Moment, wo bin ich? Was ist los?« Ich saß aufrecht im Bett und versuchte mich zu orientieren.

»Schon sechs Uhr morgens und du schläfst immer noch. Ist das dein Ernst?«

Kannte ich die Stimme nicht? Ich schüttelte mich und blinzelte. Es war frühmorgens. Die ersten Lichtstrahlen hatten sich ihren Weg durch die Schlitze meiner Jalousien gebahnt.

Die Silhouette eines Mannes mit Cowboyhut und einem buschigen Schweif am Hinterteil. Ein breites Grinsen, der kleine Spalt zwischen den Vorderzähnen, der Geruch von Lagerfeuer, Salbei, Rosen und …

»Ko-ko-ko-Kojote? *Old Man Coyote* – du? Echt?« Ich klopfte mir auf den Kopf, zwickte und schüttelte mich.

»Wer denn sonst? Dein Freund und Helfer.«

»Ich fass es nicht, du bist es wirklich! Mein komischer, äh, kosmischer Freund?«

Ich sprang auf und rannte wie ein kleiner Junge in die offenen Armen des stattlichen Mannes, der über das ganze Gesicht strahlte. Ich konnte und wollte ihn nicht mehr loslassen.

»Ups, kannst du dich anstecken, Coyote?«

»Ja, mit dem Virus der Liebe.«

Er lachte, ein Lachen, das noch viel ansteckender war, als es das Virus sein konnte.

»*Wenn ihr euch fürchtet, seid ihr schon geschlagen. Die Furcht macht Teufel aus Engeln, sie sieht nie richtig.*

Sei gegrüßt, ich bin's. Der alte und ewig junge Mann.«

Ich weinte und lachte vor Freude. Wir tanzten vom Schlafzimmer ins Wohnzimmer. Kurz wurde mir schwummerig, ich musste mich setzen. Es dauerte eine gefühlte Ewigkeit, bis ich mich wieder gefasst hatte.

»Coyote, was machst du hier? Außer Shakespeare zu zitieren?«

Tränen der Freude liefen über meine Wangen. So sehr hatte ich diesen verrückten Alten vermisst. Oft hatte ich an ihn gedacht, seinen Namen gerufen. Gespürt hatte ich ihn, manchmal intensiv, und ich wusste, er half mir in schwierigen Momenten. Aber dann war Coyote wieder wie vom Erdboden verschluckt gewesen.

»Noah, ich will dich ein wenig an das Leben erinnern. Die Zeiten sind ja nicht so einfach im Moment. Also, im eigentlichen Moment immer. Sie sind nur derzeit nicht so einfach, wenn man sich nicht auf den Moment einlässt.«

»Wo hast du die ganze Zeit gesteckt? Was macht man als Kojote?«

»Ach, ich bin einfach. Und dabei nehme ich viele Rollen ein. Du weißt schon. In diesem Theater suche ich mir meist eine Rolle, die bester Zeitvertreib mir ist. Das wechselt oftmals überaus geschwind! Gern bin ich hier auf Erden bei einer meiner Herden.«

»Ich bin Teil einer Herde?«

»Ja. Und kein Fohlen mehr. Das ist schön.«

»Und auch kein Wallach. Das ist auch schön.«

»Übertreib mal nicht. Jetzt verwandeln wir dich wieder in ein Wildpferd, damit sie dich nicht reiten können.«

»Wen meinst du genau?«

»Egal, eigentlich ist es der Teil, der an die Trennung glaubt, der dich stetig reiten möchte. Dein kleines Ich. Seine Peitsche ist schrecklich, die Sporen auch. Und es will nur deine Kraft. Wirf es ab.«

»Meine Freunde haben dich als John Fox vermisst. Immer wieder fragen sie, wann du wiederkommst.«

»Nun bin ich da, in Quarantäne.«

»Nein, hier ist keine. Einige Nachbarorte sind in Quarantäne. Auch ein paar Täler. Und nebenan das Bundesland Tirol. Die Grenze zu Deutschland ist geschlossen. Hier ist alles streng, in Quarantäne sind wir aber noch nicht.«

»Ich bleibe jetzt bei dir. Mein Koffer steht ja noch im Raum. Ich hoffe, er ist keine olfaktorische Belastung.«

»Oh, das warst also du. Der Donner?«

Coyote lachte.

»Und wie komme ich zu dieser Ehre, dass du bei mir einziehst? Noch dazu mit so einem gewaltigen Koffer?«

»Du hast mir gefehlt, mein Steckenpferd. In dir steckt so viel. Aber du musst noch lockerer werden. Manchmal kommst du daher, als hättest du einen Stecken verschluckt. Sei nicht allzu steif.«

Coyote hüpfte auf einem imaginären Steckenpferd durch die Wohnung. Schlief ich noch und träumte ich, dass ich aufgestanden war?

Ich öffnete meine Augen ganz weit. Dann schloss ich sie, zählte bis drei und öffnete sie wieder. Immer noch sah ich diesen verrückten Coyoten. Ich schlich ins Bad, zählte bis zehn und kam zurück. *Old Man Coyote* war noch da. Im Pyjama schlurfte ich raus auf den Balkon, zündete mir eine Zigarette an und blickte in die Wohnung. Ich konnte es nicht fassen. Er war wirklich wieder bei mir.

Ich könnte die ganze Welt umarmen, dankte dem Universum, Gott, dem Leben.

Und Coyote? Er drehte Musik auf und tanzte wilder als erlaubt war. Was sollte ich Franziska erzählen? Würden meine Freunde von ihm erfahren? Bert? Welche Meinung hatte Kojote zum ersten weltweiten Shutdown der Menschheitsgeschichte? Was war von den nächsten Monaten und Jahren zu erwarten? Warum kam er gerade jetzt? Als Sterbebegleiter? Fragen über Fragen …

»Kaffee gefällig?« Coyote hatte bereits Kaffee aufgestellt und servierte in einem übergroßen Kaffeehäferl das pechschwarze Getränk. Zuerst dachte ich, er hätte schwarzen Pudding auf den Tisch gestellt.

»Wir Cowboys lieben starken Kaffee. Der Löffel soll Widerstand spüren.«

»Coyote, was hab ich nur ohne dich gemacht? Bist du per oder ohne Anhalter durchs Universum zu mir gereist?«

»Ich brauche weder Anhalter noch Zuhälter.«

Wieder verschmolzen Realität und Wahrnehmung zu einem eigenartig köstlichen Ereignis.

Ich blickte Coyote von der Seite an. Hatte er sich verändert? War er älter geworden? Oder jünger? Bei ihm wusste man ja nie. Er wirkte frisch und vital wie eh und je. Die Krise schien ihm nichts anzuhaben.

»Du siehst gut aus, Noah. Etwas gealtert. Aber so ist das nun mal unter der Sonne. Hast vieles gut gemeistert, so viel ich sehen konnte. Also, ein Gut von mir. Und von Gott würdest du ein Sehr gut erhalten, denn er kennt nur Sehr gut und Gut. Er ist nicht so streng wie ihr selbst es mit euch seid.« Coyote grinste.

»Oh, du hast mich beobachtet?«

»Ja, sicher, immer wieder. Solltest du nicht deinen Klasseneltern einen Fragebogen schicken, um zu erfahren, wie das Fernlernen diese Woche gelaufen ist?«

»Dir entgeht ja nichts.«

Ich schrieb eine kurze E-Mail an die Eltern. Danach sah ich nach, ob Coyote noch da war. Ja, er saß auf meinem Sofa. Anschließend telefonierte ich mit der Klassenelternvertreterin. Ich hatte Glück mit ihr und meiner Klasse, riesiges Glück. Die Gemeinschaft war großartig, die Leistungen der Schüler auch. Meine letzte Klasse hatte ich nur widerwillig abgegeben. Abschiede fielen mir schwer. Fast immer. Ich weinte, sodass Franziska sich schon sorgte, ob wir gleich per Boot in die Mongolei, unser Reiseziel, übersetzen könnten. Dann erschien die neue Klasse auf der Schulbühne und die Kinder eroberten wieder mein Herz. Jetzt waren wir in der vierten Mittelschulstufe, der achten Schulstufe insgesamt, gelandet und seit Kurzem hatte ich nur noch per Internet Kontakt zu den Schülern. Einige erhielten somit erstmals in ihrem Leben auch

E-Mails. Irgendwie kurz nach Höhlenmalerei, Flaschenpost und Brief musste dieses langweilige Etwas erfunden worden sein. Generell konnten sich die Jugendlichen keine Welt ohne Internet vorstellen, waren sie doch zirka zehn Jahre nach Einführung des *World Wide Webs* auf die Welt gekommen. Mir ging's ja ähnlich.

»Ich mag's, dass du deinen Unterricht etwas mehr digitalisierst«, meinte Coyote. »Der Online-Rechtschreibtrainer ist wirklich gut. Du ersparst dir Arbeit beim Individualisieren.«

Ich war platt. »Du findest das gut? Echt, Coyote?«

»Klar. Adler und Kondor kommen wieder zusammen. Diese Lernformen haben Zukunft, sie werden vermehrt eingesetzt und können hilfreich sein. Aber nur eingebettet in etwas Größeres.«

Er sprach das *Aber* bedeutungsschwanger und langgezogen. »Deswegen bin ich hier bei dir. Die Zeit verlangt Großes, weil Großes vor sich geht. Etwas Neues wurde nun tatsächlich eingeläutet. Ich hab's dir damals schon versprochen, nicht wahr?«

»Neues muss nicht immer Gutes heißen. Manche haben derzeit eher Angst vor einem tiefen Fall.«

»*Ein tiefer Fall führt oft zu höherem Glück.*«

»Woher kommt das Virus, Coyote? Ist es ein Kind der Naturzerstörung? Oder das Produkt einer Intrige? Der Unfall eines Zauberlehrlings? Oder eine natürliche Erscheinung?«

»Sein oder Schein, das ist hier die Frage. Genaueres später«, gab er sich kryptisch.

Mein Smartphone läutete, Franziska war am anderen Ende.

»Noahschatz, wie geht's dir? Es ist so herrlich hier draußen. Das viele Sitzen vor dem Bildschirm war schon wie ein Eintauchen in die Matrix. Die verlässt gerade wieder mein Gehirn.«

Wir vereinbarten, dass Franziska bei Miriam und Bert blieb und ich frühestens am Sonntagabend zur Hütte hochfuhr.

29

»Danke Natur, Mutter Natur, du bist die Beste!«, hörte ich sie noch rufen, bevor ich das Handy weglegte.

»Coyote, erzähl. Ist dir das Lachen noch nicht vergangen?«

Coyote stand auf und servierte auch sich selbst einen Kaffee. Er hängte seine Lederjacke über die Sessellehne. Danach griff er nach seinem Hut und schmiss ihn auf die Kühlschrankoberfläche.

Wie vertraut war mir der perfekte Flug des beinahe freischwebenden Cowboyhutes. Coyotes weißes Haar fiel über seine breiten Schultern. Sein Holzfällerhemd stand ihm richtig gut. Und er roch beeindruckend angenehm.

»Wie ich dieses Gebräu liebe«, murmelte er. »Tja, mir vergeht das Lachen nie. Mir geht's prächtig. Alles gut im großen Sinne. So wie dieser herrliche Kaffee.« Er schlürfte kräftig. »Übrigens, du trinkst in Kapseln eingesperrten Kaffee an deiner Schule. Nicht gut.«

»Aber das ist Biokaffee und in biologisch abbaubare Kapseln gepresst.«

»Genau, gepresst. Lass dich nirgendwo reinpressen, auch nicht biologisch abbaubar. Das reicht nach deinem Tod am Friedhof.«

»Aber ich werde gerade als biologisch abbaubares Opfer in eine Art Quarantäne gepresst. Und hab weder mit Immobilien noch mit Gold und Silber vorgesorgt. Okay, abgesehen von dem Regenwaldgrundstück in Costa Rica und dem einen Stern, der nach Franziska benannt wurde.«

Coyote lachte. »Aber mit Klopapier hast du vorgesorgt, du kleiner Scheißer.«

»Wenn's zu wenig wird«, sagte ich und lachte, »die Gratiszeitungen liefern ja auch immer Gratisklopapier. Die sind wirklich für die Kehrseite des Lebens.«

»Bei dir scheint nicht die Globalisierung, sondern die Klopapierisierung durchzuschlagen. Der Run aufs Klopapier wäre ein spannendes Feld für eure Tiefenpsychologen. Die kramen doch gern in der Scheiße.«

»Was denkst du, warum die Menschen jetzt so viel Klopapier horten?«

»Angst vor dem Tod bei gleichzeitiger Todessehnsucht. Thanatos lässt grüßen.«

»Und die mit viel Eros besorgen sich also eher Kondome?«

»Tja. Irgendwann muss man sich schon die Frage stellen, ob man auf die Vitalität des Pferdes oder auf Pferdeäpfel setzt.«

»Aber wir sind eben auch sprachlich anal fixiert. Es ist vieles Scheiße und beschissen. In der englischen Sprache ist eine beschissene Situation dann *fucking*. Englisch ist anscheinend eher eine vaginale Sprache. Was denkst du, Coyote. Gibt es eine Schutzpatronin des Klopapiers?«

»Cosy, glaub ich.«

»Oder Tempo, Softis. Vielleicht auch Hakle?«

Coyote verbeugte sich mit gefalteten Händen und sprach: »Hakle ist tatsächlich die Schutzpatronin des Klopapiers, mein Sohn. Sie gilt als Anwärterin auf den Heiligen Stuhl.«

»Ja, mein Stuhl ist mir auch heilig, Coyote.«

»Wenn Hakle den Stuhl besteigt, dann wird die Lage für die Kirche richtig beschissen«, fuhr Coyote fort. »Nur derzeit bete zu Corona, mein Sohn.«

»Wieso?«

»Sie ist die offizielle Schutzpatronin gegen Seuchengefahr. Nebenbei ist sie auch für gelungene Geldangelegenheiten zuständig. Du kannst das gern recherchieren.«

»Sie scheint die Frau der Stunde zu sein. Ich liebe Corona.«

»Aber wisse, Noah: Mit Hakle feucht ist die Toilette sicher nicht verseucht!«

»So, mir reicht das Gespräch, Coyote. Ich muss nun auf die Toilette. Wir haben zu viel darüber geredet. Außerdem hatte ich noch keine Zeit fürs Bad und Zähneputzen.«

»Also, dann – toi, toi, toilet. Hast du eigentlich einen Globus?«

»Nein, ich schaffe es auch zu Fuß aufs Klo.«

Coyote lachte. »Nein, ich meinte dieses kugelförmige, verkleinerte Modell dieses wunderbaren Planeten. Ich will dir was zeigen.«

»Ich habe eine Erdkugel als Wasserball, den ich aufblasen kann. Wie lange bleibst du, Coyote?«

»Bis das Schlimmste vorüber ist. Es ist gerade eine magische Zeit. Eine Schwelle. Eine große Visionssuche der Menschheit. Die neue Welt befindet sich im Geburtskanal. Darum wirkt es noch etwas finster. Und ich garantiere dir: Es wird vorübergehend noch dunkler werden.«

»Ja, richtig beschissen.«

»Ich sagte Geburtskanal und der ist vaginal.«

»Du bist derb. Aber du riechst fein.«

»Du auch, nach *Eau de toilette*!«

»Ach komm, Coyote. Und dann zitierst du wieder Shakespeare. Ich geh jetzt pinkeln.«

»*Oh, the toilet! To pee or not to pee – that is the question.*«

Wir lachten und dazwischen kullerte mir wieder eine heiße Träne die Wange runter. Ich schlug mit dem alten Mann ein und verschwand in der Toilette.

»Coyote, worauf soll ich jetzt achten?«

Er blickte in das stillste Örtchen der Welt und trug dabei meinen Mundschutz.

»Ah, ich soll mich vor Viren schützen?«

»Nein, vor dem Gestank des Todes. Ist ja furchtbar. Du musst an deiner Verdauung arbeiten.«

»Mach ich, danke. Ich verwende ab jetzt den Mundschutz als Schutz vor zu viel Nahrungsaufnahme. Seit ich so viel zu Hause bin, futtere ich viel mehr.«

»Man riecht's, Noah.«

»Nur, worauf soll ich wirklich aufpassen, Coyote?«

»Auf das Leben, Noah, den Humor und das Lachen. Es werden noch herausfordernde Monate. Gott liebt dich.«

»Ich ihn auch.«

»Bleib verrückt, tanze und scheiß auf die Panik. Sei ein Poet des Lebens. Gott ist übrigens eine dicke, lesbische Indianerin. Hab ich dir das schon verraten? Das Geheimnis ist gelüftet. Du solltest auch lüften und dir weniger scheißen.«

»Scheiß der Hund aufs Feuerzeug, herzenszentrierte Verrücktheit und Fischottereffekt. Ich hab's nicht vergessen, Coyote!«

Mit seinem genialen *Moonwalk* glitt er wie auf Rädern bei der Tür wieder raus. »Der Heilige Geist wird dich führen, Noah. Aber dafür musst du auch mal ein bisschen verrückt sein.«

»Bin ich, danke.«

»*Es hat keinen großen Geist ohne eine Beigabe von Verrücktheit gegeben.* Das wusste schon Seneca. Bis später. Übrigens: Das Schulsystem wird sich grundlegend ändern.«

»Denk ich mir. Nur wie?«

»Erzähl ich dir später. Können wir uns dabei nicht auf das Dach des Wohnhauses setzen? Und ein Bierchen trinken? Und dabei in den Sonnenuntergang blicken? Wäre sehr romantisch, finde ich, während wir den Abgesang auf das alte System anstimmen.«

Vanessa, meine Volksschulkollegin, meldete sich per WhatsApp-Videotelefonat, während ich mich noch in der Toilette befand.

»Noah, was sagst du zu dieser unheilvollen Stimmung, die in der Luft liegt?«

»Ja, es liegt Unheilvolles in der Luft.«

»Du hast anscheinend eine sehr gute Stimmung.«

»Ja, Stimmung schon.«

»Warum schaust du so eigenartig? Läuft deine Kamera an oder brauchst du etwa eine Brille?«

»Oh, auf der sitze ich.«

»Was?«

»Auf der Klobrille.«

»Ach, Noah. Wirst du denn gar nicht mehr klüger? Du bringst mich ja noch zum Lachen.«

»Epochales Lachen, Vanessa. Das ist die Antwort auf epochale Krisen.«

»Derzeit ist das nicht immer leicht. Manchmal erheitern mich die Eltern der Schüler. Ich bekomme mittlerweile Anrufe, wie denn die Mathematik-Beispiele des Schulbuches zu lösen seien. Noah, wir sind in der dritten Klasse Volksschule!«

»Nein, ich nicht.«

»Du weißt schon, wie ich das meine. Warum verstehen manche Eltern nicht einmal mehr die Aufgaben von Neunjährigen?«

»Warum sind so wenige mit ihrem Hirn unzufrieden, so viele aber unzufrieden mit ihrem Körper? Es sollte ein Umdenken stattfinden, nur dafür braucht es Hirn.«

»Noah, man hört, seit der Ausgangssperre habe ein Schock die Kinderseelen erfasst.«

»Welcher?«

»Der Schock über den Wissensstand der eigenen Eltern.«

»Ja, manche Eltern werden tatsächlich noch einen Impfstoff vor der Pharmaindustrie gegen Corona entwickelt haben. Vielleicht ist dieser auch unbedenklicher.«

Vanessa hatte zu einigen Schülern den Kontakt verloren. Sie hatte Lernpakete vorbereitet, die die Kinder in der ersten Woche der Ausgangssperre in ihrer Klasse abholen sollten. In der Volksschule funktionierte vieles noch analog. Da ich meine Deutschbücher fast nicht gebraucht hatte, war der Übungsteil nun der analoge Part meines Homeschooling-Unterrichts. Die ersten Texte, die meine Schüler zu Hause am Computer eingetippt hatten, waren per E-Mail eingetrudelt. Ich korrigierte sie mit dem Word-Korrekturprogramm. Die Schüler sollten einen Text verfassen, der eine positive Zukunft nach Corona beschrieb.

Ein kurzer Blick auf die Website einer Tageszeitung und Berichte über Neuinfektionen, angedachte Maßnahmen und Tote fanden sich im Übermaß.

Wie gefährlich war das Virus? Hatte die Virenexplosion im Norden Italiens etwas mit der größten chinesischen Community Europas zu tun? Moderne Sklaven im Dienst von Mode und Gier?

Ich verließ die Toilette und schlug Coyote vor, Vollkorn-Spaghetti zu kochen. Als wir später an unseren Kaffees schlürften, meldete sich meine Mutter. Ich schlenderte mit meinem Handy auf den Balkon.

Aufgeregt erzählte sie mir, dass der Heimatort der Großeltern wahrscheinlich in Quarantäne gestellt werden würde. Der komplette Ort abgesperrt? Eine Katastrophe für meine Großeltern. Ich konnte es nicht fassen! Sofort war ich zurückkatapultiert in die tragischen Schicksale vieler Menschen heute. Einsamkeit und Überforderung hatten sich bei manchen breitgemacht.

Für andere war diese Zeit offensichtlich ein Segen. Die Introvertierten hatten sich ein Leben lang auf diesen Moment vorbereitet. Ich liebte Buddha und hielt ihn für einen der wahren Giganten der Menschheitsgeschichte. Aber ich hatte auch das Gefühl, er hätte gern aus der Welt ein Kloster geformt. Was er nicht geschafft hatte, Corona schaffte es. Die Menschen waren in ihren Zellen auf sich selbst zurückgeworfen.

Für meine Großeltern war dies eine der größten Herausforderungen ihres Lebens. Ich rief sofort meinen Cousin Gerhard an. Er hatte sicher eine Lösung. Gerhard winkte ab.

»Noah, ich kann nicht zu ihnen fahren. Wahrscheinlich bin ich selbst schon erkrankt. Holst du das Medikament bei mir ab? Wir müssen testen, was bei deiner Oma greift.«

»Wie sollen wir Medikamente testen, wenn sie unter Quarantäne sind?«

»Kreativität ist gefragt. Ich rufe einen befreundeten Neurologen an und rede mit deinem Opa. Gib mir mal die Nummer.«

Wir vereinbarten, dass ich gegen Abend bei ihm vorbeikommen und das Medikament meinen Großeltern bringen würde.

Ich betete am Balkon stehend zu Gott. Wenn er mich liebte, wie Coyote meinte, und ich ihn, dann könnte er meinen Großeltern helfen. Nicht wie ein Bettler sollte ich an die Türe klopfen, damit geöffnet werden konnte. Sondern wie jemand, der erwartet und geliebt wurde, hatte mir Coyote erklärt. Natürlich war für mich die Quelle allen Lebens weder männlich noch weiblich.

Wilde Fahrt, Foxnews und die Milchstraße

»Ich bin dabei.«

»Wobei, Coyote?«

»Ich fahre mit deinem alten Schlitten. Naja, etwas älter ist sie schon, deine Kiste. Aber wir schaffen das.«

»Du meinst meinen Toyota? Also, göttlicher Hund. Der Wagen passt wunderbar zu dir, Jakob nennt ihn eine fahrende Hundehütte. Ich bin auf den Hund gekommen. Weiß der Geier, ob ich bei meinen Großeltern ohne Probleme ankomme.«

»Ja, Gaia weiß es. Sie liebt dich auch. Sie liebt alle. Ihr werdet immens geliebt vom Leben. Sie hilft uns beiden.«

»Danke. Du ... Wenn dich die Leute sehen: Bleibst du bei deinem Namen John Fox, alter Fuchs?«

»Ja, mein Rollenname für den äußeren Kreis. Aber, weiß der Kuckuck, was noch alles passiert. Ich lass mich überraschen. Jeden Augenblick entfaltet sich das Leben neu. Willst du es kontrollieren, dann surfst du nicht mehr auf der Energie des Lebens. Jetzt ist es wichtig, am Brett zu stehen.«

»Binden wir den anderen mit John Fox einen Bären auf?«

»Nein, wir hängen ihnen einen Coyoten um. Meine Medizin wirkt auch, wenn man nicht alles weiß.«

Schnell las ich noch einige Aufgaben meiner Schüler. Die digitale Rechtschreibprüfung fiel verdammt gut aus, was mich riesig freute. Nur die individuelle Freischaltung der einzelnen Programme für jeden Schüler war etwas aufwändiger, als ich erwartet hatte.

»Die Situation wird noch verschärft, das kannst du mir glauben.«

»Ja, ich merk's gerade.«

»Es wird eine kurze Zeit noch intensiver werden. Dann wieder leichter, bevor es sich erneut verschärft. Diese Wellenbewegungen dauern an.«

»Danke, sehr beruhigend.«

»Mach dir keine Sorgen, deinen Großeltern geht es bald besser.«

»Dein Wort in Gottes Ohr.«

Waren *Old Man Coyotes* Ohren plötzlich nach unten gebogen und setzte er einen Dackelblick auf? Wir spielten noch eine Runde Karten. Er wies mich darauf hin, dass ich meine Musikbox einschalten sollte.

»Nein, deine innere!«, brüllte er, als ich die Stereoanlage aufdrehen wollte.

»Noah, auf manchen spirituellen Wegen kühlt die innere Temperatur ab. Ist in Ordnung. Die Gefahr ist nur, dass man in Verstand und Kontrolle stecken bleibt und das Leben einfriert. Also, entscheide dich zwischen dem Weg des Kühlschranks und des Lagerfeuers.«

»Ich wähle die rote Pille, nicht die kühle blaue. Also, Lagerfeuer.«

»Gut gewählt, Noah. Folge dem weißen Kojoten. Es ist ein wegloser Weg. Das Thermometer geht dabei nach oben. Im Zentrum ist die Liebe. Ekstase erwartet dich. Ein Mix aus Tanzen, Singen, Lachen, Absurdität und Öffnung für den großen Raum.«

»Ein Thermo-Mix also.«

»Ja, aber ohne genaue Anleitung. Nichts ist programmiert. Einfach nur Kreativität. Es ist der Weg der Kreativität, Noah. Der Weg des freien

Spiels der Spiritualität. Du bewegst dich weg von der Religion hin zur freien Spiritualität. Weg vom kühlen Norden, hin zum Sonnenaufgang des Ostens. Raus aus der Matrix, mitten hinein in die Freiheit des Lebens. Komm, wir ändern deine spirituelle Temperatur.«

Coyote schnipste mit seinen Fingern über meinem Scheitel. Energie brandete herein, ich nahm kurz alles verschwommen wahr. Mein Körper zitterte von innen und Glückseligkeit gluckste aus der Tiefe hinein bis in die letzte Zelle meines Körpers. Erst wurde mir warm. Dann heiß. Mein Herz loderte. Mein Gehirn glühte und meine Hände brannten wie Herdplatten. Ich tanzte und es tanzte mich. Coyote brüllte und sang, als gebe es kein Danach – und keine Nachbarn.

»So, und jetzt ab in deine Hundehütte.«

»Ich hab mir den Schleichweg über die Landstraßen noch gar nicht überlegt, Coyote.«

»Egal, wir brechen auf. Die Straßen werden sich schon unter deine Autoreifen rollen.«

Ich zog die Jacke über und wir sprangen die Stufen nach unten. Nachbar Josef entsorgte gerade Müll.

»Ah, der amerikanische Pädagoge. Lange ist es her ... Wo waren Sie all die Jahre?«

»Ach, die Geschichte würden Sie mir nicht glauben. Aber duzen wir uns doch. Sonst fühl ich mich wie ein alter Mann.«

»Das sind Sie nicht, pardon, bist du nicht. Schau mich an, ich bin älter als du.«

Coyote lachte. »Das Alter ist nicht so wichtig. Ich bin John.«

»John Fox«, ergänzte ich.

»Und ich bin der Josef. Man wird einsam in diesen Zeiten.«

»Josef, genieß noch das Alleinsein. Ehrlich. Ich sag's dir: Viele sehnen sich gerade nach den Älteren, den Großeltern. Besonders die kleinen Kinder. Menschen, die an den Rand gedrängt wurden, werden in Zukunft einen neuen Platz erhalten. Wart nur ab, Corona macht vieles sichtbar. Und das langfristig.«

Hatte Josef Tränen in den Augen?

»Josef, du warst übrigens ein fantastischer Lehrer!«

»Echt? Wieso weißt du das, John?«

»Ähm, ich hab meine Kanäle.« Coyote zwinkerte mir zu. Ich musste was Unverfängliches sagen.

»Also, ich hab viel, viel Gutes von dir gehört, Josef. Die Kinder liebten die Iglus, die du mit ihnen gebaut hast.«

»Danke, ihr habt meinen Tag gerettet.«

Wir stiegen in meine alte Karre und sausten los. Coyote saß hinten, damit niemand denken sollte, wir würden alle Regeln brechen.

Die Nacht hatte die Dämmerung als Boten vorausgeschickt, um zu testen, ob die Luft für die Dunkelheit schon rein war.

Ich fuhr nach Norden auf einer Feldstraße, die über eine Kuppe führte. Von dort konnte ich das Tal sehen, in dem mein Cousin wohnte. Ich parkte und wir stiegen aus, um den nächtlichen Blick ins Tal zu genießen.

Coyote wollte eine Zigarette paffen. Viel zu lange habe er nicht mehr geraucht, erklärte er mir. Das Inhalieren von verbranntem Salbei würde ihm schon gehörig auf die Nerven gehen. Mehr wollte er aber nicht preisgeben.

Ein Jogger mit Stirnlampe kam uns entgegen. Er fragte, warum ich meinen Opa um diese Uhrzeit quer durch die Geografie transportierte.

»Ich bin gefahren«, erklärte Coyote, »und wenn du noch mal Opa sagst, dann lauf ich mit dir. Pass übrigens auf deinen Opa auf, ruf ihn mal an. Er ist sehr einsam.«

Unter der Stirnlampe veränderte sich die Gesichtsfarbe. Der Mann machte kehrt und lief zurück. Hatte er Angst vor uns? Oder machte er sich auf den Weg zu seinem Großvater?

Coyote blies Ringe in die Luft und zeigte mir Beteigeuze am Firmament. »Er wird wieder heller. Schön für Orion. Aber das sind alles nur Erscheinungen der Zeit. Er wird sich wieder verdunkeln.«

Rehe galoppierten an uns vorbei. Ein Bock bellte. Weiter weg sahen wir einen Lichtkegel. Er kam von einem Geländewagen.

»Coyote, könnten wir bitte weiterfahren? Ich will keine Probleme bekommen.«

Zu spät. Ein Jäger stieg aus. »Was macht ihr hier?«

»Wir sind Naturliebhaber und genießen den wunderbaren Abend. Sehen Sie das Sternenzelt, die schweigenden Silhouetten der Bäume und Berge?«

»Ja, aber ihr verscheucht mir das Wild.«

»Da irren Sie, mein Lieber«, fuhr Coyote fort. »Es kam uns gerade entgegen auf der Flucht vor Ihrem Geländewagen. Sagen Sie: Lieben Sie Tiere? Sind Sie ein Heger und Pfleger oder wittere ich den Geruch des Todes mit meiner feinen Nase?«

»Was heißt lieben? Meine Tiere hier muss ich kontrollieren. Ohne uns Jäger wäre das Gleichgewicht gestört.«

»Nur, das sind nicht Ihre Tiere. Es sind auch nicht Ihre Bäume und auch nicht Ihre Sterne. Letzteres sollte sogar Ihnen klar sein.«

»Hör mal, alter Mann. Entweder du verschwindest jetzt mit dem Knaben oder ich zeige euch an. Tiere sind Tiere. Ich steh auf der Leiter der Evolution ganz oben. Deswegen bestimme ich auch. Macht euch die Erde untertan, steht schon in der Bibel. Vielleicht blättert ihr da mal nach, ihr Anarchisten. Außerdem, was treibt ihr euch während der Ausgangssperre hier draußen herum?«

Der Mann nahm sein Handy, aber der Akku war leer.

»Zu wenig Energie. Muss anstrengend sein, so isoliert zu sein«, meinte Coyote.

»Ich bin nicht isoliert!«

»Nur eine kleine Empfehlung. Ohne Verbindung wird der Akku leer. Sie sind ein Fremder hier in der Natur. Kein Einheimischer. Sie haben sich ausgeschlossen und sind nicht angeschlossen.«

»So, jetzt aber Schluss. Verschwindet. Auf der Stelle! Ich hab keine Zeit für diesen Quatsch.«

Wir stiegen ein. Coyote saß am Steuer, kurbelte das Fenster runter und rief dem Mann zu: »Schade, dass Ihr Vater für Sie nie Zeit hatte. Er hat alles, woran Sie glaubten, lächerlich gemacht. Sie hatten so schöne und hochfliegende Träume. Manches können Sie noch verwirklichen. Glauben Sie an sich.«

Dann gab Coyote Gas und wir rauschten davon. Im Rückspiegel sah ich den Mann stehen. Er blickte zum Himmel. Seine Umrisse verschwammen in der nächtlichen Landschaft. Die Kurven ins Tal nahm Coyote zu schnell. Viel zu schnell.

»Die Tiere sind sicher, Noah. Sie wissen von mir. Keine Angst. Wir sind in Kontakt. Auch du kannst sie in Zukunft innerlich warnen, wenn du auf der Strecke bist.«

Ich saß am Beifahrersitz, denn Coyote meinte, er würde mich hegen und pflegen, somit lebten wir in einem gemeinsamen Haushalt.

Der alte Trickster fuhr, so wie ich es ihm gesagt hatte, den nächsten Berg hoch. Bei Gerhards Haus bremste er scharf ab. Gerhard gab mir ein Päckchen und erklärte mir, wie Oma die Tabletten einnehmen sollte.

»Gut, dass du als Hausarzt onanierst, Gerhard. Pardon, ordinierst.«

Gerhard lächelte und verschwand in seinem Anwesen. Ich eilte zurück zum Auto. Coyote wendete und fuhr talwärts. Dann bremste er und wurde langsam.

»Polizei«, meinte er. »Sie suchen uns. Der Jäger macht Jagd auf uns.«

»Verräter«, rief ich. »Der ist echt mies.«

»Noah, horch. In Wahrheit werden die Verräter verraten. Die Zeit der geschmiedeten Ränke, der Intrigen und der Kabale, sie geht dem Ende zu. Auch wenn sie aus bestem Stahl geschmiedet sind. Das Schwert der Wahrheit wird das Rankengewirr durchschneiden, hinter der List und Tücke wohl gediehen. Das Tageslicht scheint hell und heller und das gemeine Volk wird taumelnd staunen.«

Coyote fuhr rechts ran, drehte das Licht meines Autos ab und schob dann bergauf im Dunkeln zurück. Er wurde dabei immer schneller. Ich protestierte, aber er sagte nur: »Ich bin einer der besten Rückwärtsfahrer der Welt, ja, auf der gesamten Milchstraße.«

Füchse, Auferstehung,
Großvater und Eingeborene

Er bog scharf in einen Waldweg ein. Coyote stellte den Motor ab, der Wagen knisterte ein wenig. Die Bremsen stanken nach angebranntem Gummi. Die brauchten dringend ein Service.

»Noah, wir fahren nicht denselben Weg zurück. So vermeiden wir Probleme.«

Als wir im Dunklen vor dem Auto standen, knackste es im Wald. Eine Füchsin näherte sich. Ein Waldkauz rief. Ein Ruf, der immer etwas tief in mir berührte. Die Füchsin kam noch näher. Ob sie Tollwut hatte? Coyote stand ruhig. Eigentlich war die Tollwut in Österreich ausgerottet. Coyote blickte die Füchsin an. Sie hob ihren Kopf und drehte um.

»Wir sollen ihr folgen«, flüsterte der alte Trickster.

Wir schlichen durchs Unterholz, bis zu einem Fuchsbau.

»Sie hat Junge, Noah, und diese nur kurz allein gelassen. Sie sind erst wenige Tage alt und nicht alle werden überleben. Die Füchsin hat früh geworfen. Ihren Partner hat sie im Winter verloren, er wurde von einem Jäger erlegt«, flüsterte Coyote eindringlich.

»Echt? Das weißt du alles?«

»Ja, Noah. Meinst du, ich könnte nicht mit meinen Freunden reden?« Er grinste ein wenig traurig, das Mondlicht spiegelte sich in seinen Vorderzähnen. »Die Füchsin muss selbst die Jungen großziehen. Der Vater, der sich liebevoll um die Familie gekümmert hätte, tut sein Bestes von der anderen Seite aus. Aber es ist schwer, Noah, dieses Leid ist sinnlos. Ohne Väter sind die Jungen bei weitem nicht so kräftig. Männliche Füchse sind fantastische Väter. Für die Füchsin ist das eine Herkulesaufgabe. Viel zu viele Jäger schaffen alleinerziehende Fuchsmütter. Und glaub mir: Die meisten schießen, weil sie in den Füchsen Beutekonkurrenten sehen. Der Fuchs ist für sie das Sinnbild des letzten größeren Beutekonkurrenten geworden. Was für ein Irrtum!«

Coyote bedankte sich bei der Füchsin. »Ich habe ihr Kraft gegeben. Nun kümmert sich zusätzlich jemand um sie.«

»Wie meinst du das?«

Coyote stellte sich auf einen Baumstamm und richtete sich auf. Auf sein Haupt legte er einen Kranz aus Gräsern. »Sie hätten euch so viel zu erzählen. Ihr könntet so viel lernen. Aber ihr habt euch isoliert und euch ungefragt gekrönt. Die Götter lachten, als ihr alle anderen von eurem kühlen Fest ausgeladen habt. Aber ihr nahmt euch ernster als ernst. Wie nennen die Psychologen diese Krankheit, wenn das Ich zu sehr gefällt?«

»Selbstgefällig? Selbstverliebt?«

»Das ist sprachlich ungenau. Das Selbst darf euch gefallen. Du sollst in dein Selbst verliebt sein. Dein Selbst ist unendlich und verbunden. Verwechsle niemals das wahre Selbst mit dem isolierten kleinen Ich. Wenn du in dieses verliebt bist, dann nennt man das ...«

»Narzissmus, Coyote.«

»Ach ja, genau. Viele Idole und Altäre sind nichts anderes als Spiegelbilder, worin man zu ertrinken droht. Aber ein kleines Virus erinnert gerade daran, wie verwundbar der Mensch doch ist. Und es hat keine Sympathien und Antipathien. Erstaunlich, nicht wahr? Die isolierteste Spezies des Planeten wird gerade isoliert. Jetzt erlebt ihr den Höhepunkt der Isolation. Es ist die Krönung. Danach werden viele umkehren. Die einen früher, die anderen später. Es wird eine Auferstehung aus dem Grab der Isolation, auch wenn das Ego dieses streng bewacht. Die wahre Krone am Haupt wird sich öffnen und der tausendblättrige Lotus blühen.«

»Danke, Coyote.«

»War ich gut?«

»Etwas pathetisch, aber gut gebrüllt, Löwe!«

Coyote und ich kehrten zum Auto zurück. Der Mond hatte seinen Platz am Firmament geändert. Der Alte schwieg. Er bestand darauf, selbst zu fahren. So saß ich auf dem Rücksitz und dachte über seine Worte nach, während wir Richtung Großeltern fuhren. Fast flogen wir. Coyote war wieder viel zu schnell unterwegs.

Er sang die ganze Zeit Swing low, sweet chariot, Coming for to carry me home, während wir durch die Landschaft wie eine wild gewordene Sternschnuppe rasten.

»Zeig deiner Oma, wie sehr du sie liebst. Weißt du, sie schämt sich, ihr ist das alles unangenehm. Wenn du ihr das Gefühl gibst, dass sie in Ordnung ist, braucht sie sich nicht zu schämen. Scham ist eine der tiefsten Fallen überhaupt.«

Ich klingelte bei meinen Großeltern. Die Nachbarn hatten das Auto gesehen und waren nach draußen gekommen. Sie erzählten mir, wie oft Oma sich verirrte und wie wütend sie wurde. »Sie ist nicht mehr die Alte, sie hat sich so verändert«, sagte die Nachbarin, die Oma mehrmals im Dorf aufgelesen und nach Hause gebracht hatte.

»Dein Opa macht eine schwierige Zeit durch«, erklärte ihr Mann.

Ich läutete wieder an der Tür meiner Großeltern, diesmal mehr nervös.

»Noah? Bist du es?« Die warme Stimme meines Großvaters war zu hören. »Du bist mein lieber Enkelsohn, an dem ich Wohlgefallen habe.« Er lächelte erleichtert.

»Oh danke, Opa.«

»Du bist ja mein eingeborener Enkelsohn.«

»Wie? Ja, ich bin in diesem Gebiet schon ein Eingeborener, ein Native quasi. Sowas wie ein Indigener.«

»Ich meinte, du bist der einzige Enkelsohn. An dich habe ich immer geglaubt, Noah. So wie an meine Enkelin, deine Schwester. Du hast viel Kraft. Das macht mich stolz. Diese biblischen Bilder wollen mir nicht aus dem Kopf. Die Karwoche klopft an die Tür und ein wenig Trost schadet uns nicht. Deiner Oma geht's seit heute Nachmittag besser. Könnte es doch während der Corona-Krise so bleiben!«

»Kommst du, Viktoria? Noah ist hier. Du darfst ihn aber nicht küssen. Jetzt nur mich.«

Oma kam und grüßte mich.

»Oma, du schaust super aus. Man würde dich auf sechzig schätzen.«

Sie lächelte, aber ihr Blick verlor sich schon wieder in ihren Gedanken. Ich überreichte Opa die Medikamente.

»Danke Noah und bleib gesund. Gesundheit ist das Wichtigste. Das wird einem im Alter klar.«

»Ihr fehlt mir, Opa. Die ältere Generation wird gefeiert werden, wenn der Spuk vorüber ist. Immer mehr Leuten wird klar, wie wichtig ihr seid.«

Tränen kullerten über Opas Wangen.

»Habt ihr genug zu essen?«

»Ja, wir könnten für drei Wochen durchhalten. Mach's gut, Noah. Wo hast du eigentlich geparkt?«

»Da vorn. Ich hab einen Chauffeur.«

»Was? Ich will gar keine Einzelheiten wissen. Du bist verrückt. Wie dein Papa. Pass nur auf! Auch junge Leute haben schwierige Krankheitsverläufe.«

Ich sprang ins Auto und Coyote ließ es langsam wegrollen.

Nachdem die Nacht das Haus meiner Großeltern verschluckt hatte, gab er Vollgas. »Wir fahren schnurstracks zu dir, Noah!«

»Echt? Warum das?«

»Ich hab Hunger! Riesigen Hunger. Ich könnte einen Braunbären verspeisen.« Coyote lachte und ließ das Gaspedal nicht mehr los. Sträucher und Bäume zischten an uns vorbei, die Berge wanderten gemächlich, nur die Sterne standen fest am Himmel.

STREIFE, SEIN UND BILSENKRAUT

Als wir die Straße zur Wohnung einbiegen wollten, winkte uns die Polizeistreife an den Rand. Das dritte Mal in zwei Tagen. Ich konnte es nicht fassen.

»Zulassungsschein und Führerschein bitte!«

Coyote kramte im Handschuhfach und fand tatsächlich den Zulassungsschein des Autos.

»Passt, und wo ist Ihr Führerschein?«

»Der Schein des Führers?«

»Wie bitte?«

»Der Schein des Führers trügt, mein lieber Mann. Nur besteht noch Restgefahr, dass dieses System so richtig greift. Der Schein hat überlebt und kommt in neuem Gewand daher. Hübsch poliert und nett anzusehen. Die Oberfläche ist glatt, der Inhalt bitterbös und platt. Ich setze auf das Sein. Schein oder Sein, das ist die Weltenfrage.«

Der Polizist leuchtete mit der Taschenlampe in das Innere meines Autos. »Habt ihr etwas geraucht, verbotene Substanzen genommen?«

»Nein, weder Tollkirschen, Fliegenpilze noch Bilsenkraut, Sie spitzkegeliger Kahlkopf.«

»Alter Mann, reißen Sie sich am Riemen. Was machen Sie um diese Zeit? Sie sollten nur allernotwendigste Fahrten erledigen.«

»Ja, es war eine Dummheit von mir und gegen Dummheit ist kein Kraut gewachsen. Sie wissen schon. Ich war trunken von der Euphorie des Spirits, die in mir brannte und die mich zu dieser Fahrt hinreißen ließ.«

»Sie haben vor der Fahrt gebrannten Spiritus getrunken? Sagen Sie mal, Sie sind ja von allen guten Geistern verlassen.«

»Oh nein, keine Sorge, diese sind bei mir.«

»Da wäre ich mir nicht so sicher. Sie wissen, warum wir kontrollieren. Das Virus ist eine echte Gefahr. Und wir alle hier, wir machen das nicht gern. Wir haben Urlaubssperre seit Wochen und prüfen, ob die Gesetze eingehalten werden. Wir sorgen für Gerechtigkeit.«

»Mein lieber Mann, auch das Virus ist gerecht. Oder haben Sie gehört, dass es zwischen Religionen, Geschlechtern, bekannten und unbekannten Menschen, Herkunft und sexueller Orientierung unterscheidet?«

»Tut mir leid, Ihnen das sagen zu müssen. Es gibt bei der Gerechtigkeit auch Ausnahmen. Sie gehören definitiv zur Risikogruppe.«

»Dann halten Sie mit Anstand Abstand von mir, mein Freund der Sonne. Sie werfen gerade Schatten.«

Ich schaltete mich ein. »Das ist mein Großonkel aus den USA.«

»Aha, der reiche Onkel aus Amerika. Den könnten Sie bald brauchen.«

»Nein, er ist nicht besonders reich – und irgendwie schon. Er ist Pädagoge, war hier auf Schiurlaub und ist gestrandet. Ich kümmere mich um ihn. Er war total isoliert, weil er keinen hier kennt. Ich muss ihn betreuen, den verrückten Autonarren. Ich wollte ihm die Chance geben, einmal mit meinem Auto zu fahren.«

»Wissen Sie was: Wechseln Sie schnell die Plätze, bevor ich meine Geduld verliere. Ich habe ein übergroßes Herz für alte Leute. Setzen Sie sich auf den Fahrersitz und bringen Sie Ihren durchgeknallten Großonkel möglichst schnell nach Hause.«

Als ich ausstieg, erkannte mich die Polizistin, die neben dem Polizeiauto gestanden war. »Sind Sie nicht Noah Breitenbach, der Lehrer unserer Tochter Sara?«

»Ja, sagen Sie Sara liebe Grüße von mir. Wie geht es ihr?«

»Sie vermisst Ihre Schulkollegen und manche Lehrer. Danke, dass Sie die Schule für Eltern wie uns geöffnet lassen. Wenn mein Mann als

Pfleger den Dienst versieht, ist es wichtig, dass Sara betreut wird. Sie können übrigens Ihren Kollegen weiterleiten, dass sie bitte nicht das Jahrespensum in einem Schwung rausschicken. Sara meint, sie müsse bei einigen Lehrern mehr arbeiten als das ganze Jahr zuvor.«

»Ja, das geb ich weiter.«

»Wissen Sie was? Fahren Sie und kümmern Sie sich um Ihren Großonkel. Sara findet Ihre Unterrichtsstunden witzig und verrückt. Da klärt sich gerade was. Alles Gute und bleiben Sie zu Hause.«

»Ich danke Ihnen auch von Herzen!«, rief Coyote. »Und Sie junger Mann. Denken Sie nach, wem Sie in Zukunft dienen. Dem Sein der Sonne oder dem kleinen Schein Ihrer Taschenlampe.«

Der Polizist schüttelte resigniert den Kopf. Coyote öffnete das Fenster der Hintertür und rief noch: »Im wahren Zuhause ist man nicht isoliert, sondern allein. All-eins. Alone – all one. Verstehen Sie?«

»Coyote, österreichische Polizisten können schlecht Englisch. So geht das nicht. Komm, ich hab uns noch den Arsch gerettet. Das war arschknapp.«

»Welch derbe Sprache, Noah.« Coyote lachte.

»Du meintest ja immer, dass Shakespeare weit frivoler und derber war, als die Übersetzungen verraten würden. Außerdem hat unser Bundespräsident dieses Wort auch verwendet. Arschknapp hat somit etwas Präsidiales, fast Amtssprache.«

Ich lenkte in die Seitenstraße zu meiner Wohnung. Glück gehabt.

Untersberg, freie Maurer und Craic

Coyote fabulierte weiter, dass die genialsten und kreativsten Köpfe ihre immense Energie nicht von Korrektheit bremsen ließen. Er erwähnte Shakespeare, Mozart und Krishna. Ich hatte einiges über den Schelmengott Krishna gelesen. Er erinnerte mich ein wenig an Jesus, nur verspielter. Seine Flöte war wie eine Zauberflöte. War Mozart nicht wie ein göttliches Kind, das voller Energie himmlische Musik downgeloadet hatte? Herzensmusik.

Ich liebte die Zauberflöte, von der Bert sagte, sie wäre eine Freimaureroper. Gut, die Melodie der österreichischen Bundeshymne war ja auch aus Mozarts Freimaurerkantate. Da waren wir also wieder beim Bundespräsidenten.

Nur, dass man die damaligen Freimaurer mit den heutigen so nicht vergleichen konnte, wenn Bert recht hatte.

Ich selbst hatte mich dazu nie eingelesen, aber ich mochte den Gedanken, dass Mozart in Salzburg geboren worden war. Das war fast die Nachbarschaft.

Unsere Gegend hätte viel Herzenergie, erklärte Bert immer wieder. Das Zentrum wäre Salzburgs Hausberg, der Untersberg. Selbst der Dalai Lama hatte bei einem Besuch vor Jahren einmal erklärt, der Untersberg wäre das Herzchakra Europas.

Schon als Kind faszinierten mich die Untersberg-Erzählungen über Kobolde, Zwerge, Schätze, Riesen, Wildfrauen, den bis zur Endzeit schlafenden Kaiser, die wilde Jagd, Höhlen, Schätze, Verwerfungszonen und Zeitlöcher. Kaum ein Berg hat so viele Sagen, Geschichten und Legenden zu bieten. Ein sagenhafter Wunderberg, der Untersberg.

»Mein Magen knurrt, Noah. Hast du Essen zu Hause?«

»Trotz der Hamsterkäufe hab ich richtig viel erwischt.«

»Mir schmecken Hamster nicht so, Meerschweinchen sind besser.«

»Du isst Meerschweinchen?«

»Nur bei Hochzeitsfeiern in Peru!«

»Du bist auch in Peru?«

»Unterschätze die Gegend der Anden nicht. Großes, großes Licht!«

»Magst du Pasta?«

»Passt!«

400 Gramm Nudeln mussten daran glauben und ein großes Glas Sugo.

»Hm, lecker. Hast du ein Bier?«

»Ja, aber kein Corona. Nur Mühlviertler Bio-Bier. Oder Guinness und Kilkenny. Das haben wir schon seit der Irlandreise gelagert. Lagerbier quasi. Schwach gehopft. Das passt zu dir, du bist ja leicht beklopft.«

»Perfekt.«

»Ich hätte aber auch weißen Wein. Grünen Veltliner. Mein Onkel meinte erst vor Kurzem, dass wir unseren Planeten dringend schützen müssen, da nirgendwo sonst im Universum die Trauben des Grünen Veltliners gedeihen. Die Erde wäre der einzige ihm bekannte Planet mit Grünem Veltliner.«

»Nein, danke. Ich bleib bei irischem Bier.«

Bevor ich das vergorene Gebräu servierte, legte ich nach Billie Eilish irische Musik ein. Wieder einmal Beoga. Ich hatte die Gruppe schon live erlebt. Vor ein paar Jahren hatten sie mit Ed Sheeran Galway girl eingespielt. Coyote begann zur Musik leicht zu steppen. Dann warf er sich auf die Tanzfläche in meinem Wohnzimmer. Die Energie schraubte sich nach oben, so sehr wie ich es schon lange nicht mehr erlebt hatte.

Er hob kommentarlos das Glas und gab einen irischen Trinkspruch zum Besten.

»Sláinte chugat, Noah!«

»Sláinte mhaith, *Old Man Coyote*!«

»What's the craic, Noah?«

Coyote holte die alte Blues-Brothers-CD meines Vaters und dann shakte er wieder so richtig ab. »Komm – shake your tail feathers, Noah!«

Wir fegten durch die Zimmer, verbogen unsere Wirbelsäulen, klatschten in die Hände, wackelten mit dem Po und verdrehten unsere Knie.

»Kopf im Himmel, Beine auf der Erde, wackeln mit den Hüften und lachen aus ganzem Herzen!«, schrie er. »Genau, du wirst gekocht, du Weichei. Zeit für Götterspeise. Deine innere Temperatur steigt. Entwickeln, was verwickelt war. Great craic!«

Die ausgelassene Stimmung breitete sich aus, erfasste das Haus, den Ort, Österreich, Europa, den Planeten, das Sonnensystem, die Milchstraße und das Universum. Dann brandete sie wieder von den Rändern des Makrokosmos zurück in unseren Mikrokosmos und schlug über uns zusammen wie eine ekstatische Welle, die kaum zu fassen war. Wir fielen verschwitzt und müde auf das Sofa.

»Das Herz, Noah. Das ist alles! Den Sprung schaffst du mit Verrücktheit und Humor. Das irische Craic beschreibt es wunderbar. Dieses herrliche Wort bedeutet noch viel mehr als fun.«

»Fun-tastisch. So wie das österreichische Wort Schmäh, mein lieber Schmähbruder.« Ich fühlte mich zu Hause. Richtig zu Hause. Die Ausgangssperre war zu einem Segen für mich geworden. Der gute, alte Freund aus anderen Welten war wieder zu Besuch.

»Coyote, hast du eine Wirbelsäule, einen echten Körper? Hattest du eine Mutter? Bist du eigentlich inkarniert?«

»Noah, auf Ehrenbruderbasis: Den Scheiß mit der Inkarnation tu ich mir nicht an. Bei mir und manch anderen läuft das etwas anders, um mal zu untertreiben.« Er brüllte vor Lachen und schlug sich auf die Schenkel.

»Okay, danke. So genau wollte ich es gar nicht wissen.«

»Irgendwann wirst du es verstehen. Dies ist nicht der richtige Zeitpunkt dafür. Aber es ist richtig guter Craic, würden meine Freunde aus Irland sagen.«

»Du hast Freunde in Irland?«

»Sicher. Am lustigsten ist es meist mit den Leprechauns. Ich habe überall Freunde. Das müsste dir schon klar sein.«

»Leprechauns, das sind die Kobolde der Natur?«

Coyote nickte. Der Schalk saß ihm offensichtlich im Nacken.

Epochale Konstellation

Mir wurde die Unterhaltung zu undurchsichtig. Ich schlenderte auf den Balkon, wo die *Indian Spirit* wie ein Glühwürmchen in der Nacht tanzte. Ich sah die Polizeistreife weiter unten im Ort. War es nicht übertrieben, wie das Epidemiegesetz ausgelegt wurde?

Inzwischen hatte das Robert-Koch-Institut, das auch ein Hochsicherheits-Biolabor der Stufe 4 betreibt, Österreich als Hochrisikogebiet eingestuft. Die Tracking-App Stopp Corona war initiiert und Telekom-Firmen lieferten Bewegungsdatensätze an die Regierung. Würde man bald neben dem Pass auch den Impfpass an den hochgezogenen Staatsgrenzen vorweisen müssen? Pflichtimpfung, Körpertemperaturmessung, Gesichtserkennung? Würden wir mittels digitaler ID Teil der globalen Weltbürgerschaft? Und würden US-Technologiekonzerne unsere virtuelle weltweite Passbehörde?

»Noah, riskiere den Kopfsprung ins Herz. Und wenn du auftauchst, dann tanze nackt in der Sonne, während andere in ihren Uniformen an dir vorbeimarschieren. In unsicheren Zeiten marschieren viele im Gleichschritt mit der Herde der Unbewussten. Du aber tanze. Gerade, wenn alles auf wackeligen Füßen steht, ist es der Tanz des Lebens, der dich trägt, und nicht der Marsch des Todes. Lebendigkeit und Leben. Sláinte.«

Ich prostete zurück. Hatte ich diese Worte nicht schon gehört? Seit Coyotes erstem Besuch hallten sie in mir nach. Jetzt hörte ich sie wieder von diesem heiligen Narren.

»Kümmere dich um das Leben und lass die Toten die Toten begraben. Der Schlüssel ist Verrücktheit, Humor und Lachen. So sprengst du das System, verlässt die Matrix.«

»Ach, Coyote, wenn ich bei dir bin, geht mein Herz so unfassbar schnell auf.«

»Das ist der Hauptpunkt, Noah. Dein Herz pumpt frische Energie in dein Gehirn, es regt alles an, jede Zelle deines Körpers wird mit Leben gefüllt. Deine Intelligenz, deine Gesundheit, dein Charakter. Deine Fähigkeiten, sogar die subtileren, werden auf eine neue Ebene gehoben. Die Auferstehung führt über das Herz.«

Da spielte mein Smartphone Just like fire von Pink. Franziska war am anderen Ende.

»Hallo Noah. Was machst du?«

»Ich bin, als ich die Medikamente zu Oma und Opa brachte, in drei Polizeikontrollen geraten. Jetzt bin ich zu Hause und soll nicht mehr mit dem Auto fahren.«

»Ich komme montagmittags und bleibe für drei Tage. Dann sause ich wieder rauf zu Miriam und den Kindern, mit denen ich intensiv lerne und spiele. Montagabend ist eine Konferenzschaltung der Lehrer. Am Dienstagvormittag hat mich Katja für den Journaldienst eingeteilt.«

»Ich freue mich riesig auf dich. Du wirst Augen machen, wenn du kommst. Sag Bert und Miriam, dass etwas Besonderes in der Luft liegt.«

»Das sagt er sowieso die ganze Zeit, Noah, als wenn wir vor dem größten Umbruch seit der Neuzeit stehen. Vor ziemlich genau 500 Jahren hätten Pluto und Saturn im Steinbock so gestanden wie zu Beginn des heurigen Jahres. Damals läuteten sie eine neue Epoche ein. Er hat mir noch mehr zu erklären versucht.« Franziska lachte leise. »Aber Sterndeutung ist nicht ganz meine Sache. Wenn Bert redet, hört sich das alles jedoch schlüssig an ... Jedenfalls ist er schon ewig wegen der besonderen Konstellation aufgeregt.«

»In besonderen Zeiten finden auch besondere Begegnungen statt.«

»Wie meinst du das?«

»Lass dich überraschen. Gute Nacht, Franziska.«

»Gute Nacht, mein Schatz. Das ist echt gemein, erst mit dem Handtuch wedeln und dann nichts verraten. Ich platze vor Neugier. Pass gut auf dich auf, ja? Du bist allein, oder?«

»All-eins, Franziska. Ich liebe dich!«

DEMÜTIGE OBERLEITUNG MIT WIT-ZEN

Ich legte das Smartphone weg und wandte mich Coyote zu. »Siehst du das auch so, Coyote?«

»Diese Dramatik? Die Welt wandelt sich, sie ist auf Visionssuche. Wir leben in einer Schwellenzeit. Wunden kommen hoch, Wunder geschehen. Verborgenes, Hässliches und Unerlöstes will geheilt werden. Eine heikle Phase, die ohne starken Spirit zermürbend werden kann. Eine längere Reise vom Schatten ins Licht. Zeit für Standortbestimmung und gute Visionen. Guten Craic.«

»Zu Beginn der Ausgangssperre dachte ich, dass viele Raupen sich verpuppen und nach der Pandemie ihre Häuser als Schmetterlinge verlassen werden.«

»Absolut. Wir werden mehr Schmetterlinge sehen als je zuvor. Schau genau, wenn die Türen wieder geöffnet werden, welch bunte Schmetterlinge den Kokon der Wohnungen verlassen. Leider geraten viele in Angst und Panik und bleiben im Stadium der Puppe hängen. Puppen für die Puppenspieler. Puppen und Schmetterlinge trennen sich gerade wie Spreu und Weizen, obwohl es natürlich keine echte Trennung gibt. Die Phase geht noch weit über diesen Shutdown hinaus.«

»Coyote, ich rekapituliere. Vor zirka 500 Jahren ging das Mittelalter zu Ende. Amerika wurde entdeckt, der Buchdruck war gerade erfunden. Die Welt wurde umsegelt und alle wussten: Die Erde ist keine Scheibe. Luther forderte die katholische Kirche mit ihrem Ablasshandel heraus.«

»Richtig, die gnadenlose Schutzgelderpressung zum Jenseits nahm ihr Ende. Aber es passierte noch was anderes. Vielleicht wurde es nicht so sehr bemerkt, aber es war umso spektakulärer. Das Weltbild änderte sich. Die Erde war nicht mehr der Mittelpunkt, sondern die Sonne. Kopernikanische Wende, heliozentrisches Weltbild, nicht wahr?«

»Welche Wende haben wir?«

»Du weißt es, Noah. Ich habe dich ein wenig beobachtet. Dir ist es schon gedämmert.«

»Göttlicher Stalker, die Aufgabe des selbstverliehenen Titels Krone der Schöpfung? Die demütige Eingliederung in das lebendige Ganze?«

»Bingo. Die Erkenntnis: Wir sind alle miteinander verbunden. Das ist der große Slogan des neuen Weltbildes. Wir müssen unseren Selbstdünkel aufgeben, von Besonderheit, die absondert, absehen. Und jetzt kommt's: In der Absonderung wirkt alles leblos und substanzlos. Wenn ihr euch wieder eingliedert und euren wahren Platz, der mit der Wirklichkeit korreliert, einnehmt, dann wird alles lebendig. Ihr seid von Leben erfüllt, weil ihr mit dem Leben verbunden seid. Ihr werdet vom Thron steigen und mitten ins Leben springen und merken, um wie vieles ihr glücklicher seid. Die Erkenntnis eines lebendigen Universums löst den Glauben an eine tote Materie ab. Der Baum des Todes hat ausgedient. Hoch lebe der Baum des Lebens. Auf den Paradigmenwechsel! Auf das Leben, Noah!«

»Die großen Wenden führen aber immer dazu, den Mittelpunkt aufzugeben.«

»Ihr nennt sie die großen Kränkungen der Menschheit. Gekränkt ist nur das Ego, jener Teil, der die Trennung liebt, der sich absondert, nach Besonderheit strebt und sich so selbst krönt. Die Folge ist oftmals ein Lockdown des Mitgefühls. Niemand steht über jemand anderem. Der Mensch ist Teil der Natur, er ist Natur, mit allen Lebewesen verbunden. In seiner Rolle ist er sogar weniger wichtig als andere Lebewesen. Vergleicht euch mal mit den Bienen oder Ameisen. Da habt ihr schlechte Karten. Übrigens: Irgendwann wirst du verstehen, dass es keine Mittelpunkte gibt.«

»Demut hat immer einen schalen Beigeschmack. Wie altertümliches Knien auf morschen Kirchenbänken vor dem am Kreuz hängenden Jesus.«

Coyote sprang auf meinen Tisch. Endlich war es wieder so weit. Er schwang sich in den Kopfstand und sprach: »Also, wenn Demut vor dem Kreuze kriechen bedeutet, dann ist es einfach nur das Ego, das einen Kopfstand macht und Demut vorgaukelt. Demut, die hat nichts mit falscher Selbsterniedrigung zu tun. Demut ist die natürlichste Sache der Welt. Demut bedeutet, das Ego loszulassen und nicht den Kopfstand des Egos.

So offenbarst du deine wahre Größe. Weder Überhöhung noch Erniedrigung. Beide gehören ins Reich des Egos und bedingen sich. Wenn du dich überhöhst, erniedrigst du dich gleichzeitig. Das Spiel funktioniert auch umgekehrt. Die einen spielen Täter, die anderen Opfer. Beide spielen auf der Bühne des Egos, nur dass die Opferrolle die subtilere ist.«

Er drückte sich plötzlich kurz in den Handstand und sprang vom Tisch. »Eins verrate ich dir noch. Demut macht dich locker. Du nimmst dich nicht so ernst und entwickelst Humor. Liebe zu allem, auch zu dir selbst, erblüht. In der großen Freiheit bist du ans Leben angeschlossen und voller Energie. So wie ein Oberleitungsbus, der an das Netz angeschlossen ist. Du musst nur die Verbindung herstellen. Dabei musst du dich aber aufrichten. Wenn du Kinder unterrichtest, verlieren sie die Verbindung zur Oberleitung. Richte sie auf! Okay?«

»Cooles Bild, Coyote.«

»Dies wird die Schule revolutionieren und neu ausrichten. Wenn du aber vom Unterrichten zum Aufrichten wechselst, lass dich nicht von so manchen Nachrichten wieder nachrichten. Bleib aufrecht. Hast du das verstanden?«

»Ja, ich bin begeistert.«

»Die Erkenntnis, dass wir eins und miteinander verbunden sind, erfolgt während des spektakulärsten Shutdowns der Menschheitsgeschichte. Ganz intensiv über das All-eins-Sein, über das Alleinsein. Das ist die große Paradoxie – und die liebe ich.« Er klatschte in die Hände und tanzte durch den Raum. Das Licht fiel aus. Es war stockdunkel. »Wie klingt das Klatschen einer Hand?«, rief er.

Still war es. Ganz still. Ich lauschte, Coyote war nicht zu hören.

»Wie viele Zen-Mönche braucht man, um eine Glühbirne zu wechseln, Noah?«, flüsterte er.

»Keine Ahnung, sag's mir, Coyote.«

»Einen zum Wechseln und einen zum Nichtwechseln.« Er lachte schallend.

»Du, mit deinen Wit-zen. Ich werde dir unsere Lieblingsfee kreden-zen: die Kaf-fee. Aber erst wechsle ich die Birne. Ich hab noch eine alte.«

»Eine sehr gute Idee, Noah. Eine sehr gute.«

Warum nur hatte ich das komische Gefühl, dass er nicht nur die Glühbirne meinte?

BACH, BOSS UND RUDELDENKEN

Als ich aufwachte, roch es nach frischem Kaffee. Coyote stand am offenen Fenster und bat mich, der Musik zu lauschen. Die Sonne war gerade über den ersten Bergkamm geklettert und die Vögel sangen.

»Und wieder rollt die Morgensymphonie unserer gefiederten Freunde rund um den Planeten, mit dem Sonnenlicht von Ost nach West. Sie verkünden täglich einen neuen, lichten Morgen.«

Ich machte meine gewohnten Aufwärm- und Atemübungen. Coyote empfahl mir, zwischen den Übungen einen freien, verrückten Tanz in mein Wohnzimmer zu holen. Dann schickte er mich raus, um durch die Natur zu laufen.

»Darf ich mit? Bin schon lange nicht mehr gelaufen.« Coyote legte seinen Hut ab und bat um Sportschuhe, kurze Hose und T-Shirt.

»Passt dir Schuhgröße 43?«

»Perfekt!«

Wir sausten die Treppe nach unten, rauf auf den Gehsteig und rüber in das Wäldchen. Coyote lief locker, mit ausholenden Schritten. Ich hoffte nur, dass uns kein Polizist sehen könnte. Den alten Trickster und mich.

Als der Pfad in eine Wiese mündete, rief uns eine Frau, die von einem belgischen Schäferhund und einem Rottweiler gezogen wurde, zu: »Keine Angst, sie tun nichts!«

Die Hunde bellten, zerrten die Dame hinter sich her, die ihr Gewicht in die Waagschale warf. Es half nichts. Ein Hund riss sich los und galoppierte auf uns zu.

»Meine Hunde sind sehr gut erzogen. Die tun niemanden was.« Das waren ihre letzten Worte, bevor sie stürzte. Der zweite Hund raste auf uns zu.

»Gnädige Frau, Sie brauchen keine Angst zu haben. Ich beiße Ihre Hunde nicht«, erklärte Coyote sehr förmlich. Die beiden Vierbeiner hechelten neben mir und Coyote eilte zu der Frau, die, etwas übergewichtig, immer noch ausgestreckt am Boden liegend, die Kontrolle über ihr Leben verloren hatte.

»Darf ich Ihnen helfen«, fragte Coyote. Er sprach langsam und beruhigte die desorientiert wirkenden Hunde, die ihm gefolgt waren.

»Danke, ich stecke Sie nicht an. Ich habe kein Corona-Virus«, erklärte sie.

»Da bin ich mir ganz sicher. Sie hatten schon Ihre Hunde hervorragend im Griff. Wie sollten dann unzählige Viren Ihren Befehlen nicht gehorchen?«

Coyote klatschte in seine Hände, streckte sie der Frau entgegen und zog sie hoch. Die Hunde beäugten ihn misstrauisch, während die Frau auf sie einredete. Dann drehte sich sie sich wieder zu Coyote: »Danke, dass Sie mir geholfen haben. Ich bin gerade etwas überfordert. Mein Kreislauf ist nicht der beste, bin zuckerkrank und hab Probleme mit meinen Augen. Da wundert es mich nicht, dass ich bei Ihnen einen buschigen Schwanz am Hinterteil sehe.«

»Oh, Sie sehen gar nicht so schlecht. Aber Sie sollten etwas gesünder leben, liebe Frau. Die Gicht wartet bei Ihnen schon auf ihre Chance. Sie haben hübsche Hunde. Die brauchen nur etwas mehr Führung. Viel Freude noch mit den beiden und merken Sie sich: Sie sind der Boss, der Liebe gibt und klare Grenzen setzt.«

Die Frau bedankte sich herzlich. Coyote drehte sich um und rief: »Geben Sie das Rudeldenken auf. Sie sind auch allein stark.« Er steckte seinen Schweif wieder in die kurze Hose, sein Hinterteil wirkte so unnatürlich groß.

»Du hast einen Arsch wie halb Tirol, Coyote!«, rief ich ihm zu und lief davon.

»Mein Schwanz steht ab jetzt unter Quarantäne, Noah!«

»Diesen Zustand kenn ich«, meinte ein junger Jogger, der an uns vorbeisauste. Wir lachten und joggten weiter. Immer wieder wollte der buschige Schweif aus seiner Hose hüpfen. Der Anblick, wenn ich hinter ihm lief, war herrlich.

»Gute Schuhe, Noah. Nicht zu sehr gefedert. Man spürt noch den Boden«, bemerkte er, als wir dem Ende des Rundlaufes zustrebten. Die Sonnenstrahlen wärmten immer mehr, die Landschaft legte sich wie ein unebener Teppich unter unsere Füße, über den wir liefen.

Verschwitzt sprangen wir die Treppe im Wohnhaus hoch, als Josef seine Tür öffnete. Coyote lehnte sich gegen die Wand, damit man sein buschiges Teil nicht sehen konnte. Er sollte sowieso Abstand halten.

»Was hörst du hier, Josef? Sehr schön.«

»Die Matthäuspassion von Johann Sebastian Bach. Ich dirigiere dazu.«

Ich stieß Coyote in die Seite. »Siehst du, hier im Haus sind alle etwas verrückt.«

Er hob amüsiert die Augen.

»Übrigens: Was meint ihr?«, begann ich mit einem Kontrollblick in Richtung Coyotes Hose. »Woran glaubten die großen Komponisten, die geistliche Musik schrieben?«

»Es mag sein, dass nicht alle an Gott glaubten, an Bach glaubten sie alle«, erklärte Josef fröhlich. Dann verabschiedete er sich und eilte singend in den Kellerraum.

BLAKE UND DAS TRUMPELTIER

Coyote und ich setzten uns an den Tisch und genossen Vollkorntoast, Butter, Marmelade, Käse und Fruchtsaft. Ich erzählte von den letzten Jahren und Coyote nahm sich stundenlang Zeit; er war ganz Ohr, Auge und Nase, wie er meinte, während ich redete und redete. Dann bat er mich, meine Erinnerungen vorzutanzen und zu singen.

Being a coyote war mein Lieblingslied. Ich hatte es komponiert und Coyote bei unserem letzten Treffen am Berg vorgespielt. Jetzt durfte es nicht fehlen. Als er mich zum Theaterspielen aufforderte, wurde es mir zu bunt und ich ließ kräftig einen fahren.

»Für deine offene Nase, Coyote. Ein kleines Geschenk, das sich ausbreitet und immer größer wird.«

»Oh danke, du bekommst ein größeres zurück.«

Es donnerte förmlich in meiner Wohnung. Wackelte das Geschirr im Küchenschrank? Wie konnte er nur lauthals über seinen Riesenfurz lachen?

»Wegen so einem Schas lachst du so viel, Coyote?«

»Der Schas ist der beste Komiker, nicht wahr? Ich habe ihn immer im Gepäck dabei.«

»Ja, wenn der Koffer seinen Koffer immer im Gepäck hat.«

Der Tag verging unfassbar schnell, bis Coyote und ich am Abend bei einem Kartenspiel, dem Schnapsen, landeten.

»Was ist Trumpf, Coyote?«

»Trump?«

»Hörst du schlecht? Ist Eichel oder Herz Trumpf?«

»Bei mir ist es immer das Herz, dann die Eichel. Bei Trump ist das nicht so sicher.«

»Ach, ja? Mir kommt er vor wie die Mischung aus dunklem König und Narren. Was hältst du von ihm?«

Coyote spielte die erste Schnapskarte aus.

»Was soll das, Coyote? Das ist ein Joker, ein Jolly! Der gehört nicht zu den Schnapskarten.«

»Oh, wie sollen wir weiterspielen? Ein Joker im Spiel. Eine wilde Karte. Sowas.«

»Ah, du meinst Trump wäre eine wilde Karte?«

»Sicher, durch ihn wurden die Karten neu gemischt. Mit negativ und positiv kommst du bei diesem komischen Trumpeltier nicht weit. Er spielt vorübergehend seine Rolle bei der großen Veränderung. Und die ist nicht unabhängig vom Geschehen.«

»In diesen stürmischen Zeiten sehen manche in ihm den leibhaftigen Teufel, andere gar eine Art Messias. Ein Wolf ohne Schafspelz oder ein Schaf im Wolfspelz könnte man sagen.«

Coyote sprang auf und brüllte:

»Ein Joker eben, aber nicht für die Ewigkeit gedacht. Ein Freak, mit einem toten Frettchen am Kopf. Die Frage ist, wofür er Platzhalter ist. Die Frage ist auch, womit sein Frisör sein Geld verdient.«

»Gut gebrüllt, Löwe. Du darfst dich wieder setzen.«

»Das Brüllen des Löwen, das Heulen des Wolfes, das Tosen der stürmischen See und das zerstörerische Schwert sind Teile der Ewigkeit, zu groß für das Auge des Menschen.«

»Ein echter Old Man Poem?«

»Nein, ein echter William Blake, dieser wilde Engel.«

»Coyote, was brauchen wir Menschen am meisten?«

»Poesie, Noah. Musik, Tanz und Ekstase. Man hat euch die Ekstase des Verbundenseins abtrainiert. Sie war das Feuer, das euch wärmte, euch zu warmen und liebevollen Menschen machte. Man nahm es euch. Und weißt du wie?«

»Sag's mir.«

»Das Feuer ist Sinnbild für Spiritualität. Freie, echte Spiritualität, so wie die tanzenden Flammen, und keine organisierte. Und es ist ebenso die Sexualität. Spiritualität und Sexualität sind dieselbe Energie. Beide ..., jetzt kommt's Noah!« Er sprang auf und tanzte sanft, bevor er weitersprach. »Beide sind zutiefst verbindend. Und in der Verbindung entsteht der Tanz der Ekstase. Ihr schwingt höher und höher. Das wissen diejenigen, die sich über euch stellen und euch kontrollieren wollen. Besonders die Kirche griff im Namen Gottes genau an dieser Stelle ein. Das Feuer ist das Intimste und das Verbindendste, das ihr habt. Sie stellten sich zwischen dich und Gott, zwischen dich und deinen Partner. Die direkte Verbindung zu Gott, zum Göttlichen, wurde dämonisiert, sie wollten sich als Vermittler reinreklamieren. Viele sind nicht Vermittler, sondern in Wahrheit Trennende. Die sexuelle Verbindung wurde dämonisiert. Sie haben sich in das Allerheiligste eures Wesens eingenistet. Sie saßen in euren Schlafzimmern und beschatteten euch. Sie bauten Tempel aus kaltem Stein, um dort eure Spiritualität einzufangen und zu organisieren. Das Feuer der Imagination wurde gekappt und die Natur dämonisiert. Sie saßen am Lagerfeuer des Herzens und kontrollierten es. So trocknete euer Herz aus, ihr habt die Ekstase des Lebens verloren und damit eure wahre Schöpferkraft. Ihr wurdet spirituell und sexuell kastriert und euch blieb nur mehr die Flucht in euren Kopf. Ihr kühltet ab.« Coyote machte eine Pause, damit ich seine Worte verdauen konnte.

»Sie dämonisierten sogar das Feuer selbst und verbannten es. Weißt du wohin? In die Hölle. Sie erfanden eine Hölle, in der euch auf ewig das Höllenfeuer quälen sollte. Sie taten alles, um eure Verbindung abzubrechen. Ihr wurdet auf Sparflamme gesetzt. Die, die zu lebendig wurden, hat man auf dem Scheiterhaufen verbrannt. Ein kleiner Vorgeschmack auf das, was euch nach dem Tod erwarten sollte. So wurdet ihr angepasst und brav. Ihr habt eure Lebendigkeit, Spontaneität, Spiritualität und Poesie verloren. Aber die Hölle, Noah, die ist Kälte. Eure Angst vor dem, was euch nach dem Tode erwartet, speiste eure Angst vor dem Tod. Diese Angst kroch durch alle Ritzen in euer konkretes Leben. Ihr wurdet reingelegt und geplündert. Sie wollten das Feuer haben. Ihr solltet nur mehr Schatten sein, die vom gestohlenen Feuer an die kalte Wand des Gefängnisses geworfen wurden. Leblose Tote. Das Feuer zu kontrollieren ist hocheffektiv.«

»Wer hat das alles gemacht, Coyote?«

»In Wahrheit das, was ihr Ego nennt. Das Ego, das euch im Gewand von Königen, Priestern, Politikern und anderen entgegenkam und ... kommt. Es will Kontrolle. Ausgekühlte, abgetrennte und heimatlose Seelen sind leicht zu führen.«

»Du hast selbst das Feuer den Menschen gebracht, nicht wahr? Du bist Experte darin.«

Er lachte. Dann zündete er sich eine geschnorrte *Indian Spirit* an, grinste und meinte: »Die Krise mit dem Feuer passierte, als ihr sesshaft wurdet. Ihr habt damals eure Lagerfeuer unter dem Sternenhimmel verlassen und eure Wildheit und Leidenschaft aufgegeben. Ihr seid in Dörfer und Städte gezogen, habt alles Leben domestiziert, besonders euch selbst. Aber ich bring euch das Feuer wieder. Ich bin ein Dieb des Lebens. Ich stehle es dem Ego. Auf das Leben! Feuer bedeutet Feier. Feiern wir das Leben, Noah! Auf das Leben! Nichts existiert unabhängig. Alles ist verbunden. Trennung ist nur ein schlechter Scherz. Sláinte chugat, Noah!«

»Sláinte, Coyote. Das ist starker Tobak. Ich muss mit dem Feuer des Lebens eine *Indian Spirit* zum Leben erwecken.«

Coyote lachte. Wir landeten draußen. Es war schon Abend. Wo war die Zeit geblieben? Wir blickten auf die ersten Sterne. Der Himmel strahlte rein und unverfälscht. Der menschliche Aktionismus war kurzfristig ausgebremst.

»Weißt du, wenn du die Verbindung verlierst, suchst du im Außen nach ihr. Ihr habt noch euren Kopf und der sucht überall nach dem Leben.

Aber es ist ein Fass ohne Boden. Kein vom Verstand noch so engmaschiges Netz kann diesen Himmel einfangen, denn das Leben lässt sich nicht vermessen und verkaufen. Aber das ist es, was der Verstand probiert. Diese Suche, diese Sucht und Gier führen ins Nichts. In diesem Anhalten entdecken viele wieder das Feuer in sich selbst. In diesem Alleinsein liegt das Geschenk des All-Einseins. Dafür braucht ihr niemanden. Das ist Selbstermächtigung, Noah.«

»Danke, göttlicher Dieb. Warum verwendest du so gern irische Wörter?«

»Weil ich die Iren liebe. Sie haben sich vom Irrigen einiges noch bewahrt.« Coyote verdreht die Augen, streckte die Zunge raus und steppte am Balkon.

»Noah, hast du Grünen Veltliner für mich? Lass uns doch die aufgestiegene, die vergeistigte Traube zu uns nehmen.«

Wir stapften wieder ins Warme und ich servierte Coyote ein Gläschen Wein.

»Weißt du, Noah. Bruder Jeshua brachte den Menschen das Feuer zurück. Als er aus der Wüste kam, taufte er mit dem Feuer des Heiligen Geistes und vollbrachte danach sein erstes Wunder, als er bei der Hochzeit zu Kana Wasser in Wein verwandelte. Der Mann war lebendig und verstand was von Partys. Sechs Steinkrüge brauchte er dafür. Ein Krug fasste in etwa hundert Liter. So, und schau dir heute seine Nachfolger an. Viele sind leblose Gefangene des Egos, halbseidene Gestalten, die bestenfalls Lebendigkeit vorgaukeln. Sie lächeln befremdlich, um Herzenswärme vorzutäuschen. Das hat nichts mit Jeshuas, also Jesu Botschaft zu tun.«

»Ehrlich, Coyote. Wenn heute jemand das Wort Jesus oder Gott in den Mund nimmt, wirkt er verdächtig und befremdlich.«

»Wundert es dich? Was haben sie aus seiner Liebes- und Glücksbotschaft gemacht? Ein Personen- und Todeskult. Er hängt an kalten Wänden in alten Gemäuern am Kreuz. Dabei geht es um die Auferstehung. Tja, der giftige Cocktail des Egos mit den Zutaten Angst, Schuld und Sünde wirkt immer noch. Viele Gläubige werden damit durchgeschüttelt, statt gerührt zu sein. Aber Jesus selbst war lebendig. Er war ein echter Mensch aus Fleisch und Blut, er liebte das Menschsein. Jesus brachte die Grabesstille ins Wanken. Man wollte ihn zum Schweigen bringen, denn das Machtgefüge geriet außer Kontrolle. Sein Getränk ist der Wein des Lebens, die Liebe.«

»Jetzt ist die Botschaft verwässert und Anlaufstelle für Totengräber, nicht wahr?«

Silicon Valley und St. Corona

Als ich am Montagmorgen aufwachte, war Coyote nicht anzutreffen. Wo er wohl war?

Im Irish Pub oder in der Schule konnte er nicht sein. Ich frühstückte allein. Michael, mein Sportsfreund, schickte mir eine Nachricht: Noah, mir geht's wie dem Virus. Ich brauche dringend einen Wirt. Sollen wir uns heimlich beim Bärenwirten oder im Berggasthof meiner Schwester treffen? Wenn du ein Weichei bist, ist auch eine Videokonferenz-Schaltung mit Live-Bier möglich.

Ich joggte meine Runde und freute mich, als ich die Hundebesitzerin glücklich mit ihren Hunden antraf.

»Danke für gestern!«, rief sie mir zu. »Wo haben Sie Ihren älteren Freund gelassen? Ich könnte wetten, einen langen, buschigen Schwanz bei ihm gesehen zu haben.«

Ein Mann lief mit Respektabstand an uns vorbei, ein Abstand so groß, dass er nicht nur Corona geschuldet war. Er blickte mich an und ich erkannte in seinen weit aufgerissenen Augen viele Fragezeichen. War das der Jogger von gestern? Wird er sich verlaufen? Auf dem Rückweg traf ich auf Dietmar und seine Ehefrau Marlies.

»Hallo, Noah. Du siehst, meine Frau führt mich aus. Bin froh, dass ich keinen Maulkorb tragen muss. Aber so wie es aussieht, brauchen wir in Zukunft sowieso einen Mundschutz.«

Marlies lächelte und erzählte, dass sie als Familie zusammenwachsen würden.

»Wir wachsen oft ganz schön zusammen«, erwiderte Dietmar. »Diese Seuche muss eine Frau erfunden haben. Kein Fußball, kein Fortgehen, kein Sport im Fernsehen, unnötige Arbeiten in Haus und Garten, dauernde Familienabende. Sie haben das Ganze zusätzlich wie eine Grippe aussehen lassen, die uns Männer noch dazu härter trifft. Wir Männer sind bei diesem Thema sehr empfindlich. Und dann haben sie die Seuche nach einer Biersorte benannt. Unglaublich fies.«

»Der mexikanische Corona-Bierbrauer wird wahrscheinlich die Produktion einstellen. Ist nicht systemrelevant, meint die mexikanische Regierung.«

Dietmar schimpfte. »Muss St. Corona in Niederösterreich seinen Namen als Solidaritätsbekundung auch noch abgeben? Was soll das bringen? Sollen wir jetzt einen übergroßen Mundschutz auf das Ortsschild kleben?«

»Oder nach dem St. am Ortsschild noch opp dazuschreiben.« Marlies hatte sich eingeschaltet und wir lachten über den neuen Ortsnamen Stopp Corona.

»Vielleicht ist St. sowieso schon die Abkürzung für Stopp. Hat sich schon jemand in St. Corona infiziert? Funktioniert die neue Stopp-Corona-App?«

Coyote spazierte vorbei. Als er Marlies und Dietmar begrüßte, musste er husten.

»Corona?«, fragte Dietmar.

»Nein, Marlboro«, gab Coyote zurück.

»Sind Sie nicht der amerikanische Pädagoge, der vor ein paar Jahren unsere Schule fast auf den Kopf gestellt hat? Marlies, ich hab dir von ihm erzählt. Hier ist er.« Dietmar wandte sich begeistert an Coyote. »Sie haben mein Leben nachhaltig verändert. Wissen Sie das?«

»Das freut mich sehr! Sag doch einfach du.«

Dietmar erzählte, dass er seit Coyotes letztem Besuch viele Baumhäuser gebaut hatte. Er berichtete vom einem neuen Lehrerkollegen, der zu Beginn des Fernlernens ohne Rücksprache falsche Rechenaufgaben für die Schüler eingescannt und kopiert habe.

»Er stand nur vor dem Kopierer. Ich hatte schon Angst, er würde die neue Lehrerin durch den Einzug lassen. Aber dafür hat sie zu große ... du weißt schon. Es gibt Silicon Valley und Silicon mountains.«

Marlies tadelte Dietmar kurz.

»Apropos Silicon Valley. Katja verschiebt die heutige Videokonferenz.

Sie hat Zweifel am Videokonferenz-Anbieter aus diesem Tal. Bis vor Kurzem fand sie kaum den Einschaltknopf am Computer, jetzt wird sie noch Sicherheitsexpertin.«

»Warum nicht die Welt der freien Software nutzen? Open Source-Lösungen wären was!« Coyote schaute uns neugierig an.

Als Dietmar Coyote zu nahekam, bemerkte ich, dass Marlies unruhig wurde.

»Marlies, John Fox ist mit Abstand der beste Computerexperte, den ich kenne. Und ich kenne echt wenige.«

Wir verabschiedeten uns. Dietmar wollte nicht auf Eltern von Schülern treffen. »Weißt du, es gibt Eltern von Corona-Kindern, die Lehrer am Schwarzmarkt horrende Summen bezahlen wollten. Ich mach da aber nicht mit. Ich brauche meine Ruhe.«

Ich rannte meine Runde noch fertig, Coyote verschwand im Wald und Marlies und Dietmar spazierten einem neuen Tag entgegen.

Die Rückkehr und der Tanz mit dem Coyoten

Was würde Franziska sagen, wenn sie Coyote sah? Sie hatte damals gefühlt, wer er war. Seitdem hatte ich ihr unzählige Geschichten anvertraut. Sie und Bert waren so was wie Eingeweihte. Auch Miriam wusste, wer John Fox war. Ich traute mich nicht mehr, das Zuhause zu verlassen, um Franziska zu holen. Miriam und Bert wollten, soweit es möglich war, in ihrer Hütte am Berg bleiben.

Also bot sich Martin an, Franziska zu holen. Er freute sich, mit Miriam und Bert ein wenig reden zu können.

Coyote und ich saßen am Tisch und plauderten gemütlich. Wir legten Musik ein und genossen den Vormittag.

»Es liegt eine erstaunliche Stille in der Luft, Noah. Spürst du sie? Sie wird in den nächsten Tagen noch tiefer gehen.«

»Beim Joggen hab ich mehr Tiere als sonst gesehen. Die Rehe bleiben ruhig stehen, wenn ich vorbeilaufe. Das ist so neu für mich.«

Coyote nickte. »Die Stille ist der Donnerschlag für einen Neubeginn. Die äußere Stille hält aber nicht ewig. Ihr werdet in wenigen Monaten bewellt werden. Euer Schiff wird dann durch meterhohe Dauerwellen segeln. Und ihr werdet euch zeitweise wie ein Sandwich fühlen, eingeklemmt zwischen alter und neuer Energie. Erinnere dich dann immer an den Donnerschlag der Stille.«

Ich schrieb eine Nachricht an meine Schüler, korrigierte Texte und holte den Sack Kartoffeln, den ich von meinem geliebten Bioladen erstanden hatte, um Franziska mein Erdäpfelgulasch zu kochen. Die Besitzer des Bioladens machten seit der Corona-Krise doppelten Umsatz und hofften auf einen nachhaltigen Geschäftszuwachs. Ich hoffte auch, dass jene profitieren würden, die auf Nähe und nicht auf Distanz setzten, fürchtete aber, dass Distanzanbieter wie die IT-Branche bald durch die Decke gehen würden.

Mit Schwung begann ich die Zubereitung des Gulaschs. Coyote schnitt die Zwiebeln und schälte Kartoffeln.

»Wie ich den Geruch von angebratenen Zwiebeln liebe. So elementar und belebend. Ich bin zu Tränen gerührt. Einfach ehrlich herrlich.«

»Herrlich währt am längsten, Coyote.«

Als das Gulasch, gewürzt mit Paprika, Majoran, Kümmel und Lorbeerblättern, köchelte, hörte ich den bekannten Rhythmus von Franziskas Füßen auf der Treppe. Vor der Wohnungstür fing ich sie ab. Wir küssten uns innig. Was für eine unglaubliche Frau!

»Hier riecht's verdammt gut. Hab ich einen Hunger, Noah!«

»Ich werde dir die Augen verbinden. Es gibt eine kleine Überraschung.«

Franziska konnte ihre Neugier kaum im Zaum halten, als ich sie an ihren Platz führte. »Franziska, das Überraschungspaket ist vielleicht doch größer als klein. Dir wird das Essen von einem Freund serviert.«

»Echt? Wir haben viele Freunde, Noah. Das ist nicht so leicht.«

Coyote kam mit dem Topf Gulasch zu Tisch und stellte diesen ab. Ich stand hinter Franziska, hatte meine Hände auf ihre Schultern gelegt. »Hast du eine Ahnung, wer es sein könnte?«

Während sie ein paar Namen durchging, sang Coyote: »Hallo Franziska, ich bin's: *Old Man Coyote*.«

Franziska riss das Tuch herunter, schaute auf und sah Coyote. Sie sagte nichts, sondern begann zu schluchzen, während sie meine Hand hielt. »Komm, alte Seele. Die Überraschung scheint gelungen. So furchtbar schaue ich doch nicht aus.«

Franziska blickte mich an, dann rannte sie zu Coyote, der am anderen Ende des Tisches stand. Sie hüpften durch den Raum wie kleine Kinder, die viel zu lange getrennt gewesen waren. Ich klatschte in die Hände. Eine Träne rollte über meine Wangen.

Wir gönnten uns bestes Erdäpfelgulasch und schwelgten in Erinnerungen.

»Wie bin ich froh, dich wieder zu sehen, John. Pardon, Coyote. Endlich kann ich dich umarmen und mit dir reden. Davon träume ich seit Jahren.«

»Hast du unsere Verbindung gespürt, Franziska?«

»Ja, sehr intensiv. Aber manchmal gab es Tage, wo du nicht erreichbar warst.«

Coyote grinste. »Auch wenn die Leitung besetzt scheint, ihr habt eine Hotline zu mir. Hotline to heaven. Die führt aber nicht nach draußen. Sie führt nach innen ins Herz und das ist nie weit entfernt und nie besetzt. Nur manchmal steht ihr auf der Leitung und macht's zu kompliziert.«

»Wisst ihr, was mich auf dem Weg hierher traurig gemacht hat?«, fragte Franziska. »Die Kinderspielplätze sind leer, Spielgeräte sind mit Klebebändern abgesperrt. Das Recht der Kinder zu spielen ist wie ausgehebelt. Kinder und Jugendliche mutieren von Hoffnungs- zu Virenträgern. Wie konnte das passieren? Sie gehören nicht einmal zur Risikogruppe und ihnen wird fast alles verboten. Wahrscheinlich bleiben ihnen in Zukunft Feste, Feiern, Konzerte, Praktika und vieles andere verwehrt.

Ist das die neue Normalität? Was bedeutet diese Phrase, dieses gefährliche Framing, das wieder einmal Alternativlosigkeit beschwört? Damals, nach den Anschlägen 2001, wurden wir da nicht auf einen andauernden Krieg gegen den Terror eingestellt? Die Welt war nicht mehr dieselbe und Gut und Böse hatten neue Namen. Das nenne ich gekonntes Agenda-Setting.«

Coyote nickte. »Wir werden ständig über unseren Feind unterrichtet. So hat der Tag nach dem Aufstehen sofort Struktur. Nachrichten zu übernehmen ist das neue Nachdenken. Leider leben wir dann in einer Schleife des Daueralarmismus«, ergänzte ich.

»Vor wenigen Wochen mussten die Kinder in unsere Schulen kommen, jetzt müssen sie zu Hause bleiben. In Deutschland, China, Nordkorea und Schweden ist die Situation noch einschneidender. Dort gibt es immer noch eine Schulbesuchspflicht. Schweden fügt sich nicht ein in die neue Normalität während der Corona-Krise. Das finde ich erhebend. Ich glaube, es ist der richtige Weg in die Zukunft, wenn der fokussierte Schutz der Risikogruppe glückt. Da wurden am Anfang Fehler gemacht. Das Land von Astrid Lindgren und Pippi Langstrumpf geht mutig voraus. Übrigens, hier bei uns ist die Polizei extrem streng, aber dass du dreimal aufgehalten wurdest, Noah, das ist schon eine Leistung.«

»Danke für das Kompliment, Franziska.«

Wir sprachen darüber, dass vielen Kindern nur noch die elektronischen Endgeräte zu Hause blieben. Der körperliche Kontakt zu anderen Kindern war vielen nicht mehr möglich. Franziska fürchtete, nach dem Shutdown Cyborgs in den Klassen begrüßen zu müssen. Zumindest könnte die erste Übertragung von Computerviren auf Menschen stattgefunden haben, so als ob Zoonosen nicht reichen würden. Die Schule wäre in Zukunft wohl eine der letzten Freiräume vor dem Alleskönner namens Smartphone.

Wir waren uns sicher, dass das Lernen zu Hause für selbstorganisierte und freiheitsliebende Schüler eine Zeit lang spannend war. Andere würden eine förderliche Struktur vermissen und ins Hintertreffen geraten. Vielleicht lernten Kinder und Jugendliche nun jene Dinge, die ihnen oft verwehrt waren.

Eltern mussten zu Hause bleiben, auch die Väter. Gemeinsames Kochen, Werken, Spielen standen am Programm. Einfach Dinge des Alltags. Wesentliches Lernen mit den Eltern, wenn diese das bieten konnten, war nun neuer Teil des größeren Lehrplans.

»Coyote«, begann Franziska, »ich denke, dass hinter dem Corona-Virus eine Verschwörung des Bildungsministeriums steckt. Man will die Digitalisierungskompetenz der Lehrer vorantreiben. Jetzt geht's blitzschnell. Kollegen werden zu Meistern der Digitalisierung. Also, der Mann an der Spitze des Ministeriums hat wohl das Fass mit Viren geöffnet.«

»Das ist zu kurz gedacht«, warf ich ein, während ich an dem Schober knabberte, den Franziska von Miriam mitgebracht hatte. »Da könnte man ja gleich behaupten, die Rentenversicherungsanstalten weltweit hätten eine Intrige geschmiedet.«

Coyote lächelte ob unserer nicht ganz ernst gemeinten Verschwörungstheorien.

»Okay, alter Mann. Die Frage aller Fragen.« Ich stand auf und sprach mit ausladender Geste. »Wie sollen wir unseren Kindern später erklären, dass eine einzige Fledermaus in China einen weltweiten Run auf Klopapier auslöste?«

»Oh Sohn des Pluto. Merke dir folgende Wörter: Fledermaus, Klopapier, Arschlöcher und Dunkelheit. Wir werden dazu eine Geschichte schreiben, denn sie haben Geschichte geschrieben. Ich muss ... aber auf die Toilette. Legt gute Musik ein.«

»Ah, da bauen wir dann eine Reizwortgeschichte«, erklärte Franziska.

»In der Tat!«, schallte es aus der Toilette. »Nicht mal Batman wird euch retten!«, hörte man ihn. »Ihr seid jetzt in euren Zellen eingeschlossen, wie Nonnen und Mönche. Ihr rettet euch selbst. Holy Shit. An nichts könnt ihr euch festhalten. Nicht einmal am Klopapier.«

Ich schnappte meine Gitarre und sang mit Franziska Holy Shit. Die Wörter und Melodien purzelten nur so heraus. Wir sangen und lachten.

Nachdem der letzte Ton verklungen war, meinte Franziska: »Sag einmal, was ist mit Coyote los? Hat er sich in der Toilette runtergespült?«

»Coyote, wo bist du?«

Kein Wort, kein Ton. Ich klopfte an die Tür. Nichts. Ich öffnete diese. Coyote war spurlos verschwunden. Dann entdeckte ich auf der Klopapierrolle Wörter.

»Die Kraft des spurlosen Scheißens ist der wahre Weg des Feuerlotus.

Die Spur des kraftlosen Scheißens führt ins Verderben. Staune, lerne und scheiße.«

All das war fein säuberlich aufs Klopapier geschrieben. Darunter noch die Unterschrift: Die Schutzpatronin des Klopapiers: Hakle feucht.

Ich lachte mich schief, Franziska rümpfte die Nase.

Katzen, Martin und der fliegende Schwan

Das Telefon läutete und Martin, mein verrückter Lehrerkollege und Hausbootveteran, war am anderen Ende. »Noah, magst du eine Runde mit mir joggen? Ich muss mal raus in die Natur. Weißt du, ich wollte in der Fastenzeit an einem Schweigeretreat teilnehmen, abgelegen in einem Kloster. Jetzt bin ich abgelegen in meiner Wohnung. Susi kommt erst morgen wieder. Sie hilft ihren Eltern auf dem Bauernhof. Die Trockenheit und die Ausbreitung des Borkenkäfers machen ihren Eltern schwer zu schaffen. Sie vermisst übrigens ihre Arbeit im *Shannon* sehr.«

»Martin, passt es für dich, wenn Franziska später dazukommt? Wir könnten die Runde zweimal laufen, das wäre dann ein Halbmarathon! Und zwischen den Runden pausieren und ein wenig plaudern.«

»Großartig, aber wie weiß Franziska, wann sie kommen soll?«

»Ich lade Franziska zu einem Experiment ein. Sie trainiert gerade intensiv ihre Intuition. Gegen Ende der ersten Runde schicke ich ihr eine telepathische Nachricht. Das Smartphone bleibt zu Hause, die Auswertung der Standortdaten umlaufen wir. Franziska kann nicht nur gut Wörter lesen, sondern auch Gedanken und telepathische Nachrichten.«

»Noah, ich höre sie eher«, flüsterte sie mir zu.

Ich verabredete mich mit Martin. In zwanzig Minuten sollte der Lauf in das kleine Wäldchen nahe der Schule starten.

»Noah, gerade hast du mich darauf gebracht, was wir alles lesen: Wörter, Fährten, Weine, Gedanken, Mimik, Karten, Böden ... Schon erstaunlich, nicht wahr?«

Ich schlüpfte in meine Zehensocken und die bunten Five-Fingers, die ich mir zugelegt hatte. Mein Handy piepste. Opa hatte mir eine Sprachnachricht gesendet.

»Noah, ich wollte dir nur sagen«, begann Opa, »dass es uns besser geht. Oma ist viel friedlicher. Wie ein kleines Wunder ... Wir genießen die gemeinsame Zeit wieder. Ich danke dir für deine Hilfe. Das Medikament scheint großartig zu sein!« Ich sprach Opa eine Botschaft auf Band und lief die Stiege nach unten. Hier saß Cat Stevens.

Der Besitzer im Erdgeschoß hatte seinen Kater so getauft und fand dies ungemein witzig. Cat Stevens, ein sanfter, feingliedriger Kater, konnte sich sehr wohl zur Wehr setzen. Soweit ich wusste, war er noch nicht zum Islam konvertiert, sonst hätte sein Besitzer ihn sicher schon Yusuf gerufen, aber seine Schreiduelle und Kämpfe mit Pablo hatten mir schon einige Male den Schlaf geraubt. Zum Glück mussten sich die beiden nicht mit Corona herumschlagen. Das war dann doch eine ziemlich menschliche Angelegenheit.

Pablo war der Kater von Josef. Bert hatte ihn Josef durch meine Vermittlung geschenkt, nachdem Josefs vorige Katze als Methusalem verstorben war. Den Namen Pablo hatte der Kater noch von Bert erhalten, dessen Lieblingsdichter Pablo Neruda ihn dazu inspiriert hatte. Kater Pablo war voll natürlicher Würde und Freude am Leben. Pure, wilde Schönheit. Wie wenn ein Gedicht durch die Natur streifen würde, so kam es mir vor, wenn Pablo unterwegs war. Ob sich Rilke und Pablo kennen oder vielleicht sogar schätzen würden? Füchse gehörten zwar zu den hundeartigen Tieren, ihrem Wesen nach aber waren sie für mich so was wie Katzenhunde.

Ich streichelte kurz den kleinen Schmusekrieger, dann sputete ich mich. Ich war spät dran. Ob Martin barfuß laufen würde? Als ich die Straße nach unten lief, winkte mir Martin und zeigte auf seine imaginäre Uhr. »Hast du die Zeitumstellung übersehen, Noah?«

»Ach darum. Ich richte mich nach der Kirchenuhr und die hat noch nicht mitgemacht.«

Martins weiße Füße blitzten mir entgegen.

»Mit deinen nackten Füßen wirst du heute die Astronauten der ISS blenden, Martin!«

Wir liefen los und fegten auf dem schmalen Weg über die Landschaft.

Martin lief vorn, ich hinterher. Wie sah die Erde vom größten außerirdischen Bauwerk der Menschheitsgeschichte wohl aus? Friedlich würde sie im Weltraum schweben, so wie Martin und ich über den Boden unseres wunderbaren Planeten. Die Vollbremsung der Menschheit durch ein unsichtbares Virus war von der ISS aus sicherlich nicht erkennbar. Die Raumstation war wohl der sicherste Ort vor Corona-Viren, obwohl die freischwebende Quarantäne an Bord andere Ursachen hatte.

Martin legte ein ordentliches Tempo vor. Seine Schrittlänge war für ihn typisch kurz und er rollte von den Zehenballen zu den Fersen ab. Während wir über die Landschaft glitten, sahen wir Rehe, die uns neugierig beäugten, statt zu fliehen. Die wundervolle Stille und Ruhe, die sich über die Natur gelegt hatte, waren zu spüren. Auf einer Anhöhe blieb Martin stehen.

»Schau dir das an, Noah.«

Mehrere Krähen versuchten gemeinsam, ein Mäusebussardweibchen, das friedlich über einem kleinen Wald kreiste, zu vertreiben. Die Krähen attackierten den Greifvogel. Ruhig änderte das Weibchen die Flugrichtung, ein Turmfalke zischte ihm hinterher.

»Im Gegensatz zu Habichten sind Bussarde ziemlich chillig. Quasi tiefenentspannt«, erklärte ich Martin.

Wir setzten uns auf Felsen, jeder auf seinen eigenen. »Noah, ich hab von John Fox geträumt. Der Traum war so real, dass ich nach dem Aufwachen erst realisieren musste, dass es kein Traum war. Er hat uns so inspiriert. Susi sagt, dass er ihr Leben gerettet hat. Allein meine Energie beim Laufen ist auf einem völlig neuen Level. Als John mir von Pan erzählte und dem Laufen mit der Kraft der Natur, war das der Sonnenaufgang zu einer völlig neuen Laufwelt. Du weißt, ich hab seitdem kleinere Läufe gewonnen.«

Als Martin das Wort Pan gesprochen hatte, wirkten er und seine Umgebung wie in Licht getaucht. Wir schwiegen, dann wandte er sich mir zu: »Noah, ich stecke derzeit in einer Krise. Mein Selbstbewusstsein verlässt mich wie tauender Schnee in den Bergen. Ich weiß nicht, was es genau ist …, aber ich hab das Gefühl, ich komme bei den Schulkindern nicht mehr so gut an.« Er seufzte. »Frauen reagieren kaum auf mich. Susi und ich, wir lieben uns. Manchmal würde mir ein wenig Bestätigung am freien Markt aber guttun. Ich meditiere kaum, verpenne das Online-Training meines Kung-Fu-Lehrers, weil ich hundemüde bin. Diese Krise, sie raubt mir Zeit. Stundenlang surfe ich im Internet und suche nach wahren Gründen für den Ausnahmezustand. Du kannst dir nicht vorstellen, was man da alles findet. Ich war sogar bei einer Dame, die angeblich hellsichtig ist. Nur, ihre Prognosen waren düster, ihr Wesen auch.«

Der Schrei des Bussards war wieder zu hören, Insekten summten neben uns.

»Martin, machst du dich zu sehr von anderen abhängig? Du scheinst verunsichert, öffnest dich ungebremst für alles. Aber wie es schon in dem Spruch heißt: Wer für alles offen ist, kann nicht ganz dicht sein. Warum konzentrierst du dich nicht wieder mehr auf deine buddhistischen Wurzeln, Martin? Es ist ein wunderschöner, verlässlicher Weg ohne geistige Fake News. Wenn schon, dann höre auf jene, die eine natürliche Spiritualität leben.«

»Du hast recht. Überall explodieren die Brand News zu allen möglichen Bereichen, Verschwörungstheorien geistern durch unterschiedliche Kanäle. An einigen ist was dran, viele führen ins Nichts. Ich hab da viel gelesen. Zu viel.«

»Verschwörungstheorien haben noch nichts mit Spiritualität zu tun, auch wenn manche Teilwahrheiten einfangen können, oder? Das ist eine andere Liga. Spiritualität ist freie Energie um uns und in uns, weder geheim noch verschlossen. Wir haben diese Energie nicht, wir sind sie.«

»Danke, für die Klarheit, Ehrenbruder«, sprach er im Slang unserer Schüler. »Mich hat die Angst zu stark vernebelt. Sie hat mein Unterscheidungsvermögen gelähmt. Du, Susi kommt heute Abend zurück. Angenommen, sie hat sich angesteckt, welche Stellung ist hier am besten?«

Ich blickte Martin an, bemerkte dann aber, dass seine Frage nicht ernst gemeint war. »Also, auf Ehrenbruderbasis: Ich empfehle das fliegende Entenpaar, den Brückenpfeiler oder den liegenden Schwan. Als Krönung preise ich den fliegenden Schwan. Aber dafür muss man schon sehr spirituell sein. Kappa.«

Martin lachte und ich musste an Franziska denken. »Martin, Zeit zum Aufbrechen. Franziska wartet sicher für die zweite Runde.«

Ich schickte ihr den Gedanken, dass wir in wenigen Minuten die erste Runde beenden würden.

Bald liefen wir parallel zum Hinweg, nur auf einem Plateau oberhalb eines Waldes. Und in die andere Richtung. In der Ferne krächzte ein Eichelhäher und neben uns rüttelte ein Turmfalke, der wohl eine Maus im Visier hatte. Als wir beinahe am Beginn der Laufrunde angelangt waren, entdeckten wir Franziska, die zum Treffpunkt joggte.

»Na, wie läuft's, Männer?«, erkundigte sie sich und flüsterte mir ins Ohr, während sie einen Wangenkuss andeutete: »Hast du Martin von John Fox erzählt?«

»Nein, aber er ahnt was. Gratuliere zu deiner Intuition.«

»Laufen wir den anderen Weg. Dort begegnen wir kaum Menschen. Was meint ihr?«, fragte Franziska.

»Den kenne ich nicht, Franziska.«

»Egal, Noah. Wer nie vom Weg abkommt, bleibt auf der Strecke. Ich sage: Wenn niemand mehr weiß, wo es lang geht, dann bist du richtig. Denn dann bist du vorn. Von hinten siehst du immer nur die Ärsche.«

»In diesem konkreten Fall ist es mir nur recht, wenn du richtig liegst, äh läufst.«

Wir jagten einen schmalen Pfad entlang. Zum Teil war er nicht breiter als ein Wildwechsel. Franziska gab das Tempo vor, Martin folgte ihr mit angemessenem Abstand.

Bei einem Anstieg drehte er sich um, lächelte und zeigte den Daumen nach oben.

Die Sonne berührte die Silhouette der höchsten Berge. Sie hatte sich rot-orange verfärbt und strotzte nur so vor Energie, um weiter im Westen die Erde mit Licht zu versorgen. Die Berge, diese stillen Wächter, ragten in den Himmel hinein und verbanden diesen mit der Erde auf eine geheimnisvolle Art und Weise. Ich liebte die Freiheit des Laufens, die Weite der Landschaft. Tief fühlte ich mich mit dieser verbunden.

Ein Gefühl von Daheimsein und Freiheit trug mich die letzten Kilometer. Wir hatten uns kein einziges Mal verlaufen. Franziska war ihrer weiblichen Nase gefolgt.

»Ich laufe nach Hause. Vielleicht können wir später noch videotelefonieren. Was haltet ihr davon? Probieren wir mal eine Open-Source-Variante. Zuvor aber heißt es wieder mal E- Mails lesen, Cyber-Homework prüfen, den Schulmessenger SchoolFox öffnen, Signal checken, Texte korrigieren. Und dann, Trommelwirbel, Susi empfangen.«

»Du verwendest Signal. Echt? Mit den Schülern oder Eltern deiner Klasse?«

»Mit beiden. Ich habe nach einem Gespräch mit Bert WhatsApp den Rücken gekehrt. Ich verwende Signal als inoffiziellen Kommunikationskanal, weniger als Plattform für Schul- und Unterrichtsinfos.«

Martin lief barfuß weiter, Franziska und ich joggten heim. Ich war erschöpft, denn ein kilometerlanges, topografisches Laufband hatte sich unter meinen Füßen bewegt. »Schau nur, Rilke«, flüsterte Franziska.

»Erinnert mich an SchoolFox, Franziska und an die Schönheit der Natur.«

»Und an die Poesie. Hat nicht der indische Dichter und Nobelpreisträger Rabindranath Tagore gemeint, dass die Trennung der Menschen voneinander und von der Natur in die Sklaverei führe? Und wir Freiheit fänden, wenn wir uns zusammentun und mit der Natur verbinden? Aber gut, für viele, die eine technokratische Welt bevorzugen, sind diese Worte unwissenschaftliche Träumereien. Ehrlich, es gibt nicht wenige Menschen mit einem intelligenten und zugleich extrem engen Verstand.«

Franziska und ich eilten das Stiegenhaus hoch. »Franziska, die Intelligenz ist oft rein funktional auf ein begrenztes Gebiet ausgerichtet, Defizite in vielen anderen Bereichen können leider zu schweren Nebenwirkungen führen. Zu Risiken und Nebenwirkungen aber fragen Sie Ihren Arzt und Apotheker.«

»Zu den riesigen Nebenwirkungen fressen Sie die Packungsbeilage und erschlagen Sie den irren Arzt Ihres Apothekers«, hörten wir eine Stimme aus dem Hintergrund. Coyote war wieder da. »Der Verstand funktioniert eben geöffnet wie beim Fallschirm am besten.«

»Schön, dass du da bist. Wo warst du, Coyote?«

»Ich hatte eine längere Sitzung. Nun bin ich wieder bei euch, ihr Lieben.«

»Du meintest aber nicht deine Klositzung, oder?«

»So ähnlich. Gerade düngt viel Scheiße die neue Zukunft.«

»Weil du vom Fallschirm gesprochen hast, Coyote. Was ist, wenn manche, während sie fallen, meinen, dass alle Sicherheit weg ist? Auch der Fallschirm ... Was dann?«

»Manchen wachsen Flügel, Franziska. Sie beginnen zu fliegen. In der Not entfalten sich Flügel. Andere haben es schwer. Die Angst, sie zieht euch nach unten, sie ist das gefährlichste Virus mit der größten Ansteckungsgefahr.«

Ich zeigte Coyote ein Meme mit einem Fallschirmspringer, der nur in einer Badehose aus dem Flugzeug gesprungen war. Unter dem Bild stand: Skydiver, der seinen Fallschirm vergessen hatte, an Coronavirus gestorben!

Wuhan, Gasthäuser und Goldhauben

Nach der Dusche setzten wir uns zu Tisch, backten die selbstgemachten Weckerl von Franziska auf und gönnten uns dazu einen Kichererbsenaufstrich. Das Telefon läutete. Bert wollte mit uns reden.

»Alles gut gelaufen, Franziska?«

»Bert, ich bin's, Noah. Sie ist gut gelaufen. Wir waren schon joggen.«

»Das ist großartig.«

»Du, weil wir gerade telefonieren: Möchtest du an einer Videokonferenz teilnehmen? Jetzt gleich? Ich hab eine Überraschung für dich. Hoffentlich stoßen noch weitere Freunde dazu.«

Bert war begeistert und sofort saßen wir vor unseren Laptops. Neben mir Franziska, an Berts Seite grinste Miriam.

»Sehr gute Idee, dass wir eine fast sichere Open-Source-Variante verwenden. Wie bist du auf das gekommen, Noah?«

Ich lächelte geheimnisvoll. »Das hat mit meiner Überraschung zu tun. Ich habe einen Stargast bei mir. Rate mal. Ein Gast, der Heilung bringt. Mehr will ich nicht verraten.«

»Der Gesundheitsminister?«

»Nein, denk größer.«

»Euer Bildungsminister?«

»Zu kurz gedacht.«

»Was? Der Bundeskanzler?«

»Kein Politiker.«

»Heidi Klum?«

»Scherzkeks. Sie heilt nicht, sie urteilt auf Kosten jener, die mit ihrem Selbstwert zahlen. Ein ungleiches Geschäft, so wie bei ihrem Geistesbruder Bohlen.«

»Da hast du recht. Die Welt braucht neue Vorbilder. Noah, ich komm nicht drauf.« Bert blickte gespannt. Plötzlich funkelten seine Augen. Als er Coyote sah, fasste er sich mit der Hand an die Lippen. Er schloss die Augen. »Coyoteeeeeee! Wie ich mich freue! Mein Gott, was für ein Wiedersehen! Wartet, ich muss kurz an die frische Luft. Bin gleich wieder da.«

Nach einer Minute war er wieder vor seinem Laptop. Miriam lächelte unentwegt.

»Seid gegrüßt, ihr beiden. Euer Herz erleuchtet hell die offenen Augen. Welch wundersamer Schimmer. Kein schmerzliches Zerwürfnis von Sein und Schein. Entzweiung bloß der Widerhall aus längst vergangenen Zeiten. Sein oder Nichtsein, das ist alleinig die Frage manch andrer Wesenheiten.« Coyote ließ einen gewaltigen Furz und lachte. Ein wenig war ich neidisch auf ihn, denn Franziska maßregelte ihn nicht.

»Coyote, die Welt steht in Flammen und du sitzt da und fabulierst. Herrlich.«

»Und flatulierst«, ergänzte ich.

»Das kannst du laut sagen«, erklärte Franziska.

»Was meint ihr? Übrigens, euer Bildschirm hat gerade gewackelt und die Kamera ist angelaufen. Ist die Verbindung nicht gut?«

»Doch, doch. Unser Wohnzimmer stand nur kurz in Flammen. Die olfaktorische Belastung hält sich aber in Grenzen.« Franziska blickte zu Coyote, der eine Unschuldsmiene aufsetzte.

»Ah, der Donnervogel. Der Phönix. Ich kann es nicht fassen! Ich spreche sofort eine Einladung an euch alle aus. Franziska kommt bald zu uns. Vielleicht wollt ihr uns alle besuchen?«

Ich erzählte von meinen drei Boxenstopps bei der Polizei. Sie kugelten sich.

»Wisst ihr, was dem Bärenwirt passiert ist? Er spielte in seinem Gasthaus, pardon Wirtshaus, mit Gästen am Tisch Karten. Jemand muss ihn verraten haben. Die Polizei löste die Veranstaltung auf und der Bärenwirt muss ein paar Tausend Euro blechen. Auch wenn er die Feinheit 's hat, das Denunzieren ist gerade eine gefährliche Volks-

...ıe nat der Bärenwirt reagiert?«

»Er meinte, er würde den neuen Gesetzen mit dem Arsch ins Gesicht fahren.«

»Jetzt tun mir aber blöderweise die Gesetze leid«, befand Franziska.

»Ach Noah, kannst du nicht Rumis Gasthaus zitieren? Ich liebe es, wenn du es sprichst. Es öffnet jedes Mal sanft und tief mein Herz.«

»Gern, mein Schatz. Also.« Ich räusperte mich kurz.

»DAS LEBEN IST EIN GASTHAUS

Das menschliche Dasein ist ein Gasthaus. Jeden Morgen ein neuer Gast. Freude, Depression und Niedertracht – auch ein kurzer Moment von Achtsamkeit kommt als unverhoffter Besucher. Begrüße und bewirte sie alle! Selbst wenn es eine Schar von Sorgen ist, die gewaltsam dein Haus seiner Möbel entledigt, selbst dann behandle jeden Gast ehrenvoll. Vielleicht bereitet er dich vor auf neue Freuden. Dem dunklen Gedanken, der Scham, der Bosheit – begegne ihnen lachend an der Tür und lade sie zu dir ein. Sei dankbar für jeden, der kommt, denn alle sind zu deiner Führung geschickt worden aus einer anderen Welt.«

Miriam und Bert klatschten, Franziska küsste mich. Ich räusperte mich verlegen.

»Warum beklatscht ihr das Glas, das euch das Wasser reicht und nicht das Wasser selbst?«

Coyote klatschte über meinem Kopf und eine Energiewelle erfasste mich.

»Rumi, eine liebende Rose ohne Dornen. Ein Tanz für die Ewigkeit«, sprach Coyote und fing an, sich zu drehen. Ein enormer Druck drohte meine Brust zu sprengen. Franziska hielt mich an der Hand, bis ich wieder klar sehen konnte. Miriam und Bert saßen noch vor ihrem Laptop. Mein Handy klingelte. Martin. »Machen wir eine Videokonferenz, Noah?«

»Sicher. Hol bitte auch Susi und schnallt euch an. Es gibt eine große Überraschung.«

»Welche Plattform, Noah? Ich hab die Videokonferenz mit *SchoolFox* ausprobiert.«

»Nein, wir verwenden eine Open-Source-Konferenzsoftware, die nicht heruntergeladen werden muss. Aber der *SchoolFox* wird euch gleich besuchen.«

»Wie bitte?«

Es dauerte nicht lange und Susi und Martin waren am Bildschirm zu erkennen.

Sie sahen aus wie Kinder, die aufs Christkind warteten.

»*I proudly present here live on stage*« – ich zeigte auf Coyote – »*the one and only: John Fox!*«

Susi und Martin hüpften auf ihrem Sofa und klatschten sich ab.

»John, du? Ach, das erhellt mein Leben. Darfst du überhaupt hier sein?«

Ich erklärte ihnen, dass John auf Urlaub in Österreich war und mich besuchte.

»Bleibst du hier? Die Situation in den USA sieht nicht rosig aus!«

Susi faltete aus Dankbarkeit immer wieder die Hände. Mich schmerzte es, dass ich mir eine Notlüge einfallen lassen musste. Aber es war besser, nicht die ganze Wahrheit über Coyote zu erzählen.

»Was sagst du, John? Ist eine verrückte Zeit. Über mir schweben mehr Fragezeichen als Antworten. Noah hat mir heute schon ein wenig in die Spur geholfen. Bist du erst jetzt gekommen? Mit dem Auto? Was denkst du, woher das Virus kommt?«

»Ich freu mich riesig, euch wieder zu sehen. Wir werden einen Weg finden, uns zu treffen. Mein Weg hierher? Erklär ich euch später. Nur, Martin, was brennt dir so in deiner Brust?«

»John, eine Gretchenfrage. Hoffentlich kommt sie nicht ungelegen. So viele Theorien kursieren zur Entstehung der Corona-Pandemie. Verschwurbelte, aber auch ernst zu nehmende Verschwörungstheorien. Was sagst du? Wie kam das Virus in die Welt? Übrigens, ich dachte kurz, du hättest einen Schweif ...«

»Martin, du schweifst ab. Deine Gedanken wirbeln wild umher. Nur wisst ihr was? Erzählt mal alle eure Theorien zur Entstehung, Verbreitung und Bedeutung des Virus.«

»Na gut«, begann Miriam, »die offizielle Version ist, dass eine gestresste Fledermaus am *Huanan seafood wholesale market* in Wuhan das Virus auf Menschen übertrug. Eine Zoonose also. Eventuell könnte das vom Aussterben bedrohte Schuppentier, das skandalöserweise auf solchen Märkten tot und lebendig zu finden ist, ein Zwischenwirt gewesen sein. Die Übertragung durch Fledermäuse ist realistisch.«

»Vielleicht ist es einfach nur eine überfällige Pandemie? Alle hundert Jahre sucht uns eine Pandemie heim, ob Pest, Cholera oder spanische Grippe. Wobei, ich hab gehört, dass hier Pandemien unterschlagen wurden, um einen Hunderterrhythmus zu suggerieren«, ergänzte Susi.

Als Coyote zu wilderen Theorien aufforderte, ging's richtig zur Sache. Martin hatte sich viele Informationen aus dem Internet gesogen. Auch Bert hatte sich seine Gedanken gemacht. Zuerst kamen wir auf das *Wuhan Institute of Virology*, das einzige der Schutzstufe 4 in China. Dort könnte mit Fledermausviren experimentiert worden sein, meinte Martin. Fledermäuse könnte man auch im Labor stressen, Viren wahrscheinlich verändern. Geld, viel Geld sei nach Wuhan geflossen, um Corona-Viren im Auftrag der USA zu erforschen. Die Militärweltspiele in Wuhan mit zehntausend Militärangehörigen aus über hundert Ländern Mitte Oktober, kurz vor dem Ausbruch, waren verdächtig. China als bewusster Verursacher war auch am Tablet. Das Reich im Fernen Osten könnte damit den Westen schwächen, der nicht so rigoros Grundrechte zur Eindämmung der Pandemie außer Kraft setzen kann. Nicht wenige Politiker würden deswegen neidvoll nach China blicken. Außerdem könnte China damit den ungeliebten Präsidenten Trump vom Thron stoßen. Vielleicht würde hier China sogar mit anderen Akteuren zusammenarbeiten. Das bewusste Runterfahren der Weltwirtschaft, Big-Data-Programme, Beschneidung der Demokratie und Grundrechte,

Überwachung, Polizeistaat, Matrix, Aldous Huxleys *Schöne neue Welt* und die Pharmaindustrie standen zur Diskussion.

Martin verwies auf *Crimson Contagion*, eine Übung des *US-Health-Department* im vergangenen August, das von einem Grippevirus mit Ursprung China ausging. Er kam richtig in Fahrt, sprach von Bill Gates und seinen Reden auf TED-Talk, über Lockdowns und Pandemien und der weltweiten Impfagenda. Als die Militärweltspiele in Wuhan stattfanden, hätte die Gates-Stiftung mit dem Weltwirtschaftsforum und dem *Johns Hopkins Center* zu Übungszwecken ein Pandemie-Szenario simuliert. Bei diesem *Event 201* im Oktober 2019 ging man von einem Corona-Virus aus. Bei der Simulationsübung waren Vertreter der CIA, des chinesischen Zentrums für Krankheitskontrolle und -prävention, der US-Pharma- und Medienkonzerne und viele weitere Player geladen.

»Vielleicht hat Bill Gates feuchte Träume, wenn er jeden menschlichen Körper spritzen will. Er ist ein mächtiger Sponsor der WHO. Sorry, für diese verbale Entgleisung.«

Bert verglich Gates mit einem modernen Kolumbus, der sich in einer göttlichen Mission wähnte, die ihm unfassbar viel Gold einbringen würde.

»Stimmt Bert«, gab Martin zur Antwort, »er sieht den Durchschnittsmenschen wie Kolumbus die damaligen Ureinwohner. Naive, dümmliche Wesen, die zu persönlichem Reichtum und Ruhm führen. Er will die Eroberung des menschlichen Körpers und ich denke, er ist neben seinem Drang zum Geld auch überzeugt davon. Die Menschen werden um eine Impfung betteln, weil sie keine andere Lösung sehen, um der Pandemie zu entkommen.«

Martin sprach von einem Papier der *Rockefeller Foundation* über *Szenarien der Zukunftstechnologie und internationaler Entwicklung*. Obwohl es 2010 entworfen wurde, war es erschreckend aktuell. Der weltweite Umgang mit der Pandemie schien ähnlich den beschriebenen Szenarien der Stiftung.

»John D. Rockefeller hat 1916 mit seiner Foundation die *Johns Hopkins School of Hygiene and Public Health* finanziert. Heute liefert diese mit dem *Covid-19-Dashboard* der gesamten Welt die Daten über Corona-

Todesfälle und Infektionen und wird von Bloomberg subventioniert. Die Gates-Stiftung ist neben Bloomberg derzeit der größte Sponsor der *Johns Hopkins University*.«

Als er jedoch meinte, Trump würde eventuell die Situation durchblicken, wurde es Franziska zu viel.

»Kann es nicht ein Sicherheitsleck in Wuhan gewesen sein? Vielleicht hat sich bei Experimenten ein Wissenschaftler angesteckt? Im Labor gibt es ein Fledermausforschungsprogramm. Sie haben die größte Datenbank der Welt mit Fledermausviren. Eine ungewöhnliche Frau namens Professor Shi alias Batwoman hat sie angelegt. Ich glaub, es war ein Unfall. Fledermäuse in Gefangenschaft sind sicher hochgradig gestresst. Nur, wer weiß. Eine Zoonose könnte im Wildtiermarkt nebenan passiert sein. Letztendlich sind alle Gründe eine Katastrophe und unsere Zerstörung von Lebensräumen werden Zoonosen in Zukunft noch begünstigen.«

»Ja, entweder ein gestresstes Wildtier oder ein gestresster Vollarsch ist verantwortlich«, erklärte Susi.

»Herzlichen Dank für diese pandemische Plauderei, liebe Corona-Gäste! Beim Übersprung von Wildtieren sprechen wir von Zoonosen, bei Ärschen von Ponosen. Bevor wir weiter überlegen: Martin, nicht alles ist eine Verschwörung und nicht jede Verschwörung ist nichts!«

Dann richtete sich Coyote auf, zupfte an seinem Hut und begann mit großer Geste eine Rede:

»Also – *waren es gestresste Fledermäuse,*

transatlantische Halunken,

chinesische Getreideblattläuse,

eine Verschwörung der Dunklen?

Die Post von Mutter Erde?

Plutos stirb und werde?

Ein Zauberlehrling im Labor?

Oh – welch armer Tor.

Sind es geopolitische Ränke,

die Russen, die Triaden, wieder mal die Briten?

Oder gar die wild gewordenen Eliten?

Ich weiß nicht, ob ich noch richtig denke.

Vielleicht ist's ja der ewige Krieg der Amerikaner,

die Rache der Indianer,

oder waren's die Rächer der Enterbten

an den dunklen Weggefährten?

Waren es gar die Rosenzüchter oder die Rosenkreuzer,

außerirdische Oberschnäuzer,

Riesenkonzerne oder andere Wappler,

Freimaurer oder gekränkte Hochstapler?

Vielleicht der Aufstand der Seerosengießer,

der Beckenrandschwimmer, der Spießer,

der Warmduscher, Leisefurzer, mit dem Winde Pisser,

der Brusthaarentferner, Gehsteigscheißer und Nutznießer?

Aber ich verrat's euch – es sind die Bauchtanzgruppe und die Goldhaubenfrauen,

die an der weiblichen Zukunft bauen.

Die goldene Krone geöffnet am Scheitel,

verbunden mit dem Leben – so uneitel.

Sie sind am Ball –

Ach Martin, das Böse ist immer und überall.«

Es war still im Raum, für eine Sekunde Ewigkeit. Dann brandete Applaus über die Bildschirme. Bert und Miriam lachten, Franziska öffnete eine Flasche Wein und Susi drückte Martin, der zwischen Gelächter und Nachdenklichkeit schwankte.

Freunde, Holy Shit und Südseeinseln

Als die Begeisterungsstürme abklangen, erweiterten wir die Videokonferenz. Florian, Michael, Jakob, Patrizia und Vanessa schalteten sich dazu. Das klappte wunderbar. Als John vorgestellt wurde, war die Überraschung riesengroß. Michael schlug sofort ein heimliches Treffen im Gasthaus seiner Schwester vor. Florian meinte, dass eine der Berghütten besser wäre. Jakob schwärmte von seinem Leben als Musikschullehrer.

»Ehrlich, es ist ein Hammer. Ich bekomme weiterhin bezahlt und beginne erst nach Ostern mit ein wenig Unterricht auf Skype. Ich hab viel Zeit zum Üben und für den Sport.«

»Du könntest bei der Spargelernte helfen«, meinte Florian und zwinkerte in die Kamera.

»Ich finde es gerade richtig Scheiße«, warf Patrizia ein.

Michael stimmte zu. »Was sagst du dazu, John?«

»Es gibt fünf Hauptentwicklungsstadien in der Scheiße des Lebens, meine Lieben: Erstens: Das Leben selbst ist scheiße. Zweitens: Mein Leben ist scheiße, weil die Leute über mir scheiße sind. Drittens: Mein Leben ist scheiße, weil die Leute unter mir scheiße sind. Viertens: Wir alle sind Scheißer und helfen uns gemeinsam aus der Scheiße. Fünftens: Die Scheiße und der Lotus sind eins. Alles ist heilig. *Holy Shit.*«

»Und, wo stehen wir kollektiv?«, wollte Bert wissen, der immer wieder lachen musste.

»Die Stufe, *wir alle sind Scheißer,* könnte die rettende sein. Der Weg aus der Trennung zur Kooperation.«

Die Stimmung war ausgelassen und ich genoss es, die Gesichter meiner engsten Freunde vor mir am Bildschirm zu sehen.

»John, wie lange bleibst du dieses Mal in Österreich?«, erkundigte sich Florian.

»Mal sehen. Jedenfalls werdet ihr mich nicht so schnell loswerden.«

»Trotz Ausgangssperren und Quarantäne lebt es sich hier gut. Bald werden ja weitere Orte unter Quarantäne gestellt. Ich verstehe nur eines nicht: Die Abteilungen der Krankenhäuser sind zum Teil leer, von einer Herdenimmunität sind wir Lichtjahre entfernt. Entweder das Virus verabschiedet sich oder wir müssen auf einen Impfstoff warten.«

»Wegen der Herdenimmunität bin ich hier, Noah. Ich liebe meine Herde und bald ist sie immun gegen Angst«, flüsterte mir Coyote zu.

»John, was sagst du zum gottähnlichen Philanthropen und Landsmann Bill Gates?«, fragte Jakob. »Ist er ein Guter oder von der anderen Abteilung?«

»*Be God* oder bigott, das ist hier die Frage«, warf Coyote ein. »Wer durch das Gate geht, hat die Bill zu zahlen.«

Florian rief: »Schaut mal, wer gleich am Bildschirm erscheint!«

Plötzlich poppte Clemens mit seiner Familie auf. Clemens! Was für ein Abend! Meine Freunde hatten es alle auf den Bildschirm geschafft.

Clemens und seine Familie wirkten ein wenig erschöpft. Der große Traum von Freiheit hatte sich in einen kleinen Albtraum verwandelt. Sie waren bei einer der traumhaften Südseeinseln auf ihrem Boot gefangen, das sie weder verlassen noch weiter segeln durften. »Alle Häfen hier haben dicht gemacht, es gibt keine Flüge nach Europa. Derzeit hätten wir in den Bergen Österreichs mehr Freiheit. Immerhin gibt's hier WLAN.«

Die Stimmung war auf dem Boot mitten in der Südsee am Kochen, wahrscheinlich erst recht die Temperatur unter Deck. Clemens Kinder kreierten gerade ein Mittagessen. Während er und seine Partnerin Angelina an Deck lungerten, grinsten sie in die Kamera und zeigten Bilder vom Hafen.

»Ich hab richtig Scheiße gebaut«, erklärte Clemens. »Hätte ich meinem Gefühl und dem Wind getraut, würden wir in einem sicheren, kleinen Hafen bei Freunden ankern. Aber nein, ich musste weiterfahren.«

Angelina nickte und deutete hinter Clemens Rücken auf ihn.

»John, in was für einer beschissenen Entwicklungsstufe steckt nun Clemens fest?«, erkundigte sich Patrizia.

»Okay, Leute. Das lässt sich feststellen. Laut einer hochaktuellen Scheiß-Studie gibt es vier Stadien. Erstens: Scheißen. Zweitens: Oh, da ist ja Scheiße. Drittens: Ich habe Scheiße gemacht. Viertens: Heilige Scheiße.«

»Dann bin ich klar auf Stufe drei. Danke John.«

Clemens lachte. »*Holy Shit*«, entfuhr es ihm.

»Siehst du, du bist auf dem besten Weg, das Leben so zu feiern, wie es ist. Der Kopfsprung ins Herz lässt dich alles umarmen. Auf das Leben! *Holy Shit*!«

Wir witzelten noch bis in die Nacht hinein. Jakob trank als Schluckimpfung eines seiner letzten Corona-Biere. Michael erzählte von seinem Vater, der früher Toyota-Corona fuhr. Coyote tanzte im Hintergrund.

»Martin, hörst du Musik oder glaubst du deine Gedanken? Musik oder Lärm, Liebe oder Angst, Opfertäter oder Schöpfer, Leben oder Maschine. Wofür entscheidest du dich?«

Als es Zeit zum Schlafen wurde, meinte Coyote: »Meine Lieben, eines noch zu Verschwörungstheorien: Sie legen sich wie Spinnweben um den Planeten. Die meisten sind aus Angst geboren, manche tragen erstaunliche Wahrheiten in sich, die sie jedoch bis zur Unkenntlichkeit verzerren. Wie eine Stubenfliege sitzt ihr vor den Spinnweben des weltweiten Netzes und gafft in eure Bildschirme. Manche können an nichts anderes mehr denken. Sie fühlen sich als Opfer fremder Mächte und geben mit Schuldzuweisungen jede Verantwortung ab. Ihre Gehirne sind vollgerammelt mit diesem Zeugs. Andere machen sich wichtig, da sie angeblich geheimes Wissen besitzen. Es geht ihnen oftmals nicht besser als jenen, deren Denken an Medien outgesourct wurde. Manchmal ist es gut, sein Gefängnis zu kennen. Das größte Gefängnis sind eure Gedanken selbst, wenn sie vom Virus der Angst befallen sind. Unabhängig von eurem Weltbild. Angst oder Liebe? Das ist die wahre Wahl, vor der wir stehen. Und das Universum wartet immer deutlicher auf eine klare Entscheidung von euch. Und ich sag es euch: Diese Wahl ist umkämpfter, als alle Wahlen dieser Welt es waren und sind. Ihr dürft euch gern fragen, welcher Teil wohl am meisten kämpft. Nutzt eure Imagination, eure Kreativität nicht negativ. Die Straße negativer Kreativität führt in dunkle Gefilde der Angst und Verwirrung, mitten hinein in jenes Bergwerk, das eure Ressourcen plündert und das ihr umgehen wolltet. Dies hat nichts mit Schöpfung zu tun, eher werdet ihr abgeschöpft. Der Pfad der lichten Kreativität ist schöpferisch. Ihr werdet zu Lichtschöpfern statt Schwarzmalern. Sie ist etwas völlig anderes und führt in den Garten der Liebe, dort, wo sich eure Potentiale entfalten. Die lebendige Kreativität macht euch zu Schöpfern. Sie kommt aus dem Nest der Stille, breitet ihre Flügel des Lichts und Klangs aus, ihr Flug ist Poesie, und ruht wieder in der Stille. In diesem Sinne breche ich nun meine Zelte ab.«

Coyote legte sich auf mein Sofa und begann zu schnarchen. Franziska und ich verabschiedeten uns, klappten den Laptop zu und schlenderten auf den Balkon. Ich gönnte mir eine *Indian Spirit* und einen Schluck irischen Whiskey. Franziska trank ein Glas Baileys. Der Sternenhimmel wölbte sich wie blank poliert über uns. Zwei Fledermäuse jagten in der sternenklaren Nacht spielerisch nach Insekten. Die Milchstraße zog sich wie ausgerolltes Klopapier durch den Nachthimmel. Hatte *Old Man Coyote* die Klopapierstraße ausgebreitet? War sie für die vielen schwarzen Löcher gedacht? Hatten wir genügend Klopapier? Hatte die Welt ausreichend Klopapier? Wir waren alle kleinere oder größere Po-Löcher. Keiner konnte behaupten, keine Schattenseiten zu haben.

Fledermäuse zogen an uns vorbei. Derzeit verband uns ein besonderes Schicksalsband mit ihnen. Wir waren zu Wirten für dieselben Viren geworden, zu Trägern von Viren. Die einen nachtragend, die anderen trugen die Viren spielend durch die Lüfte.

»Man spielt einfach nicht mit der Natur«, meinte Franziska.

HAFEN, HÄFN, PASSGANG UND IMPFPASS

Franziska hatte verschlafen. Sie sollte um 7:45 Uhr die Schultür für jene Kinder öffnen, die eine Betreuung brauchten. Natürlich wollte sie nicht zu spät kommen. Ich war hundemüde, schleppte mich aber trotzdem aus dem Bett. Coyote lag auf dem Sofa und grüßte uns freundlich.

»Müde? Videokonferenzen ermüden ein wenig, nicht wahr?«

Wir mussten ihm zustimmen. Nachdem Franziska kalten Kaffee getrunken hatte, rief ich ihr hinterher: »Schatz, bitte nicht mehr, sonst wirst du zu schön für diese Welt und mich!«

Coyote und ich mahlten frische, wilde und nicht verdrehte Kaffeebohnen und pressten sie als Pulver in die Edelstahl-Espressokanne. Der Duft erfüllte bald den Raum und das Müsli versprach Energie für den Tag. Ich lud meine Schüler zu einer Videokonferenz für den morgigen Tag um zehn Uhr ein. Wie freute ich mich, sie wieder zu sehen. Alle gemeinsam am Bildschirm! Ich war gespannt, ob es klappte.

Während ich vor meinem Computer saß, überschlugen sich die Botschaften der Angst in den Qualitäts- und Alternativmedien.

»Noah, lass das. Was du brauchst, ist Kreativität, die von Herzen kommt. Du findest zu viel destruktive Kreativität. Orientiere dich nicht an hässlichen Irrlichtern, sondern erhebe deine Flügel in wunderschöne, noch unerkannte Welten. Brich auf Noah. Setz die Segel. Lass die hypnotisierten Scheintoten die bunten Neonlichter der Matrix konsumieren.«

Er stand auf und winkte mich theatralisch auf ein heiliges Narren-Schiff. Kannte ich das nicht schon?

»Willkommen auf dem rettenden Schiff des Lebens. Freude wartet auf Sie! Was, Sie treiben sich noch im dreckigen Hafen der jammernden

Opfer herum? Tanzen Sie über die Landungsbrücke und kommen Sie an Bord. Hören Sie nicht die Musik, junger Mann? Ich sag's Ihnen, das Schiff ist herrlich. Die Fahrt ein Genuss. Es wird nicht mehr lange dauern und die Segel werden neu gesetzt!«

Ich stand auf und tanzte zu Coyotes Landungsbrücke an der Grenze von Wohnzimmer und Küche.

»Alter Mann, die Leute am Kai lachen über mich, nur weil ich tanze. Sie meinen, die Reise wäre viel zu ungewiss.«

»Die Tanzenden wurden für verrückt gehalten von denjenigen, die die Musik nicht hören konnten. Sie wissen schon.«

»Aber sehen Sie nur, wie sie lachen und spotten und mit nackten Fingern auf mich zeigen!«

»Oh, das gemeine Gesinde glaubt, was man ihm erzählt, solange der Futtertrog ist prall gefüllt. Diese Einfaltspinsel wähnen sich in Sicherheit. Überleben, Fortpflanzung und Herdenzugehörigkeit ... von diesen schlichten Trieben werden sie vor sich hergetrieben. Einst waren sie noch freie Menschen. Nun sind sie zu Personen degradiert. Der Weg vom Sein zum Schein benötigt viele Scheine, oftmals hoch dotiert. Rohstoff wurden sie. Freiwillige Sklaven einer schönen neuen Welt. Energie für die Maschine, die die Macht für wenige in den Händen hält.«

»Wurde so aus diesem Hafen ein *Häfn*, bunt bemalt?«

»Ja, eine Kulissenstadt, die Freiluftknast nun ist. Sieh nur, wie sie ausgebeutet werden. Ihr Lachen, ihre Schönheit, ihr Wert wird bemessen und verkauft.«

»Und die Mächtigen wollten mich auch krallen?«

»Natürlich, mein gnäd'ger Herr. Der Menschen Poesie wird plattgedrückt in null und eins.

Big Data nennt sich dieses Eilverfahren, bei dem aus Leben totes Material wird hergestellt. Big Traumata nenn ich's gern. Drum, Mahatma. Wähle weise, denn die überwachte Hafenstadt produziert nur ...«

»Scheiße.«

»So muss man's sagen. Der Abfall des Prozesses sind Schuld, Angst, Depression, Kälte, Schmerz und Zweifel. Er legt sich über die Stadt wie Schwefel. Kaum Luft zum Atmen, was für ein Frevel! Sieh nur, wie gebeugt sie gehen. Als wären sie in Beugehaft. Der Gestank des süßen Todes hat sie wohl dahingerafft.«

»Drum steig ich auf das Boot des Lebens. Muss ich einen Pass nun zeigen?«

»Keinen Impfpass oder andere Scheinpapiere. Der Tanz von Absurdität und Mut, das reicht dem Leben nur allzu gut. Sind Sie ein Tanzbär? Dann wählen Sie den Passgang. Es ist nicht wirklich schwer.«

»So tanz ich jetzt an Bord, mein Wegbegleiter.«

»Ich gratuliere Ihnen, junger Mann. Der Kopfsprung in Ihr Herz ist somit geschafft. Die Feuertaufe ist nun Ihre Impfung, einfach unvergesslich. Das Schiff, das ist unermesslich. Es steuert unbekannte Häfen an. Freiheit ist der Flagge Zeichen. Weder optimiert noch altersschwach zieht es spurlos durch das Meer der Seligkeit. Beste Musik unterhält an Bord. Bordkapelle bitte! Wagen Sie ein Tänzchen. Wie ich mich freue. Ein bunter Haufen freier Wesen. Gott lacht und klatscht in seine Hände. Die alte Welt ist nun zu Ende.«

Wir blödelten eine Weile, liefen auf den Balkon und spielten wie kleine Kinder. Dann brachten wir wieder Rauchopfer dar, bevor ich mich an meinen Laptop setzte und Schüleraufsätze korrigierte.

Die Titanic und der Wassermann

Mein Handy piepste. Clemens bedankte sich für das gestrige Gespräch.

»Faszinierend, wie schnell Kommunikation heute abläuft, Coyote.«

»Ja. Faszinierend. Aber nicht berührend. Information von A nach B ist noch lange keine Kommunikation. Diese entsteht von Herz zu Herz, der Raum geht auf. Geschwindigkeit funktioniert nur auf glatten Oberflächen ohne echten Raum. Der Raum ist die Oase des Lebens, der virtuelle Raum seine Fata Morgana. Faszinierend, schnell erscheinend, unberührbar, nicht berührend und flach. Du findest dort nicht das Wasser des Lebens. Tiefe braucht Innehalten, das Spüren des Lebens. Die weibliche Energie hilft dir dabei. Stimmt's, meine Fee Morgana? Ach Noah, ich brauche die Ka-Fee.«

»Wie kann ich eine Oase des Lebens von einer Fata Morgana unterscheiden?«

»Mit dem Schwert der Unterscheidung. Verwende Excalibur!«

Goldenes Sonnenlicht tanzte auf der Oberfläche meines schwarzen Trunks. »Coyote, ich bin beeindruckt von deiner Rede.«

»Was, nur beeindruckt? Nicht berührt? Merk dir eins: Egos können schnell beeindrucken, sogar faszinieren. Nur Seelen berühren. Egos haben keinen Raum, sie wollen ihn ewiglich erobern und schaffen es doch nie. Die Seele atmet den Raum, im Feuer des Lebens sprühen Funken der Poesie, die das Eis der Herzen schmelzen.«

»Coyote, ist die Gefahr nicht riesig, dass wir in einer totalen gesellschaftlichen Technokratie münden? Wir haben diesen Titanic-Glauben so heftig inhaliert, als wäre jedes Problem technisch lösbar.«

»Da redet Noah, dessen Schiff nicht sinkt und die Vielfalt des Lebens beherbergt.«

»Die Titanic wurde von Experten gebaut und es herrschte Hierarchie an Bord.«

»Der übertriebene Titanic-Technik-Glaube kann in kühle Gewässer führen und Herzen in Eisberge verwandeln.«

»Was kann man dagegen tun, Coyote?«

»Wenn der herrlich türkise Wassermann abzukühlen droht, dann stelle ihm den korallen-farbenen Löwen zur Seite.«

»Darf ich den rosaroten Panther verwenden? Oder den Babyelefanten?«

»Lass den Löwen den Wassermann führen, dann blüht die Zukunft. Der rosarote Panther ist übrigens großartig.«

»Ich werd nicht schlau daraus, Coyote.«

»Denk mit deinen Füßen darüber nach.«

»Wie soll ich mit den Füßen denken?«

»Tanzen, Noah.«

»Ach, wie konnte ich das nur vergessen.«

Ich tanzte und reimte vor mich hin, während sich Coyote einen weiteren Kaffee genehmigte.

»Der Bergbau der geistigen Ressourcen produziert geistigen Sondermüll im Akkord. Vielleicht wirken sie zuerst wie Rosen. Aber, es sind Neurosen und Psychosen. Setze lieber auf Lebendigkeit, Humor und Verrücktheit.«

Ich korrigierte die Texte der Schüler. Tom hatte aus der Sicht des Virus ein Bewerbungsschreiben formuliert. Die Idee und Umsetzung waren gelungen. Fynn hatte mir seine Aufgaben noch nicht geschickt. Schade, denn er hatte so viel Potential, das er wahrscheinlich erst in Zukunft umsetzen würde.

Erneut läutete das Handy. Opa wollte mit mir reden.

»Noah, wir sind in Quarantäne. Ich hab viel erlebt, aber so was noch nicht. Während sich deine Oma vor meinen Augen auflöst, sitze ich hier und warte. Aber das Schöne ist, dass ich nur mehr dreimal vor die Gartentüre gehen muss, dann ist Weihnachten.«

Opa und ich lachten über seinen Scherz.

»Ich verrate dir was, Noah. Humor war immer mein Retter in der Not.«

»Das kann ich mir gut vorstellen, Opa.«

»Ich halte diese Wichtigtuer nicht mehr aus. Bald haben wir mehr Virologen als Infizierte. Das ist so ähnlich wie bei den Fußballtrainern und euch Lehrern, Noah. Jeder weiß es besser.«

»Stimmt. Manche plustern sich bei Krisen besonders auf. Ich finde, dass man gerade gut den Charakter von Menschen sehen kann.«

»Charakter ist wie ein Reisepass, Noah. Er zeigt sich bei Grenzen immer am besten.«

Wie recht Opa hatte. Er erzählte mir noch von Oma, die ein wenig mit mir gesprochen hatte und dabei meine Sätze wiederholte. Wie sie sich wohl fühlte? Konnte sie Dinge auf eine neue Art wahrnehmen oder verlor sie sich völlig in unzusammenhängenden Gedanken? Opa sprach jedenfalls von einer großen Verbesserung bei Oma.

»Sag's dem Gerhard, er hat das richtige Medikament gewählt. So schaffen wir es durch die Quarantäne. Die wird in unserem Tal nicht ewig dauern.«

Nachdem ich Texte korrigiert hatte, verschaffte ich mir einen Überblick am Rechtschreibtrainer und kündigte den Schülern die Videokonferenz per *SchoolFox* an. Irgendwo piepste es ständig. Ich war jetzt immer erreichbar. Ob ich den Draht zu meiner Klasse verloren hatte?

Wenn Coyote mein Leben auf den Kopf stellte, hatte ich nicht so viel Zeit wie sonst. Selbstzweifel krochen in mir hoch. Vielleicht war ich nicht nur für den Beruf des Lehrers gedacht? Führte mein Weg beruflich in neue Welten? Ich ging auf den Balkon und rauchte eine *Indian Spirit*.

DIE KARAWANE DER NARREN UND DER GEMINTE MIND

Von weitem hörte ich ein Lachen. Franziska sprach mit Josef. Wie liebte ich ihr Lachen! Frei und wild wie der Wind, der durch ihre Haare blies. Ich beobachtete Franziska, wie sie reinkam und mit Coyote scherzte. Mir schwirrten Gedanken durch den Kopf. Ich fühlte mich erschöpft.

Nach kurzer Zeit trottete ich ins Zimmer, umarmte Franziska und griff nach einem leicht vergilbten Buch, das ich von Bert erhalten hatte. Ich bat Franziska, mir zuzuhören.

Nimm mir das Brot weg, wenn du es willst, nimm mir die Luft weg, aber lass mir dein Lachen.

Lass mir die Rosenblüte, den Spritzstrahl, den du versprühst, dieses Wasser, das plötzlich aufschießt in deiner Freude, die jähe Pflanzenwoge, in der du selbst zur Welt kommst. Mein Kampf ist hart, und manchmal komme ich heim mit müden Augen, weil ich die Welt gesehn, die sich nicht ändert, doch kaum trete ich ein, steigt dein Lachen zum Himmel, sucht nach mir und erschließt mir alle Türen des Lebens ...

»Oh, danke Noah.«

»Von Pablo Neruda. Ich hätte es nicht besser schreiben können.«

Franziska fiel mir um den Hals und Coyote klatschte in die Hände. Wir hatten Hunger und nach kurzer Zeit stand Wok-Gemüse auf dem Tisch.

»Noah, der Gang in die Natur ist der heilsame Weg. Es ist nie zu spät. Während es in der Natur stiller und entspannter wird, seid ihr in der virtuellen Welt immer stärker verwirrt, da sie eure Sinne umschwirrt. Ihr werdet getrackt, gehackt, ihr seid nicht versteckt. In der Natur lesen euch viele Wesen, aber sie lassen euch, wie ihr seid. Kein Felsen spricht: ›Oh, Noah. Du sitzt nicht richtig, du machst dich wichtig!‹ Kein Baum klagt: ›Franziska, was machst du denn da? Hast du schon die Hausübungen korrigiert oder hast du dich endlich mal zu uns verirrt?‹ Kein Vorwurf, kein Tadel. Nur lebendiges Sein für ein gestresstes, armes Schwein. Du findest zurück zu deiner Natur und lebst von innen nach außen, pur!«

Dann hob er zu einem Schlusssatz an. »Von außen nach innen gelebt, wirst du in ein fremdes Netz gewebt. Von innen nach außen gelebt, die Seele sich frei erhebt.«

»Sehr eindrücklich, Coyote. Das möchte ich ausdrücklich erwähnen.«

»Die Natur ist das beste Antivirenprogramm, gratis zum Download freigegeben.«

»Aber Coyote, wie soll ich ein naturverbundenes und ein modernes Leben kombinieren?«

»Mach's wie Pablo oder andere Katzen. Sie leben hervorragend in zwei Welten. Sie sind höflich, genießen die Annehmlichkeiten der gezähmten Menschenwelt. Gleichzeitig nehmen sie teil am Leben der Natur, behalten sich die Würde ihrer wilden und ungezähmten Natur. Das ist schon ein starkes Stück an bewusst gewählter Freiheit. Katzen sind sehr präsent und leise. Ihr wildes Leben kommt aus der Stille und hat nichts mit hohlem Lärm zu tun. Nehmt euren Verstand bewusst als Freund an die Hand und lasst euren *Mind* nicht *minen*! Ihr seid kein Rohstoff für andere, ihr seid das Leben selbst.«

»Wer sind die anderen, Coyote?«, hakte Franziska nach.

»Agenten des Egos. Schatten an der Wand in einem freundlichen Universum.«

»Sollen wir Widerstand leisten, Coyote?« Ich schaute den alten Mann an.

»Dein Tanz, deine Poesie sind widerständig, dein Aufenthalt in der Natur, deine Stille, deine Wildheit, deine Demut, dein Mitgefühl, deine Menschlichkeit, deine Würde und dein Lachen. Sie alle sind widerständig, weil sie nicht mit den Panzerfahrzeugen der Macht in den Tod rasen, sondern mit der Karawane der Narren in die Oase des Lebens ziehen. Warum glaubst du, werden in Diktaturen zuerst die Poeten, die Künstler, die Weisen und Mystiker ermordet? Sie sind so gefährlich ungefährlich.«

Während ich an seine Worte dachte, setzte er noch nach. »Ein Geheimnis noch: Der wahre Pazifist kann kämpfen, sein Pazifismus ist nicht der Angst geweiht. Er wählte nur in voller Kraft bewusst den Frieden. Erst wenn du die Kraft zum Widerstand hast, kannst du die Widerstandslosigkeit ehrlich leben.«

»Alter Trickster, ich riskiere täglich den Kopfsprung ins Herz. Immer, wenn ich auftauche, dann tanze ich nackt in der Sonne des Lebens, während andere in ihren Uniformen an mir vorbeimarschieren. Das Leben ist wunderschön und gefährlich. Ich werfe meine kühnsten Träume in die Arena des Lebens!«

»Gott kocht euch weich, ihr Traumtänzer. Wie schön!«, brüllte Coyote und drehte sich im Kreis.

Schulkonferenz, Quantenphysik und Topfpflanzen

Katja schickte den gemeinsamen Meeting-Namen aus, mit dem wir uns einloggen sollten. *Fernlernen2020* war der Sitzungsname. Das Videogespräch sollte in einer Stunde beginnen. Coyote meinte, er komme gleich, und trabte die Stiegen nach unten. Wir hörten ihn mit Josef reden, beide lachten fröhlich. Überall, wo Coyote auftauchte, verbreitete er diese gute Stimmung. Er konnte aus jedem ein Lachen zaubern. Ein göttlicher Magier, der verrückte Alte.

Um Punkt 18:00 Uhr loggten Franziska und ich uns ein. Es war spannend zu sehen, wie die einzelnen Bilder der Kollegen aufpoppten. »Ich begrüße euch herzlich in dieser schwierigen Phase des Schulbetriebs«, begann Katja. »Die meisten von uns haben es geschafft, am Bildschirm zu erscheinen. Die Digitalisierungsoffensive wurde bis dato immer abgeschmettert. Die Krise macht's möglich und die Widerspenstigsten lassen sich von der Sinnhaftigkeit der neuen Medien überzeugen.«

Johannes meinte: »Katja, ich wusste gar nicht, dass du eine Expertin im Bereich der Digitalisierung bist.«

Einige Kollegen begannen zu reden, ein Tohuwabohu entstand. Katja hatte alle Hände voll zu tun, um wieder Disziplin einzufordern. Von Patrizia konnte man ein Standbild erkennen und Dietmar monierte, dass sie nur ihr Passbild von sich zeige. Ihre Internetverbindung flackerte und war langsam. Coyote kam zur Türe rein, schnappte sich mein Handy, wischte und tippte. Dann verschwand er mit meinem Smartphone auf der Couch.

»Ein reines Chaos ist das hier!«, schimpfte Katja, sichtlich überfordert. »Ja, Johannes. Ich bin keine Expertin auf diesem Gebiet. Schön wäre es, wenn es unter uns einen gäbe. Aber darauf darf man ja nicht hoffen. Das Bildungsministerium hat uns mit der Digitalisierungsoffensive im Regen stehen gelassen. Es ist alles sehr, sehr chaotisch. Ich vermisse die Ordnung.«

Ein Fenster poppte auf und Coyote war zu sehen. Oh mein Gott! Coyote crashte gerade die Veranstaltung. Er hatte sich die App auf das Handy runtergeladen.

»John Fox, was suchen Sie denn hier? Sie sind's, John Fox? Nicht wahr?«, keuchte Katja.

»Ja, ich bin's. Euer *Schoolfox*.«

»Dem sehen Sie zwar nicht ähnlich. Aber sagen Sie mal, was ist denn das? Tragen Sie immer noch Ihren Schwanz wie damals?«

Mehr als zwanzig Augenpaare weiteten sich, Lippen begannen sich Richtung Ohren zu dehnen und schallendes Gelächter brandete durch meinen Lautsprecher. Da half es nichts mehr, dass Katja erklärte, sie meinte natürlich den Krampusschwanz bei Coyotes letztem Besuch vor Jahren.

»Katja, bei Videotelefonaten bin ich immer unten ohne. Nur die Kamera zielt woanders hin«, begann Dietmar.

»Ich auch«, erklärte Franziska, »aber nur, wenn Noah nicht dabei ist.«

»Leute, dürfen wir uns eigentlich schon duschen oder reicht das Waschen derzeit völlig aus?«, erkundigte sich Dietmar.

»Die Hände darfst du dir waschen, dein Gehirn waschen die Medien«, gab Martin zur Antwort.

»Ach Dietmar, bin ich froh, dass wir dich nicht riechen können, wenn du dich nicht duschst.«

»Katja, so richtig konntest du mich ja nie riechen. Jetzt erst recht nicht. Ich finde, dass das Homeoffice eine bewusste Entscheidung gegen die Hygiene ist. Außer bei Johannes.«

Dietmar neigte sich vor, so, als würde er genau hinschauen. Bald waren nur mehr seine Augen zu sehen.

»Johannes, du sitzt sogar jetzt mit Krawatte vor dem Bildschirm. Sag mal: Ist deine Krawatte der Pfeil nach unten zur Betriebsunterhose, die du nicht wechselst. Oder bist du unten ohne? Nackte Kanone?«

»Ich wäre zwar fit im Schritt, aber ich trage eine Quarantäneunterhose, meine Frau einen Keuschheitsgürtel.«

»Dietmar, wenn deine Zunge weiterhin so locker sitzt, dann muss ich dich auf stumm schalten. John Fox, bitte entschuldigen Sie meine missglückte Formulierung und die verbalen Entgleisungen des Kollegen Dietmar.« Katja wirkte genervt.

Kojote, der seinen Schweif wieder in der Jeans verstaut hatte, lachte herzlich und meinte: »Ich bin kein Schul-schwänzer!« Er erklärte, dass er bei Franziska und mir einquartiert war. »Quasi Quarantäne-Quartier ohne Qual. Für einen heimatlosen Pädagogen.«

Neugierige Gesichter.

»Wir könnten ein Schulfoto machen«, schlug Dietmar vor. »Johannes hol deine Kamera! Obwohl, letztes Mal hast du's ja ordentlich vergeigt.«

Coyote schnappte das Handy und fotografierte die Lehrergesichter auf unserem Laptop.

»Haben Sie den gesamten Lehrkörper erwischt, John Fox?«, wollte Katja wissen.

»Er hat nicht nur deinen Körper fotografiert, sondern alle Lehrer«, lachte Dietmar.

Katja lächelte.

»Ich habe nun alle mit dem Licht aufgezeichnet. Keine Angst. Und ja, manche kümmern sich mehr um ihren Körper und andere weniger. Ich will Ihre Konferenz natürlich nicht stören. Sie wissen, dass ich internationaler Experte für Kompetenzmessung bin. Auch die Digitalisierung ist ein Gebiet von mir.«

»Ersteres weiß ich. Ihr letzter Auftritt aber, sagen wir mal, war etwas unorthodox.«

»Danke für das Kompliment«, fuhr Coyote fort. »Ich kam als Krampus und Bildungsexperte.«

»Und Sie tanzten mit unserem Schulskelett.«

»Das stimmt. Bildungsexperten und Schulskelette ähneln sich mehr, als man denkt.«

Gertrude, die nicht fassen konnte, Coyote wieder zu sehen, lachte lauthals. Coyote besprach mit uns verschiedene Möglichkeiten von Online-Konferenzen. Er referierte kurz und knackig über Quellcodes und die Vorteile von *Open Source*. Am Ende lobte er noch einen alternativen Messenger. Ich war erstaunt, denn Dietmar verwendete diesen, seit er ein Interview mit Snowden gelesen hatte.

Katja bedankte sich und meinte, dass ein wenig Licht ins allgemeine Chaos gekommen wäre. Coyote, der an seinem Kaffee schlürfte, lächelte zu uns rüber und deutete auf seinen Schweif, der immer wieder ausbüxte.

»Katja, wissen Sie. Das Chaos ist wunderbar. *Man muss noch Chaos in sich haben, um einen tanzenden Stern gebären zu können.*«

»Ist das wieder Shakespeare, John Fox?«

»Nein, erneut Nietzsche. Wir sind gerade dabei, einen tanzenden Stern zu gebären. Und damit meine ich die gesamte Menschheit. Es darf eine natürliche Geburt werden.«

»John Fox, mir ist klar, dass politische und andere Veränderungen nicht so nachhaltig sind wie technische. Die digitale Revolution wird die Schulen erfassen. Sie rollt während des Shutdowns schneller als gedacht.«

»Das ist ein großes Lernfeld, aber nicht das einzige. Sie müssen wissen, dass die Kinder *digitale natives* sind. Die meisten von Ihnen sind digitale Immigranten. Und dann haben wir noch die digitalen Ignoranten.«

»Dann bin ich ein digitaler Immigrantler«, erklärte Dietmar. »Mich nervt das Zeugs oft so richtig! Aber mich interessiert's.«

»Die Kinder von heute kennen keine Welt ohne Internet, sie sind in diese reingeboren.«

»Und ich kannte damals keine Welt ohne Internat. Dort wurde ich fast reingeboren und konnte mich kaum befreien. Sorry für die Unterbrechung.«

Coyote fuhr unbeirrt nach Dietmars Kommentar fort. »Heutige Kinder kommunizieren anders als Sie, sie denken anders, vernetzen sich anders und lösen Probleme auf eine andere Art. Das ist spannend, nicht wahr? Wie Sie wissen, bedeutet das griechische Wort *Schola* so viel wie *freie Zeit, Nichtstun, Müßiggang*. Viele haben derzeit zwar genug zu tun, einige der Schüler und Lehrer weniger. Und in diesem Freiraum entfaltet sich Kreativität.«

»Trotzdem«, meinte Johannes, »werden wir Leistung verlangen dürfen. Übrigens, ich gehöre zur letzteren Sorte bei Ihrer digitalen Einteilung. Glauben Sie wirklich, ich wechsle kurz vor der Pension noch von der analogen in die digitale Welt? Ich schreibe meine Vorbereitungen auf Zettel, scanne diese ein und verschicke sie an die Schüler.«

»Johannes, du könntest auch Brieftauben an die Schüler verschicken. Das wäre konsequenter«, meinte Dietmar lachend.

Coyote klatschte sich auf die Schenkel und kippte fast um vor Lachen. »Sie könnten persönliche Friedenstauben schicken«, schlug Coyote vor. »Das wäre noch eine passende Abschlussbotschaft vor Ihrer Pensionierung.«

Sah ich da viele grinsen? Franziska stieß mich sanft.

»Aber gerade ältere Lehrer können ein Anker an Herzlichkeit und Naturverbundenheit sein. Dieser Anker ist während der Digitalisierungswellen wesentlich. Bei der Flut an Informationen könnten einige fortgeschwemmt werden.«

Gertrude lächelte verträumt bei diesen Worten. »John, Sie schmeicheln einer alten Frau wie mir.«

»Wir leben in einer Leistungsgesellschaft. Leistung hat uns dorthin gebracht, wo wir heute stehen. Das ist gut so. Ich bin einfach ein Leistungsschwein«, erklärte Johannes mit Nachdruck.

»Zwischen Leistungsschwein und fauler Sau ist ein weites Feld, auf dem der Schweinehund manchmal prächtig gedeiht. Leistung ist eine Frage der Definition. Und sie wird, da müssen Sie mir zustimmen, unterschiedlich bewertet.«

»Gerade am Beginn von Produktionsketten werden Leistungen finanziell schwach honoriert. Das Verhältnis des virtuellen Vermögens zur realen Produktion steht in einem skandalösen Missverhältnis«, erklärte Gertrude zur Überraschung aller.

Coyote nickte. »Betrachten wir das Verb *leisten* mal genauer. Wieder steht hier das germanische Wort *laisti* Modell, so wie beim Verb *lernen*. *Laisti* bedeutet *einer Fährte folgen, nachspüren*. Ihre Schüler sind die Boten der zukünftigen Morgenröte und wollen ihren eigenen Fährten folgen und nicht für andere etwas leisten, um anerkannt zu werden. Viele gehen unabhängige Wege, die Sie und Ihre Ahnen vielleicht nicht einmal erahnen. Sie können viel von diesen Kindern lernen. Diese treiben eine völlig neue Sau durchs globale Dorf. Das Müssen muss nicht mehr. Der Fleiß folgt vermehrt der Freude. Die enorme Anspannung der produzierenden Ego-Welt wird sich entspannen. Die Seele tritt in den Vordergrund.«

»Was ist dann noch meine Aufgabe als Lehrerin?«, wollte Maria wissen. Wie das Amen im Gebet folgte bei ihr auf jeden zweiten Satz ein Lachen aus der Lachkonserve. Coyote holte mehrere Pflanzen meines Zimmers vor die Kamera. Kakteen, Katzengras, Aloe Vera, Drachenbaum. Er setzte sich dazwischen.

»Das sind Ihre Schüler. Und Sie sind die Gärtnerin. Der frühere Lehrer verhielt sich oftmals so.«

Coyote schob alle Pflanzen beiseite, nur die Kakteen blieben übrig. »Man wollte einen Einheitsschüler. Nur sicher keinen mit Stacheln, was etwas unrealistisch war. Und zu viele Lehrer stellten sich über ihre Pflänzchen.« Der Trickster sprang auf und schimpfte mit den armen Kakteen.

»Ihr seid unter mir. Ich richte euch! Was glaubt ihr denn? Ich brauche eine Monokultur, nur so kann ich arbeiten!«

Dann drehte er sich wieder zur Kamera. »Das Blöde mit den Monokulturen ist jedoch, dass sie künstlich sind und künstliche Hilfsmittel gegen sogenannte Schädlinge benötigen.

Die Industrialisierung und Automatisierung machte vor lebendigen Wesen nicht halt. Sie verarbeitete Tiere und vermehrt entdeckte sie das Humankapital an den Schulen. Zentrale Testungen und Messungen hielten Einzug. Die Wildheit und Kreativität des freien Lebens wurden geopfert. Die Frage ist bloß: Wem wurden sie geopfert? Die ökologische Vielfalt der Seelen sollte verloren gehen. Die Schädlinge der Angst, des Drucks, der Depression, des Selbstzweifels, der Schuldgefühle befielen die Pflänzchen. Die Böden waren ausgelaugt, da keine Humorschicht mehr zu finden war. Medikamente wurden als Schädlingsbekämpfungsmittel eingesetzt, die Schüler oft mit künstlichem Lernstoff gedüngt. Aus den Gärtnern wurden Handlanger der Industrie. Optimierte Objekte, die vermessen und verkauft werden konnten, standen im Vordergrund. Die Kinder wurden nicht mehr als Subjekte wahrgenommen.

Jetzt aber stockt der Produktionsprozess. Pflanzen spielen nicht mehr mit, Gärtner wollen wieder unabhängig und lebenszentriert arbeiten. Sie wollen nicht mehr unter-richten sondern aufrichten. Also, werdet zu Gärtnern, zu Biobauern des Lernens!«

Plötzlich begann Martin ein Lied über Topfpflanzen zu singen, die ihre Würde verloren hatten und zu einem Spaziergang aufgefordert wurden.

»Das ist von Hader. Das sozialkritischste Lied, das sie kenne, meint meine Mutter. Wir müssen tatsächlich selbstermächtigter werden und nicht von diesen Monopolisten abhängig sein«, erklärte er noch.

»Darum«, fügte Franziska hinzu, »sehe ich die OECD so kritisch. Was hat eine Wirtschaftsorganisation mit Bildung zu tun? Das von ihr erschaffene PISA ist kein Leuchtturm, sondern ein schiefes Irrlicht. Es herrscht ein viel zu technokratischer, geistloser Ansatz.«

»Genauso sehe ich das mit der WHO.« Gertrude schaltete sich wieder ein.

»Die ist nicht unabhängig. Das Geschäft steht deutlich im Vordergrund. Ein Goldesel für wenige.«

Coyote richtete sich seinen Cowboyhut und setzte sich verkehrt auf meinen Gymnastikball. Er begann zu hopsen und meinte dann: »Leute, Gates noch? Ich bin's. *Bill the kid*! Und ich reite diesen Goldesel, schwer bewaffnet mit Spritzen. Ich ziehe diese schneller auf als erlaubt und schieße euch alle eine Ladung rein. Und wehe euch! Ich werde euch tracken und suchen. Keiner kommt mit seiner Freiheit davon. Ich bin's, der Rächer der Krone.«

Einige Kollegen lachten herzhaft.

»Impfgegner?«, fragte Johannes.

»Die Frage ist, wer und was den Impfstoff trägt. Lasst euch vom Leben selbst impfen. Lest zwischen den Zeilen, spielt zwischen den Tasten. Improvisiert. Tanzt und lacht. Seid mal so richtig *aka-dämlich*. Lasst euch nicht vermessen, handeln und verkaufen. Wir sind ewige Subjekte und nicht Humankapital.«

»Sie halten immer noch wenig vom Messen, John Fox?«, wollte Katja wissen.

»Soll ich Ihnen erneut vortanzen? Das Leben soll eine Feier, eine Messe sein! Hören Sie die Musik? *Die Tanzenden wurden für verrückt gehalten von denjenigen, die die Musik nicht hören konnten.*«

Coyote shakte auf meinem Pezziball, mein Handy in der Hand.

»John Fox, aber wir sind angehalten, Kompetenzen zu messen. Sie sind darin angeblich Experte, oder?«, fragte Katja.

»Man vermisst nichts, was man sich nicht aneignen will. Denken Sie darüber nach. Ich will aber nichts von Ihnen. Ich mache aus Ihnen keine Objekte.«

»Ich bin begeistert!«, rief Gertrude.

»Sehen Sie, Ihr Geist reagiert. Deswegen sind Sie voller Geist und begeistert. Sie haben die Aussagen nicht nur bedacht, sonst hätte die Reaktion nur im Denken stattgefunden, was für sich allein bedenklich ist. Der Geist übersteigt das Denken.«

Patrizia schaltete sich in das Gespräch ein. »Entstand der moderne Kompetenzbegriff nicht in der Wirtschaftswelt der fünfziger Jahre des vorigen Jahrtausends? Soviel ich weiß, beschreibt er die Fähigkeiten, die für einen reibungslosen Ablauf eines Betriebes notwendig sind. Ist es nicht erstaunlich, dass der Begriff in unserer neoliberalen Zeit die Schulwelt eroberte?«

»Ja, reibungslos wie das Leben selbst.« Coyote lachte. »Glatte, schöne, neue Schulwelt. So glatt wie die Oberfläche eines Handys. Haben Sie schon von dieser besonderen Beschichtung gehört, die es bei bestimmten Smartphones gibt? Kratzer verschwinden dort wieder. Die Oberfläche des Smartphones bleibt glatt. Nur, das Leben ist wild und unberechenbar, nicht oberflächlich. Wer den Tod fürchtet, der streichelt die Welt gewaltsam glatt und tot.« Plötzlich sprang er auf und meinte: »Wollen wir eine waagrecht liegende, schöne und einbalsamierte Leiche oder einen aufrechten lebendigen, Menschen, der tanzend Himmel und Erde verbindet? Wollen wir eine totgestreichelte Katze oder eine lebendige mit zerzaustem Fell?«

Es war nur mehr ein tiefer Schlag zu hören. *Goooooong* tönte es und der Sound entlud sich sichtbar heftig bei den anderen Endgeräten. Einige Kollegen bekamen riesengroße Augen, während die Ohren wackelten. Der Schall des Gongs fuhr uns durch alle Glieder. Coyote hatte sich meinen Gong geholt und heftig darauf geschlagen.

»Der Gong-Schlag des Herzens«, lachte Coyote. »Zeit zum Aufwachen. Zeit, ins Herz zu springen. Das Leben will gelebt sein. Die Eintrittstür ist das Herz. Hören Sie den Herzschlag?«

»Nein, bitte nicht!«, rief Dietmar.

»Wer hat das Herz einer Löwin?« Dann blökte er. »Oder das eines geschorenen Schafes? Wo ist Ihre Freude?«

Für einen Moment herrschte Stille.

»Ist Freude nicht einfach nur ein Mangel an Information?«

Dietmar meldete sich wieder zu Wort.

Coyote lachte. »Ist Humor nicht einfach ein freudvoller Umgang mit Information?«

»Finden Sie, dass Wissen heute noch notwendig ist, John Fox? Genügen Herz und Information?«

Maria wirkte interessiert.

»Information ohne Wissen ist nicht angebunden. Wissen ohne Weisheit auch nicht. Wissen baut auf Weisheit auf, Information auf Wissen. Natürlich sollen Sie eine Wissensquelle sein, Sie sind als Lehrer nur nicht mehr die einzige. An Wissen zu gelangen ist heute um vieles einfacher. Aber um Information zu verstehen, braucht es Wissen. Eine spektakuläre Quelle sprudelt immer mehr: die Intuition. Sie übersteigt den Verstand und führt ihn mehr und mehr. Das sind gute Nachrichten, wirklich. Die Aufgabe der Pädagogen hat sich verändert. Sie sind für viele Schüler vielleicht sogar die wichtigste Bezugsperson. Glauben Sie an Ihre Schüler. Das ist eines der größten Geschenke, das Sie geben können. Der Glaube eines Lehrers an einen Schüler kann eine Biografie retten. Für manche Kinder sind Sie vielleicht ihre ganze Welt. Verbundenheit ist das neue Paradigma, nicht Konkurrenz. Das Netz des Lebens wird durch Beziehungen gestärkt. Oder geschwächt. Das *World Wide Web* spiegelt diese Verbindung. Es ist in das Netz des Lebens integriert, auch wenn es sich manchmal gern absondern würde. Die Verbundenheit des Lebens übersteigt an Komplexität alle technischen Lösungen. Außerdem überwacht sie euch nicht. Sie ist pure Freiheit. Machen Sie dies den Kindern klar. Ich will Ihnen nicht vorenthalten, dass Gefahren am Weg lauern. Die Möglichkeit von lebenslangem, überwachtem Lernen mittels KI-Programmen und die Aussortierung des lebendigen Lehrers inmitten einer kalten, technokratischen Welt stehen auch im Feld.

Darum: Lehren Sie den Unterschied zwischen belebten Wesen und komplexen Maschinen. Das mag komisch klingen, ist aber von immenser Bedeutung. Aufgrund der Digitalisierung wird das Lebendige klar in den Vordergrund treten oder aber massiv in den Hintergrund. Entweder wir forcieren alle Qualitäten, die uns von Maschinen unterscheiden, oder wir werden Maschinen immer ähnlicher. Wollen Sie lebendige, humorvolle, kreative, verspielte, fantasiebegabte Kinder oder kleine, getaktete Maschinen? Kinder mit Engelsflügeln oder Cyborgs?

Maschinen haben die reproduzierbare Arbeit den Händen abgenommen, nun nehmen sie die messbare und reproduzierbare Arbeit dem

Verstand ab. Diese Bereiche können ersetzt werden, in diesen sollte der Mensch nicht mit den Maschinen konkurrieren. Wir müssen uns von Maschinen unterscheiden und auf unsere unverwechselbaren und einzigartigen Fähigkeiten setzen, die unsere Lebendigkeit bezeugen. Lehren Sie nicht nur Wissen. Werfen Sie aber Wissensvermittlung auch nicht über Bord. Dies wäre ein Holzweg für Holzköpfe.

Setzen Sie doch auf folgende Pferde: Lebendigkeit, Humor, Spiritualität, Spontaneität, Beziehungsfähigkeit, Mitgefühl, Achtsamkeit, Musikalität, Träume, unabhängiges und verrücktes Denken, Wildheit, Werte, Charakter, Meditation, Sinnlichkeit, Gefühle, Freude, Leiden, Erdverbundenheit. Verbundenheit mit allem. Kennen Sie Maschinen, die diese Fähigkeiten leben?

Wir sind Leben. Maschinen werden mit Energie gefüttert, die wir bereitstellen. Sie dienen und helfen im Idealfall und sind nicht als Sklaventreiber gedacht, die sich von unserer Energie nähren. Kreative Kinder, die dem Lebendigen folgen, sind schöpferisch. Kreative Kinder, die sich vom Leben vorübergehend abkapseln, sind bestenfalls innovativ. Nichts ist bessere Medizin für die Zukunft als Kinder mit einem großen Selbstwert, weitem Herz, offenem Verstand, viel Humor und mit Liebe zu allem, was lebt.

Wir brauchen starke Kinder. Unterrichten Sie diese nicht, indem Sie sie nach unten richten, sondern richten Sie sie auf. Sie als Pädagogen sind das pulsierende Herz in den Klassenzimmern und keine Richter des Lebens.«

Gooong! Der Schlägel war wieder auf meinem Gong gelandet. Mir war, als würde alles wackeln. Es dauerte eine Weile, bis sich die Bilder stabilisierten.

»Die nächste Generation steht vor großen Aufgaben, die nur durch Kooperation zu bewältigen sind.«

»Wie soll sich die Schule im Hinblick darauf ändern?«, hakte Maria nach.

»Die Neurobiologie erzählt uns ja, die oberste Stufe des Lernens ist die Freude am Thema selbst. Die nächste, wo man aufgrund einer positiven Bindung zu einer Person lernt. Die unterste Stufe wäre Lernen wegen Bestrafung und Belohnung. Und wie arbeitet die Schule meist?«, fragte Coyote.

»Wird intrinsische Motivation nicht oft durch extrinsische ersetzt? Noten, Geld und Anerkennung sind ein müder äußerer Ersatz für echte innere Freude. Der Beginn des Konsumenten für die große Maschine. Noah, bitte lies laut aus dem Buch deines Vaters. Dieses Mal aber nicht am Tisch.«

»Dafür aber nackt wie letztens«, flüsterte Franziska.

Widerstand war zwecklos. Achselzuckend ging ich zum Bücherregal und griff nach der alten Ausgabe des *Eisenhans*. Ich suchte die Stelle im Buch, während meine Kollegen ein wenig tratschten.

»*Die alte Tradition behauptet*«, begann ich, »*dass ECHTES LERNEN nur in der Gegenwart von Hermes möglich ist. Das ist deprimierend, denn normalerweise versuchen die Universitätsfakultäten, Dozenten mit Hermes-Energie loszuwerden. Das ganze akademische System wurde von teutonischen Hermes-Killern geschaffen. Hermes ist magisch, detailverliebt, obszön, tänzerisch, naiv und keinesfalls karrierebewusst ... Seine Präsenz ist gleichbedeutend mit himmlischer Intelligenz.*«

Ich verbeugte mich, während Franziska immer wieder leise »Ausziehen, ausziehen!« skandierte.

»Habe ich hier ausziehen gehört?«, erkundigte sich Dietmar. »Noah, zeig deinen durchtrainierten Luxusbody.«

»Vielleicht dieses Mal nicht«, funkte Katja dazwischen. »*Aber unser Körper ist unser Garten. Und unser Wille der Gärtner.* Haben Sie gehört, John Fox? Ein echter Shakespeare, von meiner Wenigkeit zitiert.«

»Und der Mörder ist immer der Gärtner«, antwortete Coyote unter dem Gelächter der Kollegen. Nachdem das Lachen abgeebbt war, fügte er hinzu: »Sehen Sie, wir brauchen lebendiges, kreatives Bodenpersonal an den Schulen, Menschen die lachen können. Die intrinsische Motivation, also das selbstbestimmte Interesse, muss im Mittelpunkt jeder Utopie beim Lernen stehen. Hermes ist der Götterbote des neuen Lernens.«

»Aber was können wir tun, John Fox?« Maria bohrte nach.

»Zuerst mal sein. Aus der Verbundenheit entsteht natürliches Tun. Viele leben in einer gestressten, verkehrten Welt. Verdreht statt Fairtrade. Wenden Sie sich der Selbstliebe und dem Mitgefühl zu. Nur Menschen, die an sich selbst glauben, können was bewegen. Dann gründen Sie vielleicht mit den Schülern Natur-, Friedens- und Forschungsprojekte. Spielen Sie Theater, tanzen und musizieren Sie. Betreiben Sie gesunden Sport. Daran können Sie wunderbar andere Wissensbereiche anschließen. Viele Gebiete lassen sich mit digitalen Möglichkeiten verbinden. Wie Sie Kinder wieder zur angelegten Neugier führen können, das ist die wahre Kunst des Pädagogen. Es ist nicht immer einfach. Viele haben in der Welt zu früh ihre Interessen am Weg verloren und können innere Freiheit nur schrittweise erlangen.«

»Coy ... Ah – Coyllege John«, ich hatte mich beinahe versprochen. Gerade noch die Kurve gekratzt! Franziska stieß mir den Ellbogen in die Rippen. »Also, vor Kurzem hast du gemeint, man könne wie Katzen zwei Welten bewohnen. Die Natur und die Wohnung. Also die Kombination von Wildkatze und Stubentiger in einem. Dasselbe gilt für die analoge Natur und die digitale Welt. Fließende Übergänge wären möglich.«

»Zuerst braucht es aber Lebendigkeit. Viele erinnern mich jedoch eher an *Schrödingers Katze*. Sie befinden sich in einem eigenartigen Zustand. Erst bei näherer Betrachtung wird klar, ob sie tot oder lebendig sind. Sein oder Nichtsein, das ist hier die Frage.«

»John Fox, ich sehe, dass Sie Shakespeare treu geblieben sind. Sind Sie eigentlich jemand, der Menschen kategorisiert?«

»Es gibt zwei Gruppen von Menschen: Die einen, die in Gruppen unterteilen, und die anderen, die das nicht tun. Ich gehöre zur letzteren Gruppe.«

Martin zerkugelte sich, einige Kollegen lachten und Katja fragte weiter: »Sehen Sie keine Gefahren bei all den neuen Medien?«

»Oh doch. Zu vieles wird ausgelagert. Hausverstand und Orientierungssinn scheinen nur mehr als App zu existieren. Das Smartphone ist bei vielen die gebündelte Projektion der eigenen Identität. Der Bergbau an Daten bei jeder Person ist enorm. Wir müssen aufpassen, kein Datenfutter für jene zu werden, die mit fremdem Humankapital an ihrer Macht basteln. Die Chancen sind groß, die Risiken auch. Und weil wir bei Ihrem Landsmann Schrödinger waren. Sogenannte *Katzenzustände* sind für die Entwicklung von Quantentechnologien das höchste Gut. Ein weiterer Landsmann von Ihnen war nicht nur Pionier der Teleportation des Quantenzustandes von einem unabhängigen Photon, sozusagen der Erste, der *beamen* konnte. Ihm gelang mit anderen Forschern das erste interkontinentale Quantentelefonat. Wissen Sie das? Kennen Sie den Forscher? Stellen Sie sich abhörsicheres, nicht hackbares Quanteninternet vor.«

»Ja, Anton Zeilinger, der auch *Mr. Beam* von der Presse genannt wird, schaffte das Telefonat mit Pan. Der einflussreiche chinesische Quantenphysiker Pan war übrigens Schüler von *Mr. Beam*. Er startete einen wissenschaftlichen Wettlauf mit seinem Mentor, der aber in einer hoch erfolgreichen Kooperation mündete.« Manfred, unser Physiker, war aufgewacht und brachte sich ein.

»Eine Kooperation von *Mr. Beam* und Pan. Wie mir das gefällt«, flüsterte mir Coyote zu.

»Vielleicht werden wir irgendwann Menschen beamen können!«, ereiferte sich Gertrude.

»*Und wir beamten sogar einen Beamten! Der absolute Durchbruch!* wird irgendwann als Headline zu lesen sein!«

»Ach Noah. Das Beamen scheitert an den Datenmengen im Gehirn. Also, am einfachsten wären Menschen mit leerem Gehirn zu verschicken. Das wären dann keine Datenpakete, sondern Datenbriefe. Die Dümmsten und größten Flaschen unter uns werden dann als Flaschenpost deklariert«, scherzte Dietmar.

Coyote lächelte. »Kooperation, Unabhängigkeit und Humor sind die neuen Paradigmen. Unterstützen Sie alles, was Sie unabhängig macht. Egal, ob materiell, technisch, emotional, intellektuell oder spirituell. Und dann verbinden Sie sich freiwillig. Die Frage ist wieder: Ressourcenausbeutung oder Potentialentfaltung. Angst oder Liebe. Leichenträgermiene oder Humor. Vermessen oder Messe!«

»Das klingt beinahe religiös, John Fox.« Gertrude hatte sich in die Diskussion eingeklinkt. Johannes war aus der Unterhaltung rausgerutscht, sein WLAN war zu schwach.

»Es klingt nach freier Spiritualität. Es ist ein Privileg, Lehrer sein zu dürfen. Es ist ein Privileg, als Mensch in dieser geschichtsträchtigen Zeit leben zu dürfen. Die Chance, als der zu leben, der Sie sind, ist ein kosmischer Lottotreffer, in Zahlen nicht ausdrückbar. Es hat noch nie jemanden wie Sie gegeben und es wird niemals wieder jemand wie Sie auf dieser herrlichen Bühne erscheinen. Wir sind etwas unfassbar Einzigartiges und doch nur das Leben selbst. Also brechen Sie auf in jene Gegend, wo Ihre Freude liegt. Brechen Sie mit der Schule in neue Welten auf!« Coyote kratzte sich an der Stirn und fuhr fort: »Franziska, kannst du abschließend dein Lieblingszitat vorlesen, das würde großartig passen?«

Sie holte sich den Text auf ihr Smartphone und las vor.

»*Du bist ein Wunder. Jede Sekunde unseres Lebens ist ein neuer und einzigartiger Augenblick im Universum – ein Augenblick, der sich nie wiederholen wird. Und was bringen wir unseren Kindern bei? Wir bringen ihnen bei, dass zwei und zwei vier ist und Paris die Hauptstadt von Frankreich. Wann werden wir ihnen beibringen, was sie sind?*

Wir sollten jedem Kind sagen: Weißt du, was du bist? Du bist ein Wunder. Du bist einzigartig. In all den Jahren, die vergangen sind, hat es niemals ein Kind wie dich gegeben. Deine Beine, deine Arme, deine geschickten Finger, die Art, wie du dich bewegst. Aus dir kann ein Shakespeare, ein Michelangelo, ein Beethoven werden. Du kannst alles erreichen. Ja, du bist ein Wunder. Und wenn du groß bist, kannst du dann zu anderen böse sein, die ebenso wie du ein Wunder sind? Du musst daran arbeiten – wir alle müssen daran arbeiten-, die Welt für ihre Kinder lebenswert zu machen.«

Von Pablo Casals.

»Aber warum ist das Alte immer noch so laut und dominant, John Fox? Ich kann das Neue oft noch nicht bemerken. Haben Sie eine Idee?«

»Gertrude: Ein Schmetterling fliegt leiser als die Raupe frisst.«

»Von wem ist der Spruch?«

»Ein echter John Fox!«

»Ganz verstehe ich ihn nicht«, bohrte Maria nach und lachte wieder.

»Dann verwende ich einen älteren Spruch: *Ein Baum, der fällt, macht mehr Krach als ein ganzer Wald, der wächst.*«

»Dann möchte ich einen Spruch mit euch teilen, den ich liebe.« Maria war in Fahrt gekommen. »*Die Aufgabe der Schule ist es, das Gelingen zu organisieren, nicht das Misslingen zu dokumentieren.*«

»Von wem ist der herrliche Spruch? Der Mensch muss viel Herz haben. Wir machen so viel Lärm mit der Dokumentation des Misslingens. Viel zu viel. Der alte Weg ist noch zu laut. Aber der neue Weg wächst leise und unaufhaltsam. Wir sind so etwas wie eine Graswurzelbewegung.«

Martin zupfte sich an der Nase und grinste breit in die Kamera.

»Der Mann, der diesen Ausspruch getätigt hat, das ist Otto Herz«, erklärte Maria.

Coyote klatschte und zeigte mit seinen Fingern ein Herz. Dann sprang er auf und verabschiedete sich.

»Also, dann tanzen und lachen wir. Nutzen wir diese Zeit als Visionssuche für Neues, Wunderbares! Besonders in den Schulen. Gebären Sie einen tanzenden Stern. Lassen Sie sich tanzen. Das Leben ist kein peinlicher Exerzierplatz für geistig einfach strukturierte Einfaltsgockel. Sollte die Herde lachen, dann wissen Sie schon: *Die Tanzenden wurden für verrückt gehalten von denjenigen, die die Musik nicht hören konnten.*

Also, leben Sie nie unter Ihrer Würde. Demut ist nichts für Weicheier! Und Mitgefühl ist die stärkste Waffe. So arbeiten wir an einer Herdenimmunität gegen das schlimmste Virus, die Angst. Richten Sie die Kinder auf, statt sie zu unter-richten. Und übrigens: Richten Sie sich nicht zu viel nach den Nachrichten, sonst werden Sie noch nachgerichtet.«

»Die Nachrichten sind sowieso fast nur negativ, drum konsumiere ich sie nicht mehr.« Gertrude hatte sich wieder eingeschaltet.

»Überlegen Sie einmal, wie viel positive Nachrichten in den Medien gespielt werden. Unsere einzige Chance liegt im Wetterbericht. Falls der Schlechtwetter ankündigt, konsumieren wir wahrscheinlich nur negative Nachrichten. Das wird sich in Zukunft ändern. Die positive Nachricht ist diese: Folgen Sie Ihrer Freude. Sie ist Ihr bester Kompass. Ich wünsche Ihnen nur das Beste.«

»Ich danke Ihnen, John Fox. Das war eine ungewöhnliche Mischung aus hilfreich konkreten Tipps und inspirierender Lebensphilosophie. Das mag ich nicht abstreiten. Ihnen noch alles Gute.«

Coyote verbeugte sich mit der Kamera in der Hand, dann war sein Bild verschwunden. Die Konferenz dauerte nicht mehr lange. Ich war froh, denn ich war müde und musste dringend auf die Toilette. Diese war aber schon von Coyote besetzt.

Fliegende Kondome und die WHO

»Coyote, was suchst du am Klo? Deinen Po?«

»Nein, die WHO!«

»Ja, die ist im Arsch.«

Dann krachte es auf meiner Toilette, die Spülung klang nach einem Wildwasserbach. »Hast du dich runtergespült, Coyote?«

»Nein, nur das Alte, das den Körper verlassen darf. Leise nimmt der Körper die Nahrung auf und wächst. Laut krachend verlässt der unverdaute Rest das Fest.«

»Übrigens. Das war ein Donnerschlag, den du dem Gong entlockt hast. Hätte nur noch eine Trompete gefehlt.«

»Die hat schon Anfang des Jahres der Erzengel in die unendlichen Weiten gespielt. Ein wahrer Weckruf!«

»Alles ist mir noch nicht klar, aber du kannst weitermachen, sonst geht's noch in die Hose. Übrigens, ich habe vorhin nachgesehen. Es gibt Berechnungen über die Wahrscheinlichkeit, als der geboren worden zu sein, der man ist. 1 zu 102 685 000 soll diese sein.«

Coyote riss die Türe auf. »Viel Spaß am stillsten Ort der Welt. Ich bin heute Nacht woanders. Macht euch keine Sorgen. Ich hab einen Auftrag zu erledigen. Wir sehen uns morgen. Gott liebt euch. Liebt ihr euch auch?«

Als ich vom stillsten Örtchen der Welt ins Bad huschte, fragte Franziska, die halbnackt am Tisch auf mich wartete: »Noah, was hältst du von einer analogen, ekstatischen Kommunikation von zwei Erwachsenen im Raum der Liebe? Ich denke da an die Variante *betörender Schmetterling*. Nicht, dass du wie eine müde Raupe nur ans Essen denkst und danach ins Bett kriechst.«

Eine hauseigene Circe am Küchentisch, bewandert in indischen Liebestechniken. Was wollte Mann mehr?

Es war ein Fest, mit Franziska das lodernde Feuer des Lebens zu feiern. Als wir im Bett landeten, war es still um uns. Selig trieben wir im unendlichen Raum, Corona-Abstand war uns fremd. Nach einer gefühlten Ewigkeit schwoll der Bach zu einem reißenden Fluss an. Die Erde bebte, Büsche fingen Feuer, Autos kollidierten, Fische hechteten nach Insekten, Eisberge krachten ins offene Meer, Delfine schraubten sich in die Lüfte und eine heiße Fontäne jagte in den Nachthimmel. Ich war selig. Sterne tanzten, meine Zellen vibrierten, Wale sangen. Astronauten der IS klatschten, winkten und zeigten den Daumen nach oben, während Kondome und Klopapierrollen in der Schwerelosigkeit schwebten.

»Noah, ich fliege ...«

»Franziska, ist es nicht komisch? Da hat man uns in die Welt gevögelt und trotzdem fliegen wir nicht.«

»Ja, Werner Schwab hat das mal so ähnlich formuliert. Bei den Vögeln bekommt nur der namibische Büffelweber einen Orgasmus. Wusstest du das? Und weibliche Forellen täuschen Orgasmen vor! Und ich hab immer das Gefühl, mir würden beim Sex Flügel wachsen ...«

Es knisterte in meinem Körper und in meinem Herzen, so als würde ein kleines Lagerfeuer lodern. »Franziska, das sind deine Engelsflügel, die sich bei jeder Ekstase ausdehnen.«

»Die Poesie der Ekstase inmitten einer kühlen Welt. Ist das noch erlaubt in Zeiten von *social distancing* und Betretungsverboten?«

»Das ist sicher nicht erwünscht. Sie hassen das Feuer, aber wir lassen es uns nicht nehmen. Ganz im Gegenteil. Wir breiten es aus, teilen es. Es wird ein Flächenbrand, wenn wir teilen. Coyote ist unser Partner. Nur, betreten wollte ich dich nie. Wenn schon besteigen.«

Ich blickte auf mein Smartphone. Michael hatte eine E-Mail geschickt.

Morgen, 20:00 auf der Almhütte. Das Covid-Maßnahmengesetz regelt keinesfalls das Zusammenkommen von Menschen im Privatbereich.

Handys zu Hause »vergessen«. Nur keine Spuren hinterlassen. Ihr wisst, im Standby-Modus sendet und empfängt es ständig Daten. Auch ein abgeschaltetes Handy ist nicht inaktiv. Die Batterien bzw. der Akku lassen sich ja nicht mehr rausnehmen ...

Scherze, Schüler und Videokonferenz

Franziska wachte früh auf. Draußen war es ungewöhnlich kalt für die Jahreszeit und wir hatten das Fenster gekippt. Eine Weile genossen wir noch die wohlige Wärme im Bett, bevor wir mit unserem Morgenprogramm, einer Mischung aus Gymnastik und Energiearbeit, in den Tag starteten. Ich stellte Kaffee auf und würzte diesen mit etwas Ingwer. Franziska trank Zitronenwasser, versetzt mit Cayenne-Pfeffer. Mein Früchtemüsli schmeckte nussig und ich bereitete mich auf meine Videokonferenz mit der Klasse vor. Nach vier Jahren mit diesen wunderbaren Menschen musste ich sie bald ziehen lassen. Als sie am ersten Schultag aufgeregt in der Klasse gesessen waren, hatten sie mich an neugierige Volksschüler erinnert. Mittlerweile waren sie gereift, lebten ihre Sturm-und-Drang-Phase und entwickelten ihr Ego. Musste man ein Ego entwickeln, um es später wieder loszulassen? Jedenfalls kämpfte ich manchmal mit dem *Pubertier* in der Klasse und wurde auf meine Pubertät zurückgeworfen, eine Zeit, die auch für mich nicht immer einfach gewesen war.

Gibt es im Leben eine Zeit größerer Transformation als die Pubertät? Mitten in diesen wilden, ungestümen Zeiten kommen wir Lehrer und verlangen Leistungen in unterschiedlichsten Wissensgebieten. Noch dazu, wo die Menschheit gerade eine stürmische Zeit durchmachte. Der Abschied lag mir schwer im Magen. Wie sollte dieser in der Ausnahmesituation gut gelingen?

Um halb zehn bekam ich eine Nachricht von Leon. Er schickte mir ein Foto eines Artikels einer regionalen Wochenzeitung per WhatsApp. In unserem Bezirk würden die Schulen nach den Osterferien wieder öffnen. Überrascht teilte ich die Info in der Lehrergruppe.

Als ich bei der Videoplattform unseren vereinbarten Konferenznamen *4a-AchtungDachschaden* eingab, war Marc schon online und grinste. Lisa, Lena und Mia bemerkte ich als Nächstes. Die drei, immer zu Späßen aufgelegt, lächelten in die Kamera. Als endlich alle Gesichter zu sehen waren, schoss ich schnell ein Foto für meine Bildergalerie der Klasse.

»Und, was sagen Sie dazu, dass wir schon früher zur Schule müssen, Herr Breitenbach?«

»Ich freu mich riesig, euch zu sehen. Aber warum das nur unseren Bezirk betrifft, kommt mir komisch vor. Noch dazu, wo alles verboten zu sein scheint. Das erstaunt mich schon.«

Plötzlich verschwanden alle Gesichter vom Bildschirm. Dann poppte Leons Fenster auf. »Herr Lehrer, 1. April! Wir wollten nur testen, ob Sie uns bald wieder sehen möchten.«

Nach und nach kehrten die Schüler auf den Bildschirm zurück, lachten und wünschten *1. April*. Sie amüsierten sich köstlich, mich reingelegt zu haben. Bei Kerstin entdeckte ich im Hintergrund ihre Mutter, die alles beobachtete.

»Leon, du steckst also dahinter! Wie hast du das geschafft, den Text wie in der Wochenzeitung aussehen zu lassen?«

»Das war easy. Ich hab einfach bei der Zeitungswebsite mit der rechten Maustaste auf *Element untersuchen* geklickt und den Text verändert. Dann hab ich ihn abfotografiert und an Sie weitergeleitet.«

»Okay, dann werde ich schnell den Lehrern mitteilen, dass das alles nur ein Aprilscherz war.«

Sofort schrieb ich *Aprilscherz* in die Lehrergruppe. Von *Ach Noah, hast du mich erschreckt!*, *Kannst du die Nerven eines alten Mannes schonen?* bis *Damit spaßt man echt nicht!* war alles zu lesen.

»Und wie geht's euch sonst?«, fragte ich. »Ich sammle gerade die Fotos der letzten Jahre zusammen. So viel haben wir gemeinsam gemacht! Übrigens, wo ist Tom? Hat ihn jemand gesehen?«

»Der hat verschlafen. Er zockt die ganze Nacht. Außerdem schaut er ständig neue Netflixserien«, erklärte Mira.

Die Schüler waren besorgt, dass alle Abschlussfeste ins Wasser fallen könnten. Würden wir vor den Ferien noch zur Schule gehen? Und würden wir geteilt werden, damit der Abstand gewahrt war? Waren Schutzmasken sinnvoll oder nicht? Mehr Fragen als Antworten schwebten im Raum.

»Herr Breitenbach, was machen Sie denn so?«, wollte Alena wissen.

»Meine Tante meint, dass Lehrer bei voller Bezahlung Corona-Ferien bis zur Hauptferienzeit hätten. Ich finde, Sie betreuen uns aber recht gut.« Kristina lächelte in die Kamera.

Alena und Kristina, die als schüchterne und zurückhaltende Mädchen in der Mittelschule gelandet waren, hatten sich zu selbstbewussten jungen Frauen entwickelt.

»Ist Frau Tanzer eh nicht schwanger?«, hakte Christian nach. »Ich möchte, dass mein Bruder sie als Lehrerin bekommt.«

»Oh nein. Franziska ist, soweit ich weiß, nicht schwanger. Ein Wörtchen habe ich da mitzureden, aber ich sehe selbst bald aus, als wär ich schwanger. Während der Ausgangssperre schmeckt das Essen besonders. Ich hoffe, ihr erkennt mich noch, wenn wir uns in der Schule sehen. Ich bin der dicke, behaarte Mann, der auf der Straße daherrollt.«

»Was glauben Sie: Ist das Virus gefährlich oder nicht?« Leoni war besorgt. Andere beschwerten sich, weil die Situation mittlerweile beengend und langweilig war. Wieder andere machten aus der Not eine Tugend und teilten sich die Arbeitszeit für die Schule besonders kreativ ein. Juliana, die auf einem Bergbauernhof zu Hause war, genoss die Zeit und schickte Videos von ihren Tieren. Für gute Schüler war diese Auszeit eine Abwechslung. Sie konnten ihr Lerntempo selbst bestimmen, vorausgesetzt, zu Hause waren genug Endgeräte zur Verfügung. Kerstin, ein besonders witziges und sensibles Mädchen, musste sich den Stand-PC mit drei weiteren Familienmitgliedern teilen, was aber keinen Einfluss auf ihre Leistungen hatte.

Schwächere Schüler verloren immer stärker den Anschluss. Ich versuchte, meinen Schülern mit Videos und Lernblättern, die ich während der Konferenz zeigte, die *lineare Erörterung* näher zu bringen, und zwar zum Thema: *Warum sind Haustiere bei vielen Menschen so beliebt?* Ich war mir nicht sicher, ob alle meine Erklärungen verstanden hatten. Konstantin fragte mich, warum wir Deutsch lernen sollten, wo die meisten von uns sowieso Deutsch als Muttersprache inhaliert hatten. »Lernen die Italiener in der Schule auch Italienisch und die Engländer Englisch?«, wollte er wissen. Die Kenntnis der Wortarten empfand er sowieso als unnützes Wissen.

Daniela, sie sah etwas müde aus und war kaum zu verstehen, kämpfte mit der Sinnhaftigkeit von quadratischen Funktionen. Man quäle damit nur die wertvolle Lebenszeit von Jugendlichen. »Warum lernen wir, wenn wir eh alle sterben?«, wollte Amy, mein kleiner Wuschelkopf, wissen. Ihre Augen leuchteten auf. Sie sprühte nur so vor Lebendigkeit. »Vielleicht erwischt Corona einen von uns und alles war umsonst«, erklärte sie.

»Am besten, wir entwickeln eine Impfung gegen den Tod«, empfahl Fynn, der im Freien mit seinem Smartphone hockte. Hinter ihm sah man einen verwilderten Garten, in dem die Weidenkätzchen ihre silbrigen Tatzen zeigten, und einen rot gestrichenen Schuppen.

Benjamin, der seine Katze in die Kamera hielt und bei jeder kleinen Abstimmung ihre Pfote hob, erwiderte sofort: »Dann hätten wir aber eine Bevölkerungsexplosion.«

Das Gespräch war nicht einfach. Immer wieder verschwand jemand vom Bildschirm. Andere sah ich nur, konnte sie aber nicht hören. Die Bilder der Schüler wechselten manchmal ihren Platz. Melina war zuvor, noch völlig unpolitisch, Mitte links zu sehen. Kurz darauf lächelte sie von rechts oben. Extrovertierte Schüler wie Marc redeten ohne Pause, der introvertierteren Abteilung der Klasse war kaum ein Laut zu entlocken. Als ich mich verabschiedete, hatte ich das Gefühl, das einen überkommt, wenn bei einer Division ein Rest blieb. Ich hoffte, dass die Schüler zumindest einen Mehrwert von unserem virtuellen Treffen hatten. Mir war klarer als je zuvor, dass Videokonferenzen ihre Grenzen hatten.

Später korrigierte ich die Charakterisierungen, die mir die Schüler geschickt hatten. Ich gönnte mir eine *Indian Spirit*, schaltete Übungen am Rechtschreibtrainer frei und probierte Online-Programme, die mich interessierten.

Ich war mir bewusst, dass diese Programme zwar Rechtschreibung und Grammatik analysieren konnten, die Essenz von Texten für sie aber ein verschlossener Schatz war, der nur jenen zugänglich war, durch deren Adern noch ein Rest an lebendiger Poesie floss.

Franziska kontaktierte Schüler, von denen sie schon lange nichts mehr gehört hatte. Unser Nachmittag war ausgefüllt mit Schule, von Coyote war weit und breit nichts zu sehen.

Fahrt zur Hütte

Wir brachen am frühen Abend auf. Ich versuchte es über die Route, die ich mit Coyote genommen hatte. Mein Toyota schnurrte die Landstraße entlang. Kurz passierten wir ein schnuckeliges Dorf, das auf mich wirkte wie eine Geisterstadt, so verlassen wie die Häuser sich an den Bergrücken schmiegten. Die Gehsteige wirkten wie aufgeklappt. Keine Menschenseele zu sehen. Ich war aufgeregt, als Franziska plötzlich rief: »Noah, komm. Finde den Fehler. Finde den Fehler!«

Ich fuhr langsamer und schaute mich um. Da entdeckte ich einen schlaksigen Mann, der einen Rottweiler an der Leine führte und dabei einen Mundschutz trug.

»Eigenartig, nicht? Der hat so viel Angst vor anderen, dass er und nicht der Hund den Maulkorb trägt.«

Hoffentlich bekamen wir nicht alle einen sichtbaren Maulkorb verpasst. Vielleicht vor dem gefährlichen Anti-Virus der eigenen Meinung? »Franziska, ich mach mir Sorgen um bestimmte Menschen während dieses Shutdowns. Was machen Einbrecher, wenn alle zu Hause sind? Und jene, die ein Doppel- oder Mehrfachleben führen? Die müssen sich jetzt auf eines konzentrieren. Fremdgänger werden zu Heimgängern. Was ist mit Bühnenschweinen, Selbstdarstellern und Hochstaplern? Dauerflieger, Bierbauchdrücker und Kreistänzer?«

»Ach Noah. Hast du Sorgen ...«

»Ja. Ich sorge mich um die Formationsspringer, Sumoringer, Hypnotiseure, Animateure, Sektenführer, Militärmusiker, Voyeure, Stalker und Exhibitionisten. Die brauchen alle Publikum und keinen Abstand.«

»Ich mach mir tatsächlich Sorgen um Prostituierte, Noah. Sie werden von der Politik allein gelassen. Mann braucht sie und Mann verachtet sie. Es ist traurig, dass viele ihren Körper an Männer verpachten. Wo soll dann ihr Feuer brennen?« »Vielleicht«, überlegte ich laut, »leben Feuerschlucker am gesündesten. Kein Virus kann das Inferno überleben. Sollte der Mundschutz kommen, dann wird's für Feuerschlucker eng.«

»Worauf du alles kommst.«

»Ja, ich seh das mit den Prosituierten aber so wie du. Wenn sie doch aus dem horizontalen Gewerbe aussteigen und sich zu ihrer wahren Größe aufrichten könnten. Im Horizontalen sind sie nur eine Warengröße.«

Franziska sang *Country roads*, während der Toyota über die Landschaft glitt.

»Wo sind wir hier, Noah? Ich sehe nur mehr Gegend und Landschaft. Erstaunlich, dass die Straße nicht endet und immer weitergeht. Müssen wir bald den Pass zeigen?«

»Hier ist alles Geografie und Biologie. Fast eine Unterrichtsfahrt, wenn kein Polizist die Ruhe der Natur stört.«

Die Straße schlängelte sich nach unten ins Tal und auf der anderen Seite hoch Richtung Almhütte. Es war nicht einfach, bei all den Abzweigungen die Hütte zu finden.

Die Almhütte und
die Krone der Schöpfung

Michael winkte uns, ein Bier in der Hand. Es dauerte nicht lange und Bert parkte etwas verdeckt neben der Hütte seinen Jeep. Wir umarmten uns herzlich. Der Platz war abgelegen, nur Dohlen beobachteten uns. Jakob bog mit seinem VW-Bus ein. Martin, Susi und Patrizia waren seine illegale Fracht.

»Komm rüber, du alter Schlepper!«, rief Michael. »Wir sind hinter der Hütte. Da sieht uns niemand. Dass wir uns treffen, ist nicht verboten, auch wenn sie uns was anderes erzählen wollen. Etwaige Verbote werden nicht halten. Der private Bereich ist grundrechtlich am besten geschützt. Hier werden gerade unhaltbare Interpretationen verbreitet, um den Rechtsstaat auszuhöhlen. Ich mache da nicht mit und lasse mich rechtlich beraten. Trotzdem mahne ich zur Vorsicht. Denunziation feiert wieder fröhliche Urständ.«

Bert machte sich gleich daran, ein Lagerfeuer zu entzünden. »Ich brauche trockeneres Holz, Michael. Den Rauch soll man nicht kilometerweit sehen.«

Bald saßen wir rund ums Feuer. Nur Patrizia wollte den vorgeschlagenen Abstand einhalten, was wir respektierten. Leider hatte Florian keine Zeit, da er an einer Videokonferenz mit den Mitarbeitern einer Forschungsgruppe teilnehmen musste. »Wisst ihr, dass heute eine große Seele von uns gegangen ist?« Bert wirkte sehr traurig.

»Meinst du Bill Withers?«, fragte Franziska und stimmte *Lean on me* an. Was für eine schöne Stimme Franziska hatte. Ich liebte sie aus tiefstem Herzen. Ihre Lebendigkeit, ihr großes Herz sangen mir jeden Tag ein neues Liebeslied.

»Nein, ich meine *Sir Vival*, Rüdiger Nehberg. Ein riesiges Vorbild für mich, auch wenn er um so vieles älter war. Sein Mut, seine Umsetzungskraft, seine Fähigkeiten, sein Einsatz für die *Yanomami*, für die

Waiapi-Indianer und sein Kampf gegen die weibliche Genitalverstümmelung beeindruckten mich immer.« Bert hielt einen Augenblick inne. »Bald sind auch die letzten Steinzeitkulturen ausgestorben. Das wäre das erste Mal auf diesem Planeten. Was für ein Verlust! Und warum werden so schreckliche Traditionen wie die Genitalverstümmelung immer noch praktiziert?«

»Ich glaube, dass beide Katastrophen dieselbe kranke Ursache haben. Es ist der Hass auf das Weibliche, auf den weiblichen Körper im Einzelnen. Auf den gesamten weiblichen Körper namens Erde. Die Indigenen repräsentieren diesen. Der männliche Zugang zum Leben bäumt sich noch mal gewaltig und gewalttätig auf.«

»Da hast du einen wesentlichen Punkt berührt, Franziska.«

»Schau nur, wie abwertend über unsere Vulva geredet wird«, fuhr Franziska fort. »Eine *Pussy* ist jemand, der schwach ist. Wenn jemand *Eier* hat, dann ist er stark und männlich. Diese Angst vor unserem Geschlecht führt zu Abwertungen und offener Aggression. Ich sag's euch: Es ist die Angst des Männlichen vor der weiblichen Ekstase, die Angst davor, die Kontrolle über diese ungebremste Kraft zu verlieren und selbst außer Kontrolle zu geraten. Diese Art von Todesangst führte zu einer Zähmung der Frauen, des Körpers, der Gefühle. Rund um die Vulva wurden Religionen, Wissenschaften, Ideologien gegründet. Alles kreist doch um dieses geheimnisvolle weibliche Zentrum der Ekstase, in der Angst, die Kontrolle zu verlieren und in das Nichts der Seligkeit hineinzufallen. Nur die Lebenden erhalten wahren Eintritt.« Franziska lächelte mich an. »Ein Mann muss erregt sein, um sich fortpflanzen zu können. Lust und Fortpflanzung leben in Abhängigkeit. Deswegen der hohe Grad an Erregung. Eine Frau muss das nicht. Ihre Lustorgane sind unabhängig und frei von der Fortpflanzung. Lust erleben Frauen als natürlichen Luxus, bei Männern ist sie Pflicht. Diese unbändige Kraft, geschenkt von der Natur, wollten und wollen die patriarchalen Kontrolleure loswerden. Entweder indem sie die psychische Fähigkeit zur Lust schwer verwunden oder indem sie sogar das körperliche Lustzentrum bestialisch entfernen. Viele Frauen unterstützen sogar diese Tradition ... diese Gewalt.« Franziska schüttelte traurig den Kopf. »Als wenn sie das freiwillig machen würden. Das glauben sie, aber sie leben als

Sklavinnen innerhalb des patriarchalen Gedankengebäudes. Das Feuer der Frau durfte – und darf – einfach nicht zu hell lodern. Es besteht die Gefahr, dass es sich unkontrolliert ausbreitet, sogar auf andere potentielle Partner. Es ist Zeit, dass die Frauen weltweit aufstehen. *Corona* bedeutete *Krone*. Und eine Krone lässt sich nur tragen, wenn man aufrecht geht und sich seiner Schönheit bewusst ist. Wir sind kein Besitz, wir sind ebenbürtige Partnerinnen. Frauen und Männer, freie Wesen unter einem freien Himmel auf einer freien Erde.«

Alle nickten. Bert stocherte mit einem Holzscheit im Feuer, bevor er sprach. »Franziska, als sich die Menschheit niederließ und in der Jungsteinzeit begann, das Leben zu zähmen, da entdeckten sie auch das Besitzdenken. Das Leben sollte nicht mehr frei und wild sein. Es wurde eingezäunt und gezähmt. Bauern entstanden, Grund und Boden wurden zu Besitz. Frauen wurden zum Besitz von Männern. Das Patriarchat bahnte sich seinen Siegeszug. Hierarchisch organisierte es komplexe Besitzverhältnisse. Das erfasste alle Bereiche des Lebens und griff auch in den unsichtbaren Bereich. Der Besitz von Wahrheit entfaltete sich und mündete in organisierten Religionen und Ideologien. Die Welt wanderte vom Sein zum Haben. Kämpfe entwickelten sich zu Kriegen, Krieger zu Soldaten. Struktur und Technik traten in den Vordergrund. Letztendlich führte es zur Unterwerfung und Domestizierung des Weiblichen. Der Garten Eden wurde verlassen und zu einer Legende. Der Himmel war plötzlich außerhalb von uns, jenseits der Erde. In ihm thronte der männliche Gott in Menschengestalt, der seinen Besitz von oben mit Belohnung und Bestrafung verwaltete. Der Mensch war sein auserwähltes Lebewesen. Aber unter den Menschen hatte er bestimmte Vorlieben. Männer schätzte er mehr als Frauen, war er doch selbst ein Mann. Manche Völker bevorzugte er. Über die Jahrhunderte entwickelte er eine Vorliebe für weiße, christliche Männer in reichen Ländern. Die Erde und ihre Wesen sollte sich der Mensch untertan machen, sie unterwerfen. Und das taten diese Männer auch am besten.«

»Unterwerfen und unterrichten«, ergänzte Martin.

»Das wurde uns gelehrt«, setzte Bert fort. »Nur liegt dem ein bewusster oder unbewusster Übersetzungsfehler zugrunde: Die hebräischen Wörter *kabasch* und *radah* lassen sich auch völlig anders übersetzen, nämlich *setzen eines Fußes* und *führen wie ein Hirte*. Man hätte den Menschen als Gärtner, als Pfleger verstehen können, der sich um die Schöpfung kümmert. Aber das Verständnis des Menschen als *Krone der Schöpfung*, der sich die Erde mit ihren Lebewesen unterwirft, das war die große Erzählung und der Freibrief für massive Ausbeutung. Es ist schon eine Ironie des Schicksals, dass die Naturwissenschaften im Geiste eines Descartes diesem irrigen Aufruf später folgten und ihn zur Spitze trieben. Der moderne Konsument ist ein Geisteskind der Unterwerfung der Erde, ein Anhänger einer missglückten Erzählung. Heute gibt es ein Umdenken in den Religionen, in den Wissenschaften und bei jenen, die sich als Konsumenten statt Menschen definieren. Solange wir uns als Krone der Schöpfung definieren, andere zu leblosen Objekten degradieren, um sie zu konsumieren, solange sind wir ein Virus auf der Erde. Wenn wir die Krone abgeben, öffnet sich die wahre Blüten-Krone am Scheitel und wir sind wieder an das Lebendige angeschlossen. So sehe ich das. John hat mich hier viel gelehrt.« Bert zwinkerte mir zu.

»Wie siehst du dann die Kirche?«, wollte Martin wissen.

»Die Kirche ist für mich der erste große Weltkonzern. Aus der lebendigen Botschaft Jesu wurde eine hierarchisch streng organisierte Religion mit gigantischem Wahrheitsanspruch. Ein Epizentrum der Macht. Im Einflussbereich der Kirche passierte immer wieder auch Gutes. Aber letztendlich hat die Kirche viel Angst und Schrecken verbreitet. Groteskerweise im Namen der Liebe. Das ist ein schrecklicher Widerspruch, an dem viele zerbrochen sind. Die Kirche ist die international, ja universell führende Expertin und Koryphäe für Schuld.«

Ich dachte an die österreichische Schriftstellerin Marie von Ebner-Eschenbach, die einmal gesagt hatte: *Es würde viel weniger Böses auf Erden geben, wenn das Böse niemals im Namen des Guten getan werden könnte.*

Während ich meinen Gedanken nachhing, hörte ich, wie Berts Worte in unserer Runde landeten.

»Auf diese Weise konnte man die Menschen als Besitz verwalten. Die Taufe war irgendwann keine freie Entscheidung eines Erwachsenen mehr, sondern der verpflichtende Mitgliedsausweis sofort nach der Geburt. Sie wurde mit der Namensgebung kombiniert. Ehrlich, ich kann hier wenig von Jesus wiedererkennen. Jesus vor den Karren von Kriegen, Machtkämpfen und Prunk zu spannen, ist pervers. Er war auf der Seite der Ausgegrenzten, der Schwachen, der Gebrochenen, der Kinder und der Frauen. Das Establishment forderte er heraus. Darum war er gefährlich.«

»Findet ihr nicht«, begann Susi, »dass der Versuch, alle Menschen zu impfen, derselben Einstellung entspringt? So wie bei den Zwangstaufen? Ist das nicht extremes Besitzdenken?«

»Denselben Gedanken hatte ich auch.« Das Feuer spuckte einen Funkenregen aus, der an Franziska vorbeiflog. »Für mich ist es wieder die Eroberung des Körpers. Es ist die Inbesitznahme des Weiblichen durch das Männliche. Sieh dir nur symbolisch die Spritze an. Ganz klar männlich. Nur es ist kein Same des Lebens, der gespritzt wird. Für mich ist es ein Same des Todes. Sorry, dass ich das so hart formuliere. Noch dazu werden jährlich für Impfstoffe bis zu drei Millionen Haie getötet. In deren Leber findet sich das Öl namens Squalen, das als Impfstoffverstärker benötigt wird. Aus Pflanzen gewonnene Squalen wären um einiges teurer. In der Hai-Leber ist dieses Öl reichlich vorhanden. Umwelt-NGOs schätzen zusätzlich eine halbe Million tote Haie für die Produktion von Corona-Impfstoffen.«

Franziska fuhr sich durch ihre rotblonden Haare. Sie wirkte traurig und wütend zugleich.

»Dieselben Leute, die Patente auf das Leben anmelden, melden nun auch den Besitz aller menschlichen Körper an. Das einzige Stoffliche, das wir alle wirklich besitzen, ist unser Körper. Diese wenigen Quadrat- oder Kubikmeter will man auch noch in den Griff bekommen. Es ist wie ein Land, das sie erneut erobern und besiedeln wollen. Mein Körper gehört jedoch mir und ich bin keine moderne Leib-eigene, die wegen Angst auf ihre letzten Grundrechte verzichtet. Der Körper ist mein Grund und Boden und ich bestimme, was in ihn eindringt. Ich behalte meine Bodenschätze selbst. Zumindest von der Geburt bis zum Tod. Somit ist der Körper nur geliehen, aber von mir.«

»Starke Worte, Franziska. Wow!«, flüsterte Bert.

Martin wirkte sehr nachdenklich.

»Wisst ihr, dass der Gebärmutterhals der Frau und die Prostata des Mannes wahre Lustzentren sind? Wusstet ihr das?«, fuhr Franziska fort. »Ist es nicht befremdlich, dass genau diese in unserer Gesellschaft mit Krebs statt mit Lust assoziiert werden? Das sagt viel über unsere Lebendigkeit und Fähigkeit zur Ekstase aus. Die Religionen sind erstarrt, die Wissenschaften auch. Es fehlt das Weibliche, das Lebendige. Und wenn wir schon bei den tiefsitzenden christlichen Bildern sind: Maria als Jungfrau hat für mich eine spirituelle Bedeutung und nicht eine materialistische, die Schuldgefühle produziert.«

»Wo führt das alles hin? Was meint ihr?« Mich verließ der Mut.

»Ich prophezeie euch was«, erklärte Franziska. »Ich wage es mal. Wir werden derzeit getrennt und isoliert. Das kann eine riesige Chance bedeuten, wenn wir nicht in Schock und Starre verfallen, sondern Innenschau betreiben. Manche scheinen die Angst zu wollen. Fehlende Berührung und körperliche Trennung provozieren einen ungünstigen Cocktail an Botenstoffen, der zu weiterer Angst und psychischen Belastungen führen kann. Umarmungen, Küsse und Sex könnten zum Teil verboten werden. So wissen wir in Zukunft, wie wir gelebten Widerstand umsetzen werden. Wir provozieren einen positiven Cocktail, was sicher als äußerst provokant wahrgenommen werden wird. Es scheint, dass wir von Lichtträgerinnen zu Virusträgern mutierten, die getrackt und überwacht werden sollen. Mundschutz, Ganzkörperkondom und Abstandhalter werden bald modern sein, wenn es so weitergeht. Ich aber bin zuerst Würdeträgerin und keine die öffentliche Gesundheit gefährdende Virusträgerin. Wir tragen alle Würde, nicht nur die alten Würdenträger in ihren Priesterkleidern. Da sind leider viele Merkwürden dabei. Was meinst du, Bert?«

»Mich betrübt, dass offene Debatten von den Bildflächen verschwinden. Ein komplexer Sachverhalt wird in zwei Lager geframt: die Guten und die Bösen, die Gläubigen und die Ungläubigen, die Intelligenten und die Dummen. Wir kennen das schon aus dem Jahr 2001, als die Debatte auf ein Für und Wider gegenüber Bushs jr. Agenda verengt wurde.

Wenn sich der Nobelpreisträger und Entdecker des HIV-Virus kritisch zum neuartigen Virus äußert und meint, es könnte gemacht sein, dann wird er frontal angegriffen. Wenn der Erfinder des PCR-Tests, auch ein Nobelpreisträger, sich früher schon kritisch über die Eignung des Tests für die Diagnose äußerte, dann wird das ebenso schnell abgetan. Was sagst du, Martin? Du hast dich hier sehr intensiv eingelesen.«

»Normalerweise sind Viren ein Teil des Lebens. Sie sind zehnmal kleiner als Bakterien, verändern sich ständig und bestehen aus RNA oder DNA-Schnipseln. Sie sind unsere Partner in der Evolution, nicht unsere Feinde. Das neue Virus hat eine RNA-Struktur, kopiert deswegen schlecht und mutiert gern. In diesem Fall könnte das Virus aber tatsächlich nicht ein Partner der Natur sein, sondern ein Partner eines Hochsicherheitslabors, das mit ausländischen Geldern bei Fledermausprojekten unterstützt wurde. Ein Jahr lang waren 2011 Forscher des *Wuhan Lab* zusammen mit US-amerikanischen und australischen Kollegen in den Höhlen von Kunming, in der Provinz Yunnan im Süden Chinas unterwegs, um Fledermäuse zu fangen. Es ging ihnen dabei nicht um die fliegenden Säugetiere, sondern um deren Viren. Sie entdeckten 27 bisher unbekannte Viren, die dem schon bekannten SARS-Virus ähnlich waren. Das ist keine Verschwörungstheorie. Ihr könnt das nachlesen. 2013 berichteten sie in *Nature* über diese Entdeckung und die Isolation eines SARS-ähnlichen Virus, das die Protein-Zacken auf seiner Corona-Krone für das Andocken an menschliche ACE2-Rezeptoren nutzt. Man hat gentechnische Veränderungen vorgenommen, herumgebastelt und an Mäuse- und Menschenzellen getestet, wie sich das Virus verhält. In *Nature Medicine* finden sich dazu interessante Infos. Die chinesische *Batlady Shi* hat hier mit US-Kollegen zusammengearbeitet.«

»Spannend, was du erzählst, Martin.« Bert machte eine kurze Pause, bevor er weitersprach.

»Keine Ahnung, ob das neue Virus seinen Ursprung in diesen Experimenten hat. Aber es wurde zum Anlass, um die gesamte Weltwirtschaft runterzufahren und eine Impfpflicht in Aussicht zu stellen, obwohl das Virus mutieren wird.«

»Leute«, begann Michael, »ich halte viel von Impfungen. Sie sind eine der großen Leistungen der modernen Medizin. Aber nur die freiwillige

Impfung, denn wenn hier mit direkter oder indirekter Pflicht begonnen wird, dann frag ich mich, was wir als nächsten Schritt zu erwarten haben. Eine freie Gesellschaft ist auf Freiheit aufgebaut und nicht auf Angst.«

»Impfen sollte eine freiwillige Sache bleiben. Bisher hat es gut funktioniert. Den Tod werden wir nicht wegimpfen können.«

»Stimmt, Franziska. Aber hinter der Debatte steckt was anderes als die Eindämmung eines Virus. Die zentrale Figur ist dabei Bill Gates. Die *Bill & Melinda Gates Foundation* als reichste Stiftung der Welt ist an der WHO beteiligt.« Martin war wieder in seinem Element.

»Die WHO ist doch diese Vereinigung, die immer wieder neue Krankheiten genehmigt, oder?« Michael grinste im Schein des Feuers.

»Michael, so könnte man es sagen. Also, Bill Gates hat einen enormen Einfluss. Seine Stiftung ist ebenso Mitglied der *GAVI Alliance für Impfungen weltweit* und stellte zu deren Gründung eine enorme Summe zur Verfügung. Die *GAVI* ist neben der *Rockefeller Foundation* und *Microsoft* zudem Gründungsmitglied der *ID2020 Digital Identity Allianz*, die sich der Schaffung digitaler Identitäten verschrieben hat. Das Ziel ist eine personalisierte, tragbare, biometrische Identität, die auf Lebenszeit über alle Grenzen hinweg besteht. Beworben wird dies mit dem Argument, dass eine transnationale digitale Identität nicht vergessen werden kann, praktisch sei, grundlegende Rechte wie eine vermeintliche Impfgerechtigkeit garantiere und im Ernstfall sogar Leben retten könne.

ID2020 widmet sich angeblich auch der Erforschung und Anwendung einer Kombinationsimpfung mit einem digitalen Identifikations-Mikrochip. Sie wollen die Immunisierung mit digitaler Biometrie kombinieren. So können Menschen bald durch eine globale Identifizierungsmatrix mikrochipgestützt verfolgt und kontrolliert werden. Man nennt solch ein System Diktatur. Überall finden sich die Spuren von Bill Gates, der so harmlos wie der mild lächelnde, reiche Onkel aus Amerika wirkt.« Martin hielt inne. Wir starrten alle in die tanzenden Flammen, versuchten seine Worte in uns sacken zu lassen. »Zudem arbeitet *ID2020* seit Kurzem mit dem Internationalen *Rettungskomitee IRC* zusammen, um einen Blockchain-basierten Iris-Erkennungsdienst zu entwickeln. Offiziell kann man so Flüchtlinge identifizieren, die die *IRC-Dienste* im Lager Mae La in Thailand in Anspruch nehmen. So, darum bin ich so misstrauisch. Ihr könnt das alles nachlesen.«

»Martin, das erinnert mich an den *Minority Report* mit Tom Cruise.«

»Franziska, Steven Spielberg wurde übrigens für den Film von führenden Experten beraten. Apps wie *Snapchat* sammeln mittlerweile ununterbrochen Gesichtsdaten, die durch die Algorithmen im Hintergrund in gigantischer Geschwindigkeit ausgewertet werden für die Software der schönen neuen Welt.« Bert blickte zu Martin und legte seine Gedanken dar. »Das zeigt genau das, was ich zuvor über die Taufe gesagt habe. Diese wird möglichst bald nach der Geburt durchgeführt und mit der Namensgebung kombiniert. Quasi eine alte Form der Kombinationsimpfung. Identität und Besitz sind in einem Schwung geregelt. Der Säugling hat keine Chance, sich freiwillig für oder gegen eine Taufe zu entscheiden. War man jedoch früher nicht getauft, so bedeutete das oft den Ausschluss aus einer christlichen Gesellschaft. Man war von Beginn an stigmatisiert. Werden ungeimpfte Kinder und Erwachsene in einer wissenschaftlich geprägten Gesellschaft auch ausgeschlossen werden? Schade, denn nicht nur die Taufe war ursprünglich gut gemeint, sicherlich auch die Impfung. Die übereilte Taufe sollte gegen den Teufel schützen. Man gehörte von Geburt an zur Kirche. Diese Interpretation blieb von einem ehemals bewussten und lebendigen Ritual der Umkehr übrig. Jetzt sehen wir die digitale-hochtechnokratische Abwandlung der beinahe selben Vorgangsweise. Wieder werden Säuglinge möglichst bald geimpft. Das Bedrohungsszenario ist nicht so heftig, wenngleich ebenso unsichtbar und diabolisch. Bösartige Viren und Bakterien, die sich unerkannt einschleichen. Giftige Boten des Teufels. Regierungen erklären dem neuen Virus generell den Krieg und in Folge gleich allen anderen Viren. Das bloße Impfen ist wieder nur eine Symptombekämpfung, ein Krieg an der Oberfläche, der wie jeder Krieg nur wenigen die Kassen füllt. Das hat nichts mit echter Heilung zu tun, mit der Heilung einer kranken Gesellschaft, die sich nun mit den Auswüchsen ihres Lebensstils konfrontiert sieht. Nicht das Virus muss bekämpft, sondern der Wirt geheilt werden.

Meinte nicht Pasteur am Sterbebett ›Die Mikrobe ist nichts, das Milieu alles‹? Alternativmedizinische Vorgangsweisen werden ausgeklammert, immunstärkende Maßnahmen gar nicht erwähnt, Ursachen von Zoonosen kaum diskutiert. Die mächtige Pharmaindustrie hat kein Interesse daran. Wir brauchen dringend einen Paradigmenwechsel in der Medizin. Kirchen, Moscheen und Tempel sind leer. Gott scheint schwächer als das Virus. Vielleicht tragen bald die Betenden einen Mundschutz in den Gotteshäusern. Es würde mich nicht wundern. Wenn man Menschen tausende Jahre zum Gehorsam erzieht, hat man keinen Widerstand zu befürchten. So weit steht es mit unserer Spiritualität. Tja, unsere Identität. Ich bin keine Person, die man registrieren und deren Schätze man abbauen kann. Ich bin ein Mensch. Ich bin einfach. Ich hab gelesen, dass heuer auf einer UNO-Konferenz die Weichen für einen transnationalen, digitalen Identitätsnachweis gestellt werden sollen. Das passt gut, die Blockchain-Technologie soll dabei helfen. Wir wechseln von einer Art Religionsdiktatur in eine Wissenschaftsdiktatur. Beide haben einen absoluten Wahrheits- und Moralanspruch gemeinsam. Unendlich schade, dass man Religion und Wissenschaft kapern konnte. Sie sollten uns helfen und nicht versklaven.«

»Wie kann all das in einer Demokratie passieren? Das ist so widersprüchlich«, haderte Susi.

Bert lachte lauthals. Für ihn, das wusste ich längst, war die Demokratie nur mehr Kulisse. »Vieles ist paradoxer, als wir denken. Hat man uns nicht erzählt, dass der Kapitalismus nur Hand in Hand mit einer Demokratie gehen kann? Aber sehen wir uns China an. Es steht Modell für Diktatur und Turbokapitalismus im Gleichschritt. Wurde uns nicht eingetrichtert, dass Demokratien friedlich und frei sind? Kein Land der Welt führte in den letzten Jahrzehnten so viele Kriege wie die USA. Diese stolze Demokratie ist wegen ihres Energiehungers geradezu fixiert auf Kriege am Rande ihres imperialen Einflussbereiches. Wer sich dem Narrativ von angeblicher Freiheit und Frieden entgegenstellte, landete im Exil, in Hochsicherheitsgefängnissen oder wurde aus der öffentlichen Debatte verbannt. Snowden und Assange waren wohl die Populärsten, die ein Lied davon singen können. Kein Land der Welt besitzt und produziert so viele Waffen, kein Land der Welt ist von seinen kriegerischen Missionen so begeistert. Kein Land der Welt produziert so viele Flüchtlingswellen wie die USA, auch wenn diese Thematik kaum diskutiert wird. Man könnte fast meinen, die USA wäre ohne Krieg und ohne den Glauben an den ewigen Krieg nicht denkbar.«

»Bert, kritisierst du auch andere Länder als die USA und China?« Susi rümpfte die Nase.

»Ja, sicher. Ich kritisiere aber am liebsten jene, die ich am meisten liebe und die mich zugleich am meisten schmerzen. Imperien empfinde ich generell als eine Gewaltherrschaft, auch wenn sie anderes erzählen, da sie die erzählerische Hoheit besitzen.«

»Wer bestimmt eigentlich, wohin die Weltgeschichte läuft? Was denkt ihr?«, fragte Martin, der die Stille nach Berts Worten unterbrach. Patrizia, die in der Schule Deutsch unterrichtete, kramte nach ihrem Handy. Sie hatte es als Einzige mitgenommen, was besonders Michael missfiel.

»Diese Worte Stefan Zweigs, die er in einem Brief am 22. Mai 1935 an den französischen Literatur-Nobelpreisträger Romain Rolland geschrieben hat, möchte ich vorlesen:

Alles in Europa treibt mit unaufhaltsamer Gewalt

der Vernichtung entgegen, und ich erkenne abermals,

dass es nie die Weisen, nie die Denker sind,

die das dramatische Geflecht der Geschichte weben,

sondern die großen Monomanen, die Mondsüchtigen,

die nur ihre Idee sehen, eine Idee, die die Welt heilen soll, aber in Wahrheit krepiert sie daran.«

Das Lagerfeuer knisterte. Ich dachte an die Literaten und Denker dieser Zeit, die in regem Austausch standen, bis das Naziregime alles überrollte. Romain Rolland und seine ungewöhnlichen Biografien über Vivekananda und Ramakrishna und Stefan Zweig mit seiner Klarsicht. Im Nachhinein war es einfach, die Lage zu beurteilen. Aber im Trubel der Zeit die richtige Wahl im Gegensatz zur Mehrheit zu treffen, das hielt ich für wahre Größe. Heute war es allgemeiner Konsens, der Nazipolitik eine vernichtende Kritik auszustellen. Der Applaus war einem zum

Glück sicher. Zur Zeit von Stefan Zweig war die Situation jedoch eine völlig andere. Aber wer waren die Monomanen und Mondsüchtigen heute? Die alten Geister von damals, die wieder auferstanden? Oder neue Wahnsinnige, mit ihren wahnwitzigen Ideen? Waren sie vielleicht sogar aus demselben Geist geschnitzt? Hatten Neoliberalismus und rechte Gesinnung nicht auffallende Verbindungen? Waren Kommunismus und Kapitalismus nicht vom selben Materialismus getrieben, der Raubbau an der Erde betrieb? War es nicht an der Zeit, sich nach dem Kommunismus vom Kapitalismus zu verabschieden?

»Bill Gates ist für mich ein Paradebeispiel für einen heutigen Monomanen und Mondsüchtigen. Viele andere Technokraten und Konzernchefs sind es auch. Nicht wenige sind intelligente Soziopathen, die es aufgrund ihres Empathiemangels nach oben schafften. Eine Grundproblematik, dass so oft empathielose Narzissten führen. Meist in die falsche, lieblose Richtung.«

»Martin, du willst doch wohl nicht diese Leute mit Hitler und seinen Schergen vergleichen?«

»Franziska, nein, natürlich nicht. Wir können aber angesichts dieser Despoten doch nicht alle anderen Mondsüchtigen entschuldigen.«

»Du hast recht, Martin. Ich kritisiere die Mondsüchtigen wie Gates mit allen Mitteln. Nur von den Hasserfüllten, die sich als Rechte im Recht wähnen und schräge Theorien verbreiten, will ich nicht vereinnahmt werden. Ich lasse mich andererseits nicht mit einem manipulativen Deutungsraster an den rechten Pranger stellen und mundtot machen. Meine Kritik an den Mondsüchtigen beruht auf Recherche. Die Mondsüchtigen und die glatzköpfigen Stiefelträger sind Auswüchse männlichen Wahnsinns, der in die falsche Richtung marschiert. Was passiert, wenn Teile der spirituellen Szene von den Rechten vereinnahmt werden? Das wissen wir schon aus den dreißiger Jahren des vorigen Jahrhunderts. Eine exklusive Spiritualität, von Angst und Abwertung durchdrungen, hat nichts mit echter, verbundener Spiritualität zu tun. Gar nichts.

Ich kritisiere Gates wegen der Fakten, die ich recherchiert habe. Ich hasse ihn nicht, aber ich sehe seine Persönlichkeit und seine Engagements extrem kritisch. Seine Ansätze verfolgen einen männlich-dominanten, technokratischen Weg der Macht und Ausbeutung. Letztendlich des Weiblichen. Für mich ist er ein Manipulator, der den Kontakt zum Natürlichen fast völlig verloren hat. Über diese Härte kann auch ein weicher Pulli, eine Hornbrille und die ewig selbe Körpersprache der falschen Bescheidenheit nicht hinwegtäuschen. So sanft, wie er sich gibt, kann man kein Imperium führen. Übrigens investiert er in Atomkraft. Hunderte, kleine Atomkraftwerke sind seine Vision und er hat dafür das Unternehmen *Terra Power* gegründet. Was für ein zynischer Name! Ein Missbrauch der Erde ist das in Wahrheit. Ich dachte, dass diese hochgefährlichen Dampfmaschinen – und nichts anderes sind Atomkraftwerke – der Geschichte angehören. Weit gefehlt! Gates und seine Geistesbrüder verdienen Unsummen, sie werden kaum kritisiert, denn immerhin unterstützt er ja auch bestimmte Medien finanziell. Warum wird Testosteron immer besser bezahlt als Östrogen? Warum wird das Beschützen der Vielfalt weniger geehrt als das Monopolisieren des Lebens?«

»Wisst ihr, was wir bedenken sollten: Alle diese Wahnsinnigen scheuen die Vielfalt des Lebens. Nur ihre Idee zählt. Nur ihr Hunger zählt. Und wehe, du störst sie dabei. Findest du nicht, Franziska?« Bert blickte Franziska an.

»Absolut. Der Rückgang der Vielfalt im Ökosystem hat was mit dieser Denke zu tun. Wir sind im sechsten großen Artensterben. Es leben mehr Nutztiere als freie Wirbeltiere auf der Welt. Die machen nur drei Prozent der Landwirbel-Biomasse aus. Die allerlängste Zeit war die Pyramide wie folgt: Wildtiere vor Menschen und Nutztieren.

Die Pyramide steht auf dem Kopf. Die Massentierhaltung, eine der schrecklichsten Entwicklungen unserer Zeit, trägt viel dazu bei. Stellt euch das doch mal vor: Die Biomasse der Fluginsekten ging innerhalb von 27 Jahren um 75 Prozent zurück. Das kann nicht weiter funktionieren.«

Franziska stand auf. »Bert hat recht: Samen sind die Quelle des Lebens. Stimmt's?« Sie lächelte. »Und die Böden sind der weibliche Raum, wo Leben beginnt. 94 Prozent der Saatgutvielfalt sind bereits verloren. Böden schlittern vermehrt in ein Burnout.

WIR ERNTEN, WAS WIR SÄEN

Die Kontrolle von Samen bedeutet Macht über das Leben. Genau das ist passiert. Das Saatgut der Welt gehört wenigen Chemie-, Pestizid- und Pharmakonzernen. Das Zyklon B der Konzentrationslager ist übrigens ein Vorfahre der heutigen Pestizide. Immer wieder geht es um das Töten.

Jahrtausendealte und freie Samen wurden manipuliert, patentiert und jetzt meinen sie, diese zu besitzen. Wie kann man Leben besitzen? Das ist Diebstahl. Diese Konzerne sind Piraten, die mit ihren Hybriden Milliarden an Dollars produzieren. Leute wie Bill Gates arbeiten am nächsten großen Schritt: Die Veränderung eines einzelnen Gens soll zur Patentierung einer Pflanze führen. Dann wird es für Konzerne noch leichter, das Saatgut zu besitzen und damit das Leben auf der Erde. Das ist Bio-Imperialismus.

Gates, dieser Techniker der Macht, treibt mit Konzernen in Afrika und Asien die *Grüne Revolution* voran. *Green revolution* ist das Schlagwort, mit dem sie angeblich den Hunger bekämpfen wollen. Dies hat aber mit Grün nichts zu tun. Es geht um intensive Landwirtschaft mit genetisch manipulierten Pflanzen, Einsatz von Pestiziden, eine Menge Patente und die Abhängigkeit der Bauern.

Gates unterstützt auch das Solar- und Geoengineering-Experiment *SCoPex* finanziell, bei dem die Verdunkelung der Sonne mit Calciumcarbonat vorgenommen wird, um die Erderwärmung zu bremsen. Auch das Geoengineering-Projekt *Marine Cloud Brightening Project*, mit dem Wolken manipuliert werden, erhält Startkapital von Bill Gates. Wenn er tatsächlich etwas gegen die Erderwärmung tun möchte und Afrika ihm wirklich am Herzen liegt, warum unterstützt er dann nicht die Aufforstung des Baumgürtels der *Großen Grünen Mauer Afrikas* in der Sahelzone? Die Böden und Bäume helfen viel kraftvoller bei der Transformation in eine nachhaltige Zukunft als alle gefährlichen technischen Lösungen zusammen. Aber wisst ihr was? Bäume versprechen weder Geld noch Macht.

Auch das Projekt *EarthNow* zur Echtzeitbeobachtung des gesamten Planeten mittels zukünftig Hunderten von Satelliten ist Teil seines Engagements. Der totalen Überwachung wird hier Tür und Tor geöffnet. Nicht wenige Monomanen sind derzeit von Weltraumprojekten, die sie finanzieren, fasziniert.

Gates hat vor Kurzem mit Microsoft ein Patent für das Minen von Kryptowährung angemeldet. Durch körperliche Aktivitäten oder vorgeschlagene Aufgaben kann der zukünftige Träger eines von Microsoft entworfenen Gerätes selbst digitales Geld herstellen. Die Patentnummer lautet WO/2020/060606. WO ist die Abkürzung für *Weltorganisation für geistiges Eigentum*.

Die Gates-Stiftung hält auch Anteile an bekannten Tech-Firmen, die nicht gerade für ihr soziales Engagement bekannt sind. Weitere Anteile bei Medien und bei Pharma-, Chemie- und Saatgutriesen sprechen eine eigene Sprache. Das grüne soziale Mäntelchen soll uns nicht täuschen.

Nun wollen diese Egomanen auch noch den menschlichen Körper mit ihrem imperialen Gedankengut wie einen neuen Kontinent kolonialisieren. Besiedeln und besudeln. Das ist die nächste, feine Stufe des Imperialismus. Der einzelne Körper wird zum begehrten Objekt. Es ist nur eine Frage der Zeit, wann Menschen genmanipuliert werden. Pflanzen und Tiere wurden es bereits. Es geht um Manipulation und Besitzansprüche mittels Patenten. Ist die neue genbasierte Impfung der Dammbruch in diese Richtung, besonders wenn es sich um zukünftige DNA-Impfstoffe handelt? Ist sie der erste Schritt zum genmanipulierten Menschen? Werden auch wir zu gentechnisch veränderten Organismen, zu GMOs? Müssen wir dann als gentechnisch verändertes Produkt deklariert werden? Ich versuche schon immer, biologisch und gentechnikfreie Nahrung zu essen, und dann will man mich selbst verändern. Mit mir sicher nicht.« Franziska schüttelte resigniert und wütend den Kopf.

»Wenn ich dir zuhöre, dann geht mir das Geimpfte auf, Franziska!«

»Kann ich verstehen, Noah. Ich verneige mich vor den Hütern der freien Samen. Ziviler Ungehorsam ist gefragt. Die Stunde ist da.«

Franziska setzte sich. Der Halbmond lächelte sanft vom Firmament. »Wisst ihr, dass beim völkerrechtswidrigen und auf Lügen aufgebauten Krieg gegen den Irak die Samenbank des Landes bewusst zerstört wurde? Damit wurden uralte Samen vernichtet, gesammelt zum Wohle der Menschheit. Mesopotamien lässt grüßen! Andererseits schützte man aber das Erdölministerium. Der Aufstieg des IS und die Destabilisierung des Nahen Ostens begannen.« Bert gab noch seinen Senf dazu. Während er sprach, beobachtete ich eine Sternschnuppe. In was für einer Zeit sind wir gelandet? Darf ich mir was wünschen? Das Gefühl der Hoffnung verlosch in mir wie die Sternschnuppe am Himmel.

Korona, eine fröhliche Runde und die neue Währung Mitgefühl

»Eine Korona meint auch eine fröhliche Runde, meine Freunde. Wo ist euer Frohsinn, eure Ausgelassenheit? Die Zeit ist des Menschen Feind. Das Präsens ein Präsent.«

Coyote? Der Klang seiner warmen Stimme in einer kühlen Nacht holte mich zurück. Das Lagerfeuer und Franziska mochten mein Herz kaum noch warmzuhalten. Mir war kalt geworden. Die Möglichkeit einer Dystopie schwebte im Raum.

»Leute, hebt eure Köpfe und lasst sie nicht hängen. Niemandem ist damit geholfen. Wie sagte schon Rumi: *Wenn das Haus der Welt dunkel ist, wird die Liebe einen Weg finden, Fenster zu erschaffen!*

Ich weiß, ihr glaubt nicht mehr an Imperien und Nationen. Aber an eine Nation dürft ihr glauben, sie wird euch retten: die Imagi-Nation. Bert hast du eine Gitarre mit dabei?«

»John, wo kommst du denn her?«, meinte Martin.

»Bert hat mich mit seinem Jeep in der Nähe abgesetzt. Ich hab ihn gebeten, nichts zu verraten. Ich wollte euch bei eurer Feier nicht stören. Nun bin ich da.« Coyote klatschte in die Hände. Die Gedankenschwaden lösten sich auf, die Stimmung hob sich.

Martin meinte: »John, ich glaube noch an eine zweite Nation. An die Reinkar-Nation.«

Bert fing an zu singen. Wir stimmten ein. Die Runde nahm Fahrt auf und bald war Gelächter von unserem Lagerfeuerplatz zu hören. Ich wusste bis zu diesem Abend nicht, dass *Atemlos durch die Nacht* so viel Spaß machen konnte. Ich, der Anti-Schlager-Fan, brüllte irgendwann mit allen anderen gemeinsam das Lied. Als ich dann noch eine Strophe lang ein Solo sang, moderierte Coyote: »Meine Damen und Herren: Es sinkt für Sie das Niveau!«

Bei *Alles was ich will ist da, große Freiheit pur, ganz nah, nein wir wollen hier nicht weg, alles ist perfekt* fühlte ich eine Freude, die mich überraschte. Manche Töne sang ich schief, aber ich tröstete mich: Der Wald wäre stumm, wenn nur die besten Vögel singen würden. Und wir waren alle bunte, verrückte Vögel, geboren zum Fliegen und nicht dazu, sich die Flügel für goldene Käfige und Ställe stutzen zu lassen.

»Ihr habt tief in der Scheiße gegraben. Nicht wahr?« Coyote lachte, nachdem ihm Martin ein wenig von unserem Gespräch erzählt hatte. »Ihr grabt im Westen, wo die Sonne untergeht. Ihr befindet euch in der Höhle des Drachens, der die Schätze bewacht. Es ist der Schatten, der euch zu schaffen macht. Ihr betreibt Schattenarbeit. Wundert ihr euch, dass die Fledermaus euch den Weg durch das Dunkel bahnt? Glaubt ihr, das ist Zufall? Fledermaus, Schatten, Dunkelheit, Viren, Scheiße, Klopapier und Arschlöcher? Töchter und Söhne Plutos, seht ihr nicht den goldenen Faden? Entweder ihr heilt den Schatten und hebt den Schatz oder ihr erntet Kälte, Einsamkeit und Depression. Bleibt nicht stecken im Westen, aber hebt den Vorhang. Entscheidet euch für das Feuer. Dann ist die Kacke zwar am Dampfen, nur euer Herz friert nicht ein. Wollt ihr euch dem absoluten Nullpunkt nähern, wo die Atome kaum mehr schwingen? Ich sag's euch gleich: Er ist nicht erreichbar. Nur fast, und das reicht, denn es ist die Starre des vorgespielten Todes. Es ist beinahe das Ende der Fahnenstange des Lebens. Nehmt euren Mut zusammen und kehrt um. Ekstase wartet. Spielt, lacht, singt und tanzt. Ihr erkennt das neue Leben an seinem Duft. Poesie duftet. Kälte ist geruchlos.«

»Aber John, ist das nicht alles harmloses Getanze von Schweinen im LKW, die gerade zum Schlachthof gefahren werden?« Michael schaltete sich in das Gespräch ein.

»Nein, absolut nein. Tanzen, feiern, spielen, lachen, singen, euer Humor. Sie geben uns das Leben zurück. Manche wollen die Welt mit Milliarden Impfdosen versorgen. Wir beglücken die Welt mit Lachdosen. Gratis. Und ohne Sorgen. Die Freude ist unser größter Widerstand. Lieben wir uns selbst und sehen wir uns mit den Augen der Liebe. Nur dann können wir die Welt positiv sehen. Wir sollen uns nicht schuldig fühlen, Glück zu empfinden in einer dunkel erscheinenden Zeit. Niemand braucht energielos zu sein. Tragen wir das Feuer der Freude durch diese Zeit der aufbrechenden Wunden. Später, wenn sich der Sturm gelegt hat, brauchen wir jeden von uns. Wir bauen gemeinsam an einer neuen Welt, die die Verbundenheit allen Lebens in seiner Vielfalt ehrt. Die neue Währung ist Mitgefühl. Das hat nichts mit Weltfremdheit zu tun. Es ist gut, die Wunden zu sehen und zu heilen. Das kann schockierend sein. Spirituelle Goldblätter auf eiternde Wunden zu legen, hätte keine heilsame Wirkung. Im Gegenteil. Gut gemeint bedeutet nicht immer gut getan. Wir kommen nicht an unseren Schatten vorbei. Sie wollen umarmt, geheilt und geliebt werden. Ihr seid ein Gasthaus der Liebe. Tanzt mit ihnen und das Licht der Freude bricht in die Höhle des Unbewussten. Wir stellen uns dem Drachen der Angst. Der Mut des friedvollen Kriegers ist gefragt.« Coyote hielt inne und seine Worte sanken ins Schweigen. Nur der Wind und das Prasseln des Feuers waren zu hören. »Ich lade euch zu einer Schatzsuche ein, zu einem Ritual indigener Völker. Manche nennen es Visionssuche. Ich hab mit Bert darüber gesprochen. Wir können bei ihm in euren Osterferien diesen Übergang feiern. Eine persönliche Visionssuche inmitten einer globalen. Wie kraftvoll!« Coyote klatschte wieder in seine Hände und bat um eine *Indian Spirit*. Er genoss die Zigarette in vollen Zügen.

»Wenn wir auf Schatzsuche sind, können wir die Heilige Corona einladen. Sie ist ja unter anderem die Patronin der Schatzsucher.«

»Danke, Noah. Nun, wer von euch möchte vier Tage und vier Nächte allein draußen in der Wildnis seine Vision suchen? Ganz ohne Nahrung. So lange werdet ihr Zeit bekommen. Davor habt ihr eine Vorbereitungszeit und danach eine Phase der Integration. Aber ich warne euch: Ihr werdet eurem Bill Gates begegnen, euren inneren Konzernen, eurer Gier, Angst und dem Missbrauch eurer selbst. Wie innen, so außen – und umgekehrt.« Coyote blickte zu den Sternen empor und fabulierte weiter: »Ihr werdet durch die Gates schreiten, auf dem Amazon surfen und einen Zuckerberg entdecken, der ein Gesichtsbuch von euch verwaltet. Ein rotes Schild und ein schwarzer Felsen werden euch begegnen. Ihr haltet dabei eine Elle Abstand und tragt eine Musk, denn ihr wollt die Bill nicht zahlen. Und alles, was ihr findet, ist vielleicht eine leere Page oder ein Trumpeltier, das ruft: *Put in first!* Es ist unsere eigene Geschichte, die sich entfaltet. Nicht eine fremde, deren Opfer wir sind. Lebt nie unter eurer Würde!«

Martin zerkugelte sich bei der bildhaften Beschreibung, doch dann wurde er nachdenklich, denn John sagte: »Martin, ist dir schon aufgefallen, dass die Flugzeuge nur so hoch fliegen, dass man nicht erkennen kann, dass die Erde rund ist? Zufall oder Verschwörung? Warum sind die Pensionisten immer schneller als du an der Kassa? Eine Verschwörung der Alten? Warum sterben sie früher als die Jungen? Wenn's um etwas geht, sind sie anscheinend immer hurtiger. Eine Verschwörung der Alten? Ist der Tod nicht der größte Verschwörer, Martin? Er ist unsichtbar auf leisen Sohlen unterwegs und hat noch jeden zur Strecke gebracht. Fast jeden. Ich will Jeshua und ein paar wenige nicht unerwähnt lassen.«

»Also stimmt nichts von dem, was ich gesagt hab, John?«

»Oh doch! Da ist viel Wahres dran. Sehr viel Wahres und noch Verdecktes. Und steh dafür ein, steh auf und lebe es.«

»Was jetzt, John?«

»Das Universum ist freundlich! Die Rettung kommt mit Blaulicht in dir. Verstehst du? In dir.«

»Zu kryptisch.«

»Bau dir kein neues Gefängnis. Befreie dich von allem! Folge nicht mehr dem engen Pfad der Angst, der in einer Sackgasse mündet. Steh auf und tanze den Tanz der verrückten Liebe. Zeige dich. Deine innere Freiheit wird zum Widerstand.«

Martin bedankte sich und Coyote posaunte: »Liebe deine vermeintlichen Gegner, mache dich aber nie zum Opfer.« Dann klatschte er über Martins Kopf.

»Wenn ihr eure Schatten nicht umarmt, werdet ihr als Raupen im Schatten gefressen werden. Ihr werdet von jenen vereinnahmt, die Raupenspiritualität verbreiten und die alles niederfressen, was sich ihnen in den Weg stellt. Sie marschieren mit schweren Stiefeln. Viele, die sich für spirituell halten, stolzieren mit, weil sie ihre Schatten nach außen projizieren. Das ist der kriegerische Marsch des Todes, meine Lieben, und nicht der Tanz der Liebe. Passt auf, dass ihr Licht und Schatten in euch nicht spaltet. Denn dann spaltet ihr eine Gesellschaft und man ernährt sich von euch. Die Heilung aber liegt in der Ganzwerdung. Auf die Selbstliebe!«

»Falls die Schatten unbewusst und ungeliebt bleiben, schwellen sie zu einer Massenpsychose an. Dann jagen wir wieder einen Sündenbock außerhalb von uns«, mahnte Franziska.

»Genau so. Der Blick nach innen ist wichtiger denn je. Letztendlich leiden wir an uns selbst. Die Befreiung kommt von innen und handelt im außen.«

»Können wir die Welt von innen retten, John?«

»Nur von innen, Patrizia. Die Rettung kommt von den Schmetterlingen und nicht von den Raupen. Raupen können keine lebendige Welt aufbauen. Das machen nur die Raupen, die ihr Potential entfaltet haben. Das Tröstliche ist: In jeder Raupe steckt ein Schmetterling. In jedem gefräßigen Konsumenten ein erwachter Mensch.« Coyote hielt inne und sah jedem von uns in die Augen. »Also, lasst eure Köpfe nicht hängen. So viele träumen von einer neuen Zukunft. Sie wissen, dass es so nicht weitergehen kann. Corona ist der Anfang vom Ende des Alten. Das Alte ist vom Virus befallen. Der Gongschlag für das Neue, das ersehnt und erträumt wurde, hallt durch die Welten. Also gehen wir nach innen. Wir entfalten die Flügel. *Time for change*. Auf die Verpuppung!«

»John, du spinnst!«, erklärte Michael mit einem Grinsen auf den Lippen.

»Danke. Ich spinne immer wieder meinen Kokon, um mich zu verpuppen. Ich sterbe jeden Moment und erwache neu. Ich bin die Puppe von der Bauchtanzgruppe. Spinnen ist geil. Auf eine neue Welt!«

DER SUBARU UND DAS GEHEIMNIS DER PLEJA-DEN

»John, kann man auf der anderen Seite auch von einer positiven Corona-Verschwörung reden?«

»Martin, jede Frage scheint bei dir falsch gestellt, bei der nicht Verschwörung als Antwort kommt. Stimmt's? Negativ und negativ ergibt ein Plus. Oder andersherum: Ähnliches wird mit Ähnlichem geheilt. Verstehst du? Mit einem Splitter holst du den anderen Splitter aus deiner Fußsohle, wirfst beide weg und gehst dann über die Linie des polaren Denkens hinaus. Alles ist eins. Polares Denken greift viel zu kurz. Die Zeit der Linie ist vorbei.« Coyote lächelte aufmunternd in die Runde. »Spinnen wir mit unseren Gedanken eine neue Zukunft. Erheben wir uns, satteln die Hühner und fliegen einer neuen Welt entgegen. Lust auf diesen besonderen Mut namens Demut? Die Kraft kommt von Innen. Ihr seid göttlich. Benehmt euch gefälligst auch danach. Auf das Leben!«

Ich merkte, wie meine Freunde erstaunt über Coyotes Worte waren. Coyote war mir tief vertraut, wie ein Freund, den ich schon ewig kannte, und doch überraschte er mich immer wieder. Kaum dachte ich, ich hätte eine fixe Antwort auf das Leben, schmiss Coyote diese um und hatte Spaß.

»Ich war in letzter Zeit …« flüsterte Martin kaum hörbar, so laut knackten die Holzscheite im Lagerfeuer, »ein wenig negativ, ängstlich und depressiv. Seit du wieder da bist, verschwinden die dunklen Wolken in mir. Danke. Du bist für mich wie ein Meister, John. Ein verrückter Heiliger.« Ein warmes Lächeln zierte Martins Gesicht im tanzenden Licht der Flammen. Susis Gesicht spiegelte eine tiefe Erleichterung.

»Gern Martin. Du weißt ja, ein Meister ist einfach meist er. Alles ist heilig und nix ist fix. Wir Amerikaner sagen, wir wären *depressed*. Ich sag dir, du brauchst einfach deep-rest. Du kannst dich nicht ewig mit negativen Nachrichten stressen. Steck den Kopf nicht in den täglichen

Misthaufen. Sonst erlebst du noch einen biologischen Shutdown. Der hilft niemandem.« Wieder war es still, alle lauschten gebannt. »Die Visionssuche wickelt dich in den Kokon der Seele und der Natur. Starke Medizin. Tiefes Rasten und Atmen. Nichts zu tun. Nur Sein. Seins-erfüllung. Dann darfst du wieder handeln. Aber in einem neuen Sein und Kleid. Es ist viel weniger anstrengend. Der Wind des Geistes treibt dich von Blüte zu Blüte. Und du bewegst dich in völlig neuen Dimensionen. Sein und Schein, keine Frage. *Holy Spirit*. Und nimm was vom unverwüstlichen Johanniskraut.«

Martin, Susi, Jakob, Franziska und ich stimmten einer Visionssuche zu. Bert war sowieso mit von der Runde. Patrizia erbat sich noch ein wenig Bedenkzeit, nur Michael konnte nicht teilnehmen. Er musste für seine Firma ein Projekt abwickeln. Ich nahm mir vor, Florian zu kontaktieren. Vielleicht hatte unser *Wissenschaftsgenie* Interesse an der Reise nach innen in der wilden Natur.

»Du hast also keine Angst vor Corona?«, fragte Michael, während Coyote sich verabschiedete.

»Ich hab keine Angst, weil ich zur Risikogruppe gehöre.«

Michael runzelte die Stirn, er wirkte verwirrt.

»So alt siehst du gar nicht aus, John«, sagte Susi.

»Danke Susi, ich bin Teil einer verschworenen kosmischen Risikotruppe. Du bist deinem Tod so nahe, wie du ihm nur sein kannst, wenn du vernünftig lebst. Ich lebe intensiv und gefährlich. Martin, hast du übrigens das Wort verschworen gehört?« Coyote lachte.

Etwas verwirrt stiegen Susi und Martin in Jakobs Wagen. Patrizia hechtete hinterher. Mit Vollgas zischte Jakob davon. Michael stieg auf sein Mountainbike und bedankte sich für den Abend.

»Sagt Patrizia, dass sie nächste Woche bei eurer Visionssuche kein Handy in die Berge mitnehmen soll.« Weg war er. Der kleine Lichtkegel seiner Lampe war noch kurz zu sehen.

Coyote rauchte, Bert räumte den Lagerfeuerplatz und goss Wasser auf die Glut. Franziska und ich stimmten das Lied *In di Berg bin i gern* an. Der Abendstern verabschiedete sich. Wie ich die Venus mochte! In den kommenden Tagen sollte sie an meinen geliebten Plejaden vorbeiwandern. Was für ein Moment und welch eine Augenweide! Die Plejaden inspirierten uns Menschen seit Ewigkeiten. Ob in den Legenden der Kiowas, Blackfeet, Griechen, Maori, Sumerer oder Ägypter. Ob indianische Pyramiden, die nach ihnen ausgerichtet wurden. Ob bildhafte Darstellungen in den Höhlen von Lascaux oder auf der Himmelsscheibe von Nebra, schriftliche Zeugnisse in der Bibel oder Homers Odyssee: Das Taube genannte Siebengestirn der Plejaden erzog in der Gestalt von Nymphen Dionysos, die sieben Atlantiden, wie die Töchter Atlas noch genannt wurden. Sie lieferten auch den Anlass für Neujahrsfeiern in Polynesien. Und Orion war dafür verantwortlich, dass man heute nur sechs Sterne sieht, einen hat er angeblich geraubt.

Hand in Hand tanzten meine Venus und ich zu Bert und Coyote. Ich verabschiedete mich von Franziska, die bei Miriam und Bert bleiben sollte. Wir freuten uns schon auf das Wiedersehen auf Berts Hütte. Coyote und ich schlenderten zu meiner Karre.

»Wie gefällt dir Jakobs Auto, alter Mann?«

»Ich mag seinen Subaru. Er fährt mit den Plejaden.«

»Hä? Versteh ich nicht.«

»Subaru ist das japanische Wort für Plejaden und bedeutet ebenso zusammentun und vereinen. Die Plejaden weisen den Weg in eine vereinte Zukunft. Ein neuer Frühling liegt in der Luft, Noah. Ich sage nur: *Confidence in motion!*«

Wir tuckerten talwärts. Es waren kaum Lichter zu sehen, lediglich die Straßenlaternen leuchteten uns den Weg. Nachdem wir auf der anderen Talseite den Berg hochgefahren waren, wählten wir die Straße, die am Bergrücken entlangführte. Ich konnte unseren Ort nicht entdecken. Er lag in völliger Dunkelheit. Nur aus wenigen Häusern schimmerte Licht in die Nacht. Hier lebten wohl die Nachteulen des Tales. Vielleicht sollte ich mir den Weg von den Plejaden weisen lassen. Coyote machte das alles nichts aus. Er sang ständig *Row, row, row your boat*

Gently down the stream,
Merrily merrily, merrily, merrily,
Life is but a dream

oder

Swing low, sweet *chariot,*
Coming for to carry me home.

Pablo, der Katzenzustand und der Tanz der Sterne

Als mein Wagen in die Dunkelheit meines Heimattals abtauchte, fragte ich mich, was hier los war. Die Straßenlaternen, die kleinen Leuchttürme am Weg, ließen ihre Köpfe hängen. Wie geknickte Halme standen sie still und lichterlos am Wegesrand, während ich oberhalb der Hauptstraße, die ich vermeiden wollte, einbog. Neben der Schule arbeiteten Elektriker bei einer der Laternen, die ihren Geist aufgegeben hatten.

»Gib Gas mit deinem Streitwagen!«, lachte Coyote. Ein Polizeiwagen fuhr mit hohem Tempo in Richtung Schule, während wir zu meiner Wohnung einbogen. Ich blickte mich um und konnte es nicht fassen. Die Streife näherte sich rasant. Der Lichtkegel meines Autos drehte sich auffällig. Ich schaltete das Abblendlicht aus. Die Polizei hielt bei den Arbeitern, die am Fuß der Laterne hantierten. Coyote und ich stiegen aus. Der Trickster richtete seinen Cowboyhut. Wir gingen gemeinsam die letzten Meter, bis wir vor der Wohnung stehen blieben.

Kater Pablo, der Dichter, schlich ohne Maus und Ziel durch einen verwilderten Garten mit alten Obstbäumen. Seine Spuren erinnerten mich an die Entstehung eines Gedichtes, das durch die Gegenwart des Lebens streifte und in diesem Augenblick von einem Bewegungsmelder sichtbar gemacht wurde. Als wir die Kuppe erreichten, trottete Rilke am Gehsteig und bog ins Unterholz ein. Kannten sich Rilke und Pablo? Wie nahe standen sich die vierbeinigen Künstler? Zumindest schufen sie lebendige Gedichte in der Natur.

»Coyote, Pablo hinterlässt seine Dichterspuren eigentlich in zwei Welten. Im Freien und in der Wohnung von Josef.«

»Katzen bewohnen wie kein anderes Haustier zwei Welten. Sie waren nie klassische Nutztiere. Ihr Grad an Selbstverantwortung ist erstaunlich. Sie haben sich viel Freiheit bewahrt. Eine wunderbare Mischung aus Wildheit und Gezähmtheit. Ein schönes Beispiel für dich. Sei wie eine Katze, bewahre dir deine Ungezähmtheit und Freiheit in der Zivilisation. Und verweigere dich der Nutztierhaltung.«

»Katzen vereinen widersprüchliche Zustände.«

»Ich nenne es Superposition, auch wenn der Vergleich nicht schnurrt.«

»Was verstehst du genau darunter? Also Superposition?«

»Katzenzustand.«

»Ich möchte diesen Zustand haben!«

»Du hast einen Zustand nicht nur, du bist ein Zustand.« Coyote lachte. »Oder sagen wir's freundlicher, weil das Universum freundlich ist: Du hast nicht nur Potential, du bist pulsierendes Potential.«

»Ich?«

»Klar, das bist du!« Es war still im Universum, als Coyote über meinem Scheitel in die Hände klatschte. Er griff mir auf die Brust. »Tauche in das pulsierende Ich bin. Es ist die formlose Quelle. Du bist diese. Dann tanze den Tanz der Entfaltung aus dem *Ich bin*. Schöpfung. Formlosigkeit und Form sind eins. Auf das Leben.«

Mein Körper vibrierte. Mein Leben war ein unendlicher Raum von Möglichkeiten. Zeitlose Gegenwart.

»Die Gegenwart ist das Kleid Gottes, ein Präsent für die Ewigkeit, Noah. In ihm sind alle Zeiten eingewoben. Deine Präsenz ist die Antwort auf die ewige Einladung der Gegenwart. Wenn du sie annimmst, dann erhebst du dich und beginnst zu leben. Der Duft des Lebens umgibt dich, was wiederum Leben anzieht.«

Ich hatte das Gefühl, als würden tanzende Sterne am Himmel der Wahrnehmung geboren, um die Ekstase der Schöpfung zu feiern. Hatte Coyote sie an den Himmel geworfen, den unendlichen Stoff der Freude?

Er hatte es jedenfalls immer wieder behauptet, so wie er auch meinte, er hätte das Feuer gestohlen.

»Komm, lass uns eine Runde gehen!«, sagte er plötzlich.

WILDE JUNGS UND DAS LINEAL IM KOPF

Coyote duldete keinen Widerspruch und so schlenderten wir, obwohl es schon weit nach Mitternacht war, in Richtung Schule. Es war stockdunkel, der Ort schlummerte schemenhaft vor uns. Nur die Sterne zeigten sich von ihrer hellsten Seite.

»Am Anfang war die Nacht Musik«, hörte ich Coyote noch sagen.

»Was machen Sie hier um diese Zeit?« Die dunkle Männerstimme zerstörte den Zauber. Ich wandte mich um. Oh, mein Gott! Ein Polizeibeamter.

»Coyote, komm lass uns gehen«, stammelte ich.

»Nein, wieso? Macht Spaß mit den Jungs.«

Wir gingen zum Polizisten, der offensichtlich etwas suchte.

»Ah, Herr Breitenbach. Sie schon wieder. Und Ihr großer Pädagogenonkel.« Dann blickte er zu Coyote. »Was treibt Sie alter Mann um diese Uhrzeit auf die Straße?«

»Die Ruhe. Wissen Sie, ich bin ein alter Nachtvogel. Darf ich die Frage zurückgeben? Wen oder was suchen Sie um diese unchristliche Zeit, mein Herr?«

»Wie Sie sehen, wurde die Straßenlampen manipuliert. Wir wissen noch nicht, wer das getan hat. Es ist das erste Mal, dass die Sensoren manipuliert oder zerstört wurden. Wahrscheinlich außer Rand und Band geratene Jugendliche.«

Als ich mich umblickte, bemerkte ich eine Gestalt, die im angrenzenden Wäldchen saß. Ich konnte die Umrisse erkennen. Dann gesellte sich jemand dazu.

»Wissen Sie was, Herr Breitenbach? Könnte es einer Ihrer Schüler gewesen sein?«

»Nein, keine Ahnung. Wir sind gerade erst zurückgekommen.«

»Mit dem Auto?«

»Darf ich mal einen Zug nehmen, Noah?«

Bevor ich Coyote die *Indian Spirits* gereicht hatte, fragte der Polizist: »Sie nahmen einen Zug? Sie sind mir ein Vogel.«

»Ja, mein Herr. Ich bin nicht nur ein Nachtvogel, sondern ebenso ein Zugvogel, auch wenn ich ohne Zug hierherkam. Es zog mich wohl zu Noah. Und ich ziehe gleich an einer Zigarette. Wenn aber der Donnervogel raucht, dann Gnade Ihnen Gott. Sie sollten mal das Leben inhalieren, zumindest an der Friedenspfeife ziehen.«

»Woher kamen Sie zurück? Das mit den Vögeln lassen wir mal.«

»Rede ich mit einer Uniform oder mit dem Menschen dahinter? Es zog mich zu Noah. Ich ziehe umher, so wie es mir beliebt. Kennen Sie Pablo, den Kater von Noahs Nachbarn? Der vierbeinige Künstler zieht auch nächstens umher. Wir sind aus demselben Holz geschnitzt. Das scheint ja noch erlaubt in diesem kunstaffinen Land?«

»Künstler? Das ich nicht lache. Jetzt sind diese Taugenichtse arbeitslos. Die Auftritte der selbst ernannten Elite interessieren mich nicht. Zum Glück aber laufen die Castingshows ohne Publikum im Fernsehen weiter. Das ist spannend.«

»Wenn die Sonne der Kultur niedrig steht, werfen selbst Zwerge lange Schatten.«

»Um diese Zeit können Sie zwar niemanden gefährden. Aber nachdem der Täter meist wiederholt den Tatort sucht, werde ich Ihre Daten aufnehmen.«

»Stopp, junger Mann. Sie wirken etwas übereifrig. Sie nehmen von mir sicher keine Daten auf.« Coyotes Stimme hatte sich gewandelt. Seine Stimmung auch.

»W-W-Wie bitte?«, erkundigte sich der Polizist.

»Sie nehmen keine Daten auf. Glauben Sie, wir hätten nichts Besseres zu tun, als Sensoren herauszureißen? Und haben Sie nichts Besseres zu tun, als Senioren zu verschleißen? Ich kann das nicht mehr gutheißen!«

Coyote ging unbeirrt zur Stelle, wo ein Mann der Straßenmeisterei hantierte. »Hier, sehen Sie den Sensor nicht? Er ist noch völlig intakt.« Coyote zeigte auf die Stelle.

Der Elektriker blickte ungläubig und behauptete, dass das nicht möglich sei. Dann bedankte er sich herzlich und kurz darauf war die Straße beleuchtet. Auf der gegenüberliegenden Seite wurde der andere Arbeiter fündig und konnte die Straßenlampen zum Leuchten bringen.

»Sehen Sie, alte Leute sind zu etwas gut.« Coyotes Augen funkelten, als er mit dem Polizisten sprach. »Vielleicht ist Ihnen jetzt ein Licht aufgegangen. Und nehmen Sie das Lineal aus Ihrem Kopf. Das mit dem Vögeln würde ich an Ihrer Stelle auch nicht lassen.«

»Wer sind Sie noch mal?«, fragte der Polizist.

»Wer sind Sie? Fragen Sie sich das selbst, sonst verwechseln Sie noch Ihre Uniform mit Ihrem nackten Körper, Ihre Rolle mit Ihrem wahren Wesen. Schauen Sie: Sie werfen neben der Laterne wieder einen langen Schatten.« Coyote machte kehrt, ohne sich zu verabschieden.

»Manchmal ist er stur«, erklärte ich dem verblüfften Polizisten, der seinen Mund nicht zukriegte. Dann eilte ich Coyote hinterher. Er ging Richtung Irish Pub. Was hatte er bloß vor? Ich drehte mich um und sah den Polizisten, der immer noch wie angewurzelt dastand. Als ich Coyote eingeholt hatte, fragte ich ihn, was das war.

»Noah, der brauchte einen Denkzettel. Er hat gestern schon genügend Strafzettel ausgeteilt.« Coyote bog nach dem *Shannon* in einen Waldweg ein, der auf eine Lichtung führte. »Die Lichtdiebe sind in der Nähe. Das Eingesperrtsein wurde ihnen zu viel. Komm, wandern wir noch den Hügel hinauf.«

Ich war Coyote dicht auf den Fersen, bis wir am kleinen Hügel angelangt waren.

»Lass uns eine rauchen«, flüsterte Coyote. Es knackte im Unterholz. Coyote blies Ringe in die Luft, während ich meine Zigarette paffte.

»Was ist mit dem Polizisten los, Coyote?«

»Er ist ein Hirtenhund, der zu scharf wurde. Er meint wohl, ich wäre ein altes Schaf. Da hat er sich geirrt. Ich bin weder ein Schaf im Schlaf, *nor a sheep asleep*. Mich zähmt man nicht. Zu viele sind gezähmt. Freiwillige Knechtschaft im goldenen Käfig aus Angst vor dem Tod. Wenn die wüssten, was Sterben bedeutet. Manche sollten derzeit auch den Abstand von sich selbst üben. Am besten von den Gedanken, die ihnen zugeworfen werden.« Coyote lachte, aber sein Lachen klang traurig, fast resigniert. »Passiert hier eine Gehirnwäsche? Was meinst du?«

Ich blickte ins Tal. Während mir warm ums Herz war, fröstelte mein Körper. »Gehirnwäsche?«

»War dein Gehirn etwa mit selbstständigen Gedanken verschmutzt? Ist man nach der Gehirnwäsche sauberer? Es sollte Gehirnverschmutzung heißen. Das Wort Gehirnwäsche ist schon Teil der Verschmutzung.«

Wieder hörte ich ein Knacksen im Wald. Dann leise Schritte. »Wie entkommt man der Gehirnwäsche, pardon, der Gehirnverschmutzung, Dr. Coyote?«

»Ich empfehle den regelmäßigen Gang in die Natur, junger Mann. Sie ist ein heiliger Raum, wunderbar geeignet, um die künstliche Matrix zu verlassen. Dort haben Sie Ruhe, niemand will was von Ihnen. Die Seele atmet durch. Meditieren und beobachten Sie Ihre Gedanken. Sie sind der Beobachter. Sehen Sie die Lücke zwischen den Gedanken? Spannend, nicht wahr? Spannend, was da alles in Ihrem Empfänger, pardon, Gehirn, auftaucht. Atmen Sie in die Lücke hinein. Tanzen, singen und leben Sie. Bewohnen Sie Ihren Körper, damit er lebendig wird. Dann geht die Saat des Lebens auf. Wenn Sie Kontakt mit Mutter Erde aufnehmen, sind Sie in der lebendigen Matrix. Ihr Körper ist Teil von Mutter Erde, verwoben mit der heiligen Matrix. Er ist die Jungfrau, die sich mit dem Geist vermählt. Und ...« Coyote sprang auf. »Machen Sie verrückte Dinge. Verrückte. Verkehrte. Lachen Sie solange, bis das Zwerchfell tanzt und Sie fast erbrechen.«

Plötzlich ertönte ein Geräusch, als würde ein Riese sich übergeben. Ich schaute mich kurz um. Was oder wer war das? Ein Rehbock, der gebellt hatte! Dann hörte ich Schreie.

»Hilfe!«, rief eine junge Stimme. »Helfen Sie uns!« Die Schritte kamen immer näher, das Keuchen wurde lauter.

»Grüß Gott, Herr Breitenbach!«, flüsterte ein Junge, der vor mir stand. Ich erkannte erst die Stimme, dann das Gesicht. Marc. Gleich darauf tauchte auch Tom aus dem Unterholz auf.

»Was macht ihr denn hier?«, fragte ich. »Hast du Angst, dass dir ein Rehbock in deinen Reebok-Sneakers eine Pizza hinterlässt? Warum lauft ihr um diese Uhrzeit hier herum?«

Die Burschen blickten einander mit gesenkten Köpfen an.

»Entschuldigung«, gab Tom von sich.

»Nein, ihr braucht euch nicht zu entschuldigen. Ihr habt keine Schuld. Es genügt, wenn euch eure Handlungen leidtun. Übernehmt dafür Verantwortung. Die Schulgegend zu verdunkeln, das war übrigens schon eine verrückte Idee.«

Die beiden grinsten. »Bitte sagen Sie es niemandem. Wir wollten sehen, wie die Straßen neben der Schule ohne Licht wirken. Wir wollten Abenteuer erleben, nachdem wir die Serie *Stranger things* geschaut hatten.«

»Ehrenwort. Indianer-Ehrenwort. Als Gegenangebot kraxelt ihr aber nicht mehr auf das Schuldach. Ist das möglich?«

»Das wissen Sie also auch?« Tom kratzte sich an der Stirn, verzog die Lippen zu einem Grinsen und holte zum Gegenschlag aus. »Ich dachte, dass Sie nicht mehr rauchen, Herr Breitenbach.«

»Ich rauche fast nichts mehr. Nur, wenn seltsame Dinge passieren oder mein Pädagogenonkel aus Amerika auf Besuch kommt.« Ich klopfte Coyote auf die Schulter.

»Cooler Onkel«, entfuhr es Marc. »Sie haben zuvor über interessante Dinge geredet. Ich glaube, wir werden mit Angst manipuliert. Und Angst wäscht das Gehirn wirklich nicht. Da haben Sie recht. Ich möchte meine Klassenkollegen wiedersehen. Wie sollen wir nach vier Jahren gemeinsamer Schulzeit einen Abschluss feiern, wenn wir vielleicht keine Schule mehr haben? Oder in zwei Hälften getrennt in der Klasse sitzen?«

Ich verstand die Sorgen von Marc nur allzu gut. Wenn nötig, würden wir kreative Wege finden. Sie verabschiedeten sich, die Lampen leuchteten und Coyote und ich standen allein am Hügel. »Noah, die Wahl zwischen Angst und Liebe war noch nie so klar als Angebot zu sehen. Trefft die Entscheidung jetzt, sonst wacht ihr in einem Hochsicherheitsgefängnis auf. Die Jungs sind schwer okay. Sie haben das Herz am richtigen Fleck. Und sie testen ihre Grenzen. Das ist normal, solange niemand zu Schaden kommt. Für Kinder und Jugendliche ist es zum Teil schwieriger geworden, sich in ihrer Umwelt auszuprobieren.«

»Ich werde mich um sie kümmern. Wie kann ich den Jugendlichen generell helfen?«

»Dann pass auf, dass sie nicht am Markt verkauft werden.«

»Wie meinst du das, Coyote?«

»Schütze sie, damit sie nicht in leblose Kompetenzen zerlegt werden, die dann einzeln oder gebündelt vermessen und verscherbelt werden. Kinder sind kein Kompetenzbündel, sie sind pures Leben. Ihr Wert kann nicht vermessen und gehandelt werden. Leben lässt sich nicht messen und veräußern.«

»Ist das in einer vernetzten Welt nicht besonders gefährlich?«

»Zeig ihnen, wie kostbar Freiraum ist, Privatsphäre. Der eigene, unbeobachtete Raum ist wesentlich. Von dort aus sich zu vernetzen ist wunderbar. Den Raum aufzugeben heißt, erobert zu werden von denjenigen, die dich als Produkt betrachten.«

»Das berührt mich sehr, was du sagst.«

»Du bist nicht nur beeindruckt, sehr gut.«

»Übrigens: Mich beeindruckt die Digitalisierung, aber mich berührt sie nicht sonderlich.«

»Gut so. Perfekt. Du bist gesund. Komm, lass uns gehen. Du verstehst die Reihenfolge.«

Wir schlenderten den Weg zurück zur Kuppe, die Straße hinauf. Der Himmel über uns war aufgespannt und die Sterne funkelten. Als wir durch einen Lärchenwald spazierten, erklärte mir Coyote, dass wir mitten in einem beeindruckenden, lebendigen Kraftwerk stünden: Der

Wald, ein nachhaltiges Kraftwerk ohne Verschmutzung und Sondermüll. Dann lachte er und meinte: »So viele Wesen sind hier. Alles ist Energie.«

Hatte ich ein leises, glockenhelles Lachen gehört? Als ich die Haustüre öffnete, strich mir Pablo um die Beine. Sein Schwanz zeigte kerzengerade nach oben. Er wollte gestreichelt werden. Coyote kraulte ihn kurz, während Pablo wie ein Umspannwerk schnurrte. Nachdem der kleine Künstler durch die Katzenklappe in Josefs Wohnung geschlichen war, gingen Coyote und ich einen Stock höher.

Tanz versus Dis-Tanz

»Lass uns Musik hören, Noah. Hast du guten Jazz?«

Ich suchte nach einem Ordner mit Aufnahmen, die ich von Jakob erhalten hatte. Chet Baker und Miles Davis. Ich hatte mir nie Zeit für diese Musiker genommen. Als *It never entered my mind* von Miles zu hören war, lächelte Coyote sanft.

»Was für eine Aufnahme!«, entfuhr es ihm. »Da war Miles verbunden mit dem Kosmos. Kein ich, kein Trompeter. Nur ein kosmisches Lied durch die Trompete. Der Vogel erhebt sich mit den Schwingen von Licht und Ton aus dem Nest der Stille, bis er abends wieder in diesem landet.« Coyote machte keine Anstalten, sich schlafen zu legen. »Wir feiern die ganze Nacht, Noah«, erklärte er mir und wackelte mit den Hüften. »Du erkennst die Gezähmten daran, dass sie nicht mehr feiern können. Sie gehen schnurstracks ins Bett. Die gerade Linie ist des Teufels eigenes Gebräu. Wo ist das Bier, Noah?«

»Hier, alter Mann. Der Künstler Friedensreich Hundertwasser meinte einmal, die gerade Linie wäre gottlos und unmoralisch. Er sah in der von Menschen gezogenen geraden Linie eine tödliche Gefahr, die der Natur wesensfremd sei.«

Coyote faltete seine Hände und verneigte sich. »Die gerade Linie, Noah, sie hat keine Musik. Sie ist die Illusion des Verstandes, um die Natur zu beherrschen. Sie ist eine künstlich entworfene Waffe und produziert Maschinen, sie erschafft nichts Wesentliches. Sie ist pure Zähmung. Zieh das Lineal aus deinem Kopf. Kreiere mit dem heiligen Geist aus den künstlichen Linien Kreise und Spiralen und hauch ihnen Leben ein. Auf das Leben! Herrliches Biobier. Schmeckt wie hundert Wasser. *Slainté*!«

»Warum zähmen wir, Coyote?«

»Die Zähmung ist das Lineal, das dir als Bumerang um die Ohren fliegt. Sie liebt die Illusion des begradigten und sicheren Lebens. Wenn du das Lineal bei anderen Wesen anlegst, wirst du bald in deinen eigenen

Kästchen marschieren. Rechte Winkel und Geraden sind das Produkt von Maschinen, für das Marschieren gemacht. Diese Linien trennen. Sie fördern die Dis-tanz und behindern den Tanz. Tänzer aber verlassen die Geleise des ewig gleichen Weges, um nicht auf der Strecke zu bleiben. Als Rebellen der Liebe tanzen sie in das weglose Land und verwandeln dieses in einen Raum der Liebe. In der Mitte pulsiert das Herz, die Trommel der Liebe, die den Rhythmus schlägt. Aus einem Schwarz-weiß-Stummfilm tauchst du ein in ein farbiges Leben voller Musik.« Mein verrückter, alter Freund sprang auf und posaunte hinaus: »*Durch Begradigung werden Wege glatt. Doch die krummen, unbegradigten Wege sind die Pfade des Genius.*«

»Ein echtes Coyote-Poem?«

»Nein, Zeilen von William Blake.«

Die Freiheit des göttlichen Kochs und der Aufstand der Naiven

Coyote ging auf und ab. »Eins zwei, eins zwei!«, brüllte er, während er marschierte.

Als ich auf den Balkon pilgerte, um ein Rauchopfer darzubringen, hörte ich ihn. »Und jetzt mal Eins-zwei-drei, eins-zwei-drei.«

Ich sah ihm durch die offene Tür zu, wie er sich im Kreis drehte, den Kopf hatte er zur Seite gelegt, ein Arm war über diesem gebeugt. Als ich zurückkam, tanzte er im Off-Beat. Dazu ertönte seine Beatbox-Musik. »Es ist der Aufstand der Naiven, Noah. Komm, tanz mit mir.«

Wir shakten durch die Zimmer. Hoffentlich weckten wir Josef einen Stock tiefer nicht. Zumindest hörte er nicht mehr so gut.

Die Zeit verflog im Nu. Warum verflog die Zeit, wenn Freude angesagt war, um so vieles schneller, als wenn Leiden die Bühne betrat? War das der praktische Beweis der Relativitätstheorie?

Wir quatschten, tranken und rauchten die ganze Nacht. Coyote deutlich mehr als ich. Als er mich anblickte, begann mein Körper wieder zu vibrieren. Tanzten meine Zellen?

»Ach, du wirst gerade wieder weichgekocht. Wie sanft du wirst. Gott liebt dich.«

Mir wurde schwummerig vor Augen, die Schädeldecke schien bald abzuheben und im Brustraum drohte ein Balken zu bersten.

»Gottes Küche. Ein Ort der Ekstase. Das Virus der Angst wird gekocht. Ihm ist das Leben viel zu heiß und licht. Ich bringe dir das lebendige Feuer. Selbst gestohlen vom selbst ernannten Herrscher. Damit kochen wir dein Leben.«

171

»Woher bist du, alter Mann, dass du das Virus der Angst vertreiben kannst?«

»Vom *Koch-Institut*, Noah. Freiheitsstufe vier.«

Ich lachte schallend. Mein Körper bekam wieder Bodenhaftung. »Ich wusste gar nicht, dass du Robert heißt?«

»Nein, John Cook.«

»Ich hab Hunger. Früher, vor langer Zeit, stand ich gemeinsam mit Dr. Oetker und Captain Iglo in der Küche. Mir ist es eine Ehre, gemeinsam mit Captain Cook zu kochen.«

»Nein, ich bin dein Butler. James mein Name. James Cook.«

Als wir uns gemeinsam eine Eierspeise zubereiteten, meinte Coyote, dass der Weg der herzenszentrierten Verrücktheit nichts für Weicheier wäre. Er war so unfassbar verspielt. Allein eine Eierspeise mit ihm zuzubereiten, war ein Kreativerlebnis.

»Setze voll auf den Fischotter-Effekt, Noah. Das Leben wird dann verdammt lustig«, erklärte er.

»Wer ist eigentlich der Herrscher, von dem du das Feuer gestohlen hast?«

»Der Teil, der an die Trennung glaubt.«

Beim Schneiden der Tomaten erläuterte ich ihm, dass diese in Ostösterreich Paradeiser genannt wurden. Ein Apfel aus dem Paradies, ein Paradeiser. Coyote liebte den Namen.

»Ihr habt viele Äpfel. Erdäpfel, Paradiesäpfel. Und mir scheint, mir brennt der Augapfel beim Schneiden der Zwiebel.«

So wie früher, wenn ich eine Nacht durchzecht hatte, verschlang ich das Omelett. Ein seltenes Gericht auf meinem Teller, vor allem gegen fünf Uhr morgens. Coyote und ich schritten auf meinen Balkon. Ich hatte eine Weste übergeworfen, Coyote seine Jacke angezogen.

»Der Aufstand der Naiven ... Wie hast du das gemeint?«, fragte ich neugierig.

»Siehst du das Sommerdreieck am Osthimmel? Es kündet von der heißen Jahreszeit. Und hier siehst du Jupiter und Saturn. Der rötliche Mars
steht genau unterhalb des Saturns und lässt ihn in den kommenden
Wochen hinter sich. Es wird noch eine heiße Zeit. Während der Mars
wandert, erheben die Unsichtbaren ihre Stimme. Es befindet sich etwas gefährlich Schönes im Anflug: die Gutmütigen, Träumer, Sanftmü-
tigen, Sensiblen, Spirituellen und Herzlichen. Sie werden aufbegehren.
Sie werden ihr Schweigen brechen, den Maulkorb abnehmen und sich
verweigern. Das wird der Dynamik dieser Zeit einen völlig neuen und
unerwarteten Schwung geben. Viele dieser Menschen sind sehr seelenvoll. Man findet sie kaum in der Öffentlichkeit, sie halten die Energie
gern im Hintergrund. Viele werden aufstehen, sich verweigern und ihre
Stimmen werden hörbar werden. Was für ein Chor, Noah. Nie gehörte
Stimmen werden durchs Universum hallen und einen Weckruf auslösen. Das ist die große Revolution des Mitgefühls. Diese Seelen sprechen
vom Herzen. Wir haben darauf gewartet. Die selbst ernannten Hirten,
die nicht nur Gutes im Schilde führen, werden versuchen, die Schafe
neu einzuzäunen, sie mit den Rufgemordeten zusammen zu sperren.
Neue Zäune, neue Bahnen, neue Rahmen, ganz große Einrahmungs-
effekte. Abwertung, Beeinflussung und Zerstreuung der Herde. Man
wird sie der Lächerlichkeit preisgeben. Aber sie werden nicht weichen.
Es reicht ihnen. Jetzt ist die Zeit!

Die Herde bahnt sich ihren Weg zu einem goldenen Morgen. Es ist Zeit,
die eigene Kraft anzunehmen und einer zentralisierten Macht den Rücken zu kehren. Es ist an der Zeit, sich nicht von den hasserfüllten und
scharfen Schäferhunden zu einem destruktiven Widerstand verleiten
zu lassen. Diese folgen der Spur des Todes und hinterlassen ihre unver-
dauten Schatten als Fäkalien, die zum Himmel stinken.«

»Viel braune Scheiße also.«

»Ja, aber ihr sagt zu allem Lebensfeindlichen ein deutliches Nein und
tanzt einem neuen Morgen entgegen. Ihr seid keine Schafe mehr, die
man einfach schert oder in Richtung Abgrund jagt.«

»Das klingt nach etwas völlig Neuem, wenn sich die Sockenbären selbst
auf die Socken machen.«

»Und du bist Teil der Welle. Ihr seid die, auf die ihr gewartet habt. Ihr findet eure Würde wieder. Die Selbstliebe und das Mitgefühl für euch und alles Lebendige werden euch unfassbare Kraft geben. Nur: Wer sind die Sockenbären?«

»Määääh.«

Coyote lachte, wirkte aber gerührt. Er blickte nach oben zu den Sternen. Licht schimmerte in seinen Tränen. »Selig diejenigen, die mit Mutter Erde zusammenarbeiten. Selig diejenigen, die lebendig sind und verstehen, dass sie ein Wesen und somit wesentlich ist. Selig, die die Musik hören und tanzen. Selig, die noch ein wenig Chaos in sich haben. Selig, die die unfassbare Verbundenheit allen Lebens erkennen. Selig, die ihre Würde erkennen. Selig, die lachen, lieben und leben. Selig, die das große Geheimnis lieben. Selig, die sich vom Feuer taufen und von Gott kochen lassen. Selig, die mit ihren Ängsten tanzen. Selig, die leben und nicht absterben. Selig, die den Kopfsprung ins Herz wagen. Selig, die die Freude mit ihren Freunden teilen. Selig, die ihre Freundschaft mit allen Wesen teilen. Selig, die für verrückt erklärt und verlacht werden, denn sie ernten die Freude.«

Coyote setzte sich und bat um ein Häferl Kaffee. Seine Worte klangen in mir, während ich frischen Kaffee aufstellte. Spürte ich eine Träne über meine Wange laufen?

»Wer sind die Hirten, von denen du sprichst, Coyote?«

»Oh, ihr Stab ist das Lineal. *Urizen*, der Vernünftige, ist ihr Meister. Du kennst ihn schon, den Bewacher und Richter alles Lebendigen. Schau auf den gekrümmten Hirtenstab. Du wirst ihn bald sehen und lachen, denn er vertreibt jede Panik. Fruchtbarkeit kehrt zurück. Määääh!«

»Coyote, mir ist kalt. Ich mach mich auf die Socken Richtung Wohnzimmer.«

Wir redeten noch eine Weile. Er hörte mir zu, lauschte meinen Worten und ich hatte nie das Gefühl, etwas Falsches zu sagen. So inspirierte er mich, gab mir konkrete Tipps. Dann alberten wir einfach herum. Ich war froh, ihn an meiner Seite zu haben. Es war schön, wenigstens mit Franziska, Bert und Miriam die ganze Wahrheit teilen zu können.

Meine Freundin Hannah war aus Irland zurückgekehrt und hatte von dem amerikanischen Pädagogen gehört, der wieder anwesend war. Sie wollte Coyote unbedingt kennenlernen. War die Zeit schon reif dafür?

Coyote verabschiedete sich am frühen Morgen. »Noah, ich besuche Susi und Martin. Sie brauchen ein wenig Aufmunterung. Wenn der Hase nur mehr Giftschlangenforschung betreibt, dann wird er vom Gift der Angst gelähmt. Sein innerer und äußerer Raum verkleinert sich stetig und er lebt nicht mehr. Hasen sollten durch die Fülle des Lebens hoppeln und spielen. Dieser Bodhisattva hat sich auf der Suche nach dem Gold der Wahrheit mit dem Virus der Angst angesteckt. Er hat das Gold zu sehr außerhalb von sich selbst gesucht. Es ist der Anfängergeist, der ihn retten wird.«

»Ah, der Anfängergeist der Buddhisten. Ja, eine wunderbare Haltung. Vielleicht kann er am Bauernhof von Susis Eltern helfen. Und sag Martin, er soll über das Wahlpflichtfach nachdenken.«

»Gute Idee, Noah. Wir sehen uns. Du riechst übrigens gut und deine Energie leuchtet hell.«

»Danke, Gott liebt dich.«

»Ich weiß. Aber liebst du die Quelle allen Seins?«

Weg war er. Ich hörte noch die Haustür ins Schloss fallen, dann war es leise.

Eine konkrete Vision von Schule

Draußen gurrten Tauben. Sie erinnerten mich immer an den Hochsommer. Ich hörte das Schlagen ihrer Flügel. Jemand musste sie aufgeschreckt haben. Erstaunlich, dass Tauben keinen Alarmruf hatten. War der laute Flügelschlag ihr Zeichen für Alarm, wenn Gefahr im Anzug war?

Ich beschloss, den Tag zu nutzen. Etwas müde setzte ich mich vor den Computer und verbesserte Arbeiten meiner Schüler. Die Texte waren lustig und zum Teil berührend. Mia hatte Kristina auf eine witzige Weise charakterisiert, sodass ich lachen musste. Valentina, von der ich nichts mehr gehört hatte, schrieb über ihr zukünftiges Leben auf eine Weise, die mich staunen ließ. Sahria und Anna hatten mir ein Geografie-Referat über die *Transsibirische Eisenbahn* per E-Mail gesendet. Die Powerpoint-Präsentation nahm mich mit auf eine spannende Reise. Konstantins und Christians Referat über die *Sea shepherd* beeindruckte mich. Beide waren noch inspiriert vom Dok-Thriller *Sea of shadows*, der Wochen zuvor sogar jene Schüler im Kino zu fesseln vermochte, die die Konzentrationsspanne einer wild gewordenen Meerkatze hatten. Dietmar hatte dies so formuliert.

Sollte ich der Leseliste aus aktuellem Anlass vielleicht die dystopischen Romane *1984* und *Schöne neue Welt* hinzufügen? Lebten wir schon inmitten einer Mischung aus beiden? War bei China mehr von *1984* zu erkennen und im Westen eher die *Schöne neue Welt*? Vielleicht sollte ich Recherche-Themen an die Schüler ausschicken?

Liebe Schüler der 4a, recherchiert Folgendes:

Was ist Propaganda und wie funktioniert sie?

Die Ursachen des Insektensterbens!

Die weltweite Kontrolle des Saatgutes!

Sind wir auf dem Weg in einen digitalen Faschismus?

Warum besitzen laut Oxfam acht Milliardäre genauso viel wie die ärmere Hälfte der Welt?

Warum wehren wir uns kaum gegen die Ungerechtigkeiten in der Welt?

Wie konnte es zu einer Massentierhaltung kommen?

Erkläre am Beispiel des Islam, wie man mit Feindbildern arbeitet!

Warum werden Bedrohungen wie Terrorismus oder die Corona-Krise verwenden, um Grundrechte einzuschränken?

Ich hatte solche Themen noch nie im Unterricht angesprochen. Lag das an einer Selbstzensur, weil ich instinktiv spürte, dass ich mit diesen Schwerpunkten aus der Komfort- in eine Problemzone katapultiert wurde? Vielleicht ging es manchem Journalisten ähnlich? Oder empfand ich die Themen für zu schwierig für 14-jährige Schüler? Wahrscheinlich waren nicht alle Themen geeignet. Noch mehr als der kritische Blick lag mir die Kreativität der Schüler für eine gemeinsame Zukunft am Herzen. Mit Franziska und Martin hatte ich schon über dem neuen Wahlpflichtfach der Schule gebrütet. Wir wollten Wildnis- und Naturpädagogik mit digitaler Grundausbildung kombinieren, Naturabenteuer und digitales Lernen vereinen. Diese Kombination hatte somit etwas von einer Superposition. Hier überlagerten sich widersprüchliche und elementare Lerngrößen, ohne sich gegenseitig zu behindern. Es hatte gedauert, bis wir die Genehmigung von Katja erhalten hatten. Der Einfluss von Johannes und Manfred hatte uns wertvolle Zeit gekostet. Die waren nach der Einführung der Freiluftklasse massiv auf der Bremse gestanden.

»Eine Freiluftklasse müsste jetzt mal reichen«, war ihre Devise.

Viele Elemente der Naturpädagogik hatte ich schon im Unterricht einfließen lassen. Wir hatten ein echtes Wahlpflichtfach geschmiedet. Die Geduld hatte sich bezahlt gemacht. *Bits&Trees* oder *Crazy Birds&Nerds* waren die vorläufigen Namen, die wir mit den Schülern gefunden hatten. Eine endgültige Entscheidung sollte nach dem Shutdown fallen.

ten die Schüler wieder mit der Natur vertraut machen und im
Falle eine Art Rückverbindung schaffen. Ich dachte dabei an die
Wor... von Luther Standing Bear.

Die alten Lakota waren weise. Sie wussten, dass das Herz eines Menschen, der sich von der Natur entfernt, hart wird. Sie wussten, dass mangelnde Ehrfurcht vor allem Lebendigen und allem, was da wächst, bald auch zu mangelnder Ehrfurcht vor dem Menschen führen wird.

Deshalb achteten sie darauf, dass die jungen Menschen den weichen, warmherzigen Einfluss der Natur kennenlernten.

Franziska träumte mittlerweile von einem Hochbeet, Permakultur und einem Schulbiotop. Gertrude wollte in ihrem Ruhestand die Betreuung des Biotops übernehmen. Der verwilderte Obstgarten in der Nähe der Schule hatte es ihr angetan.

Wildlife gardening sollte ein Projekt für das neue Wahlpflichtfach werden. Mich zog es mehr in die Wildnis. Das Bauen eines Unterschlupfes, Feuermachen ohne moderne Hilfsmittel, Spurenlesen und vieles mehr hatte ich mit den Schülern vor. Theorie und Wissensvermittlung würden besonders an Schlechtwettertagen am Programm stehen.

Im Teilbereich Informatik und digitales Lernen sollten die Schüler Grundbegriffe des Programmierens lernen, aber auch die Anwendung der üblichen Tools. Der Computerführerschein war angedacht, genauso wie die Vermittlung von digitaler Sicherheit. Wir wollten die Schüler einladen, wieder Indigene, Natives und Locals zu werden. Das waren wir. Indigene, die mit der digitalen Revolution spielen konnten. Bei den Schülern sollten es Indigene in der Realität der Natur und im virtuellen Raum sein. Eine Superposition also. Nicht einfach, aber möglich. Sollte die Kombination beider Bereiche in unserer Gesellschaft in Zukunft nicht gelingen, dann wartete das Gespenst einer Technikdiktatur auf seinen ganz großen Auftritt.

Es war offensichtlich, dass jede Frage falsch gestellt war, wenn die Antwort nicht Technik lautete. Technik sollte keine Herrscherin sein, sie war als Dienerin des Lebens gedacht.

Bert hatte versprochen, uns im Bereich des Wildniswissens zu helfen.

Immer schon hatte ich davon geträumt, Experten und interessante Menschen aus verschiedensten Bereichen an die Schule zu holen. Wenn ich mit Bert Kontakt aufnahm, dann mittlerweile ausschließlich über SMS oder Miriams Smartphone. Sie verwendete den Messenger *Signal*. Bert selbst hatte sich bewusst für ein Tastenhandy entschieden.

An der Schule gab es mit den Kindern und Jugendlichen kein automatisches Googeln mehr. Wir verwendeten alternative Suchmaschinen wie zum Beispiel *Ecosia*. Der Suchdienst ließ ab zirka fünfundvierzig Suchanfragen einen Baum pflanzen. Man konnte sich kaum vorstellen, wie bewaldet die Erde sein müsste, wenn *Google* genauso vorgehen würde. Erstaunlicherweise wussten die meisten Schüler nicht einmal, dass es auch andere Suchmaschinen als *Google* gab. Beeindruckend für Google, keineswegs berührend! Der Einsatz vieler Konzerne für die Umwelt war nicht einmal eindrucksvoll, sondern eher Teil eines Greenwashing-Konzeptes.

Zusammen mit Martin probierte ich Verschlüsselungsprogramme aus. Digitale Selbstverteidigung sollte am Lehrplan stehen. Mit Selbstverteidigung war Martin sofort zu gewinnen.

Wir befanden uns auch mitten in der Ideensammlung für ein weiteres Wahlpflichtfach: *Herzensbildung und Erwachsenwerden*. Dieses war genehmigt worden. Der Name war noch nicht völlig klar, denn Herzensbildung als Aufhänger für ein Wahlpflichtfach klang zu wenig cool. Ein naturwissenschaftliches Forschungsprojekt befand sich schon im Startfeld.

Wir standen vor dem Dilemma, dass manche Schüler gern mehrere Wahlpflichtfächer besuchen würden. Wie konnten wir es so organisieren, dass dies möglich war? Vielleicht mit Modulbausteinen oder Free-Flex-Programmen.

Schlafschafe und ein Ziegenfisch am Lieblingsberg

Ich ging auf den Balkon und machte meine morgendlichen Übungen. Etwas zu spät, aber immerhin. Dann schnappte ich mir die Gitarre und sang aus Leibeskräften meinen Coyotensong, legte mir danach die Five-Finger-Schuhe als Hufeisen an und galoppierte zu meinem Mountainbike. Ich wollte meinen Lieblingsberg besuchen.

Woher hatte ich all die Energie nach exakt null Schlaf?

Als ich losradelte, war es noch kühl. Meine Jacke gab mir etwas Schutz. Ich liebte es, endlich wieder auf dem Mountainbike zu sitzen und durch Wald und Flur zu fahren. Mittlerweile kannte ich verschlungene Wege und Abkürzungen. Irgendwann landete ich auf der Landstraße, die ins Tal führte. Dort wartete mein Lieblingsberg, den ich heuer schon auf meinen Ski besucht hatte, obwohl die Schneedecke so dünn gewesen war wie seit Jahren nicht mehr. Am Fuße des Berges verstaute ich mein Rad und meine Jacke hinter einem Felsen und joggte den Berg hoch. Ich beobachtete kurz zwei Steinadler, die sich mit Hilfe der Thermik immer höher in den Himmel schraubten. Dohlen jagten sich gegenseitig.

Ich rannte auf einer Forststraße, bog in einen schmalen Waldweg, der einen sprudelnden Bach entlangführte. Frische Energie beflügelte mich. Ich dachte an meinen alten Fuchsschwanz-Freund, der mal über den ersten offiziellen Marathonläufer namens *Pheidippides* gesprochen hatte. Der sei ab dem Berg *Parthenium* mit dem Geist der Natur eine in Wahrheit viel längere Strecke als die offizielle Marathonlänge gelaufen. Mit der Kraft der Natur zu laufen, darin läge ein großes Geheimnis, hatte Coyote erklärt. Und so öffnete ich mich immer mehr der Natur und rannte.

Als ich an meinem geliebten Wasserfall vorbeilief, der an seiner Rückseite nur über einen Regenbogen besucht werden konnte, glaubte ich, eine weibliche Gestalt zu sehen. Myriaden kleiner Wassertropfen benetzten meine Kleidung, Haut und Haare. Erfrischt lief ich weiter und atmete die Natur um mich.

Auf der linken Seite des Wasserfalls folgte ich einem schmalen Pfad, um zu meinem Bergsee zu gelangen. Die letzten Meter lief ich nicht mehr, ich wurde gelaufen. Irgendeine Kraft zog mich nach oben. Als ich den See erreichte, blickte ich in kristallklares Wasser. Die Berge und Felsen der Umgebung spiegelten sich darin, kleine Schäfchenwolken zogen als Spiegelbilder quer über das Wasser.

Schafe blickten vom Ufer zu mir herüber, grasten weiter und wirkten wie freundliche Standbilder aus Wolle inmitten der Berglandschaft.

Ich entledigte mich der Zehenschuhe. Dann blickte ich mich kurz um, befreite mich von meiner Laufkleidung und glitt ins klare Nass. Eine halbe Ewigkeit trieb ich umher. Ich fühlte eine Reinheit und Ursprünglichkeit, die mich trotz der Kälte beflügelten.

Dann setzte ich mich auf einen Felsen, um mich zu trocknen. Die Sonnenstrahlen wärmten langsam meinen Körper, der wie frisch gewaschene Wäsche am Felsen lag.

Mein Kopf war leer und ich blickte kurz auf die stille Oberfläche dieses kaum bekannten Naturjuwels. Ich erkannte mein Gesicht. Ein klares Spiegelbild inmitten der Natur. Die Sonnenstrahlen tanzten auf dem spiegelglatten See und ein goldener Strahl lief mir auf der Wasseroberfläche entgegen. Nur zu mir. Wenn ich mich bewegte, folgte er mir. Er war immer, wo ich war. Und das galt für jeden, der in den See blicken sollte. Die Wahrnehmung hinterließ den Eindruck, vom Lichtstrahl auserwählt worden zu sein, obwohl alles Leben mit Licht erfüllt war. Einzigartigkeit und Verbundenheit in einem.

Ich dachte an Narziss, der sich in sein eigenes Spiegelbild verliebt hatte. Wie schnell doch das Erkennen der Individualität in einen Narzissmus kippen konnte. War es damals schon das erste Selfie der Weltgeschichte? Wie viele von uns ertranken in Bildern von sich selbst, die sie an andere weiterleiteten?

Verfolgte uns das Echo der ausgesandten Bilder, obwohl es eine Botschaft der Liebe und Anerkennung für uns als Geschenk gehabt hätte?

Wohin der Narzissmus und narzisstische Kränkung im Extremfall führen konnten, das hatte der Nazismus bewiesen. Besonderheitsanspruch, Gekränktheit und Fantasien des Auserwähltseins, projiziert auf Volk und Rasse, hatten sich vor Jahrzehnten zu einem Tiefpunkt der Lieblosigkeit verfinstert. Ich fragte mich, in welcher Farbe, Kleidung und Sprache heute Diktatoren erkennbar wären.

Diktatoren waren immer schon heimlich Verbündete von Krisen. Waren wir zu sehr auf die alte Erscheinungsform fokussiert, während sich der Faschismus in neuem Gewand Zugang zur gesellschaftlichen Bühne verschaffte? Locker und lässig gekleidet, sodass wir unvorsichtig in unserer Konsumhaltung dahindösten?

Die Anzeichen eines aufkeimenden digitalen Faschismus waren bei genauer Betrachtung unübersehbar. Die Corona-Krise konnte zu einem Katalysator dieser Entwicklung werden. Propaganda, Framing, Massenüberwachung, Versuche der Gleichschaltung, Social Engineering, Data-Mining und die Aushebelung der Grundrechte waren zu beobachten. Internetriesen waren in eine unheilige, intransparente Allianz mit Geheim- und Sicherheitsdiensten eingetreten.

Big Data wurde zur Kristallkugel, Algorithmen zum Symbol für die Macht der Überwachung. An der Deutungshoheit zu wesentlichen Themen wurde in einflussreichen Think-Tanks gebastelt. Der breiten Masse wurden die Informationen zugespielt, die Meinung kam *in Formation*. Offizielle Medien wirkten dabei vielfach wie Lokalausgaben von internationalen Think-Tanks und Organisationen.

Die Artenvielfalt an Information war eine bedrohte Größe. Die Text- , Bild-, Ton- und Videoinformationen wurden im Wesentlichen von weniger als einer Handvoll Nachrichtenagenturen bezogen. Überwachungsprogramme, die Snowden aufgedeckt hatte, das erst kürzlich bekannt gewordene *Karma-Police-Programm*, *Predictive Policing*. All das waren unheilvolle Boten am ehemals freien Internethimmel. Hatte sich *Silicon Valley* nicht von einem hoffnungsfrohen Tal der Pioniere zu einem Schaltzentrum der Macht gewandelt?

Demokratisierung, soziale Vernetzung, digitaler Garten für Bildung und Kultur, Freiheit der Gedanken. War dies alles verloren an einen *Big Bro-*

ther, der jeden Klick, jede Suchanfrage, jeden Chat sammelte, überwachte, auswertete und verkaufte? Die digitale Vernetzung als Freiheit oder totalitäre Überwachung? Erlebten wir eine weitere Kränkung der Menschheit? War der Privatbereich zum Spielball für Großkonzerne geworden, die umgekehrt die Privatisierung aller Lebensbereiche einforderten?

Die totale Vernetzung wurde nun meist am Körper getragen. Das Smartphone war für viele zum ständigen Begleiter, für manche zur zweiten Identität geworden, die erstaunlich vieles konnte und den Eintritt ins weltweite Netz immer und überall möglich machte.

Hatte die Menschheit in den sprichwörtlichen *Apple* vom Baum der Erkenntnis gebissen, als das erste erfolgreiche I-Phone am Markt erschienen war?

Der Zugang zum weltweiten Wissen und somit zur Erkenntnis war in neue Dimensionen katapultiert worden. Früher war das Weltwissen nur elitären Personen wie Königen vorbehalten gewesen. Heute hatte jedes Kind einen tragbaren Zugang zu noch viel größerem Wissen im Tempo eines müden Lidschlags. Die alten Könige würden vor Neid erblassen.

Während ich in der Sonne sinnierte, merkte ich, wie mich Schwermut erfasste. War ich zu negativ geworden? Ich beobachtete, wie eine Schar Dohlen neben einem Schaf landete.

Bald erhob ich mich, schüttelte mich und begann zu jodeln. Zumindest versuchte ich es. Die Bergnymphe namens Echo warf es sofort zurück. Sie konnte nicht anders. Voller Mitgefühl hatte Gaia nach einer Verkettung von unerwiderten Lieben Echos Raum und Stimme in allen möglichen Winkeln dieses Planeten bewahrt.

Ich legte mich wieder auf den Felsen und beobachtete, wie eine Schar von Gedanken neben meinem Schlaf landete. Meine Augen fielen zu. Es war späte Mittagszeit. Über die Welt hatten sich Frieden und Stille gelegt. Pure Harmonie.

Ein gellender und ohrenbetäubender Schrei schallte vom Berg. Ich blickte erschrocken auf. Die Stille lag zerrissen und chaotisch am Boden. Schafe galoppierten über das Geröll. Ein Tumult erfasste das Plateau, die Stampede bewegte sich auf meinen Felsen zu. Panik packte mich. Mein Herz pumpte Blut durch meine Adern.

Die Schafe rannten auf mich zu. Am Bergkamm stand ein Steinbock mit gewaltigen Hörnern, der einen Augenblick später über die Geröllfelder in einem furchterregendem Tempo nach unten donnerte. Er warf sich in den See und brauste auf mich zu. Ich sah Hörner und eine sagenhafte Schwanzflosse. Panisch versuchte ich zu flüchten, aber es war zu spät. Mein Herz verlor allen Mut. Zeit zu sterben. Jung gestorben, nichts verdorben!

Ich fuhr hoch, rieb meine Augen und blickte mich um. Die Schafe standen nach wie vor wie Wollfiguren auf ihren Plätzen. Vor mir stand ein Mann. Ich hatte wohl geträumt und war aufgewacht.

»Schlecht geträumt?«

»Ja, schon.«

»Mir scheint, Ihr Herz benötigt eine Digitalisierung.«

»Was? Bitte nicht schon wieder.« Träumte ich immer noch? Was ging hier vor?

»Ich verstehe unter *Digitalisierung* die Behandlung mit *Digitalis*, also mit dem *Fingerhut*. Er ist äußerst giftig, aber auch sehr heilsam für ein verschlossenes und gerade schwächelndes Herz. Bitte essen Sie das Kraut nicht, ich lege es Ihnen auf die Brust.«

Der Mann lächelte spitzbübisch und ging weiter. Ich musterte ihn. Er war lässig gekleidet, seine Jeans verwaschen.

»Wissen Sie, ob es hier Fische gibt?«, fragte ich ihn. Ich hatte lange keine mehr gesehen. Vielleicht hatte er eine Ahnung.

»Ich sehe nur einen Ziegenfisch.«

»Wie bitte?« Ich klopfte mir auf den Kopf und schüttelte mich zur Sicherheit noch mal.

Der Mann drehte sich um. »Suchen Sie sich einen *Pfeifenstrauch* im Tal. Setzen Sie sich zu ihm. Er gibt Ihnen Hoffnung und Sie werden die

Unberechenbarkeit und Verrücktheiten des Lebens noch mehr lieben. Schnitzen Sie sich eine Pfeife oder Flöte aus diesem Strauch. Ach, die Flöte! Der Klang der Natur. Sie ist eine vielfältige Künstlerin. Gerade Wege sind ihr fremd und sie bringt mich immer wieder zum Lachen. Öffnen Sie sich für die Natur, sie wird Ihren Geist beruhigen. Es gibt keine echten Feinde. Lassen Sie sich vom Frieden des Bergsees inspirieren. Alles Liebe.«

Der freundliche Fremde hielt einen selbst geschnitzten Stab in der Hand. Als der Weg eine Kurve nahm, konnte ich ihn noch kurz sehen. Kannte ich ihn nicht von einem Krampuslauf? Ich schloss meine Augen und öffnete sie wieder.

Eigenartig. War ich aus einem Traum erwacht? Hatte ich zu träumen begonnen? War alles ein und derselbe Traum oder ein und dieselbe Realität?

Ich blickte auf den Pfad vor mir und entdeckte Schalenabdrücke. Komisch, denn die Abstände der Schalen und Siegel waren nicht normal. Aber Normalität war keine konstante Größe in meinem Leben. Traum und Wirklichkeit reichten sich wieder mal die Hände. Von Abstandhalten hielten sie auch in dieser Zeit wenig. Mir war klar, ich musste Coyote von meiner Begegnung erzählen.

Als ich meine Zehensocken und -schuhe anlegte, blubberte Fröhlichkeit in mir hoch und ich lächelte.

Die Natur leuchtete hell, als wäre sie von einem Licht erfüllt, das um jeden Grashalm tanzte. Ich fühlte mich entspannt, ganz präsent und hatte das Gefühl, als hätte ich mich in tiefem Vertrauen in mich selbst fallen lassen. So wie bei diesem Vertrauensspiel. War es mein persönlicher Wille, der sich nach hinten in die Arme der Seele fallen gelassen hatte?

Ich blickte in den See. Ein heiteres Gesicht lächelte mir entgegen.

Freundliche Gedanken zu pflegen war eine bessere Methode als unfreundliche zu bejagen oder ihnen den Krieg zu erklären. War Coyote hinter mir zu sehen? Ich fuhr herum. Nichts und niemand war zu erkennen.

Ich blickte nach oben. Auf der weit entfernten Anhöhe stand ein riesiger Fuchs. Nein, es war ein Kojote! Kurz schaute er in meine Richtung, dann verschwand er.

Mein durchgeknalltes Leben lachte, dann nahm es meine Füße in die Hände und lief den Weg zurück zu Fahrrad und Jacke. Vorbei am Wasserfall und Regenbogeneingang, am plätschernden Bergbach und an unzähligen Felsen. Auch eine Kuhherde musterte mich, während die Zehenschuhe ungefedert den Boden berührten.

Als ich bei meinem Fahrrad ankam, nahm ich einen tiefen und langen Schluck aus der der Wasserflasche, zog meine Jacke über und radelte heimwärts. Ich fühlte mich, als könnte ich das Fahrrad bis auf den Großglockner treten, so viel Energie floss durch meinen Körper.

Im Ort radelte ich vorbei am *Irish Pub*, dann zur Schule und hinauf zu unserem Wohnhaus.

John Lennon und die Verwandlung des Raums in Freiräume

Als ich Josef vor dem Haus traf, wirkte er besorgt. »Sollten noch weitere Wochen vergehen und die Wirtschaft nicht arbeiten können, dann wird mit einer heftigen Wirtschaftskrise zu rechnen sein. Noah, ist das nicht eigenartig? Einige Wochen bringen die Wirtschaft ins Wanken. Es genügt also nicht, nur das Notwendigste zu kaufen. Die Wirtschaft braucht Leute, die viel mehr kaufen, als sie brauchen, sonst bricht sie ein. Das irritiert mich als alter Mann. Ihr jungen Leute habt einiges vor euch. Ich beneide euch nicht. In meiner Zeit war fast immer ein Aufschwung. Ich besitze keinen Titel, meine Ausbildung war kürzer. Ich hab gut verdient und nun gutes Geld im Ruhestand. Ihr seid besser ausgebildet, habt aber schlechtere Verträge und weniger Freiheiten. Die heutige Zeit ist doch wie jene Science-Fiction-Romane, die ich gelesen habe. Darüber zu lesen ist eine Sache, darin schön langsam mitzuspielen beunruhigt mich. Es gibt einen Zeitpunkt im Leben eines erwachsenen Menschen, wo man sich sagt: Ab jetzt mache ich bei technischen Neuerungen nicht mehr mit. Komme, was wolle. Das war bei mir mit der Einführung des Smartphones.«

»Echt Josef? Soll ich dir erklären, wie es funktioniert?«

»Nein, das brauch ich wirklich nicht mehr.«

In der Wohnung kreierte ich mir Penne mit Spargel und Paradeiser. Ich rief meine Großeltern an, die glücklich wirkten, weil es Oma besser ging. Die Quarantäne sollte nicht mehr allzu lange dauern.

Waren die drastischen Maßnahmen notwendig? Die Welt war runtergefahren wie ein vom Virus befallener, überhitzter Supercomputer, um wieder neu aufgesetzt zu werden. Welche neuen Programme spielten

... ...m rauf? Sollten wir uns da nicht mit liebevoll vielfältigen Open-Source-Programmen beteiligen?

Wie lange würde es dauern, bis eine gewisse Lethargie und Lähmung bei der Bevölkerung eintraten?

Mir schien die Konfrontation mit der Lebens- und Todesangst wesentlich, denn das Virus Angst griff unsichtbar um sich, auch wenn das neuartige Corona-Virus nicht den Eindruck vermittelte, wie die Pest zu wüten.

Ich dachte an Menschen, die einsam in Krankenhäusern verstarben, an allein erziehende Mütter mit ihren Kindern, an Alte und Junge, an psychisch Kranke. War es all das wert? Ich hatte meine persönliche Antwort.

Kurz blickte ich auf mein Handy. Sahria hatte mich im Namen der 4a gefragt, ob die Aufgaben tatsächlich bis Freitag zu erledigen wären. Der deutsche Untertitel war:

Herr Lehrer, bitte lernen Sie für die Zukunft, den Lernstoff besser einzuschätzen. Mit der Menge an Übungen verscherzen Sie sich es noch knapp vor dem Zieleinlauf! Bedenkliche Grüße, Sahria

Franziska hatte ein Foto von einem Spruch geschickt. Dieser war in Berts Arbeitszimmer aufgehängt und stammte vom legendären John Lennon.

Wenn es so weit kommt, dass du Gewalt anwenden musst, dann spielst du schon das Spiel des Systems mit. Das Establishment wird dich irritieren wollen, es zupft dich am Bart, es schnippt dir ins Gesicht, damit du kämpfst. Denn, wenn du einmal gewalttätig geworden bist, dann wissen sie, wie sie mit dir umgehen müssen. Das Einzige, womit sie nicht umgehen können, ist Gewaltlosigkeit und Humor.

Ich war beeindruckt, wie sehr der Spruch passte. Es klopfte an der Tür.

»Noah, hast du Zeit? Wir könnten mit Abstand ein Gläschen Weißwein trinken. Besten *Veltliner* aus dem Weinviertel.«

Obwohl ich mittlerweile müde geworden war, stimmte ich zu und bald saßen Josef und Pablo bei mir. Pablo machte es sich auf meiner Couch neben Josef bequem. Ich saß bei Tisch und plauderte mit Josef. Es sprudelte nur so aus ihm. Welch große Freude machte es ihm, endlich wieder ein Gespräch führen zu können.

»Josef, hast du die Hippie-Zeit bewusst miterlebt?«

»Oh ja. Wir waren nicht so angepasst wie die jungen Leute heute. Weißt du was: Wir haben einen Pädagogik-Professor mit Eiern beworfen. Er war einer der Nazis, die später leitende Funktionen ausübten. Unsere Kritik kam damals politisch von links. Heute ist das leider anders.«

Ich las ihm die Zeilen von John Lennon vor.

»Weißt du, dass er mit Yoko Ono einmal in Wien war? Er wurde vom jungen André Heller auf den Wiener Zentralfriedhof geführt, sollte Schubert, den bedeutendsten Liedermacher vor ihm, kennenlernen. Heller schmeichelte Lennon. Dann war Lennon umgeben von den Gräbern großer Komponisten. Mozart, Johann Strauß Vater und Sohn, Johannes Brahms, Beethoven, Gluck, Wolf, Schönberg … Er soll ein Schuhband als Ehrerbietung auf Schuberts Grab gelegt haben. In musikalischer Hinsicht wäre dort der Nabel der Welt am Tag der Auferstehung, soll Heller, der Feuerkopf, noch gemeint haben. Er war früher so narzisstisch, jetzt scheint mir, er hat die Liebe gefunden. Hochkreativ war er immer. Vielleicht braucht es zuerst ein großes Ego, um danach ein großer Liebender zu werden. Ach quatsch, was red ich da? Noah, ich bin ein alter Mann. Der Wein tut sein Übriges.«

Ich schmunzelte. »Josef, Wien ist nicht nur hochmusikalisch, sondern auch der Nabel der Welt in Punkto Psychoanalyse, wenn ich an Freud, Adler, Frankl, Reich und so weiterdenke.« Mir wurde ganz warm vor Begeisterung. »Und nur keine Entschuldigungen. Es ist spannend, was du erzählst. Vielleicht leuchten jene bei der Erleuchtung am hellsten, bei denen das größte Ego zu verbrennen ist. Die Bezeichnung Feuerkopf ist absolut passend. Würde unsere Welt erwachen, es wäre ein Freudenfeuer, wenn man das Ego bedenkt, das wir besitzen.«

Josef wiegte den Kopf hin und her und nippte noch einmal an seinem Wein.

»Ich liebe William Blakes Poesie«, schwärmte ich weiter, jetzt richtig in Fahrt. »Kennst du Blake? Darf ich dir was vorlesen, das zu unserem Gespräch passt?«

»Von Blake hab ich schon mal was gehört, ist aber lange her. Nur zu, mein Lieber ...«

Ich kramte nach meinem Buch und fand die passende Stelle.

»*Der Stolz des Pfaus ist der Ruhm Gottes. Die Straße der Ausschweifung führt zum Palast der Weisheit. Die Tiger des Zorns sind weiser als die Rosse der Belehrung.*«

»Wie wahr, Noah. Für den Beruf des Lehrers sind die Worte nur etwas zu revolutionär. Woher kennst du William Blake?«

»Von John. Er scheint ihn zu lieben und nennt ihn immer wieder eine wilde Engelsseele. Ich glaube, er meint es buchstäblich.«

»Ja, John ist ein besonderer Mann. Der das Leben bereichert, auch wenn er schwer zu fassen ist. Schön, dass er wieder auf Besuch ist. Mir macht es nichts, wenn ihr laut Musik hört. Ich hör nicht mehr so gut, aber was ich höre ... Tja, euer Geschmack ist nicht schlecht.«

»Und was ist mit der Zukunft, Josef?«

»Ich mach mir Sorgen, da so viel Angst herrscht. Die einen sind gelähmt, die anderen verlieren sich in absurden Verschwörungstheorien. Vor diesen Leuten hab ich Angst, weil die Angst sie führt. Verstehst du?«

»Wo ist für dich der Unterschied zwischen berechtigter Kritik und Verschwörungstheorie?«

»Echte Kritik ist konstruktiv und sucht nach Lösungen. Sie hat was Positives. Verschwörungstheorien, Noah, die ihren Namen verdienen, suchen nicht nach Lösungen. Sie sind negativ. Während Kritik ein System infrage stellt, schießen sich Verschwörungstheorien auf Personen oder Gruppen ein. Das führt zu Hass und verschlimmert die Probleme doch nur. Natürlich darf man Personen kritisieren, aber du weißt schon, was ich meine.« Josef nippte wieder an seinem Glas Wein. »Umgekehrt wird leider jede berechtigte Kritik an der vorherrschenden Meinung sofort als Verschwörungstheorie abgetan. Die Freiheit des Diskurses ist dadurch

gefährdet. Der alte Liberalismus war offener, demokratischer und
auf Vernunft. Der neue Liberalismus, wie wir ihn jetzt erleben, setzt auf
eine *Cancel Culture*. Er grenzt im Namen der Toleranz alles aus, was er
als intolerant diagnostiziert, und attackiert die Person selbst. Schriftstel-
ler, Kabarettisten, Wissenschaftler und andere erleben das. Viele Links-
liberale sind keine wagemutigen Liebenden mehr, sie sind zu säkularen
Frömmlern und Tugendwächtern mutiert. Es sind dieselben Spießer
wie damals in den Kirchen, nur ist ihre Sprache nicht religiös, sondern
wissenschaftlich gefärbt. Diese Fehlentwicklung passiert immer wieder,
wenn sich ehemalige Bewegungen mit hohem Moralanspruch im Establishment eingenistet haben. Wir sind die Guten, die Toleranten. Die
anderen sind die Schlechten, die Intoleranten. Die Moral ist auf unserer
Seite. So ihr Schlachtruf. Sie treiben die Intoleranz der anderen mit einer
Intoleranz ihnen gegenüber aus. Das kann nicht funktionieren.

Früher brannte man den schwarzen Schafen das Wort *ungläubig* in das
Fell, heutzutage das Wort *unwissenschaftlich* auf die Stirn. Der neue
Liberalismus ist prüde, moralisch und lustfeindlich wie die alte Kirchen-
lehre. Sie geben Liebe oder deren kleinere säkulare Schwester Toleranz
vor. Im Kern sind sie aber exklusiv. Diese scheinheilige Doppelmoral …
Das führt doch in eine geistige Zwickmühle. Man erwartet offene Räume, steht aber vor verschlossenen Türen oder noch schlimmer: am öffentlichen Pranger.«

»Was ist dann deine Lösung, Josef?«

»Kleine Einheiten, die miteinander kommunizieren, aber auch geschützt sind. Ich träume von Freiräumen … Mit diesen habe ich als
Lehrer gearbeitet. Mauern können, bildlich gesprochen, trennen oder
schützen. Das eine Extrem wären kleine, getrennte Räume, die keiner-
lei Verbindung haben. Das andere Extrem ist ein einziger transparenter
Raum für alle.«

»Der ließe sich leicht überwachen.«

»Beide Extreme sind unnatürlich. Meine Idee sind kommunizierende
Räume. Räume, die durch Türen verbunden sind. Es ergeben sich Ni-
schen, sogar Verstecke. Man darf auch mal unsichtbar sein. Hier bietet
eine Mauer sogar Freiheit und Schutz.«

Mir kam die *Great Green Wall* Afrikas in den Sinn, von der Franziska gesprochen hatte. Sie war transparent, bot Schutz und Freiheit. Mauern konnten, wenn sie durchlässig waren, also auch etwas Positives sein.

»Noah, das ist meine Philosophie, und sie gilt für mich bei der Organisation von Schulklassen oder Abteilungen bei Firmen bis hin zu Themen, wie wir ein gemeinsames Europa mit den Regionen gestalten. Eine Mischung aus Einheit und Vielfalt, Individualität und Gemeinsinn.«

»Gilt sie für dich auch bei Corona?«

»Ja, auch hier brauchen wir Schutz, Differenzierung und Durchlässigkeit. Konkret meine ich den gelungenen, fokussierten Schutz der Risikogruppen, ohne sie wegzusperren. Zwangsschutz für alle, auch wenn sie ihn nicht brauchen, ist gefährlich und beschneidet Grundrechte. Differenzierter und effizienter Schutz wird in Zukunft den Unterschied machen. Ich hoffe, dass man wieder mehr auf Differenzierung setzt. Von generellen Lockdowns halte ich wenig, sie sind wie Breitbandantibiotika, die zu viel kaputt machen und langfristig den ganzen Körper schwächen. Ich hoffe, die Verantwortlichen überlegen sich konkretere Maßnahmen für die Zukunft.«

»Hast du noch Hoffnung für die Menschheit?«

»Wir sind eine gefräßige und aggressive Art. Nachdem sich der *Homo sapiens sapiens* in Europa und Asien ausgebreitet hatte, verschwanden alle anderen existierenden Menschenarten nach und nach. Nur der moderne Mensch blieb übrig. Am Aussterben der Megafauna und der großen Raubtiere hatten wir auch unseren Anteil.«

»Und jetzt verlieren wir die Insekten, Josef. Mir wird schwummerig.«

»Mir ebenso, das liegt aber auch am Wein. Die Flasche ist ja leer. Ich verabschiede mich nun. Wenn ihr mal Hilfe braucht, ich helfe gern.«

»Josef, kennst du den Besitzer des alten Obstgartens gleich nebenan?«

»Ja, die Pfarre. Der Grund wird vielleicht an den *Bärenwirt* verkauft.«

»Echt? An diesen Halunken?«

»Er will ihn für eines seiner Kinder kaufen. Einige in der Pfarre stellen sich aber quer. Nur gibt es niemanden, der den Garten pflegen würde. Die Leute wollen keine Verbindlichkeiten mehr eingehen.«

»Der Garten wäre für unser Wahlpflichtfach eine großartige Sache.«

Ich erklärte Josef kurz, was wir planten.

»Du, ich red mit dem Pfarrgemeinderat. Die werden froh sein, wenn ihr die Pflege übernehmen wollt.«

»Das klingt fantastisch. Das gibt mir Hoffnung für unser Wahlpflichtfach.«

»Und ihr habt mir den Glauben an die heutige Jugend zurückgegeben, Noah. Ich glaub trotz aller Befürchtungen, dass wir unsere Aggressivität und Gier im letzten Moment noch ablegen können.«

»Josef, wegen dir habe ich noch Hoffnung für die Alten, pardon, für die Vergangenheit. Nein, ich meine natürlich für die Zukunft.«

Die Digitalisierung des Herzens und der Tadel des Narren

Josef hatte Pablo vergessen, den ich ihm hinterhertrug.

»Danke, sehr aufmerksam, Noah.«

»Ich bin halt nachtragend«, witzelte ich.

Wieder in der Wohnung schaltete ich das Radio ein und holte mir meine *Indian Spirits*. Es lief *Budapest* von George Ezra. Ich stapfte raus auf den Balkon. Die Grillsaison war angebrochen. Draußen zirpten die Grillen voller Vorfreude auf den Besuch ihrer Liebhaberinnen. Am liebsten hätte ich mit ihnen Franziska angezirpt und in meinen Bau gelockt. Ich sehnte mich so sehr nach ihr. Was sie wohl machte?

Wenn doch etwas Positives passieren würde. Die großen gesellschaftlichen Probleme wollte ich wahrnehmen, aber jetzt mussten neue Samen gesät werden, neue Gedanken gedacht werden. Ich wollte wieder an das Gute glauben, ein neues Netz von Gedanken an den Himmel werfen. Eine Fledermaus huschte an mir vorbei, dann hörte ich in der Ferne einen Waldkauz schreien.

»*Die Fledermaus, die am späten Abend umherhuscht, ist aus dem Kopf des Ungläubigen geflattert.*

Der Ruf der Eule in der Nacht verrät die Angst des Ungläubigen.«

Coyotes warme Stimme! »Sei gegrüßt mit den Worten Blakes aus den *Weissagungen der Unschuld.*«

»Was machst du am späten Abend hier, alter Mann? Hast du schon die senile Bettflucht?«

»Sorry, ich wollte vorbeischwirren. Deine Tür war offen und ich brauchte eine gemütliche Couch, gute Musik und ein Rauchopfer.«

»Ich wusste gar nicht, dass ich einen Tag der offenen Tür hab. Komisch.«

Hatte es Coyote eventuell anders gemeint? Es war still, nur das Zirpen war Musik in meinen Ohren. Coyote paffte und lächelte. Ein neuer Geruch verfing sich in meiner Nase. Ach ja, auch die Grillsaison des *Homo sapiens sapiens* war eröffnet. Irgendein Nachbar grillte. Ich konnte ihn sehen, ein riesiger Grill stand auf einer beleuchteten Terrasse.

Mit dem Grillen war das so was. Die Grills wurden immer teurer, das Fleisch darauf immer billiger. Auf siebenhundert Euro schweren Grills brutzelte oft Billigstfleisch aus Massentierhaltung, das nur wenige Euro gekostet hatte. Verdreht statt Fairtrade. Umgekehrt wäre doch um einiges intelligenter. Wollte man mit bescheidenerer Ausrüstung grillen, wirkte man wie ein Neandertaler, der sich sein Mammutfleisch zubereitete. Erkauften wir uns unsere Pseudoexpertise mit teurer Ausrüstung?

Auch der Ausrüstungssportler war hoch im Kurs. Der normale Bergwanderer trug mittlerweile beschichtete Jacken mit Wassersäulen, mit denen man stundenlang unter einem Wasserfall stehen konnte, ohne nass zu werden. Interaktive Trainingsuhren stellten Trainingsprogramme zusammen und vermaßen den Körper. Wo die Daten letztendlich landeten? Radfahrgruppen wirkten wie Profis aus Top-Rennställen, die für die Tour de France trainierten. Laufschuhe aus echter Kinderarbeit, die beinahe von selbst liefen, wurden mit Top-Laufklamotten aus Indien um sündteures Geld in den Sportgeschäften verscheppert. Der Durchschnittsbürger war in vielen Bereichen hochgerüstet und wiegte sich im trügerischen Gefühl eines Experten auf unzähligen Gebieten. Kaum jemand traute sich, etwas bescheidener gekleidet durch die Gegend zu laufen. Man könnte mit einem Taxifahrer aus den achtziger Jahren verwechselt werden, dem gerade eine Zeitreise in die Zukunft gelungen war.

»Noah, du musst schlafen. Reden wir morgen weiter. Auch ein Krieger wird mal müde.«

Auf dem Weg Richtung Schlafzimmer probierte ich, ob die Tür geöffnet war. Tatsächlich. Dabei war ich mir sicher, dass ich sie abgesperrt hatte.

Der frühe Vogel fing nicht nur den Wurm, er sang in Nachbars Garten mit einer Inbrunst vom Leben selbst, dass ich erwachte. Weitere gefiederte Kollegen stimmten nach und nach mit ein. Ich dachte an den Mann, der mir den *Fingerhut* und den *Pfeifenstrauch* empfohlen hatte, und mir wurde warm ums Herz. Ich fühlte mich pudelwohl. Das musste ich Coyote erzählen.

Leise schlich ich auf den Balkon. Die Morgendämmerung war gerade angebrochen, die Dunkelheit wartete darauf, vom Licht hinweggeschmolzen zu werden.

Die vermeintlichen Nachfolger der Dinosaurier zelebrierten ihr morgendliches Konzert. Sie durften singen und hielten ihre männlichen Konkurrenten mit ihrem wundervollen Gesang ebenso auf Abstand. Wahrlich ein politisch korrektes Morgenspektakel, das ständig an Intensität und Vielfalt der Klänge zunahm. Es war derzeit das einzige Livekonzert, dem ich täglich beiwohnen konnte. Coyote trat neben mir auf den Balkon.

»Guten Morgen, junger Mann!« Er hielt ein Häferl Kaffee in der Hand und wippte. »Siehst du den Steinbock, Noah?« Er zeigte nach Südosten und erklärte mir, wo das Sternenbild zu finden war. Wahrscheinlich dachte er wieder, er hätte das gesamte Sternenbild an den Himmel geworfen. Saturn, Mars und Jupiter waren zu erkennen. In diesem Zeichen hatte sich die Sonne befunden, als ich auf der Erde nackt und ohne Reisegepäck eingecheckt hatte. In Wahrheit war es mein individueller Landgang, der Beginn der Besiedelung des Festlandes. Eine persönliche Wiederholung eines biologischen Evolutionssprunges im Zeitraffer. Ich war sozusagen ein Brückentier.

»Coyote, kennst du einen *Ziegenfisch*? Sorry, für die komische Frage. Klingt irgendwie nach Superposition oder Brückentier. Es ist nur so ... Gestern hab ich einen witzigen Mann getroffen. Der hat darüber geredet.«

Coyote zwinkerte gut gelaunt. »Klar, das Tierkreiszeichen des Steinbocks wurde früher so genannt. Du bist ein Ziegenfisch, nicht wahr?«

Ich war verwirrt. Das hörte ich zum ersten Mal. Als ich ihm meinen Traum und meine Begegnung näher erklärte, lachte er laut.

»Ja, den Schweinen gibt's der Herr im Schaf. Dieser alte Pfeifenschnitzer und Schweine-Hirte.«

Ich sang Coyote spontan das Lied *Kommet ihr Hirten*. Als ich mit *Fürchtet euch nicht* die erste Strophe beendet hatte, meinte er nur: »Er trägt immer noch dieselben Jeans, dieser Comedy-Hirte.«

Wir lachten und Coyote schüttelte seinen Kopf. Dann drehte er sich zu mir und blickte mir in die Augen. »Noah, das war eine Einweihung. Einweihung! Verstehst du? Du warst jenseits der Schwelle.«

»Vielleicht war ich nur übermüdet und bilde mir alles ein.«

»Vertrau deiner Wahrnehmung. Fürchte dich nicht. Das Herz ist dein Hirte. Das ist die wichtigste Digitalisierung: Die Behandlung eines schwachen, verschlossenen und kraftlosen Herzens. Diese Digitalisierung wird das Eis des Herzens schmelzen. Die andere Digitalisierung ist im Vergleich spektakulär sekundär. Verbinde die beiden Welten der Digitalisierung und Höhenflüge stehen an. Hörst du dabei deine innere Musik? Verstehst du mich?« Coyote musterte mich eindringlich.

»Meckerst du mit mir?«

»*Höre auf den Tadel des Narren. Das ist ein königliches Vorrecht!*

Ein großes Meckern hast du schon gehört. Freu dich, das Gemecker wird noch lauter. Wenn der Steinbock zu tanzen beginnt, dann wird er zum Ziegenfisch und saust durch die Natur.« Coyote tanzte auf und ab, nahm seinen Hut und vorbeugte sich vor mir. »Sir, nur keine Panik auf der Titanic. Wenn die Technik das Meer des Lebens unterrichten, pardon, unterwerfen will, dann wird's kalt. Eiskalt. Eisberge künden und warnen vor dieser Route. Schlagen Sie den Weg des Herzens ein. Dann können Sie sich um technische Fragen kümmern. Zuerst schmelzen Sie die Eisberge in Ihrem Herzen, Sir. Sind Sie ein Technokrat und Advokat der Kälte, eine Avocado des Teufels? Oder haben Sie noch genug Chaos in sich, um einen tanzenden Stern zu gebären?«

»Yes, Sir. Hab ich.«

»Dann setzen Sie sich morgen zu einem Pfeifenstrauch. Zu einem gemeinen *Philadelphus Coronarius*. Er hilft gegen die Begleiterscheinungen des *gemeinen Coronavirus*. Schnitzen Sie sich eine Pfeife oder Flöte. Sie werden den Klang lieben.«

»Oh danke, ich hab verstanden, Sir! *Coronarius* hilft bei Coronavirus.«

»Nicht genug, Sie dumbes Geschmeiß, Sie undankbares Gesinde. Sie suchen zusätzlich *Digitalis*, den Fingerhut, und reden mit ihm über die Digitalisierung. Verstehen Sie?«

»Ja, Sir. Fischotter-Effekt und herzenszentrierte Verrücktheit!«

»Jawohl. Ansonsten dräut des Verstandes Übermacht.«

»Darauf hab ich keinen Bock.«

»Oh, der Bock weiß um die Freuden, die *Urizen*, dieser Knechter von Eros und Fantasie, ihm verwehren will. Sir, Sie kennen William Blake. Sie wissen, dass in seinem Universum der Gott *Urizen* für Gesetz, Vernunft und Kontrolle steht. *Urizen*, der Erbsenzähler und Korinthenkacker, hasst die Freiheit und sperrt das Leben ein. Er hat den Humor einer Gefriertruhe. Er verbringt seine Zeit damit, das Leben zu überwachen und abzukühlen. Magnetismus, Emotion und Lebendigkeit sind ihm ein Gräuel. Das Spiel fürchtet er wie der Asphalt den Löwenzahn. Sein größter Diener ist der Verstand, er gibt ihm Halt.«

»Was ist der Verstand?«

»*Verstand ist die Illusion der Wirklichkeit*. Eine treffliche Formulierung von Hazrat Inayat Khan, diesem wunderbaren Sufi.«

»Was soll ich tun, mein Captain?«

»Erträumen Sie mit mir die wundervollste Wirklichkeit. Werfen Sie Ihre schönsten Gedanken an den Himmel. Sie leuchten in eine helle Zukunft. Ihre bunten Gedanken sind die Samen der Vielfalt, die eine neue Welt erblühen lassen. Nur dafür braucht es zum Strom Ihrer Gedanken das magnetische Feld Ihrer Emotionen. Sehen Sie, die Sonne der neuen Welt erscheint alsbald am Himmel. Sie kündet von einem neuen Morgen.«

»Captain, werfen wir gemeinsam unsere Visionen an den Himmel und ins Feld!«

»Das Feld ist eigentlich Raum und wir verschränkte Teilchen. Wenn Gott mich kitzelt, dann lachen Sie zur gleichen Zeit. Nun kommen Sie aber in Ihre Kajüte. Sie brauchen noch etwas Schlaf, Sir. Sie sind ja hundemüde.« Coyote winkte mit seinem Hut. Ich taumelte in mein Schlafzimmer und fiel abermals in mein Bett, das mich stets so liebevoll durch die Nacht trug.

SPECKDACKEL UND DAS PRALLE LEBEN

Gegen zehn Uhr morgens erwachte ich aus meinem Vormittagsschlaf. Draußen gurrten meine Freunde, die Tauben. Ein Pärchen hatte es sich auf einer Leitung gemütlich gemacht, die ich vom Bett aus sehen konnte. Ich blieb noch eine Weile liegen und lauschte der Musik, die Coyote hörte. Von Monteverdi bis Nora Jones war so ziemlich alles dabei, was ihm gefiel. Die unverkennbare Stimme von Ella Fitzgerald und Carlos Nakai mit der *Native american flute*, deren Klang meine Seele rührte. Hubert Goiserns *Heast as nit,* Bruno Mars *Lazy song.* Bei Parov Stellars Electroswing stand ich auf und tanzte in das Wohnzimmer.

Es roch nach frischem Kaffee und Haferbrei. Coyote begrüßte mich überschwänglich, bat mich zu Tisch und servierte ein verspätetes Frühstück und Kaffee.

»Es ist Zeit für einen neuen Morgen, Noah. Stärke dich gut. Deine Schwingung ist entscheidend. Die Große Mutter umarmt das Leben immer intensiver, freu dich darauf.«

Er sprang auf und tanzte zur Musik. »Verbinde Himmel und Erde, Licht und Schatten. Tanze zwischen den Welten, während du ihnen die Hände reichst. Schließe niemanden aus. Paradoxie rockt dein Leben, baby! Das ist Ekstase, honey!«

»Yes, Coyote. Was machen wir mit dem angebrochenen Tag?«

»Du korrigierst gleich die Arbeiten deiner Schüler und schickst sie per E-Mail zurück! Wir beginnen mit der Kombination von Alltag und Außergewöhnlichem.«

Während Coyote nebenbei Rätsel löste, Musik hörte und Videos schaute, suchte ich nach Hazrat Inayat Khan. Meine Vermutung bestätigte sich. Er war der Vater von Noor Inayat Khan, die als Muslimin und Pazifistin unter dem Decknamen *Madeleine* den französischen Widerstand gegen Hitlers Wahnsinnsregime unterstützte und dabei ihr Leben nicht nur riskierte, sondern auch verlor.

»Eine Ikone an Herz, Mut und Friedfertigkeit, Noah. Ihr Widerstand war heilig.«

Coyote war begeistert. »Widerstand kann heilig sein, Noah, wenn er das kraftvolle Nein eines liebenden Herzens ist. Friedvoller Widerstand ist unentbehrlich, auch heute. Die Vision des Neuen lebensrettend. Die Offenheit für das Unvorhersehbare essenziell. Die Wahl der Liebe statt der Furcht lässt uns erwachen.

Wenn nicht unsre Taten,

macht Furcht uns zu Verrätern.«

Ich korrigierte und hatte Videotelefonate mit Fynn, Melina, Christian und Marc, von denen ich noch keine neue Erörterung erhalten hatte. Es war so schön, mit ihnen zu reden. Christian, der hervorragend über das Weltgeschehen informiert war, meinte: »Herr Breitenbach, mir ist das noch nie passiert. Aber ich habe keine definitive Antwort auf die brennenden Fragen der Zeit. Es gibt so viele logische und zugleich widersprüchliche Antworten. Es ist für mich alles eher wie ein bunter Fleckerlteppich.«

Melina und Christian erklärten, dass sie vor zwei Uhr in der Früh nicht mehr ins Bett fänden. Marc und Fynn bejahten, dass der Tag- und Nachtrhythmus ein anderer geworden war.

»Herr Lehrer, bei uns kommen die Tiere so nahe ran wie noch nie. Gestern bin ich drei Meter neben einem Reh gestanden. Wir haben heuer viele Vögel im Garten.«

Fynn, der immer wieder seine Liebe für die Natur zeigte, erklärte, dass fast jede Nacht ein Reh von Papas Koreatanne esse.

»Ist diese so groß wie Kim Yong-un?«, erkundigte ich mich.

»Ja, und bald so groß wie Trump. Wenn das Reh so weiterfrisst, schaut die Tanne aus wie Trump.«

Ich verabschiedete mich und bat meine Schüler, die Aufgaben nachzuholen. Coyote grinste über beide Ohren.

»Als Führungskraft sollst du nicht kontrollieren und Kommandos aus-teilen, sondern ein Klima schaffen, in dem die Schüler neue Möglich-keiten sehen. Dann strecken sie sich dem Licht entgegen und wachsen, so hoch, wie es niemand für möglich hält. Du weißt schon: Möglich-keitssinn. Auch wenn du Leistung einforderst, steht das Klima an erster Stelle. Großartig. Neue Lehrer braucht die Welt. Liebende, herzoffene, interessierte Pädagogen sind gefragt. Menschen mit Eros und Fantasie. Menschen mit Mitgefühl und gleichzeitig gesundem Selbstwert.« Er giggelte und schrie laut: »Auf das Leben! Auf das großartige Leben!« Dann tanzte er.

»Was für ein Spektakel!«

»Ich bin kein Speckdackel. Ich bin ein Coyote, der Hunger hat. Hunger nach echtem Leben. Und ich genieße meinen Hunger und folge ihm. Eigentlich folgt mir das Leben.«

»Mein lieber Speckdackel, wenn wir alles produzieren wollen, sogar das Leben selbst, erhöht sich dann nicht die Vielfalt?«

»Ich nenn das Supermarktdemokratie. Sieht nach Vielfalt aus, doch die Auswahl ist enorm begrenzt. Der Weg vom Menschen zum Konsumen-ten ist der Weg von der Vielfalt zur Einfalt, vom Inhalt zur Verpackung. Massenproduktion und Monokultur marschieren Hand in Hand. Der Tod ist ihr ständiger Helfer und Begleiter. Das warme Lebenslicht wird ersetzt durch kaltes, künstliches Licht, das den Anschein von Leben gibt. Pseudoleben. Pah!«

Coyote schüttelte sich. »Systematisierung, Mechanisierung und Tech-nokratie sind des Lebens Tod. Sie sollten nur eine Nebenrolle haben, spielen sich aber zur Hauptrolle auf.«

»Herr Coyllege, gibt es einen Zusammenhang zwischen der Kontrolle des Saatgutes und der Kontrolle von Gedanken? Wenn wenige Kon-zerne bestimmen, was gesät werden darf? Wenn sie die Samen mani-pulieren, Besitz anmelden und kontrollieren, dann gehe ich davon aus, dass dies auch mit Gedanken passiert.«

»Absolut. Deine kreativen Gedanken sind lebendige Samen. Du säst sie aus und erntest auf deinem Feld des Lebens. Deine Gedanken werden

vom Wind der Freiheit fortgetragen und finden fruchtba
Plätzen, die du nicht vermuten würdest. Die Frage ist: Sind ~
rische Gedanken, geschöpft aus dem Potential? Oder sind es gemie
te, engineerte und designte Gedanken, die dir eingepflanzt werden,
um an deine Humanressourcen zu kommen?«

»Coyote, sind die Labore, wo Gedanken produziert werden, dann die
Think-Tanks der Welt.«

»Ja, zum Teil. Sie bezeichnen sich selbst ja gern als Denkfabriken. Sie
wollen ihre produzierten Gedanken verkaufen, den Markt damit erobern und andere Gedankenformen verdrängen. Damit diese nicht
mehr aufkommen, engen sie den Diskurs ein und leiten ihn fast unbemerkt.«

»Framing? Propaganda?«

»Ja.«

»Dann gibt es nicht nur Saatgut-Multis sondern auch Gedankengut-
Multis. Nur womit bezahlen wir diese fremden Gedanken?«

»Indem wir unsere Unabhängigkeit, Selbstständigkeit und Autonomie
aufgeben. Mit Schuldgefühlen, Angst, Stress und vermindertem Selbstwert. Aber sie versprechen dir die Erfüllung deiner Bedürfnisse. Ihre
Gedanken jedoch sind nicht die deinen. Das betrifft zum Teil sogar die
Bedürfnisse.«

»In Wahrheit aber produzieren sie Bedürfnisse, stimmt's?«

»Genau. Deine Gedanken sind elektrisch, deine Gefühle magnetisch.
Der herrliche elektromagnetische Raum wird noch von weiteren Energien befruchtet. Es entsteht etwas wunderbar Duftendes. Diese Samen
wachsen und ziehen Wesen des Himmels an, so wie die Vielfalt an
Pflanzen Vögel und Insekten anlockt. Künstliche Gedanken aber sind
leblos und freudlos. Ein Fake-Gedanke marschiert durch deinen Kopf
und schließt Räume. In der Regel verbreitet er Stress und Angst, auch
wenn er hell blinken sollte.«

»Was kann ich für meine Freiheit der Gedanken tun?«

»Gehe in die Natur. Meditiere, tanze und sei ein verrückter Poet des

Lebens. Halte einen Virus-Sicherheitsabstand zu den meisten Medien. Das ist notwendig. So vermeidest du fremde Einheitsgedanken, die dein Leben zu einer Plantage machen, wo vorher noch ein Urwald voller Leben war.«

»Es gibt Saatgutbanken, um die Vielfalt von Samen zu schützen. Wie wäre es mit Gedankengutbanken für lebendige, gute Gedanken?«

»Noah, die gibt es. Die Arche für diese Gedanken ist dein Herz. Ein großes Herz schützt, hält und belebt die Biodiversität deiner Gedanken. Dein Herz versorgt deine Gedanken ständig mit Leben und schützt sie vor dem Austrocknen. Finde Menschen, die lebendige Gedanken pflegen. Gemeinsam seid ihr eine Herz-Bank, auf die das Leben setzt. Eines noch: Auch wenn das Leben ein offenes Geheimnis und nicht elitären Gruppen vorbehalten ist, so gibt es versteckte Orte liebevoller Gedanken. Das sind Lichtoasen, bereit, besucht zu werden. Dort kannst du tanken und danken.«

»Wie komm ich dorthin? Normalerweise tankt man bei Tankstellen und dankt in Kirchen. Da gibt's eine klare Aufteilung, die man nicht verwechseln sollte.«

»Zuerst: Geh danken! Gedanken beruhigen sich danach und verbinden sich mit deinem Herz.«

Coyote holte meinen Feldstecher und blickte vom Balkon in den verwilderten Obstgarten. »Schau mal, Noah. Hier findest du keine grüne Wüste, von einem Rasenroboter gemacht. Siehst du den Löwenzahn? Den Wegerich und die Gänseblümchen? Da, die Finken. Bald sammeln sie Babybrei aus unreifen Kräutersamen, Blütenknospen und zarten Blättchen für ihre Jungen. Die Samen der Blumenwiese wollen zur Reife kommen und ihre Chance erhalten. Und die Wegwarte, der Rainfarn und die Glockenblume. Die Vögel lieben sie. Niemand schneidet in diesem Garten die Hecke während der Brutzeit der Vögel. Sogar der Girlitz findet Zuflucht. Einfach Leben pur.«

Coyote reichte mir den Feldstecher und ich entdeckte ein Stieglitz-Pärchen, das an einem Löwenzahn pickte.

»Komm, wir feiern das Leben beim *Bärenwirt*. Das wird ein Speckdackel.«

»Was? Das Herz dieses Mannes ist in Wahrheit ein Leberknödel. Was willst du dort?«

»Wir machen ihm Mut.«

»Den hat er.«

»Da täuschst du dich.«

»Soll ich die Fahrt riskieren?«

»Sicher, aber vorher tanzen wir, damit du gut eingeschwungen bist.«

Coyote legte los. Mein Wohnzimmer wurde zu einem Ort voll wildem Tanz und feinen Bewegungen. Der alte Mann tanzte immer wieder raus ins Freie. Draußen dämmerte es. Wir waren wie pulsierende Elementarteilchen, die immer wieder lachen mussten. Waren wir bei der Größenordnung des Universums wirklich so viel größer als Elementarteilchen? Wahrscheinlich waren wir mikroskopische Teilchen aus einer gigantischen makroskopischen Sicht. Oder spielten wir, im Mesokosmos gefangen, das illusionäre Spiel von Raum, Zeit und Kausalität? Vielleicht waren Coyote und ich nur zwei verrückte und verschränkte Quantenteilchen? Auf manche wirkten wir wohl wie zwei beschränkte. Angesichts der Unendlichkeit des Universums waren Teilchengrößen sowieso bedeutungslos und hatten mit der eigenen Identität wenig zu tun. Immer, wenn ich Coyote über meine Identität Fragen stellte, verwies er mich auf das *Ich bin*.

»Na, die Poesie der Quanten hat's dir angetan.«

»Ja. Und sie fördert in mir den Möglichkeitssinn und erklärt meine Verrücktheit. Hast du einen fahren gelassen, Coyote?«

»Ja, Zeit zum Fahren. Zeit zum Aufbruch. Geben wir Gas.«

AUFBRUCH ZUM BÄRENWIRT

Wir spazierten zu meinem treuen Gefährt, drehten die Musik auf Anschlag und brausten los Richtung Bärenwirt. Mir war mulmig zu Mute, denn der Bärenwirt hatte mich vor Jahren unsanft aus seinem Wirtshaus entfernt. Für mich war er ein grober Lackel, für Coyote von mir aus ein Speckdackel. Er war ein Freund der Grobmotorik, gut geerdet bis hinein in seine Gummistiefel, für alles andere im Universum hatte er wenig übrig. Coyote paffte eine Zigarette bei geöffnetem Fenster.

»Noah, die Zeit der Verbundenheit ist da. Die kriegerische Herangehensweise hat ausgedient. Ihr behandelt das Virus wie einen Gegner. Die Natur wurde zum Gegner erklärt. Eure Sprache ist kriegerisch. Ihr sucht nach einer geeigneten Waffe gegen diese kleinen Wesen. Ehrlich, das ist der gespaltene Holzweg und nicht der verbindende Königsweg. Betrachte mal eure Gesellschaft als einen Körper mit Organen. Und dann überlege, wer das Immunsystem darstellt und ob es gut arbeitet.«

»Ich sehe eher eine allergische Reaktion, eine überschießende Antwort.«

»Überschießend, ein treffliches Wort, beschreibt die kriegerische Haltung.«

»Das sehe ich auch so. Übrigens, eine wunderschöne Gegend ist das hier. Leider ist sie nur mehr schemenhaft zu sehen.«

Ich ließ mein Fenster runter.

»Im Wort *Gegend* steckt schon *gegen*. In einer Gegend ist man ein Fremder. Du willst aber ein Einheimischer, ein Indigener sein. Wenn du schon kämpfen willst, dann kämpfe für etwas und verbrauche deine Energie nicht damit, gegen etwas zu kämpfen. Deine Wirklichkeit folgt der Aufmerksamkeit.«

Ein Auto blendete mich so sehr, dass ich die Breite meiner Spur nur noch schwer abschätzen konnte.

»Noah, schaue auf deinen Weg. Am Rande stehen die Leitpfosten zur Orientierung. Das genügt.«

Ich konzentrierte mich und das Auto raste mit aufgeblendetem Licht an uns vorbei.

»Siehst du, man fährt immer dorthin, wo man hinsieht. Eine uralte Weisheit. Hättest du dich auf den anderen konzentriert, hättest du unbewusst dorthin gelenkt. Du aber bleibst auf deinem Weg.«

Ich summte vor mich hin, während der Toyota durch die Landschaft schnurrte. Die Bergsilhouetten veränderten sich ständig und ein Gefühl von Daheimsein breitete sich in mir aus. Ich bremste mein Auto am Parkplatz. Nur drei weitere Autos parkten hier.

»Coyote, wir sind auf beinahe zweitausend Meter Seehöhe. Hier ist jeder per du.«

»Weiß ich. Ab einer gewissen Höhe ist man einfach auf Augenhöhe.«

In der Stube des Gasthofes leuchtete Licht. Coyote öffnete die Tür und trat ein. »Ihr seid unerwünscht. Der Betrieb ist geschlossen. Risikogruppen bewirten wir sowieso nicht.« Der Bärenwirt erklärte uns ohne Umschweife seine Wahrnehmung der Situation, während sein Dackel freundlich mit dem Schwanz wedelte.

»Wir setzen uns nach draußen, sind Naturburschen und würden bloß ein Bierchen zwitschern. Euch Wirte hat man in der letzten Zeit nicht fein behandelt. Und jetzt noch diese Krise. Weißt du was: Bring uns zwei Bier nach draußen. Eines für Noah, eines für mich. Wir zahlen sofort, inklusive Trinkgeld und bleiben draußen sitzen. Das Wetter ist schön, die Temperatur angenehm. Du wirst eine Freude mit uns haben.«

»Wenn ihr Streuner keinen Wirbel macht, dann setzt euch halt dort hin.«

»Ein herzliches Dankeschön. Ich werde dich heute noch in mein Gebet einschließen.«

»Das brauchst du nicht, ich glaube an nichts, ich klaube höchstens Äpfel.« Der Bärenwirt lachte schallend.

»Zwei Komiker sitzen draußen«, hörte ich ihn mit seinem Hund reden. »Der eine gehört zur Risikogruppe, den anderen kenne ich. Er ist Lehrer. Wenn man zwei linke Hände hat, braucht man halt einen Beruf mit viel Freizeit. Die Lehrer haben gerade wieder Ferien. Ich glaube, die sind heuer weniger in der Schule als daheim. Wenn ich so wenig zu tun hätte, dann würde ich mir eine ordentliche Arbeit suchen.«

Es dauerte nicht lange und der Wirt stand wieder vor uns, zwei halbe Bier in der Hand.

»Hier, meine Herren. Und nicht zu schnell trinken. Wer von euch hat mehr Freizeit? Der Pensionist oder der Lehrer? Wir erhalten euch, also passt das schon, wenn ihr uns Wirte unterstützt.«

Ich zahlte und genoss den ersten Zug.

»Du hast wunderschönes Damwild hier. Ich mag diese Tiere.« Coyote war außergewöhnlich freundlich.

»Ich nicht, alter Mann. Die leben und schlafen hier gratis, hängen nur rum und scheißen alles voll. Das Damwild ist aber wenigstens eingesperrt. Die Rehzucht der Jäger macht uns noch den Wald in den Tälern kaputt. Ehrlich gesagt, ich mag die Hirsche hier am liebsten paniert. Da sind sie richtig gut. Ein Hirschschnitzel könnte ich schnell zubereiten.«

»Danke, sehr freundlich. Aber was ein Bauer nicht kennt, das isst er nicht. Nur der chinesische Bauer isst am liebsten, was er noch nicht kennt.«

Der Bärenwirt lachte sein lautes Lachen, das sich wie konzentrische Kreise ausbreitete. Mich hätte es nicht gewundert, wenn das Damwild im Gehege nebenan erschrocken davongaloppiert wäre.

»Weißt du«, meinte Coyote, »ich liebe die Tiere nicht am Teller serviert. Ich sehe ihnen am liebsten beim Leben zu. Aber darauf dürftest du geschissen haben.«

»Ich paniere die Leichenteile für euch. So habt ihr nicht das Gefühl, in der Pathologie gelandet zu sein, sondern bei einem Kindergeburtstag. Es wirkt dann mehr nach Mehlspeise.«

»Eine typisch österreichische Lösung. Der Tod als schöne Leiche«, ergänzte ich.

»Danke für deine Bemühungen, Brummbär!«, sagte Coyote und trank einen Schluck Bier. »Ich genieße die frische Luft, das Bier. Mir reicht das. Siehst du hier die Tauben? Wie schön.«

»Ich mag am liebsten Tontauben.«

»Du gehst Tontaubenschießen?«, erkundigte ich mich.

»Nein, ich liebe den Ton, den Tauben abgeben, wenn ich sie erschieße.« Dann lachte der Bärenwirt wieder.

»Wenn du alles so falsch verstehst, dann impfst du bei der Zeckenimpfung wahrscheinlich selbst die Zecken«, erklärte ich verstimmt.

»Also, die besten Dinge kosten tatsächlich nichts oder wenig.« Coyote richtete seinen Cowboyhut. »Du hast es hier wunderschön. Hast du eine Frau?«

»Nein, davon bin ich los. Meine Frau ist verstorben, die Puffs haben geschlossen.«

»Wie war deine Frau?« Coyote nippte an seinem Glas. Es war still, nur ein Knacksen im Gehege nebenan war zu hören. Eine halbe Ewigkeit verging, während Coyote den Bärenwirt über den Rand des Glases fixierte.

»Sie war die Beste. Ich habe sie zu wenig geschätzt. In Wahrheit war sie mein Ein und Alles. Mein Leben macht seit ihrem Tod kaum noch Sinn. Ich überlebe hier oben einfach irgendwie. Sag mal, warum erzähle ich euch das?« Der Wirt fuhr sich verlegen durchs Haar.

»Sie hat dich gemocht, auch wenn du nicht immer fein zu ihr warst. Und sie ist stolz auf dich.«

»Glaubst du?« Der Bärenwirt wollte weitersprechen, doch die Stimme versagte ihm. Nach einer langen Pause meinte er: »Wisst ihr. In Wahrheit mag ich meine Tiere. Ich mag diesen Platz hier. Er ist meine Heimat. An Tagen wie heute sehe ich die Sterne hoch am Himmel und ein Stern könnte mein Weib sein. Wüsste ich welcher, ich würde sie vom Himmel holen. Ich habe die Kraft eines Ochsen, aber ich kann die Sterne nicht greifen, den Tod nicht verhindern und ein unsichtbarer Virus legt mich lahm. Die Scheißregierung scheißt sowieso auf uns. Der Polizeikommandant vom Ort ist der größte Vollpfosten, den ich jemals gesehen habe. Er meint, ich wäre ein *Superspreader*. Ich hab nachgefragt, was das ist. Ja, ich hatte Corona. Nur, wie sollte ich das wissen? Mir ging's nicht schlecht und ich hab die Gäste bis in die Früh bewirtet. Dass ich viele angesteckt hätte, das kann ich mir nicht vorstellen. Die Behörde meint aber, dass wir ein kleiner Hotspot waren. Diesen arroganten Schreibtischtätern fahre ich mit dem Arsch ins Gesicht. Die ruinieren mich.«

In der Ferne krähte ein Eichelhäher. Ein Windstoß blies über den Hof.

»Noah, komm trink aus. Und du, *Superspreader*. Nimm beide Gläser und stell sie in deinen Geschirrspüler!«

Es lag eine eilige Strenge in der Luft.

»Warum? Was ist mir dir los?«, erkundigte sich der Wirt.

Weit weg war ein Auto zu hören, die Scheinwerfer suchten den Himmel ab. »Beeil dich. Sonst kannst du dir nur mehr den *Superperforator* wünschen, Ranger!«

Der Wirt sauste in die Stube. Die Lichter kamen immer näher, bis ein Wagen am Parkplatz hielt. Zwei Polizisten stiegen aus.

»Santa Maria«, hörte ich den Bärenwirt aus dem Gasthaus, als er die Polizisten bemerkte.

Der Polizeichef des Ortes schlenderte mit seinem Kollegen auf uns zu.

»Herr Breitenbach, Sie schon wieder. Erlesene Gesellschaft scheinen Sie nicht zu suchen.«

»Nein, aber diese scheint mir ständig zu folgen.«

»Soso, der Pädagoge, sein Onkel aus Amerika und der Bärenwirt. Sind Sie hier Gäste oder ist das eine Verschwörung?«

»Sie haben die Natur eines Virus. Immer auf der Suche nach einem geeigneten Wirt. Nein, wir sind privat. Uns umgibt quasi eine unsichtbare, unantastbare Privatsphäre. Ein heiliger Raum.« Coyote lehnte sich lässig zurück.

»Dann können Sie sich sicherlich ausweisen.«

»Ich weise Sie darauf hin, dass wir als private Gäste uns bloß die Freiheit nahmen, demütig die Sterne zu betrachten und mit Ihnen eine Friedenszigarette rauchen würden, sollten Sie dazu in der inneren Verfassung sein. Sie wissen schon, die Verfassung stärkt die Grundrechte und bewahrt die Würde des Menschen.«

»Ich werde Sie nicht mehr schonen.«

»Dunkle Wolken ziehen über das Land Shoshonen. Sie brauchen mich nicht zu schonen, ich hab nichts Unrechtes getan. Haben Sie Hobbys?«

Der Bärenwirt kam heraus.

»Hobbys? Der Mann ist hobbylos und in der Gegend unbeliebt.«

»Sind das Ihre Gäste? Und haben Sie noch welche im Wirtshaus?«, fuhr der Polizist fort. Er blickte sich kurz im Gastraum um.

»Okay, das Haus ist leer.« Er wandte sich uns zu. »Nur, Sie beide sollten schleunigst verschwinden.« »Ich sagte Ihnen schon, wir sind bloß privat hier. Es gibt kein Betretungsverbot, auch wenn manche das gern sehen wollen.« Coyote blies Ringe in die Luft.

»Der alte Mann hat recht. Ich habe die beiden eingeladen, mit mir über das Leben zu philosophieren. Der Alte kennt sich mit Sternen verdammt gut aus. Ich mag das. Und ich verspreche euch: Die Klage, die gegen mich läuft, wird nicht halten. Ich verwette meinen Arsch darauf. Und jetzt verschwindet von meinem Grundstück.«

Der Bärenwirt stand unter dem Türrahmen und zwinkerte mir zu. Der Polizist blickte sich verwirrt um.

»Polizisten sind wie Hirtenhunde. Sie sollen die Herde beschützen, aber nicht attackieren. Ich sagte es Ihnen schon einmal: Ziehen Sie ihr Lineal aus dem Kopf. Und auch die Pistole. Wir haben übrigens noch einen letzten Wunsch an Sie, bevor Sie zurück auf die Polizeiwache fahren.«

»Ihr habt noch einen letzten Wunsch?«

»Ja, das Lied aus der Superperforator-Werbung«, erklärte ich dem verblüfften Polizisten. Wir drei lachten herzlich. Der Polizist machte kehrt, dann drehte er sich noch mal um. »Wissen Sie was? Ich suche Fehler bei Ihnen allen, und wenn ich einen finde, dann sind Sie dran.«

»Danke, vielleicht verwenden Sie bei der Fehlersuche kein Mikroskop, sondern einen Spiegel. Und tanzen Sie, aber ohne Superperforator. Sonst könnte der Schuss nach hinten losgehen.«

Der Bärenwirt schlug sich auf die Schenkel wegen Coyotes Wortspende. Die Polizisten verschwanden schwer verstimmt in der dunklen Nacht. Der große Bär holte eine Runde Bier und einen Zirbenschnaps in drei wunderschönen Schnapsgläsern, auf denen ein Braunbär aufgemalt war. Er setzte sich zu uns an den Tisch.

»Prost«, rief er. »Für euch bin ich der Bruno.«

Coyote erklärte seine amerikanische Herkunft. Der Name John Fox gefiel Bruno sehr. Noah Breitenbach habe er schon ein paar Mal im Wirtshaus gehört. Aber nie etwas Schlechtes, versicherte er mir.

»Was hast du hier vergeistigt?«, erkundigte sich Coyote.

»Zirbenzapfen. Ihr trinkt die vergorene Zirbe. Ein wunderbarer Baum. Nicht nur der Schnaps ist gesund, auch das Holz fördert die Gesundheit. Wir trinken einen Fingerhut voll.« Dann eilte Bruno zurück und holte drei kleine, silberne Schuhe. »Für besondere Gäste.«

»Was kredenzt du uns jetzt?«, erkundigte sich Coyote.

»Den Schuh des Manitu, Cowboy. Gefüllt mit Edelweiß-Marillenschnaps von meinem Haus.«

Er hob an zu einem Trinkspruch, dann schluckten wir den Inhalt ex.

»Feuerwasser!«, rief Coyote und schüttelte sich heftig.

»Raketentreibstoff!«, prustete ich.

Es war schon kühl, doch wir genossen die Nacht. Die Schnäpse hatten meinen Körper gewärmt.

»Glaubst du an ein Leben nach dem Tod?«, erkundigte sich Bruno bei Coyote.

»Glaubst du an ein Leben vor dem Tod? Wenn ja, dann glaubst du auch an ein Leben nach dem Tod. Der Tod ist bloß ein Übergang. Was geboren wird, stirbt. Bei der Geburt ist schon das ungefähre Ablaufdatum bei jedem eintätowiert. *Mindestens haltbar bis* ist da zu lesen. Die Frage ist nicht, wie viel Zeit du zum Leben hast, sondern wie viel Leben du derzeit hast. Dein Leben soll nicht wie ein vertaner Aufenthalt in einem schlechten Gasthaus sein.«

Der Bärenwirt lachte, Coyote fuhr fort. »Natürlich ist der Tod kein Ende. Er ist ein neuer Anfang. Das neue Theaterstück ist für die meisten nur etwas leichter.«

»Danke«, entfuhr es Bruno. »Ich muss mich schlafen legen. Habt ihr noch einen letzten Wunsch?«

»Ja, das Lied aus der Superperforator-Werbung«, rief ich.

Coyote stand auf, schnappte den Wirt und beide tanzten eine Mischung aus Sirtaki und Kasatschok. Dann verabschiedeten wir uns.

»Ihr könnt jederzeit wiederkommen. Ihr seid meine Gäste. Ich danke euch.«

»Wir haben zu danken, Bruno«, erklärte Coyote.

Zur Verabschiedung schlugen wir mit den Ellbogen ein. Ich hatte Angst, dass wir danach gleich schnurstracks in die Krankenhausambulanz zum Röntgen fahren mussten.

»Corona wird vorüberziehen. Aber du wirst ein neues Leben beginnen. Wie ein Leben nach dem Tod. Auf das Leben, großer Bär! Wir fahren jetzt mit dem großen Wagen nach Hause«, rief Coyote, bevor wir in meinen Toyota einstiegen.

»Danke, Cowboy.« Dann zeigte Bruno, der große Bär, mit seinem Zeigefinger in Richtung des Sternenhimmels. Wir sausten davon. Ich war tief berührt. Wieder einmal wurde mir klar, welch großes Geschenk hinter einer abweisenden Maske stecken konnte. »Bruno hat das Herz und die Kraft eines Bären. Er macht seinen Weg. Er kann sogar Pionier in seinem Arbeitsbereich werden. Noah, jetzt kommt die Zeit der Pioniere. Sie richten sich gerade aus und dann werden sie losgehen. Dem Gehenden legt sich der Weg unter die Füße.«

»Wenn der Gehende dann noch den Schuh des Manitu trägt, dann geht es sich wohl am besten. Hugh, du hast gesprochen, Coyote. Und ich dachte, das Herz des Bärenwirts wäre ein Leberknödel. Was für ein Irrtum.«

Poetry Slam, Buchstabensuppe und der Wörtersee

Es war Freitagmorgen und ich schrieb meinen Schülern folgende Mitteilung per *SchoolFox*:

Liebe 4a, ich bitte euch dieses Mal um etwas Ungewöhnliches. Schreibt doch bitte bis Freitag nach Ostern einen poetischen Text zum Thema »Neue Wege nach Corona«.

Wir veranstalten online einen Dichterwettstreit, einen Poetry Slam! Ihr wisst, dass wir Poetry Slams auf YouTube gesehen haben. Ihr solltet selbst die Bühne betreten. Die virtuelle Bühne natürlich. Ihr gestaltet die Performance, die höchstens drei Minuten dauern soll. Dann vergebt ihr gemeinsam die Punkte. Ich hoffe, dass viele von euch mitmachen. Es gibt nur Gewinner und keine Verlierer. Also: No risk, no fun!

Und vergesst nicht: Der springende Punkt sind nicht die Punkte, sondern die Poesie.

Außerdem: Sucht weiterhin euren Lieblingsplatz in der Natur auf. Vielleicht könnt ihr euren Text dort schreiben.

Liebe Grüße, genießt die freie Zeit. Frohe Ostern, eine schöne Auferstehungsfeier und viel Glück beim Eierpecken.

Euer Klassenvorstand, Noah Breitenbach

Ich rief Florian an, hatte Sehnsucht nach ihm.

»Ich arbeite gerade an einem Teilchenbeschleuniger, Noah.«

»Echt? Bist du schon in Cern?«

»Nein, ich manipuliere mit einem Dauermagneten das Bild des alten

Fernsehers meiner Großeltern. Die beschleunigten Elektronen lassen sich wunderbar ablenken, das Bild an der Oberfläche des Schirms bewegt sich. Alte Röhrenfernseher sind einfach faszinierende Teilchenbeschleuniger.«

»Wie geht's dir sonst, Flo?«

»Ein wenig langweilig. Aber ich nutze die Zeit. Bastle, spiele Posaune und lese, was nur geht. Wir haben ein Posaunenquartett gegründet. Nicht, dass mir so viele Posaunen extrem gut gefallen würden. Aber die Posaunisten sind immer die Geilsten. Merk dir das.«

Ich erkundigte mich, ob er nicht an der Visionssuche nächste Woche teilnehmen wollte.

»Klingt super verrückt. Ich brauche sowieso eine neue Vision für mein Leben. Alles ändert sich gerade so schnell. Ich bin Montag bei Bert auf der Hütte. Sagt mir noch, was ich mitnehmen soll. John provoziert bei mir immer eine dynamische Instabilität, die mich auf neue Wege führt.«

Danach meditierte ich eine halbe Stunde. Coyote meinte, ich sollte dieses Mal jeden Gedanken, der auftauchte, weiterwinken. Ich liebte es, keinen der Gedanken weiterzuverfolgen und ihnen keine Aufmerksamkeit zu geben. Präsent zu bleiben und nicht mit einem noch so verlockenden Gedanken mitzugehen, das entspannte ungemein.

Nach dem Frühstück telefonierte ich mit Franziska, die ihren Aufenthalt bei Miriam und Bert genoss. Später kontaktierte ich meine Großeltern. Oma sprach sehr wenig, brachte Worte nicht heraus oder wiederholte meine eigenen. Ich war mir nicht immer sicher, ob Gedanken an ihr vorbeizogen und sie diese nicht greifen konnte. Oder ob sie einfach die zu den Gedanken passenden Worte nicht finden konnte. Wie Oma wohl diesen Zustand erlebte? Sie verlor ihre Lebensgeschichte, Stück für Stück, die jüngste Geschichte zuerst, die ältesten Geschichten zuletzt.

»Noah, es ist unglaublich«, erklärte Opa am Telefon. »Wenn ich Oma ihre Lieblingsmusikstücke vorspiele, dann taucht in ihrem Gesicht Freude auf. Sie erinnert sich sogar an Dinge, die scheinbar verschwunden waren. Es ist so, als würde die Musik Erinnerungen und Gefühle in die Gegenwart hochspülen. Ich habe gelesen, dass Musik, Bewegung, Tanz, lebenslanges Lernen und Umgang mit jungen Leuten die beste Vorbeugung gegen Alzheimer wären. Noah, da bist du auf dem richtigen Dampfer.«

»Danke, Opa. Du ja auch. Tanzen wirst du wohl nicht mehr viel. Aber wer weiß. Unser Gehirn ist neuroplastisch und kann sich im höheren Alter noch verändern. Das weiß man mittlerweile. Also, lass dich nicht unterkriegen. Auch nicht von der Angst. Lässt du dich in Zukunft impfen?«

»Ich weiß noch nicht. Mit Angst bin ich ja schon geimpft, wenn ich die Nachrichten schaue. Mittlerweile hab ich den Eindruck, als würde jeden Tag derselbe Teig von den internationalen Medien ausgerollt, um dann angepasst an Länder und Regionen ausgestochen zu werden. Es bleibt aber trotzdem derselbe Teig, der abends wieder eingesammelt wird, um morgens erneut ausgerollt und ausgestochen zu werden. Täglich grüßt das Murmeltier.«

»Wer?«

»Den Film kennst du wahrscheinlich nicht mehr. Egal. Ich bin nur gespannt, wie oft das Murmeltier noch grüßt. Jedenfalls höre ich wieder mehr Musik, die mich in eine gute Stimmung versetzt. Das hilft deiner Oma. Vielleicht sollten wir tanzen, Noah. Oma würde Augen machen. Und eventuell könnte ich ja heuer im Advent das Keksebacken probieren. Man lernt wirklich nie aus. Weißt du Noah, Seneca meinte: *Wie ein Theaterstück ist das Leben, nicht wie lange, sondern wie gut es gespielt wurde, darauf kommt es an.*«

Opas positive Lebenseinstellung, seinen Sinn für Humor und seine Liebe zu Oma berührten mich sehr. Dass er Seneca kannte, überraschte mich ein wenig.

Dann korrigierte ich Texte der Klasse 3b, in der ich Deutsch unterrichtete. David, aus Kärnten zugewandert, hatte mir einen Aufsatz per E-Mail gesendet. Der Text war ein einziger Wörtersee, Aufbau und Struktur kaum erkennbar. David mochte mit seinen dreizehn Jahren ein herausragender Schwimmer sein, aber leider schwamm er auch im Deutschunterricht. Jedes Mal, wenn es galt, ein neues Ufer der Sprache zu erobern, schaffte David die Überquerung der Furt nur mit größter Mühe und beklagte sich darüber gerne lautstark. Ich musste lächeln, als ich daran dachte, dass David aus dem wunderschönen Klagenfurt stammte. Aber er hatte sich weiterentwickelt, denn in der Volksschule purzelten noch Buchstaben wie in einer Suppe umher. Von der Buchstabensuppe zum Wörtersee. Irgendwann würde David noch ein Textmeer hinterlassen, bei dem man als Deutschlehrer auf Schatzsuche gehen durfte. Ich legte mich raus auf den Balkon und blickte zum Himmel. Kein Wölkchen war zu sehen. Erinnerungen an die letzten Schulwochen blubberten in mir hoch: In der 3b unterrichtete ich auch Muhammed, einen türkischen Schüler, der sein Schularbeitenheft mit einer eigenwilligen Unterschrift seines Vaters abgegeben hatte. Als ich ihn fragte, ob nicht er selbst unterschrieben hatte, meinte er nur: »Sicher nicht. Das ist Papa seine.«

»Muhammed, ich kenne die Unterschrift deines Papas. Ich glaube, du hast es einfach selbst gemacht. Sei ehrlich.«

»Sicha nicht. Ich schwöre auf Koran.«

Es war eigenartig. Aber immer, wenn Muhammed auf den Koran schwor, lag der letzte verzweifelte Versuch in der Luft, eine Unwahrheit durchzusetzen.

»Muhammed, schau dir die Unterschrift genau an. Außerdem schwört man nicht so locker auf den Koran.«

»Okay, Herr Lehrer. Ich war's. Aber die Unterschrift sieht trotzdem aus wie Papa seine.«

Muhammed und Tarik, der aus Albanien stammte, hätte man zur Gangaufsicht hervorragend einteilen können. Einigen Lehrern wurde von den Schülern weniger Respekt entgegengebracht als den beiden.

Berührt von den Texten großer Sufi-Meister, las ich im Koran. Ich war erstaunt, wie wenig Muhammed von diesem faszinierenden Buch eigentlich wusste. Er konnte mir Textpassagen auf Arabisch rezitieren, ohne den Inhalt zu verstehen.

Ich mochte Muhammed ungemein. Sein Temperament war jedoch nicht immer kompatibel, seine Lautstärke erinnerte manchmal eher an eine Horde Schlachtenbummler. Muhammeds Vater, eine Perle von einer Seele, arbeitete als Mechaniker im Zweirad-Shop des Nachbarortes. Als ich ihn um einen Rat für mein neues Mountainbike fragte, meinte er: »Ja, gutes Rad ist teuer.«

Ich schmunzelte, während die Gedanken an die Schule wieder wach geworden waren. Würden in Zukunft Lehrer vermehrt Wochenpläne gestalten? Die meisten von uns bereiteten sich für eine gesamte Woche vor. Einige Schüler mochten das, so konnten sie ihre Arbeitszeit selbstständig einteilen.

Erreichte Patrizia, die die Klassenlehrerin der 3b war, auch Muhammed und Tarik? Wie groß würde die Schere zwischen den leistungsstarken und leistungsschwächeren Schülern sein, wenn wir wieder an der Schule waren? Und warum nannte man sehr soziale Schüler, die ökonomisch benachteiligt waren, trotzdem sozial schwach? Wie würde der Schulwechsel meiner Schüler am Ende des Schuljahres klappen?

PARADIESÄPFEL, GERICHTE,
HERDENIMMUNITÄT UND BODHISATTVAS

»Noah, die Menschheit wechselt gerade die Schulklasse. Mach dir keine Sorgen. Komm. Du zählst gerade deine Gedanken. Wunderbar. Aber jetzt ist Gegenwart angesagt. Lass uns kochen, während du gekocht wirst. Wir suchen später einen Pfeifenstrauch. Was würdest du gern essen?«

»Käsespätzle, *Old Man Coyote*. Die hat mein Vater geliebt und herrlich zubereitet. Sein bestes Gericht nach dem Erdäpfelgulasch.«

»Fehlt er dir sehr?«

»Ja, immer wieder. Aber da ist eine große Liebe, die ich spüre. Ich glaube, es geht ihm gut.«

»Das kannst du sagen, Noah. Sein jüngstes Gericht im Himmel war Paradiesäpfel mit gerösteten Samen.«

»Ich halt das für ein Gerücht.«

»Okay, glaub nicht an Trennung und unbewusst an strafende Gerichte. Der Tod mag wie eine Trennung wirken, ist aber etwas völlig anderes. Die Falschdefinitionen des Todes führen zu unnötigem Leid. Die holen euch übrigens derzeit ein. Ihr seid durch diesen falschen Glauben angreifbar und manipulierbar.«

»Mein alter Gaukler. Danke, du nimmst mir ständig Angst. Dort, wo die Angst mich zuvor gelähmt hatte, findet nun die Freude ihren Platz. Wenn wir die Bilder vom Tod heilen und ihn so natürlich sehen, wie viele indigene Kulturen, werden wir ein helleres Leben führen.«

»Schön gesagt, Noah. Auch, weil du mich einen Gaukler nennst. In dein Unterbewusstsein habe ich Samen der *Gauklerblumen* gesät. In der englischen Sprache werden sie *Monkeyflower* genannt. Sie heilen alle möglichen Arten von Ängsten und geben Humor zurück. *Mimulus* ist ihr lateinischer Name und bedeutet so viel wie kleiner Schauspieler, Gaukler. Vor dir siehst du eine wilde Gauklerblume, die die Freiheit und das Lachen liebt. Sie bringt Heilung. Die schwierigste Heilung ist die Heilung vom Gedanken der Trennung. Der Gedanke verursacht eine anhaltende Pandemie und führt seit Jahrtausenden zu einem inneren Lockdown der Menschheit. Nur wenige konnten dieses Virus überwinden. Es geht sehr tief in die Zellstruktur hinein. Es löst immense Angst aus und erfasst das gesamte Denken eines Menschen. Dieses Virus manipuliert seinen Wirt zu einem isolierten Wesen, das den Tod bis in die Knochen hinein fürchtet. Als Reaktion fürchtet es das pralle Leben. Wenn du an Trennung glaubst, dann ist der Tod dein Zeuge. Nicht wahr?«

Coyote machte plötzlich *Pffuuuuuuuhhhhh* und sprang wie ein Gespenst durch meine Wohnung. »Dieses Virus nimmt immer neue Formen an. Die heftigste Mutation, die wir kennen, führt zu einem Denken, dass es nach dem Tod bei Fehlverhalten eine ewige Hölle voller Qualen gebe. Dieser Irrglaube führt zu einem totalen seelischen Shutdown. Die Mutation ist äußerst schwer zu heilen. Jedes Angebot der Heilung wird als Finte des Teufels missverstanden. Glaub mir, das Virus ist sehr intelligent und hat im Laufe der Evolution viele Abwehrmechanismen entwickelt. Andere Mutationen zum Beispiel lassen nur mehr eine getrennte, materielle Welt gelten. Egal, wie es sich ausprägt, das Virus verändert euch als Wirt. In eurer Angst beginnt ihr euch ähnlich zu verhalten. Ihr breitet euch über die Erde wie ein gefräßiges Virus aus. Eure Angst macht euch gierig und blind. Ihr sucht ständig nach einem Objekt, das ihr befallen könnt. Dort, wo ihr in Schwärmen auftretet, zerstört ihr Leben und ruiniert Lebensgrundlagen. Ihr gliedert euch nicht mehr ein in das Leben, sondern versucht, anderen Lebensformen das Leben auszusaugen.

In Wahrheit seid ihr mutiert: Von einem ewigen Wesen, das sich als Mensch ausdrücken wollte, zu einem endlichen Menschen, der sich als Virus zeigt. Von der Schönheit zu einem Schreckgespenst, von der Liebe zur Angst. Diese Hypnose zu überwinden, das ist das größte Wunder des Lebens.

Viele sind derzeit am Weg der Heilung. Das Virus greift nicht mehr völlig. Anderen nimmt es immer noch die Luft zum Atmen. Und einige sind erwacht aus diesem Albtraum.

Bodhisattvas sind unterwegs, so lange, bis eine Herdenimmunität aufgebaut worden ist. Bist du erst einmal persönlich geheilt, bist du auf ewig immun und kannst andere mit diesem Virus nicht anstecken.

Im Gegenteil. Das ist das Besondere. Du trägst dann eine Medizin in dir, die das Virus bei anderen schwächt und die Immunabwehr steigert. Nur, das Virus kämpft und lässt seinen Wirt aggressiv gegen Geheilte vorgehen. Geheilte landeten auf Kreuzen, in Gefängnissen, auf Scheiterhaufen, in Psychiatrien und wurden an mittelalterliche oder neue mediale Pranger gestellt. Das Virus will sie loswerden. Die Frage ist nun, ob du dem Virus folgst oder dem Flüstern aus der Ewigkeit.

Um euch abzulenken, hat euch das Virus angehalten, falsche Kopien von Religion, Wissenschaft und Kunst zu kreieren. Diese illusionären Fakes versklaven euch, statt euch zu befreien. Du siehst, es ist ein heftiges Virus, das alles kapern möchte. Nichts ist ihm heilig. Es will überleben.« Coyote räusperte sich, schwieg, damit seine Gedanken bei mir sacken konnten. »Manch Geheilte und Immune lehren öffentlich, um die Krankheit zu überwinden. Nur, das Virus kommt sofort hinterher, um diese Lehren zu organisieren. Es ist ein Schlaumeier. Keine Frage.«

»Wie werde ich es los, Coyote? Kann man sich dagegen impfen lassen?«

»Kämpfe nicht gegen das Virus, denn das liebt es, weil es sich so in seiner Existenz bestätigt fühlt. Erhöhe lieber deine innere Temperatur. Dein warmes Herz, dein inneres Feuer, deine Fähigkeit zur Freude und Ekstase scheut es wie der Teufel das Weihwasser. Glaube an deine wahre Identität, glaube an das Unsterbliche. Bald feiert ihr Ostern. So verwende ich mal eine christliche Sprache. Das Feuer des Heiligen Geistes führt dich zu immer höheren Temperaturen, das Virus stirbt in dir und du erwachst eines Tages. Es ist das Ende der Albträume.«

»Warum predigen das die Kirchen nicht?«

»Weil sie in weiten Teilen vom Virus befallen sind. Trotzdem ... Du findest immer wieder große Seelen innerhalb der Organisationen.«

Als ich Coyote über das Verhältnis des Virus zum vielleicht bekanntesten Menschen der Weltgeschichte fragte, nach dem sogar eine neue Zeitrechnung begonnen wurde, meinte er nur.

»Dieses Virus hasst die Überwindung des Gedankens der Trennung, also die Auferstehung. Es nagelte die Hülle Jesu wieder an das Kreuz, obwohl Jesus dort schon lange nicht mehr hängt. Gipfelkreuze aber sind meist leer und sprechen das Leben an. Der Einfluss der Natur auf die Intuition ist einfach unübersehbar.

Das Virus hat die Botschaft des Todes im Gepäck. Wenn es Jeshua den Himmel gönnen muss, dann nur entrückt in unauffindbare Ferne. Wenn du dir Jeshua als unerreichbares, weit entferntes Wesen vorstellst, an das du glauben musst, weil du sonst bestraft wirst, dann sei dir sicher, dass hier das Virus deine Wahrnehmung gekapert hat.

Jesus, Buddha und andere sind Lebende unter den Toten. Sie sehen keinen Tod, nur pures Leben, das sich ständig verändert. Alles nur Illusion. Bloß ein kleines, mächtig fieses Virus.« Coyote lachte. »War meine Predigt gut? Ich habe sie bewusst christlich gehalten. Hier liegen noch alte Wunden. Ihr werdet eure Ängste technisch nicht in den Griff bekommen. Der Versuch endet bloß in Kälte. Und ein kaltes Milieu ist ein Einfallstor für Krankmachendes.«

»Gut gebrüllt, Löwe.«

»Es ist Zeit, dass die Kirchen, Tempel, Synagogen und Gotteshäuser tanzen. Tanzen, Noah. Das Seil der Verbindung zu Gott hängt auch in den Gotteshäusern. Aber das Virus hat es angebunden an die kalten Mauern, die das Leben vermehrt aussperrten. Löse das Seil von der Mauer und lass es wieder senkrecht und frei schwingen, und dann nimm dieses Seil der Verbindung zu Gott und schwinge es, immer mehr und immer heftiger, bis das gesamte Gotteshaus zu schwingen und tanzen beginnt. Gott lacht und die Glocken läuten. Bim-Bam-Wumm, Bim-Bam-Wumm.«

Coyote hielt ein imaginäres Seil in seinen Händen und schwang es vor und zurück. »Zeit, dass die Wissenschaften und Künste den lebendigen Tanz feiern und das Seil der Verbindung schwingen. Letztendlich aber ist das Seil in jedem von uns. Es ist nicht nur besonderen Menschen vorbehalten. Weißt du, was das Besondere an Jesus war? Er glaubte nicht an Besonderheit, hielt sich für nichts Besonderes, er war einfach nur Liebe. Das krönte ihn zu einem Christus, der zutiefst Mensch war.

Jesus war eine der menschlichsten und liebevollsten Seelen, die jemals den Fuß auf die Erde gesetzt haben.«

Wir genossen die Spätzle und den grünen Salat, den ich zubereitet hatte.

»Coyote, wenn sich unsere Wahrnehmung zur Liebe für alles verändert, können wir dann auch Wunder vollbringen? Zum Beispiel über das Wasser gehen?«

»Noah, *Jesus läuft vielleicht über das Wasser, aber Chuck Norris schwimmt durchs Land.*«

»Ja, genau, Joker. Solche Chuck-Norris-Witze kenne ich auch. Hier einer für dich, den ich gerade im Netz gefunden habe:

Jesus wurde gekreuzigt und ist drei Tage später wieder auferstanden. Chuck Norris wurde auch gekreuzigt. Er ist drei Tage vorher wieder auferstanden.«

Coyote schüttelte sich vor Lachen und meinte dann nur: »Alles ist ein Wunder, Noah. Du wirst dich in Zukunft noch wundern.«

Es war eine Wonne, mit diesem Gaukler zusammen zu sein. Seine Liebenswürdigkeit und Fröhlichkeit steckten mich an. Später auf dem Sofa blätterte ich in einem meiner Bücher über Mevlana Dschelaleddin Rumi.

»Siehe, ich starb als Stein und ging als Pflanze auf,

starb als Pflanze und nahm dann als Tier den Lauf.

Starb als Tier und ward ein Mensch. Was fürcht' ich dann,

da durch Sterben ich nie minder werden kann!

Und wenn ich dann wieder werd' als Mensch gestorben sein,

wird ein Engelsfittich mir erworben sein.

Und als Engel muss ich sein geopfert auch,

werden, was ich nicht begreif': ein Gotteshauch!«

Coyote löste wieder Kreuzworträtsel und lachte über die Witze eines Schülermagazins, das die Schüler jeden Monat erhielten.

Der pfeifende Strauch

»Komm, Noah. Wir suchen einen *Philadelphus coronarius*«, rief er, zog sich seine Stiefel an und eilte die Stiegen hinunter.

»Ein alter Mann ist kein Schnellzug. Gemach, gemach«, rief ich ihm hinterher und steppte die Stufen nach unten. Wir wanderten die Straße zur Schule, um dann nach rechts Richtung Kirche abzubiegen.

»Was hast du vor, Coyote?«

»Wart's ab.«

Nur wenige Menschen waren auf der Straße. Patrizia lief uns über den Weg. »Hey, Noah und John. Warum macht ihr die Gegend unsicher?«

»Ah, ich beschatte einfach John. Keine Ahnung, wohin er läuft.«

»Habt ihr Lust, mich zu besuchen? Am Balkon können wir Abstand halten. Übrigens bin ich auf etwas Geniales gestoßen. Unter dem Balkon kann ich Flusssurfen. Also mit einem Seil, das an der Brücke angebunden ist. Wir sind mittlerweile eine Clique, die sich bei der kleinen Wehr trifft. Echt geniale Leute. Ich warte sehnsüchtig auf die Post-Corona-Zeit. Derzeit ist es ja gemeinsam nicht möglich. Ich bin aber letztens mit dem Surfbrett in der Früh allein auf unserem Flüsschen gestanden. Es ist eine Mischung aus Wellenreiten und Wasserskifahren. Einfach herrlich, wenn ich auf dem wilden Wasser, das über eine Holzrampe schießt, hin- und herpendle.«

Wir versprachen Patrizia, sie bald zu besuchen. Zuvor aber würden wir uns bei Bert zur Visionssuche treffen. Wir spazierten weiter, Coyote hüpfte wie ein kleines Kind den Gehsteig auf und ab. Kurz vor der Kirche wartete ein Park auf uns. Coyote schritt voraus, ich eilte ihm hinterher. Woher nahm er seine Kondition? Dann zeigte er auf einen zirka drei Meter hohen Strauch neben einer *Hollerstaude*, der schön aussah, aber noch nicht blühte.

»Noah, setz dich zum Pfeifenstrauch und red mit ihm. Ich hol dich dann wieder ab.«

»Was machst du so lange?«

»Ich geh in die Kirche, während du die Zeit bei Corona, also *Coronarius* verbringst. Ich muss mir das mal anschauen. Und führe keine Selbstgespräche innerhalb deines geschlossenen Gedankenraums, sonst landest du noch in einer geschlossenen Abteilung. Hör lieber dem Strauch zu. Er hat dir viel zu erzählen. Bis später. Jesus liebt dich.«

»Wer? Ja, danke. Er mag ja alle. So daneben kann man sich gar nicht benehmen.«

Coyote trollte sich und ich saß auf einer Bank, die unter dem Pfeifenstrauch auf mich gewartet hatte. Mir war schon klar, was ich von einer Bank lernen konnte. Diese Gelassenheit gegenüber jedem noch so großem Arsch beeindruckte mich. Ich rutschte hin und her, während der Wind durch den Strauch blies, und dachte an Franziska, Bert und all meine Freunde.

Ich blickte auf, hatte das Gefühl, ein Licht zu sehen. Kannte ich es nicht schon? War das nicht das Licht, das ich bei Bert gesehen hatte? Ich ging meine Liste der Dinge durch, die ich für die Visionssuche brauchte.

Was machte Coyote so lange in der Kirche? Am liebsten hätte ich ihn heimlich beobachtet. Nun saß ich armer Pfeifenputzer hier unter dem Strauch, der mir was zu erzählen hatte. Ich dachte an Schrödingers Katze, als ich unter der *Hollerstaude* eine dreifärbige Katze entdeckte, die sich nicht bewegte. War sie tot oder lebendig?

Es war schwer für mich, meine Gedanken zu beruhigen. Wie wild gewordene Affen hüpften sie im Geäst des Strauches auf und ab. Ich begann, mich auf meinen Atem zu konzentrieren. Das Pochen meines Herzens führte mich weiter in meinen Körper. Als ein Gedanke nach dem anderen meine Aufmerksamkeit begehrte, schlug ich die Einladung aus und schickte sie einfach auf eine unbekannte Reise weiter. Sie mussten ja nicht mich besuchen.

Lieber Noah, liebe doch das Chaos. Aus ihm entsteht das neue Leben. Du kennst den Ausspruch »Man muss noch Chaos in sich haben, um einen tanzenden Stern gebären zu können.« Du hast noch Chaos in dir.

Das ist wunderbar.

Hörte ich richtig? Woher kamen diese Gedanken?

Je mehr Selbstachtung du hast und deine Größe genießt, umso mehr Licht verbreitest du.

Du expandierst und tanzt zwischen Licht und Schatten. Tanze deine Größe. Vergiss deinen Zirkel und dein Lineal. Das Leben kennt viel mehr als Geraden und rechte Winkel. Zeige dich als neuer Mann. Ungezähmte, wilde und sinnliche Männlichkeit. Berechne nicht dein Leben, lebe es. Lebe deine Würde. Wir laden dich dazu ein. Wenn du willst, darfst du deine Pfeife schnitzen und dem Wind eine Stimme geben. Die Nymphen werden lachen, wenn du sie mit deinem Spiel anlockst. Sie lieben kraftvolle und spirituelle Männer.

War es nicht absurd, was mit mir gerade passierte? Saß ich unter einem völlig durchgeknallten Strauch? Mein Körper begann zu zittern, so wie bei Coyotes Kochexperimenten mit mir.

Das Ausmaß, in dem wir zwischen extremer Absurdität und erhöhter spiritueller Erregung gespannt sind, bestimmt, wie weit wir auf unserer heiligen Pilgerfahrt wandern werden.

Die Worte könnten von Coyote sein.

Die Essenz deines Mentors ist unsere. Wir beleben mit dem Licht des Lebens.

Eine Amsel hüpfte auf mich zu.

Gut, dass du da bist. Die Katze unter dem Strauch ängstigt mich. Du denkst vielleicht, ich komme so nahe zu dir, weil du so friedlich schwingst. In erste Linie bietest du mir Schutz vor der Katze. Aber zugegeben, du blühst und das zieht Leben an. Warte, ich singe dir ein Lied.

Der Amslerich flog hinter mir auf den Pfeifenstrauch und sang sein schönstes Lied.

Sollte sich der Pfau für seine Schönheit schämen und der Löwe für seine Pracht?

Sollten die Wildpferde den Galopp verurteilen und der Bock seine Vitalität?

Die Demut des Löwen ist seine Stärke, die Demut der Kirchenmaus ihre Schwäche.

Der Löwe trägt den Lichterkranz, während die Kirchenmaus den Schatten sucht.

Ein Windstoß fuhr in den Strauch. Mir war, als ob er sich vor Lachen schütteln würde. Meine Haare wehten wild im Wind.

Verbundenheit und Aufrichtung sind die beiden Flügel der Auferstehung.

Unabhängigkeit und Einssein sind aus demselben Holz geschnitzt.

Intuition ist die Pfeife, auf der der freie Wind des Geistes spielt.

Der Frömmler fertigt aus religiösen Sprüchen die Scheide des tödlichen Schwertes.

Der Fanatiker missbraucht das Feuer des Lebens und schmiedet Schwerter mit ihm.

Der Materialist brütet im geschlossenen Raum schattenhafte Gedanken aus, um sie zu vermessen.

Der Liebende feiert den ekstatischen Tanz des Lebens.

Gott lacht und tanzt und lädt zum Feiern am Lagerfeuer des Lebens ein.

Wieder fuhr ein Windstoß durch die Sträucher. Ich blieb sitzen, horchte. Coyote war nirgends zu sehen. Nichts tat sich. Es waren kaum Menschen unterwegs. Ich blickte auf die Kirchenuhr. Mindestens zwei Stunden war Coyote jetzt schon weg. Ich wartete, zog fröstelnd die Schultern hoch. Jahreszeiten wechselten, Berge wuchsen, der Meeresspiegel hob sich, nur Coyote wollte nicht kommen.

Ich blickte nach vorn und bemerkte einen Mann in verwaschenen Jeans. Der Typ vom Bergsee? Ich schärfte den Blick, doch die untergehende Sonne blendete mich. Hörte ich ein glockenhelles Lachen?

»Noah, was machst du hier? Dir fehlen nur mehr zwei Hörner, dann siehst du aus wie die kleine Pan-Statue in meinem Regal.« Josef, mein Nachbar, stand vor mir.

»Du, ich wurde ausgesetzt. Jetzt warte ich.«

»Wer hat dich ausgesetzt?«

»John. Auf den warte ich hier.«

»Der ist schon lange weg. Vor einer Stunde war er mit mir auf dem Chorgestühl und bei den Glocken, die derzeit leider händisch bedient werden müssen. John wird zur Auferstehungsfeier das Läuten mit mir übernehmen. Ich habe ihm alles erklärt. Er hat eine erstaunliche Auffassungsgabe.«

»Wo ist er?«

»Er hat sich verabschiedet und gemeint, er ginge zu einer Patrizia.«

»Was?«

Josef verabschiedete sich und ich saß bei meinem Strauch, unzähligen Insekten und Vögeln. Die eben noch leblose Katze war auch schon weitergezogen. Ich machte mich von meinen Gedanken frei und lauschte. Doch ich konnte keine Stimme mehr vernehmen, nur ein lichtvolles Gefühl war für mich zu spüren. Ich bedankte mich und eilte in die Kirche. Der Chorleiter, seine Frau und der Pfarrer diskutierten mit Sicherheitsabstand. Angst lag in der Luft. Das Virus hatte den Kirchenbetrieb gelähmt, der schon die letzten Jahre lammfromm lahmte. Das Virus schien stärker als der Glaube an Gott, der gemeinsam gefeiert werden wollte.

Die drei Akteure wirkten älter und lebloser als die Statuen der Heiligen, Märtyrer und Apostel, auch wenn diese merkwürdig erstarrt und humorbefreit von den Wänden und Altären starrten. Was war die Botschaft dieser traurigen Gestalten? Hoffnung, Glaube, Liebe? Kraft, Weisheit, Liebe?

Es war schwer zu spüren. Die Botschaft hatte sich über die Jahrhunderte gedreht. Innerhalb der Kirchenmauern überbrachten mir die in Stein gemeißelten und gemalten Figuren die unheilige Dreifaltigkeit von Angst, Sünde und Schuld.

Ich entschied mich, ein Löwe zu sein und keine Kirchenmaus, und verließ etwas ernüchtert den kalten und dunklen Kirchenraum. Wie ein vertrocknetes Flussbett wirkte die Kirche auf mich. Was war aus dem einst so lebendigen Jordan nur geworden?

WILLIAM BLAKE AUF PATRIZIAS BALKON

Ich spazierte gemütlich zu Patrizia und läutete. Ein leises »Hallo« war zu hören.

»Ich bin's, Noah?«

»Hallo Noah. So schnell hab ich dich nicht erwartet.«

Die Wohnungsnachbarin von Patrizia taxierte mich argwöhnisch. Als ich in Patrizias Wohnung stand, verneigten wir uns und sie führte mich auf ihren Balkon. Stilvoll hatte sie ihn dekoriert, zwei Stühle und ein Tisch standen am linken Rand. Ich setzte mich.

»Magst du einen *Mostschober*, Noah. Die Nachbarin hat ihn mir gebracht. Ich kann ihn aber nicht allein essen.«

»Die ängstliche Nachbarin? Das ist dann wahrscheinlich ein Angstschober, den man isst.«

»Das klingt ein wenig nach dem Namen unseres Gesundheitsministers, Noah.«

Ich lächelte und probierte die für mich neue Speise. Sie schmeckte herrlich. Unter uns, im Flussbett, sah ich die Rampe, auf der das Wasser des Baches runterschoss.

»Patrizia, hast du John gesehen?«

»Er war mit einem englischen Gedichtband hier und meinte, ich soll weiter so viele Sportarten ausprobieren. Das würde meinen Geist beflügeln. Er war mit einem Typen unterwegs, den ich kaum sehen konnte. Sympathischer Kerl, genauso kindisch wie John.«

»Echt? Wer war das?«

»Er trug Jeans und ein Hemd, war lässig gekleidet. Eine Kappe hatte er auch auf. Mehr kann ich nicht sagen.«

»Der Schuft!«, entfuhr es mir.

Patrizia blickte neugierig. »Wir haben gerade eine labile Luftschichtung, Noah. Bin gespannt, wie sich das Wetter hält.«

»Wir haben hier eher eine stabile Schuftlichtung, Patrizia. Ich bin froh, auf der Oase deines Balkons zu sitzen.«

Patrizia erzählte von ihren neuen Projekten an der Schule. Ich fand es spannend, was sie plante. Die Idee eines modulartig aufgebauten Unterrichts spukte durch ihren Kopf.

»Noah, was hältst du davon, wenn wir den Unterricht komplett umstellen? Wir definieren genau das Anforderungsprofil der Lernfächer. Jeder Schüler muss es bis zu einem Grundniveau schaffen. Bei Interesse kann noch an einem zusätzlichen Lernstoff gearbeitet werden. Die Schüler stoppeln sich selbst den Lehrplan zusammen, die Lernpakete sind sozusagen die Module, wobei die Schüler von den zwanzig Lernpaketen zwölf schaffen müssen, also in vier Jahren. Die restlichen acht sind dann nur mehr als Kür für Interessierte. Jeder darf zu jeder Zeit an den Paketen arbeiten, das Tempo gestaltet sich individuell. Wir Lehrer begleiten nur. Wir halten Vorträge oder Seminare, bei denen sich die Schüler anmelden. Wir helfen ihnen mit Erklärungen, wenn sie etwas nicht verstehen, und korrigieren Arbeiten – und die Kids helfen sich gegenseitig.

Wir sorgen für das Online-Material. Die Kinder dürfen, wenn es für die Eltern möglich ist, zwei Tage die Woche zu Hause bleiben und von dort arbeiten. Du wirst sehen, viele gewöhnen sich gerade zu Hause an ihr eigenes Tempo, an ihre Unabhängigkeit.«

»Patrizia, die Idee ist großartig. Ich glaube, wir müssen sie einfach noch durch gemeinsame Klassenstunden abfedern, wo die Gemeinschaft einer Klasse oder Gruppe nicht zu kurz kommt.«

»Franziska meint das auch. Wir haben gestern telefoniert.«

»Im Extremfall kann also ein Schüler mit den vorgeschriebenen Mathematikmodulen innerhalb von zwei Jahren fertig sein, oder?«

»Genau, er hat dann nur die Küraufgaben zu erledigen, wenn er möchte. Die Arbeitszeit als Schüler soll sich nicht verringern, sondern nur individuell gestaltbar sein. Homeoffice darf auch möglich sein. Dieses

System soll Freiheiten schaffen und die Schüler animieren, sich auf ihre Stärken zu konzentrieren.«

»Was denkst du, sollten wir einen Schulversuch anmelden? Erst mal für eine Hälfte der angemeldeten Schüler? Schaffen wir das in einem Jahr?«

»Wir müssen das sorgfältig planen. Sicher viel Arbeit, aber die Mühe wert, finde ich.«

Patrizia und ich saßen, beleuchtet von einer nostalgisch anmutenden Wandlampe, wie zwei träumende Kinder auf dem Balkon. Eine Kerze flackerte auf der Mitte des Tisches.

»Erstaunlich«, sagte ich, »wie viel Kreativität so eine Krise freisetzt.«

»Aber sicher nicht bei allen. Man wählt entweder den Weg nach oben oder den nach unten. So kommt es mir vor. Ich habe mich für den Weg nach oben entschieden. Wir gehen in eine neue Zeit, denke ich, und können Pioniere in der Schule sein, Noah. Ist das nicht schön?«

»Ja, fantastisch.«

»Ich genieße die Zeit ohne Termine. Nur fehlt mir total unser *Irish Pub*. Der Kajakurlaub in Nordmazedonien mit meinen Wellensurfern könnte ins Wasser fallen.«

»Ja, vieles muss verschoben und abgesagt werden. Auch die Reise nach Andalusien klappt wahrscheinlich nicht. Mir fehlt das *Shannon Inn* enorm, aber das Pub lebt auch in mir. Mein Herz ist ein riesiges Pub. Ich sag's dir. Unsere Welt scheint verengt geworden zu sein. Auf der anderen Seite wird sie innerlich weit.«

»Franziska hat mir heute Vormittag dies per WhatsApp geschickt:

Die Welt in einem Sandkorn sehen

Und den Himmel in einer wilden Blume.

Die Unendlichkeit in deiner Handfläche halten

Und die Ewigkeit in einer Stunde.«

Während wir noch ein wenig plauderten, teilten sich den akustischen Hintergrund das rauschende Wasser und die Musik von Adele und Amy Winehouse. Patrizia erzählte, dass sich eine Beziehung mit einem Typen ihrer Clique anbahnte.

Weinhaus und Zen

Bald darauf zischte ich ab. Ich wollte noch die Zeit mit Coyote genießen. Kurz bevor ich zu Hause war, sah ich ihn auf meinem Balkon stehen. Ein kleiner Lichtpunkt war vor seinem Gesicht zu erkennen. Er rauchte wieder einmal.

»Verrückter Mann, was hältst du von einem gemeinsamen Rauchopfer?« Er lächelte, holte eine *Indian Spirit* aus seiner Brusttasche und erzählte sofort wieder einen Witz.

»Was schenkst du mir heute zu meinem Geburtstag?«, fragte ein Zen-Mönch den anderen. »Nichts«, antwortete er.

»Du bist gedankenlos, mir so ein bedeutungsloses Geschenk zu geben«, beschwerte sich der Mönch.

»Vielen Dank«, antwortete der andere Mönch und verbeugte sich.

Coyote blies den Rauch aus. »Wie war's beim Pfeifenstrauch?«

»Kraftvoll, wild und ungewöhnlich. Schade, dass man diese Qualitäten in der Kirche nicht mehr bemerkt.«

»Ach Noah, du kannst auch aus dem Pfeifenstrauch die größten Pfeifen schnitzen. Jede Botschaft lässt sich drehen und manipulieren, wenn man sie strukturiert.«

»Schön gesagt, Meister des Narrenschiffs. Trinken wir wieder *Grünen Veltliner*. Ich eile schnell rüber in mein imaginäres Weinhaus.«

Nachdem ich die Flasche geholt hatte, ließ ich der unverwechselbaren Amy Winehouse in meinem Wohnzimmer ein Konzert geben.

»Trunken vom Wein des Lebens. Oh, aufgefahrene Traube. Dein Spirit soll mein Blut zur Wallung bringen.«

»Du bist so verrückt wie der Pfeifenstrauch.«

»Es ist mir eine Ehre.«

»Hast du noch einen Zen-Witz, Coyote?«

»Einige. Aber hier präsentiere ich dir einen uralten Zen-Koan. Er ist der älteste urkundlich erwähnte Koan. Trommelwirbel, Manege auf: *Ich wette, dass ich diese Weinflasche bis zur anderen Ecke des Balkons haue, ohne dass die Flasche zerspringt und ohne dass der Grüne Veltliner Schaden nimmt.*«

»Was, das soll ein alter Koan sein? Das ist eine Wette. Und Koans werden nicht urkundlich erwähnt, du Trickster.«

»Okay, durchschaut. Du bist ja doch nicht so einfältig. Aber wenn ich die Wette gewinne, dann darf ich dir einen alten Koan erzählen. Abgemacht?«

»Abgemacht!«

Coyote nahm die Flasche in die Hand und ging mit ihr zur anderen Seite meines Balkons. Währenddessen haute er ständig die Flasche mit seiner rechten Hand. »Siehst du? Voilà!« Er verbeugte sich, die Flasche in der einen Hand, die andere Hand hinter dem Rücken.

»Du klopfst mit deiner rechten Hand einfach die Flasche, während du gehst, anstatt sie zu werfen. Das war unfair.«

DIE BEFREIUNG VON RIKOS GANS UND SCHRÖDINGERS KATZE

»Nun aber ein bekannter Koan. Also, stell dir vor, hier stünde eine riesige, leere Weinflasche mit einer größeren Öffnung, sodass man ein Gänseei hineinlegen könnte.«

»Nein, bitte nicht schon wieder eine Geschichte mit Weinflaschen, Coyote!«

»Hör einfach zu ... Nach einiger Zeit bricht das Ei auf und ein Gänseküken schlüpft raus. Du fütterst es, es wird größer, bis es richtig groß ist. Das arme Tier kann aber nicht mehr durch den Flaschenhals in die Freiheit. Nun frage ich dich: Wie bekommt man diese Gans aus der Flasche, ohne dass die Flasche zerbricht oder die Gans Schaden nimmt?«

Ich überlegte und überlegte. Hatte ich schon zu viel getrunken? Das Bild der leeren Weinflasche konnte ich mir hervorragend vorstellen, wenn ich daran dachte, wie viel wir tranken. Hatte es was mit der Leere zu tun? Spielte er mir einen Streich? Wie könnte ich das Gänseküken befreien?

»Noah!«, schrie Coyote, sodass ich zusammenzuckte.

»Ja, Coyote?«

»Siehst du, die Gans ist draußen?«

»Was? Du treibst Spielchen mit mir!«

»Nein, wir haben nur einen bekannten Koan dargestellt. Danke für dein beherztes Spiel.«

»Ich hab mich zu Tode erschreckt, wahrscheinlich auch einige Nachbarn. Coyote, ich hab einen Beruf, bei dem ich einen Restruf zu verteidigen habe.«

»*Vergiss Sicherheit. Lebe, wo du fürchtest zu leben. Zerstöre deinen Ruf. Sei berüchtigt!*«

»Chuck Norris?«

»Nein. Rumi! Der große Poet, Mystiker, Tänzer und Liebende.«

»Wow. Erinnert ein wenig an: *Ist der Ruf erst ruiniert, lebt es sich ganz ungeniert.*«

»Du Gans, das hast du ganz richtig verstanden. Aber richtig verstehen ist schon das Problem. Das wusste auch Zen-Meister Nansen, als er den Philosophen Riko aus der Flasche holte.«

»Du meinst, ich war die Gans?«

»Ja, du warst scheinbar verloren in deinem Gedankengefäß.«

»Ich fühle immer mehr mit der Gans in der Flasche und der Katze in Schrödingers Kasten. Die Frage könnte auch sein, wie man die Katze lebendig aus dem Kasten bekommt.«

Er stieg mir auf den Fuß und schrie, so laut er konnte: »Ach, Noah!«

»Was? Stehst du auf mich?«

»Jetzt bist du draußen. Das Rätsel ist gelöst.«

»Eher bin ich aufgelöst.«

»Sehr gut. Du bist nur dem Flaschen- und Kastenverstand auf den Leim gegangen. Riko und Schrödinger auch.«

»Coyote, was ist, wenn ein Zen-Buddhist statt einer Katze in Schrödingers Kasten meditiert: Hat er dann eine Superposition?«

Coyote lachte laut und klatschte in seine Hand, dass es mich in die Gegenwart katapultierte. »Siehst du, hier bist du. Kein Kasten, keine Katze, keine Flasche, keine Gans. Kein unterscheidendes Denken. Alles erscheint in dir.«

»Du hättest nur mit einer Hand klatschen sollen. Prost, Trickster.«

»Hab ich ja, du Flasche. Die Hand war in Superposition. *Slainté*, du Pfeifenputzer.«

Der Urknall und der Handy-Weitwurf

Eine Sprachnachricht machte sich auf meinem Smartphone lautstark bemerkbar. Vanessa, die Freundin an der Volksschule, hatte sie hinterlassen.

»Noah, entschuldige. Vielleicht kannst du mir helfen? Thorsten von der dritten Klasse hat beim Videochat gefragt, warum sich beim Urknall die Materie schneller ausgedehnt hat als Licht. Im Bruchteil einer Sekunde hätte sich das Universum von noch nicht einmal der Größe eines einzelnen Atoms zu einem Raum ausgedehnt, der größer wäre als eine Galaxie. Und ich dachte immer, die Lichtgeschwindigkeit wäre das Maß aller Dinge. Adriana hat mich vorige Woche noch gefragt, warum sich Spinnen nicht in ihren eigenen Netzen verfangen. Mir reicht's schön langsam. Die Kinder sind blitzgescheit, aber unsere Chefin infantilisiert die Neunjährigen mit *Bärenklasse*, *Schmetterlingsklasse* und *Gut, dass du da bist*-Schildchen. Wenn sie ehrlich wäre, würde sie am liebsten einen Wehrgraben um unsere Schule anlegen. Die Sprüche sind bloß Schlagobers auf dem verbrannten Kuchen. Kannst du mir aus der Patsche helfen, Noah? Ach ja, lässt der Gepard als einzige Katze wirklich die Krallen raus?«

Ich tippte meine Antwort in das Smartphone: »Liebe Vanessa, danke für deine Nachricht. Es stellen sich viele ernsthafte Fragen in diesem Zusammenhang: Hat sich der Gepard gepaart, rammelt der Rammler, vögelt der Vogel, bockt der Bock und maust die Maus?«

Ich schickte meine Antwort, aber lieber in den Papierkorb. Also probierte ich es noch mal.

»Vanessa, danke für deine Nachricht. Die Frage mit dem schnellsten Läufer der Welt kann ich beantworten. Er zieht als einzige Katze die Krallen nicht ein. Hat sich der Gepard gepaart, dann hat er sie wahrscheinlich auch nicht eingezogen. Die Frage mit dem Urknall kann ich dir nicht beantworten. Frag Florian. Er ist Physiker. Hast du Lust, am Montag bei einer Visionssuche bei Bert mitzumachen? Vielleicht suchst du in deinem Leben gerade nach neuen Wegen. Ich sag's dir:

Wir stehen am Anfang einer neuen Zeit. Die Fragen deines Schmetterlings- und Bärenclans sind fantastisch.«

Coyote legte Reggaemusik ein und paffte seine mitgebrachten Zigaretten. »Noah, kannst du mal wegen des Weltrekordes im Handyweitwerfen nachsehen?«

Etwas verwundert suchte ich im Internet. »Ein am Vortag des Wettbewerbes noch heftig trinkender Finne warf ein altes Nokia knapp über hundert Meter, eine junge Österreicherin ein Iphone4 auf fast siebzig Meter. Das scheinen die Rekorde zu sein, Coyote.«

»Na, schauen wir mal, wie weit deines fliegt. Das gibt mir auf jeden Fall Hoffnung.«

Er entwendete mir mein Smartphone und fragte noch, während er ausholte: »Ist das GPS eingeschaltet? Glaubst du, werfe ich bis in den Obstgarten?«

Mein Handy verschwand in einem hohen Bogen im Dunkel der Nacht.

»Sag einmal, spinnst du?«

»Oh, jetzt muss der junge Mann in sich selbst suchen. Was spürst du? Was nimmst du wahr, ohne nachzudenken oder in deinem Gehirn nach Erinnerungen zu kramen, Rastaman?«

Dann sang er zu *Could you be loved* von Bob Marley und meinte: »*Manche Leute können den Regen spüren, andere werden nur nass.* Recht hatte er, der Bob.«

So stand ich da, mein Smartphone lag im Nirgendwo. Ich hoffte, dass kein Anruf die Stille der Gärten störte. Was war das? Oh mein Gott! Aus einer Hecke, aus irgendeinem Strauch war der Klingelton meines Handys zu hören. Der wurde immer lauter. Dr. Johns *Basin street blues* war weithin zu hören.

Ich hatte die Musik vor Kurzem auf mein Smartphone geladen, da ich sie so richtig cool fand. Mein Blick schweifte über die vielen Vorgärten, in der Hoffnung, die leuchtende Oberfläche des Handys zu erblicken. Nichts.

»Fliegt gut und spielt hervorragende Musik. Junge, was willst du mehr.«

»Und wenn Franziska sich Sorgen macht? Weil sie mich nicht erreicht?«

»Du hast ein inneres Telefon, eine Hotline zur gewünschten Person.«

»Ja, *hot* ist sie. Stimmt.«

»Verbinde dich mit ihr und lass sie spüren, dass es dir gut geht. Sie spürt viel mehr, als du denkst, pardon, fühlst.«

Von einem der Gärten war ein zweites Mal der *Basin street blues* zu hören.

»Wie weit glaubst du, hab ich geworfen, Noah?«

»Mir egal. Du bist einfach zu weit gegangen.«

»Ich schätze mal knappe sechzig Meter. Ich muss noch üben, dann trete ich bei diesen Weltmeisterschaften an.« Coyote stieß mich mit dem Ellbogen in die Seite. »Na, ist deine ganze Identität davongeflogen? Wer bist du jetzt?« Er klatschte in die Hände und trat mir sanft gegen das linke Knie. »Siehst du. Du bist wieder hier! Hast du Probleme? Nein.«

»Dein Scherz verursacht Schmerz.«

»Genau. Wenn dir irgendwer in das Knie schießt, denkst du nicht über Vergangenheit und Zukunft nach. Du bist völlig in der Gegenwart. Die heilt dich, Noah. Es gibt nur die Gegenwart, somit öffne dich ihr. Zukunft und Vergangenheit sind zwei Gäste in der Gegenwart. Der Gast der Imagination und der Gast der Erinnerung. Wir sollten die Weinflasche endgültig leeren, du Gans. Danach gibt's Gänsewein.«

»Ich brauche wirklich Gänsewein, du Handy werfender Narr! Ist es nicht schön, dass wir hier so ein hervorragendes Leitungswasser haben? Wasser sollte immer frei zugänglich sein, nicht privatisiert werden. Wie auch das Gesundheits-, Bildungs-, Pflegesystem und der öffentliche Verkehr. Die Forschung muss unabhängig arbeiten können, genauso der Verbraucherschutz. Die Ökonomisierung der wesentlichsten Lebensbereiche führt in eine totale Sackgasse.«

»Auf das Leben, Noah. Prost. Und ich bin ein Handy schmeißendes Geschmeiß.«

Ich nahm einen weiteren Schluck Wein, Coyote rauchte und blies Ringe in die Luft. Dann trank er wieder. »Diese leicht pfeffrige und mineralische Note deines Bio-Weines mag ich. Auch dein Smartphone hatte einen pfeffrigen Abgang.«

»Ich würde es eher Abflug nennen.«

Ich visualisierte Franziska und schickte ihr Gedanken und Gefühle, damit sie wusste, dass alles in Ordnung war, außer Coyote. Er war unberechenbar, aber auch unfassbar erheiternd und lehrreich. Ich spielte mit Bildern, Tönen und dehnte und pulsierte sie mit meinen Gefühlen. Meine Aufmerksamkeit richtete ich nach innen, schickte meine Botschaft an Franziska ab und spürte, dass Entfernung keine Rolle spielte. Franziska war bei mir. Meine Lippen lächelten. Sie hatte meine Botschaft erhalten.

»Siehst du. Ein Depp braucht zu allem ein App. Du aber lagerst nicht alles aus, sondern setzt auf deine angelegten Fähigkeiten. Entwicklung kommt von innen. Verwicklung von außen.«

»Coyote, der Schlaf kommt gerade auch von innen. Er kriecht durch den ganzen Körper. Ich lege mich ins Bett.«

Ich konnte mich nicht mehr auf meinen Beinen halten. Mit einem warmen Gefühl schlief ich ein.

PAN, DER TEUFEL UND BIO-WEIN

»Schau nur, dein Smartphone! Der alte Fuchs telefoniert«, hörte ich Coyote rufen.

Was? Knallte Coyote völlig durch? Rilke telefonieren zu sehen, hätte zwar seinen Witz, aber das war ausgeschlossen. Ich rannte zum Balkon und sah einen Mann im Obstgarten, der mein Handy in seiner Hand hielt.

»Gehört das euch?«

»Ja, mir!«

»Warte, ich bring's dir.«

Es war kurz nach Mitternacht. Damit hatte ich nicht gerechnet. Nachdem ich ihm die Adresse mitgeteilt hatte, läutete es an der Tür. Der geheimnisvolle Fremde ging die Treppen hoch. Bei jedem Tritt war ein eigenartiges Klopfen zu hören.

»Hier, deine dritte Hand. Eine Zauberhand, nicht wahr?«

Er sah mir in die Augen, während ich das Handy entgegennahm. Ich verlor mich in seinem Blick. Das Wort Zauber sprach er auf eine Art und Weise, die den Zauber der Nacht widerspiegelte.

»Willkommen Bruder, magst du reinkommen? Wir feiern gerade eine Party«, rief Coyote.

»Gern. Ich bin in der Gegend. Du weißt schon, es gibt viel zu tun. Schlag mal kräftig ein.«

Sie lachten herzlich und so laut, dass ich fürchtete, die Nachbarn würden bald die Polizei rufen. Der Polizeikommandant des Ortes stalkte uns mittlerweile. Er hätte in eine der grimmigen US-amerikanischen Polizeieinheiten gepasst, die lieber Krieg spielten, als ein Sicherheitsgefühl zu verbreiten. Nur, die USA als Weltpolizei verhielt sich nicht viel anders als die Polizei in ihrem Land. Mikro- und Makrokosmos bedingen sich eben. Die Fremdenfeindlichkeit unseres Polizeichefs wäre dort gut aufgehoben. War Rassismus im Süden der USA beinahe Tradition, so war Ausländerfeindlichkeit in so manch engem Tal unserer Gegend schon Teil der Folklore.

»Ist er immer geistig so abwesend, mein lieber indianischer Steppenwolf?«

»Ja, aber es wird besser. Seine Kreativität spielt ihm manchmal einen Streich. Als ich ihn das erste Mal besuchte, glaubte ich noch, ein Opossum zu jagen. Er stellte sich einfach tot, wenn er überfordert war. Nachaktiv ist er und Kulturfolger. Wie geht's dir, griechischer Ziegenbock?«

»Hervorragend. Die Naturwesen halten mich auf Trab. Manche Menschen öffnen sich wieder für mich, weil sie merken, dass sie einem Abgrund entgegenhetzen.«

War das der Mann vom Bergsee? Und hatte ich ihn nicht beim Pfeifenstrauch gesehen? Wer war er?

»Wir kennen uns. Darf ich mich vorstellen. Ich bin der Sohn des Hermes. Pan mein Name. Nur keine Panik.«

»Oh Pan. Danke für dein Kommen. Wie konnte ich dich nicht erkennen? Bei mir gehen ja Legenden ein und aus. Klar. Wahrscheinlich hast du einen Schweif, Hörner und Ziegenfüße. Ich bin schon einiges gewohnt. Nächste Woche kommt Yeti und dann Merlin. Übernächste Woche Krishna. Bei mir ist das völlig normal. Es dürfte an meinem hervorragenden Kaffee liegen«, witzelte ich.

Er lachte ein glockenhelles Lachen. In Wahrheit war ich platt. Pan? Auf meinem Balkon? Er schlüpfte aus seinen Sneakers und siehe da. Tatsächlich Bocksfüße. Unter seiner Kappe zeigten sich kleine Hörner. Ich schüttelte mich. In der Ferne sah ich einen Polizeiwagen auf Streife. Ich bekam Panik, denn mir war klar, dass ich nun endgültig in der Zwangsjacke abgeführt werden würde, sollten die mich mit Coyote und Pan erwischen. Sollte ich Josef rausläuten und alles erzählen? Er würde als weiterer Gast das humanoide Gleichgewicht wiederherstellen.

»Du hast dich noch gar nicht vorgestellt?«, fragte Pan.

»Noah, ja Noah.«

»Ich bin eben Pan und heile Panik. Soll ich dir auf meiner Flöte vorspielen? Ja?« Aus seiner Hemdstasche zog er eine siebenteilige Flöte. Die Panflöte! Sein Spiel war an Schönheit kaum zu übertreffen. *Old Man Coyote* grinste über beide Ohren und lauschte den wundervollen Klängen.

»Viele sind in die Enge der Panik geraten. Ich bringe ihnen wilde Schönheit, denn ich bin der Geist der Natur. Du siehst mich überall, wenn du die Augen offenhältst«, erklärte er unter dem Applaus von Coyote und mir.

Um seinen Körper entdeckte ich auf Höhe seiner Brust türkise Farben, weiter unten rund um seine Jeans kräftige Rottöne. Gemeinsam verschwammen sie in ein wunderschönes Violett.

Sein Kopf war umgeben von Gold. Ein Heiligenschein? Bei Coyote konnte ich jetzt auch Farben sehen. Orange, Türkis, Gold und Violett vermischten sich zu einer farbenfrohen Coulage.

Pan zeigte nach unten in die Gärten. Ich sah eine Prozession von Wesen aus Licht. Die Natur, jeder Strauch, jeder Baum, war umgeben von kleineren und größeren Wesen.

»Wer sind die, Pan? Es ist wunderschön.«

»Nenn sie, wie du möchtest. Elfen, Naturengel, sogar Feen.«

»Naturengel?«

»Du kannst sie auch Devas nennen, was so viel wie Götter und Lichtwesen bedeutet.«

»Übrigens stammen die Wörter *deus* und *Teufel* von *deva*. Auch die Bezeichnung *Zeus*. Im Englischen finden sich dann *devil* und *divine*. Wobei wir natürlich *Diabolos* nicht vergessen dürfen«, ergänzte Coyote. »Also, der Teufel und Gott haben denselben Ursprung. Ist das nicht witzig? Die Überwindung der Polarität ist sowieso sowas von witzig.«

»Und ich, der Pan, war Vorlage für die Darstellung des Teufels mit Hörnern, Ziegenfüßen und Schweif. Das begann mit der Dämonisierung der Natur und nun sieht man, wie weit es der Mensch gebracht hat, nachdem er der Natur die Tür zugeschlagen hat. Weil er dachte, er wäre aus einem anderen Material gemacht. Eine tiefe Umkehr ist notwendig. Wir bauen an einer neuen Welt, Noah. Abgemacht? Wir brauchen Pioniere. Neue Samen für eine neue Welt. Und in Wahrheit sind sie nicht so neu. Mitgefühl, Wärme, Respekt, Kreativität und Liebe für alles Lebendige. Wir haben die Samen gehortet und vor falschem Zugriff versteckt. Eine richtige Samenbank im Äther. Bist du dabei?«

Ich bejahte.

»Magst du Wein, Kollege des Dionysos? Bist du immer noch mit Dionysos und seinem Stammtisch unterwegs, trunken vor Freude, du durchgeknallter Troubadour?«, erkundigte sich Coyote.

»Ja, mit Dionysos ziehe ich freudig durch die Lande.«

»*Grünen Veltliner, Sauvignon Blanc*, Welschriesling, *Chardonnay* oder *gemischter Satz*?«

»Habt ihr keinen *Zweigelt*?«

»Nein, aber griechischen Wein. Ich schenk ihn dir ein und tanze dazu Souvlaki oder Tsatsiki«, erklärte Coyote.

Dann ging's los. Er spielte über meinen Laptop *Griechischer Wein ist so wie das Blut der Erde, komm', schenk dir ein.* Wie ein verrückt gewordener Alexis Sorbas tanzte er. »Ich tanze wie eine griechische Feta-Runde!«, rief Coyote.

Ich betrachtete staunend die überirdische Schönheit der Naturwesen. Die Farben waren transparent, manche waren mir völlig neu. Pan strahlte kindliche Unschuld aus. Wild und verwegen und zugleich so zart und lieblich. Als ich betört von der Anmut dieser Wesen in eine Traumwelt zu entgleiten drohte, schrie Pan gellend auf. Die Musik war auf der Stelle still. Mein Herz raste, die Umgebung war in wenigen Sekunden auf den Beinen. Diesen Schrei kannte ich. Coyote grinste und lehnte sich mit seinem Weinglas an die Balkonbrüstung. Lichter in den Wohnhäusern gingen an. Die Sirene am Schuldach heulte. Die Polizeistreife fuhr mit Blaulicht in Richtung meines Wohnhauses los.

»Nur keine Panik auf der Titanic.« Coyote lachte und holte noch ein Glas Wein für Pan. »Doch noch gefunden. Echter Bio-Zweigelt.« Coyote grinste mich an. Ich wusste, dass er in Wahrheit aber *Grünen Veltliner* eingeschenkt hatte.

»Hauptsache vergoren, alles andere interessiert Pan sowieso nicht«, flüsterte er mir zu. Es läutete an meiner Tür. Ich drückte mit zittriger Hand den Türöffner. Polizisten stürmten die Treppe hoch. Der Polizeikommandant, gefolgt von zwei seiner Kollegen, lief raus auf den Balkon. Sie trugen Helme, deren Kameras biometrische Daten lesen konnten.

»Wer fürchtet sich vor mir?«, schrie er.

Coyote und Pan zeigten auf mich.

»Dann erschießen wir ihn. Hat er eine Identität? Mein Helm wirft leider keine Daten aus.«

Beide zeigten auf meinen Hintern.

»Wo ist die Identität genau?«, schrie der Polizist.

»Am Arsch«, erklärte Coyote.

Was? Ja, da ist mein Smartphone eingesteckt, dachte ich noch, während der Polizist das Feuer eröffnete.

Er traf mit voller Wucht mein Handy. Ich merkte, wie Energie vom Handy zu mir zurückströmte, dann erwachte ich und hörte noch im Halbschlaf den Polizisten: »Zum Glück war's ein großes Smartphone und kein Chip unter der Haut. Die Chips sind so schwer zu treffen. Was machen wir erst, wenn diese irgendwann im Hirn verortet werden?«

BLOCKCHAIN, PAPRIKACHIPS, PABLO NERUDA UND MIKIS

»Noah, Noah.« Coyote schüttelte mich. Ich öffnete meine Augen. Musik wummerte aus der Box. Coyote knabberte scharfe Paprikachips. Immer wieder griff er in die geöffnete Packung.

»Du hast unruhig geschlafen. Ein intensiver Traum, nicht wahr?«

»Bin ich wach, Coyote? Oder bin ich eingeschlafen? Oder beides? Ist Pan hier?«

»Ja und nein.«

»Also eine Superposition.«

»So könnte man das ausdrücken. Übrigens, diese scharfen Chips verlassen den Körper wieder.«

Sonnenstrahlen wärmten mein Gesicht, Coyote rumorte in der Küche.

»Besser als Aluminium, diese Edelstahlkanne. Ich sag's dir«, erklärte er nur. »Wie ich dieses Gebräu liebe.«

Beim Frühstück erzählte ich ihm meinen abgefahrenen Traum. Coyote lauschte gespannt.

»Er ist schon so nahe. Erstaunlich«, meinte er zu meiner Überraschung. »Komm, lass uns dein Handy suchen.«

Ich überredete Coyote, dass ich das allein zu erledigen hatte. Es dauerte eine Weile, bis ich mein Smartphone, wie sollte es anders ein, bei einem Pfeifenstrauch im Obstgarten fand. Pablo, der Dichterkater, war mir gefolgt und strich um meine Beine. Wahrscheinlich war er auf Mäusestreifzug. Ich liebte Katzen und Mäuse. Ein gewisses Dilemma.

Mäuse waren wie laufendes Futter und standen so ziemlich bei jedem Räuber auf dem Speiseplan. Sie lieferten quasi laufend Futter. Warum gab es sie nicht als Dosenfutter für Katzen?

Katzenrestaurants mit einem Running-Sushi-Konzept, nur eben mit Mäusefleisch? Gerade die hübschen und flinken Waldmäuse mit ihren Glubschaugen und ihrem langen Schwänzchen machten nicht nur Pablo Probleme, sondern auch Josef, wenn Pablo sie im Wohnzimmer frei herumtollen ließ. Drinnen interessierte sich dann meist Josef mehr für die Waldmaus als Pablo. Nicht nur einmal hatte ich ihm bei der Jagd geholfen. Josef und die Waldmaus waren danach immer sehr dankbar.

Wenn Pablo in der Nacht seinen Katzengesang zum Besten gab, erinnerte das nicht an den beeindruckenden *Großen Gesang*, den *Canto General*, den sein Namensgeber Pablo Neruda gedichtet und Mikis Theodorakis vertont hatte. Bert meinte, dass der Literaturnobelpreisträger und Politiker Pablo Neruda neuesten Erkenntnissen zufolge von der chilenischen Junta mit Hilfe eines CIA-Doppelagenten kurz nach dem Militärputsch gegen Allendes Regierung vergiftet worden war. Es war ein 11. September.

Der US-Regierung war der Folter-Diktator Pinochet sympathischer als Salvador Allende, ein Onkel der weltberühmten Isabell Allende. Hatte sich aktuell was geändert? Ich dachte an das einzige Land der Welt, das den Familiennamen seiner Herrscher trägt: Saudi-Arabien. Es hatte sich kaum was gewandelt, wenn man die Beziehungen der USA zu diesem hochproblematischen Regime bedachte. Und politisch aktive Künstler lebten immer gefährlich, wie auch Mikis Theodorakis erfahren musste. Die CIA soll Geburtshelfer der griechischen Militärdiktatur gewesen sein, deren Folterknechte Mikis Beine brachen, auf denen er danach wieder tanzte. Ein wahrer Tanzrebell der Liebe. Vielleicht sollte Josef die zweite Katze, die er sich zulegen wollte, nicht Whiskas oder Minka, sondern Mikis taufen.

Als ich mich kurz setzte, las ich folgende Nachricht von Niklas Mutter auf *SchoolFox*. Niklas war ein zehnjähriger, unglaublich lebensfroher Schüler in der ersten Klasse der Mittelschule.

Sehr geehrter Herr Breitenbach!

Ich werde während des Fernunterrichts sicher kein Gedicht mehr mit meinem Sohn lernen. Neben dem Homeoffice muss ich beide Kinder betreuen und kann nicht auch noch Gedichte einstudieren. Wie gesagt, Niklas wird das Gedicht nicht lernen. Bekommen die Kinder eigentlich weiterhin Hausübungsgutscheine? Wenn nicht, dann ist die letzte Motivation bei Niklas weg!

Hochachtungsvoll

Jaqueline Regenbaum

Ich blickte den Pfeifenstrauch an. Aber ich hörte nichts. Dann fiel meine Aufmerksamkeit auf den knorrigen Apfelbaum, den ich auch im Traum gesehen hatte, das Zentrum des lichtvollen Schauspiels. Ich bedankte mich beim Pfeifenstrauch, dass er mein Handy aufgefangen hatte und trottete wieder zurück.

Coyote war nicht mehr da. Ich zog mir Laufkleidung und Laufschuhe an. Meine Beine flogen über den festen Untergrund, bis ich auf halber Strecke Martin vor mir entdeckte. Als ich ihn eingeholt hatte, meinte er nur.

»Na, du läufst wie ein Gepard.«

»Eher wie ein Laufpard, Martin. Gehen sollen andere. Ich bin fit wie mein Laufschuh.«

Gemeinsam sausten wir den Pfad entlang, der über eine Wiese hinauf auf einen Hügel führte. Dort lag auch jenes Wäldchen, das immer wieder mein Herz eroberte. Wir setzten uns auf einen Felsen und plauderten ein wenig.

»Komm, ich zeig dir Übungen aus dem Kung-Fu«, erklärte er mir. Was für eine Schönheit sich in der Bewegungsform verbarg.

»Siehst du, nicht alles ist schlecht, was aus China kommt.«

»Ich habe großen Respekt vor der chinesischen Tradition. Nur als wachsendes Imperium bereitet es Probleme. So ist das mit Imperien. Sie sind narzisstisch und halten sich für große Lichter, werfen aber lange Schatten. Übrigens mag ich lieber, wenn die chinesische Kultur Tiere zu Bewegungsformen verarbeitet, als zu traditionell chinesischer Volksmedizin. Lebendige Übungsformen halte ich für Medizin, den Rest für Gift, weil er auf Leid anderer Wesen fußt. In den Übungen spürt man den Respekt vor den Tieren, in den Mittelchen der Volksmedizin vielfach nur respektlosen Konsum, der zum Aussterben von Tierarten und zu Zoonosen führt. Was essen Chinesen eigentlich nicht? Das beschäftigt mich schon lange.«

»Auf eine herrschaftsfreie Welt!«, rief Martin und versicherte mir augenzwinkernd: »Ich werde mich erkundigen, welche Lebewesen Chinesen nicht essen.«

Ich erzählte Martin von Niklas Mutter.

»Wow, so respektlos, Noah. Findest du nicht? Die kann doch nicht bestimmen, was Niklas lernen soll und was nicht. Er ist ein guter und selbstständiger Schüler, oder?«

»Eben. Darum überrascht mich das ja auch.«

»Vielleicht hat sie selbst gerade Probleme. Das darf dich nicht überraschen. Ein respektvoller Abstand zu manchen Eltern schadet nicht. Das will gelernt sein.«

Martin setzte sich auf den Felsen nebenan.

»Zum Glück haben unsere Lehramtsstudenten noch ihre Abschlusspraxis vor dem Lockdown geschafft. War echt knapp.«

»Martin, ich finde, dass die Praxis immer weniger zählt. Es dauert ewig, bis Studenten unterrichten. Was, wenn sie in der Praxis erkennen, dass der Beruf für sie nicht passt? Ich wäre dafür, dass alle Lehramtsstudenten zu Beginn ihres Studiums eine Woche hospitieren. Vielleicht merken dann einige, dass Pubertiere nicht im Streichelzoo, sondern in Schulen zu Hause sind. Theorie allein ist zu wenig. Unterricht ist doch mehr eine Kunst als eine Wissenschaft. Apropos Praxis: Laufen wir wieder weiter!«

Martin rannte hinter mir her. Wir tauchten erneut ein in die Welt des Laufens. Ich liebte es. Mir war es auf eine eigenartige Weise um einiges näher als das Fahren mit dem Mountainbike. Als wir uns verabschiedeten, rief mir Martin hinterher, wie sehr er sich auf die Visionssuche freue. Er werde sich mit Kohlehydraten versorgen, damit er vier Tage und Nächte ohne Nahrung aushalte.

MATERIAL FÜR DIE VISIONSSUCHE UND WIEDERGEBURT

Ich trabte nach Hause und warf einen kurzen Blick auf die Schule. Verwaist stand sie da. Würde der Lockdown den Anstoß für eine digitale Revolution an den Schulen geben? Wie würden wir alle wohl zurückkehren? Fröhlich oder müde und verstört vom enormen Internetkonsum? Wie viel Aggression würden die Kinder in all den Filmen und Videos erleben, die einige tagtäglich konsumierten?

Wo war das Mitgefühl in den Filmen gelandet? Im Mistkübel des neoliberalen Zeitgeistes, der alles vermarktete und industrialisierte, sogar die Sexualität? War der große Technologietreiber für Virtual-Reality-Brillen nicht die Pornoindustrie?

In Japan lebten viele Singles ohne natürliche Sexualität, gefangen in ihren sexualisierten virtuellen Welten. War das der Beginn einer dystopischen Entwicklung? Irgendwann würden sich Menschen in alle möglichen Welten mit der 3-D-Brille beamen, vielleicht ein bedingungsloses Grundeinkommen beziehen und nicht mehr ihre vier Wände verlassen. Matrix lässt grüßen. Verliere nie deine Würde, hatte mein verrückter Mentor gemeint. Jede Dystopie hatte etwas Würdeloses und war nicht für mich gemacht. Ich segelte lieber an die ewigen Küsten der Utopie, dort wo Lamm und Löwe beieinanderliegen und der Kondor mit dem Adler gemeinsam am Himmel kreist.

Nachdem ich gelandet war, packte ich für die gemeinsame Visionssuche. Ich wollte zeitig abfahren und so verstaute ich Wasserkanister, Kleidung, Messer, Schnüre, Bergschuhe, Notizbuch, Stifte, Unterlagsmatte und Plane. Den Schlafsack hatte ich bei Bert gelassen.

Ich studierte die Nachrichten der Schüler. Marc meinte, er wäre mit einem *Poetry Slam* überfordert. Ich versuchte, ihn zu überzeugen, dass er es einfach mal probieren sollte. Seine Zeilen mussten nicht perfekt sein. Ich kontaktierte die Elternvertreterin der Klasse, mit der ich bisher hervorragend zusammengearbeitet hatte. Sie machte sich Sorgen wegen des Abschlusses der 4a.

»Weißt du, Noah. Ein gelungener Abschluss gibt die Kraft für einen Neuanfang. Solltet ihr nichts Spektakuläres unternehmen können, würde ich euch zu uns auf den Bauernhof einladen. Macht doch einen Wandertag zu uns und ihr werdet fürstlich bewirtet. Indoor ist out, Outdoor ist in und gibt dem Virus wenig Chance.«

Ich bedankte mich herzlich für die Einladung und trabte zu meinem Meditationskissen. Zwanzig Minuten ohne einem Gedanken nachzu- hängen war meine Absicht. In der Stille spürte ich eine wortlose Stim- me, die ein tiefes Heimatgefühl in mir auslöste. War es der innere Leh- rer, von dem Franziska und ich oft gesprochen hatten?

Meinen Schwerpunkt legte ich auf mein Herz und nicht auf den Kopf. Diese Leichtigkeit bereitete auch meinem Kopf Freude. Ich schnapp- te meine Gitarre und improvisierte über eine Stunde zu meiner Stim- mungslage. Mir war klarer denn je, dass ich meinen Anteil an einer neuen Erde leisten wollte. Und ich wollte damit meine Schüler errei- chen. Viele meiner Schüler waren offen und bewusst.

Anna, der süße Blondschopf, hatte mir erklärt, dass sie an Wieder- geburt glaube. »Ich empfinde die Wiedergeburt am gerechtesten. Es wäre schade, nur einmal auf der Erde leben zu dürfen. Außerdem kommt mir hier vieles so bekannt vor.«

»Ich frage mich oft, wer ich wirklich bin, wenn ich im Bett liege«, hatte Amy erklärt. Ihre Augen leuchteten voller Interesse aus ihrem fein ge- schnittenen Sommersprossengesicht.

Was leuchtete hier wirklich aus ihren Augen? Diese Energie war vol- ler Leben. War es das Leben selbst? Was war das Leben? Was belebte mich? War ich letztendlich nur das Leben selbst, das eine bestimmte, einzigartige Form angenommen hatte?

Freiheit, Sklaven und die Krone der Schöpfung

Ich legte mich auf meine Couch und beschloss, nicht nachzudenken, sondern den Gedanken einfach zuzuhören und sie zu beobachten. Dieses Mal wollte ich keinen einzigen verscheuchen.

Bunte, wilde Vögel, die ich aus längst vergangenen Tagen kannte, landeten auf meinem inneren Baum des Lebens. Eine erstaunliche Schar bevölkerte den Baum. Erinnerungen aus der Kindheit flatterten ins Bewusstsein. Ich staunte über die Fülle und was ich schon erlebt hatte.

Warum flüchtete ich immer wieder vor der Vergangenheit? Warum konnte ich sie nicht einfach als den Schatz, der sie war, annehmen? Schnitt ich meinen inneren Fluss nicht ab, wenn ich die Vergangenheit von mir abspaltete?

Bilder aus meiner Schulzeit stiegen hoch. Die Volksschulzeit hatte ich genossen, aber mit der Pubertät fühlte ich mich unverstanden. Das, was mich bewegte, war in der Schule nicht zu finden. Eher fühlte ich mich mit meinen Gedanken allein gelassen und entmutigt. Lehrer beschämten mich viel zu oft. Auf meinen Träumen trampelten erwachsene Beine, die zu genau wussten, wie das Leben zu funktionieren hatte. Dies sollte sich kaum ändern, als ich älter wurde und von Professoren für die Wirtschaftswelt vorbereitet wurde. Meine Idole waren nie Börsenspekulanten und Konzernchefs wie bei einigen Klassenkameraden. Ich hatte Respekt vor jenen, die ihre hohen Ziele erreichten. Nur meine Ziele waren andere. Ich schwelgte in meinen Erinnerungen über die erste USA-Reise. Ein Traum war damals in Erfüllung gegangen. Freiheit pur. Das einzige Land der Welt, das sogar das Recht auf Glücklichsein von Anbeginn verbrieft hatte. Doch dann wurde mein persönlicher *American Dream* durcheinandergewirbelt, als ich die *Pine-Ridge-Reservation* der Sioux besuchte. Ich hatte das Gefühl, in einem Dritte-Welt-Land gelandet zu sein. Der Rassismus der Weißen gegenüber den *Natives* war mir unverständlich. Man hatte den Indianern ihr Land entrissen.

Besonders im Süden der USA stieß ich auf die Nachfahren der Sklaven, die Afroamerikaner, die von den Nachfahren der Europäer gewaltsam entrechtet worden waren. Die schwarze Bevölkerung wurde von vielen nach wie vor einer unterentwickelten Rasse zugeordnet, gerade mal gut, um benutzt zu werden. In Philadelphia las ich die *Liberty Bell* und in Washington beeindruckten mich die Worte der *Unabhängigkeitserklärung*. Jefferson hatte *Leben, Freiheit und Streben nach Glück* 1776 in die Unabhängigkeitserklärung der USA eingewoben. Das Land war zu einer Fackel der Freiheit und des Glücks geworden, ein Versprechen, das immer noch Strahlkraft besaß. Nur, dass dies bloß für Weiße galt. Schwarze und Indianer waren von diesen hehren Idealen von Anfang an ausgeschlossen.

Der entsetzliche Ethnozid an der indianischen Bevölkerung und die afrikanische Diaspora aufgrund des menschenverachtenden Sklavenhandels sprachen eine deutliche Sprache.

Jefferson hatte selbst Sklaven gehalten. Der Unabhängigkeitskrieg wurde auch mit Einnahmen aus dem Sklavenhandel finanziert, die Hymne 1814 von einem Sklavenhalter gedichtet. Die dritte Strophe feiert bis heute buchstäblich den Tod von Sklaven, die sich aus der Versklavung befreien konnten. Durch den gesamten Text weht ein rauer patriotisch-kriegerischer Ton.

Hatten sich in das Idol der westlichen Welt von Anfang an Rassismus, Doppelmoral und ewiger Krieg eingeschlichen? Waren sie Teil der DNA des Staates, der für viele Freiheit und Schutz bedeutete und dem ich mich immer noch sehr nahe fühlte? Hätte man der *Freiheitsstatue* an der Ostküste nicht eine *Verantwortungsstatue* an der Westküste gegenüberstellen sollen, so wie es Viktor Frankl vorgeschlagen hatte? Warum war der Hass auf Minderheiten immer noch so groß? Hassten wir nicht jene am meisten, die nicht uns, sondern denen wir etwas angetan hatten? Welches Land, welche Person konnte heute ein Ideal, eine Utopie für eine bessere Welt sein? War jetzt die Zeit für neue Utopien, frei von versteckter Doppelmoral, Überlegenheitsfantasien, ewigem Krieg und Rassismus? Brauchten wir eine Vision von der Gleichwertigkeit aller Lebewesen und eine neue Selbstermächtigung, die zentralisierte Macht auflöste und jedem seine Macht zurückgab? Waren wir bereit für Freiheit, Kraft und Verantwortung? Wenn Martin eine herrschafts-freie Welt ausrief, konnte es nur bedeuten, die Verantwortung für das eigene Leben zurückzuholen und sich in der eigenen Größe mit allem Leben verbunden zu wissen.

Worte von Rainer Maria Rilke kamen mir in den Sinn.

Der erscheint mir als der Größte,

der zu keiner Fahne schwört,

und, weil er vom Teil sich löste,

nun der ganzen Welt gehört.

Die Phase der Überlegen- und Unterlegenheit sollte der Geschichte an-gehören. Gleichwertigkeit und Begeisterung für die Verschiedenartig-keit aller Wesen war mein Ideal. Den Titel *Krone der Schöpfung* muss-ten wir aufgeben und uns wieder dem Netz des Lebens eingliedern. Das digitale Netz war uns Menschen vorbehalten, das wahre Netz des Lebens verband Milliarden von Lebensformen und Billionen von Lebe-wesen, die den Planeten bewohnten. Die Krone der Überlegenheit hatte ausgedient, die wahre Krone der Verbundenheit wartete darauf, getragen zu werden.

Während ich vor mich hinträumte, saß eine bunte Schar an Gedanken auf meinem Lebensbaum. Alte, junge, bunte, verrückte, langweilige, hässliche und schöne teilten sich die Plätze. Manche flogen wieder ab, neue kamen hinzu. Ich hörte ihnen zu, ohne zu urteilen. Frieden breite-te sich aus, während ich meine Innenwelt betrachtete.

POETRY SLAM UND BERGSTEIGER VERSUS
SCHWAMMERLSUCHER

Da meldete sich mein Laptop. Mira, die in letzter Zeit zurückgezogen wirkte, hatte eine Nachricht gesendet. Ihre Eltern hatten sich an einem Elternsprechtag über ihren inneren Rückzug beschwert. Mira hatte am folgenden Tag erklärt, dass sie Elternsprechtage gleich nach Kind-El-tern-Lehrergespräche für die unnötigste und peinlichste Erfindung der Menschheitsgeschichte halte.

Lieber Herr Breitenbach,

ich habe gemeinsam mit Theresa von der dritten Klasse ein Gedicht ge-schrieben, keinen Poetry Slam. Ich hoffe, dass es für Sie passt. Wir ha-ben uns heimlich im Wald getroffen. Das Gedicht ist bei meinem Lieb-lingsplatz entstanden.

»Alles wird vergehen.

Wie ein Nebelschweif, leise, lautlos, vom Winde verweht.

Das Licht bricht, die Zeit verstreicht.

Nutze sie gut, denn sie schwindet leicht.«

Welch Weisheit in den Mädels steckte. Ich mochte das Gedicht und freute mich, dass Mira einen Lieblingsplatz in der Natur hatte. Nach-dem ich durch meine Wohnung getanzt war, schnallte ich mir meine Laufschuhe an. Dieses Mal sollte die Strecke durch den Ort führen. Ich musste Energie loswerden. Auf dem Weg traf ich Dietmar, der das Lau-fen auch für sich entdeckt hatte. Wir blieben stehen und unterhielten uns kurz.

»Noah, sollten wir vor den Ferien noch arbeiten müssen, so könnte es zu einer Teilung der Klassen kommen, damit die Gruppen kleiner wer-den. Diese Variante wird gerade diskutiert.«

»Dietmar, dann arbeiten wir eben Teilzeit. Warum bist du eigentlich ohne Marlies unterwegs?«

»Ich hab das Spazierengehen einfach satt. Marlies kann schon allein gehen. Sie ist alt genug.«

»Aber es ist gesund.«

»Die gesunden Dinge sind oft die langweiligsten. Gurkensalat ist auch gesund, aber langweilig. Spazieren ist so was wie Gurkensalat in Bewegung. Ich verrate dir ein Geheimnis, Noah: Welchen Typ Mann begehrt eine Frau? Den Bergsteiger oder den Schwammerlsucher?«

»Den Bergsteiger.«

»Siehst du. Aber wenn eine Frau den Bergsteiger erfolgreich begehrt hat, will sie mit ihm Schwammerl suchen gehen. Das funktioniert aber nicht. Das muss meiner Marlies klar sein. Ich bin ein Bergsteiger, Noah. Ein Bergsteiger. Pass du auf, dass du ein Bergsteiger bleibst.«

»Ich hab's verstanden, Dietmar.«

»Weißt du, ein Leben lang will die Frau aus dem Mann einen Kasperl machen. Hat sie es geschafft, ist sie todunglücklich.«

»Okay, Dietmar. Dann darf man deiner Frau zum Bergsteiger gratulieren. Sie muss sehr glücklich sein. Nimm sie doch mal mit in die Berge.«

»Nein, das bringt nichts.«

»Ihr könntet als Alternative gemeinsam schwimmen gehen.«

»Noah, meine Frau schwimmt nicht, sie badet.«

Mir war klar, dass Dietmar seine Probleme selbst ausbaden musste, und verabschiedete mich wieder.

Nach einem längeren Lauf kam ich erschöpft am Park neben der Ortskirche vorbei. Ich setzte mich auf die Bank, die mich schon einmal in eine andere Welt entführt hatte, und dachte an Dietmar – und lachte lauthals. Hörte ich ein Lachen im Hintergrund?

Lieber Noah,

danke für dein Lachen. Pflege weiter die Humorschicht, gerade an Orten, wo sie zu verschwinden droht.

Das Wahre lebt im Herz, die Ware im Kopf. Noah, dein Mentor befreit dich aus dem Kopf und schubst dich in dein Herz. Danke dem Leben dafür.

Viel Spaß in den Bergen. Harte Zeiten verlangen radikale Freude.

Ich bedankte mich für die Worte, auch wenn mir ihre Herkunft immer noch ein Rätsel war. War Coyote so was wie ein verrückter Kopfgeldjäger, der mich ins Herz entführte, ohne etwas daran zu verdienen? Ich trabte nach Hause und gönnte mir eine Pizza. Dann checkte ich meine E-Mails, bevor ich eine *Indian Spirit* auf dem Balkon rauchte. Josef wollte ich informieren, dass ich in den Bergen unterwegs war. Meine Mutter war wenig begeistert, dass ich ausgerechnet jetzt, wo meine Großeltern Probleme hatten, nicht erreichbar sein würde. Kurz meldete sich mein schlechtes Gewissen, das mir meine Mutter seit der Kindheit eingeimpft hatte. Nur, der Impfstoff wirkte bei mir immer weniger.

Nachdem ich alles gepackt hatte, legte ich mich ins Bett und segelte unruhig durch den Schlaf, bis die ersten Sonnenstrahlen mein Schlafzimmer mit Licht erfüllten.

FAHRT IN DIE BERGE UND DIE FALSCHE FRAGE

Es roch nach frischem Kaffee. »Aufstehen, Noah. Hast du alles gepackt? Komm, lass dich noch stärken, bevor du über die Schwelle gehst.« Coyote umarmte mich. »Wir halten keinen Abstand, Noah. Ist das nicht herrlich? Ich verrate dir ein Geheimnis. Corona ist Gift und Medizin gleichzeitig. Das Virus legt vieles frei, eröffnet neue Chancen. Es verbindet und trennt. Viele gehen neue Wege, andere verlieren sich in ihren Ängsten. Erstaunlich, wie sich die Herde voneinander trennt, obwohl ihr tief drinnen natürlich verbunden seid.

Für die Bewussten hat die große Visionssuche begonnen. Die Visionssuche bei Bert ist eine Visionssuche innerhalb einer Visionssuche, die wiederum Teil einer größeren Visionssuche ist. Verstehst du? Die übergeordnete Visionssuche dauert noch eine Weile. Während des Lockdowns findet die erste Komprimierung statt. Bei Bert wird eine zusätzliche Verdichtung erfolgen. Die ineinander verschachtelten Visionssuchen kannst du dir wie russische Matrjoschka-Puppen vorstellen. An deiner Stelle würde ich mir in die Hose machen, du Scheißer.«

Coyote lachte, wie nur er lachen konnte. Sein Kaffee schmeckte vorzüglich, das Müsli auch. Ich schulterte meinen Rucksack, Coyote folgte mir fröhlich pfeifend, die Unterlagsmatte in seiner linken Hand. Mein Smartphone lag verwaist am Küchentisch und gönnte sich eine tagelange, wohlverdiente Off-Phase.

Ein wenig hoffte ich, dass wir nicht in die Hände des übereifrigen Polizisten fallen würden. Ich drehte den Zündschlüssel und ab ging's in die Welt der Berge zu Bert.

»Kannst du schneller fahren, Noah? Ich sehe gerade eine Großmutter im Rückspiegel, die näher kommt und Handzeichen gibt, weil sie uns bei ihrem Spaziergang überholen möchte.«

Gesagt, getan. Ich raste mit einem Affentempo durch die Landschaft. Coyote, mein Rallyebeifahrer, hatte besonders in den Kurven Spaß. Bevor wir die erste Bergkuppe überwunden hatten, blickte ich in den

Rückspiegel und entdeckte einen Streifenwagen der Polizei. Sicher hatten sie uns noch nicht gesehen.

Wusste Coyote, dass wir mit dem hohen Tempo der Polizei entkommen würden? Oder hatte er einfach Spaß an einer wilden Autofahrt?

Spaß und Notwendigkeit waren bei ihm nie ein Widerspruch. Ganz im Gegenteil, sie reichten sich gern die Hände. Er legte irische Volksmusik auf.

»Erstaunlich, Coyote. Das Handy liegt zu Hause und ich lebe noch«, erklärte ich ihm.

Er lachte und lobte mich dafür, dass ich kein Navi im Auto verwendete. Als ich zu einem verdeckten Parkplatz ranfuhr, da sich meine Blase meldete, begrüßte mich zu meiner Überraschung Onkel Werner. Mit Walking-Stöcken bewaffnet, stach er in den Boden und schob die Landschaft unter sich durch. Ich war mir sicher, dass mit jedem Stockeinsatz die Erdkugel etwas schneller rotierte.

»Jetzt bist du überrascht, nicht wahr, Noah? Ich trainiere mein Immunsystem. Immerhin gehöre ich jetzt zur Risikogruppe.«

»Hallo Onkel. Ich bin mit meinem Pädagogenkollegen unterwegs. Er ist aus den USA.«

»Ah, das ist spannend.«

Onkel Werner grüßte Coyote, der sich als John Fox vorstellte.

»Sie werden bei ihrem Präsidenten mit dem Virus Probleme bekommen. Furchtbar ist das.«

»Der Präsident wird mit dem Virus auch Probleme bekommen.«

»Wie könnte man so eine Pandemie nur vermeiden?«

»Sie stellen die falsche Frage«, begann Coyote. »Die richtige Frage sollte heißen: Wie könnten wir die Angst vor dem Sterben vermeiden, die durch die Pandemie verursacht wird. Epidemien und Pandemien hat es schon immer gegeben und wird es immer wieder geben. Dem Virus können Sie vielleicht aus dem Weg gehen, der Angst aber nicht.

Die Angst fordert weltweit Opfer, die Menschen sterben schon, bevor sie gestorben sind. Das ist die wahre Pandemie.«

»Da haben Sie recht. *Zu Tode gefürchtet, ist auch gestorben*, sagt man bei uns im Volksmund. Vielleicht liegt deswegen eine komische Atmosphäre in der Luft.«

»Wenn zu viele Menschen gleichzeitig die Angst aktivieren, entsteht ein kollektiver Wahnsinn. Die Massen befinden sich in einer hypnotischen Trance und laufen Gefahr, in ein Loch zu fallen. Menschen tun dann Dinge, die sie sonst nicht machen würden. Die Gehirnaktivitäten verändern sich. Sogar die Körperchemie wird giftig. Das ist viel gefährlicher als das Virus selbst.«

»Unter uns gesagt. Genau das ist die Ursache für meinen Spaziergang. Die Stimmung im Dorf ist nicht mehr auszuhalten. Überall Angst. Angst vor dem Virus, Angst davor, dass die Touristen in Zukunft ausbleiben. Angst vor den Enkelkindern, weil diese das Virus übertragen könnten. Die Leute sind so irrational, dass man ihnen alles einreden könnte, wenn damit nur die Angst verschwinden würde. Vielleicht hegen manche die Hoffnung auf einen Impfstoff gegen den Tod. Die Leute verdummen in ihren Wohnungen. Bald rufe ich eine Pandemie des Psychoterrors und der Dummheit aus. Sie haben wirklich recht. Wie heißen Sie noch mal?«

»John. John Fox.«

»Ich danke Ihnen und wünsche noch einen wunderschönen Tag.«

»Sag Tante Julia und meinen Lieblingscousins alles Liebe.«

»Mach ich. Unsere Burschen wollten mit der Blaskapelle das wunderbare Stück *Dance with the devil* als CD aufnehmen. Das klappt jetzt nicht. Durch den Shutdown tanzen wir aber alle mit dem Teufel.«

»Nur wenn sie Angst haben! *Lustig gelebt und lustig gestorben, ist dem Teufel die Rechnung verdorben! Kein Übel ist so groß wie die Angst davor*!«, rief ihm Coyote nach.

Wir sprangen ins Auto und fuhren los. »Du hattest verdammt recht mit deinem letzten Satz, Coyote! War das auch ein Wahlspruch des lieben Augustin?«

»Nein, Senecas unvergängliche Worte.«

Bald bogen wir auf die Landstraße ab, die sich bis zu Berts Haus schlängelte. Coyote bat mich, die schmale Straße langsam zu fahren, während er unverständliche Dinge murmelte.

Mit den Freunden bei Bert – die Visionssuche

Als Franziska unser Auto bemerkte, rannte sie aus dem Haus und sprang mit einem kräftigen Satz auf mich. Wir kippten um und landeten im Gras. Coyote lachte, während in Berts Augen der Schreck zu erkennen war. Wir umarmten uns und Bert bat mich, den Toyota unterhalb des Hauses zu parken. Dort wäre es nicht sichtbar.

Es dauerte nicht lange und Martin und Susi radelten mit ihren Mountainbikes den Berg hoch. Miriam hatte von beiden die Unterlagsmatten, Schlaf- und Rucksäcke abgeholt. Sie hatte Vanessa raufgefahren, unsere Volksschulkollegin, mit der ich viele Schnittstellenprojekte organisierte.

Bert platzte mit einer Neuigkeit herein. Florian, Jakob und Patrizia würden heute schon anreisen. »Florian hat mich angerufen und meint, dass ihn John in eine dynamische Instabilität, in ein chaotisches Bewegungsverhalten führen würde. Das sei ihm klar geworden, als er über die Begegnung mit John nachgedacht habe. Er sei seiner inhärenten Lebendigkeit verpflichtet und so komme er zu der denkwürdigen Visionssuche, von der er keinen Schimmer habe, was das eigentlich sein sollte. Florians Sprache ist wirklich unverkennbar. Jakob und er bringen ihre Trompete und Posaune mit. Ich freu mich riesig. Nur Michael hat leider keine Zeit, die Firma hat ihn fest im Griff.«

Am Nachmittag hörte man Jakob den Berg rauffahren. Er wurde angewiesen, seine Karre neben meinem Toyota zu verstauen. Es war fantastisch. Fast alle Freunde waren anwesend. Sie hatten ihre Handys zu Hause gelassen, sogar Patrizia, und nur den engsten Familienmitgliedern mitgeteilt, wo sie zu finden und im Notfall telefonisch zu erreichen wären.

Am abendlichen Lagerfeuer lüftete Patrizia ihr Geheimnis. »Ich bin mit einem wunderbaren Menschen unseres Fluss-Surf-Teams zusammen.

Ein großartiger Mann. Und noch was. Einer von unserer Clique hatte sich mit Corona infiziert. Er wurde positiv getestet, nachdem sich sein kleiner Bruder in einer Arztpraxis angesteckt hatte. Beide haben nicht mal gemerkt, dass sie infiziert waren. Warum aber werden die Infizierten als Erkrankte geführt? Und warum werden an und mit Corona-Verstorbene addiert? Diese Vorgehensweise ist einmalig. Übrigens schwört die Familie auf Vitamin D. Der Vitamin-D-Spiegel sei entscheidend. Ich weiß nicht, ob das stimmt, aber bei den zweien scheint's gewirkt zu haben. Mir ist klar, dass das Virus selten für Nichtrisiko-Gruppen gefährlich werden kann. Aber wie gefährlich muss ein Virus sein, wenn man getestet werden muss, um überhaupt zu checken, dass man es hat? Ich finde, dass die Maßnahmen in keinem Verhältnis zur Gefährlichkeit des Virus stehen.«

Ein zufälliges Stück Materie und die Heiligkeit der Welt

»Willkommen im Club, Patrizia! Ja, etwas ist faul im Staate Dänemark!«
Bert sah zu Patrizia, dann schweifte sein Blick in die Ferne.

»Hast du Dänen in den Augen, Bert? Gut so, denn Dänen lügen nie«,
scherzte Coyote, der wieder einmal an einem Grashalm kaute.

»Dort ein Schurkenstaat oder Terrorist, hier ein Virus und schon verabschieden sich schrittweise die Grundrechte in der Demokratie«, fügte
Florian hinzu.

»Das Recht auf Freizügigkeit, Entfaltung der Persönlichkeit, Versammlungsfreiheit, Freiheit der Person, Unverletzlichkeit der Wohnung und
das Recht auf Berufsfreiheit wurden deutlich eingeschränkt. Notstandsgesetze werden später oft zur Normalität. Das ist der Grund,
warum bestimmte Regierungen Pandemien und Terrorismus mögen,
auch wenn sie anderes erzählen. Das muss uns klar sein.« Florian runzelte die Stirn und blickte zu Vanessa, die leise zu sprechen begann.

»Die Situation erinnert mich an den Film *V wie Vendetta*. Obwohl er
2005 gedreht wurde, spielt er 2020. Der hoch intelligente und brutale
Protagonist V widersetzt sich einem totalitären Überwachungsregime
in Großbritannien. Diese Regierung konnte sich durchsetzen, da man
die Menschen mit einem Virus, der über hunderttausend Menschen
tötete, völlig verängstigt hatte. Man versprach ihnen Sicherheit und lieferte komplette Kontrolle. Gleichgeschaltete Medien, Geheimpolizei,
Überwachung und rücksichtslose Verfolgung der sogenannten schwarzen Schafe standen an der Tagesordnung.«

Vanessa war in Fahrt gekommen. Bert nickte und meinte:

»Wenn wir nicht liebevoll und friedvoll aufstehen, laufen wir Gefahr, in
einem totalitären Materialismus aufzuwachen. Spiritualität, Intuition,
Poesie. All diese vermeintlich lächerlichen Orchideen-Gebiete werden

dann verbannt im Namen von Wissenschaft, Technik und Kapitalismus. Alles, was zählt, sind ausschließlich materiell-technische Lösungen. Der rein auf die Materie fixierte und manipulierende Verstand will allein regieren. Auf den friedvollen Widerstand! Auf den friedvollen Krieger! Lasst uns neue Wege gehen!«

»Hast du was gegen Wissenschaft und Wirtschaft, Bert?«, hakte Florian nach.

»Nein, ganz und gar nicht. Ich habe auch nichts gegen Religionen. Im Kern sind sie alle gut. Das Problem ist ihr Spin. Sie sind alle mehr oder weniger gekippt, weil sie an Trennung glauben. Der Trennungs-Spin lässt sie die Bestimmung verlieren. Zum Glück gibt es vermehrt Menschen, die den Verbundenheits-Spin spielen.«

»Was verstehst du unter einem friedvollen Krieger?« Florian wollte es genau wissen.

»Einen Menschen, der weder gewalttätig noch ängstlich ist, sondern friedlich und mutig vorangeht.«

»Ein falscher Friede entstünde aus Angst und ist die Stille der Vögel, wenn sie wissen, dass der Habicht irgendwo im Wald auf einem Ast nach Beute Ausschau hält«, erklärte Coyote.

»Ich bin absolut gegen Gewalt«, ergänzte Bert. »Fanatiker helfen uns nicht. Politische Fanatiker sind aus demselben Holz geschnitzt wie religiöse Fanatiker. Da gibt es Überschneidungen. Sie meinen es oft gut, führen aber einen destruktiven Kampf. Ihr Spin führt in die falsche Richtung. Du darfst dir die Richtung aussuchen.«

Bert zwinkerte Florian zu und schenkte Vanessa ein warmes Lächeln. Ich dachte an die Worte von Swami Vivekananda:

Fanatiker sind ehrlich überzeugte Menschen, aber gleich anderen Geisteskranken in dieser Welt nicht zurechnungsfähig. Fanatismus ist eine der gefährlichsten Krankheiten. Er weckt alles Böse in der menschlichen Natur. Er reizt den Menschen zu Zorn und Hass und verwandelt ihn in einen Tiger.

»Passen wir auf, dass wir in keinem Transhumanismus landen, der das Menschsein als Zufallsprodukt der Evolution definiert, weil er das Menschsein in seiner Liebesfähigkeit nie verstanden hat. Diese Geistlosigkeit mündet nur in einem technokratischen Regime, das alles manipuliert, weil es in Wahrheit keinen Sinn und Wert erfasst. Ich möchte folgende Worte des legendären Laotse zitieren, die die Haltung eines gesunden Geistes widerspiegeln:

Die Welt ist heilig,

Man kann sie nicht verbessern.

Willst du sie manipulieren, dann wirst du sie zugrunde richten.

Behandelst du sie wie einen Gegenstand, dann wirst du sie verlieren.«

Ich beobachtete Florian schon eine Weile, wie er in Gedanken versunken war. Dann hob er an und sprach leise. »Ich habe schon länger darüber nachgedacht. Vielleicht erkannte Gates, als er sich mit Computerviren als Modell für erzwungene Aktualisierungen des Windows-Betriebssystems befasste, dass Viren als Mittel für erzwungene Aktualisierungen des menschlichen Betriebssystems verwendet werden könnten. Ich denke, er sieht den Menschen als Maschine, die mit Betriebssystemen ausgestattet werden sollte. Und hier wären wir wieder bei Transhumanismus und Biokapitalismus.«

»Auch China sollte auf seinem rasanten Weg in einen Überwachungskapitalismus und Transhumanismus innehalten und auf Menschen wie Laotse, Huang-Po, Bodhidharma oder die Göttin des Mitgefühls, Guanyin, hören.«

»Du hast sicherlich recht, Noah«, setzte Florian fort, »zugleich müssen wir neue Wissenschaftsfelder in unsere Überlegungen einbeziehen. Wenn wir Abstand nehmen wollen von einem mechanistisch-monopolistischen Weg, dann können interdisziplinäre Herangehensweisen helfen. Gerade jetzt finde ich die Psychoneuroimmunologie enorm spannend. Oder die Gesundheitsökologie, die Epigenetik, die tiefenökologische Psychologie. Uns sollte eine Verbindung der Quantenphysik, der Neurobiologie und Psychologie mit Spiritualität gelingen. Hier wird viel zu wenig Geld in die Hand genommen. Man stelle sich mal vor, es würde dieselbe Menge Kapital in die Empathieforschung reingesteckt wie in die Entwicklung von künstlicher Intelligenz.«

»Vielleicht gelingt in Zukunft sogar eine Verbindung von Religion und Spiritualität, wer weiß?«, scherzte Bert.

Der Tanz mit dem Schatten und ein besonderes Lied

Coyote unterhielt uns am Lagerfeuer mit seinen spaßigen Ansagen. »Leute vergesst bei aller Problematik nicht den Humor. Menschen mit Leichenbittermienen tragen gern Leichen durch die Gegend. Wenn ihr der Angst ins Gesicht blickt, dann lacht. Wenn ihr über neue Welten nachdenkt, dann freut euch wie ein kleines Kind. Wenn ihr am Mittwoch in der Früh in die freie Wildnis rausgeht, dann findet ein Lied, einen Song. Er soll von eurer und unserer besten Zukunft handeln. Lasst euch finden. Ihr braucht neben der Schattenarbeit eine neue Vision. Eure größte und erhabenste Vision, die euch führt. Lasst sie in euer Herz als freien Vogel. Singt und tanzt mir ihr, damit sie Realität wird. So viel verrate ich euch über die Solo-Zeit.«

Als Miriam sich am Abend zu uns ans Lagerfeuer setzte, erklärten Coyote und Bert die Aufgaben genauer. Wir würden am Dienstagvormittag ins Basecamp aufbrechen. Es lag eine Gehstunde von Berts Hütte, tief in den Bergen. Dort sollten wir am Nachmittag unseren Visionsplatz finden und die Wasserkanister lagern.

Am Mittwoch würde die offizielle Solo-Zeit mit einem Ritual beginnen, das uns über die Schwelle führen sollte. Coyote bezeichnete dies als Übergang im Übergang, der innerhalb eines großen Übergangs stattfand. Jetzt aber war noch die Vorbereitungszeit angesagt.

Wir erhielten für den Abend die Aufgabe, jene Schatten in der Landschaft zu suchen, die uns am besten widerspiegeln würden.

»Wie lange sollen wir ausbleiben, John?«, erkundigte sich Jakob, bevor er den Lagerfeuerplatz verließ.

»Solange dir deine Intuition Zeit dazu gibt. Du kommst einfach zurück, wenn du es fühlst. Die Intuition kennt deinen Rhythmus und den der Gruppe.«

Mir war kalt, als ich die Anhöhe zu dem Wäldchen emporspazierte. Die Taschenlampe hatte ich im Rucksack in Miriams und Berts Hütte gelassen. Ich folgte dem Weg, der sich stimmig anfühlte. Weglos führte er mich über Äste und Felsen. Ich blieb stehen, als ich ein Käuzchen rufen hörte, und entdeckte mehrere Fichten, die einen Kreis bildeten. Neben ihnen stand eine Lärche, deren Nadeln wieder auszutreiben begonnen hatten.

Das Bild packte mich. Meine Eingeweide reagierten wie von einem dumpfen Schlag erfasst, mein Herz wie vom Blitz getroffen. Ich konnte mich von diesem Anblick nicht mehr loseisen. Langsam setzte ich mich und tauchte ein in das Bild. Es dauerte gefühlte Stunden, bis ich das Gefühl hatte, wieder zurück zum Lager zu schlendern.

Als ich den Platz erreichte, war Jakob gerade vor mir zurückgekehrt. Sein Blick war gesenkt. Franziska quälte sich zu einem Lächeln, als ich sie sah. Jeder von uns erzählte in der Runde seine Geschichte. In der Mitte unseres Sitzkreises hatte Bert die vier Himmelsrichtungen mit Steinen angeordnet, eine Rassel als Sprechstab für denjenigen, der gerade erzählte. Erst wurde eine Räucherschale mit wohlriechendem Salbei durchgereicht. Mit einer Adlerfeder fächerte sich jeder von uns mit dem Rauch des echten Salbeis ein. Bert verwendete weißen und echten Salbei. Der Name der Pflanze leitete sich vom lateinischen *salvere* ab, was so viel wie *heilen, gesund sein* bedeutete. Ich mochte den Geruch, besonders des weißen Salbeis.

Am Ende jeder Geschichte spiegelten Bert und Coyote unsere Erzählungen mit ihren Worten. Miriam, wenn sie anwesend war, spiegelte die Erzählung in Form von Zeichnungen. Es war für mich besonders eindrucksvoll, denn ich musste in meiner persönlichen Zeichenentwicklung im Alter von sechs Jahren stehen geblieben sein. *Noah, sechs Jahre* würde wohl unter einem Bild von mir stehen. Manche hatten mich schon für einen Meister abstrakter Kunst gehalten. Es war aber nur meine Unfähigkeit, gegenständlich und nachvollziehbar zu zeichnen und malen.

Während ich auf meiner Matte saß, lauschte ich den Spiegelungen von Coyote und Bert. Es war erstaunlich, wie sie die Erlebnisse verdichten konnten. Coyote gestikulierte oftmals wild, sprang auf und spielte die Geschichte vor.

Vanessa weinte, als sie an der Reihe war. Sie hatte eine Blume gefunden, die allein auf einer Wiese gestanden war und Gefahr lief, zertrampelt zu werden. Die Trauer darüber, sich von klein auf in dieser Welt fremd und schwach gefühlt zu haben, hatte sich in Form von Tränen ihren Weg gebahnt.

Martin sprach eindrücklich darüber, vor einer Höhle gekauert zu sein, die ihm Angst eingejagt hatte. Die Furcht, verschlungen zu werden, hatte ihn gelähmt. Seine dominante Mutter, die er immer wieder *italienische Supermutter* nannte, hatte Spuren in ihm hinterlassen.

Florian war vor vertrockneten, leblosen Bäumen gestanden. Lebendigkeit und sprichwörtlich lebendiges Wasser fehlten ihm schon länger.

Jakob hatte Angst, sich zu blamieren. Er war auf einen Felsen gestoßen, der allein auf einer Anhöhe stand. So würde er sich oft fühlen, gestand er, wenn er ein Solo spielen sollte.

Coyote schaffte es, die Essenz der Geschichten herauszudestillieren und am Ende doch wieder alle zum Lachen zu bringen.

»Und Noah, was hast du erlebt?«, fragte er.

Ich erzählte von meiner Lärche, die nicht dazugehörte, und lauschte am Ende den Worten von Coyote und Bert. Wir waren definitiv mit unserem Schatten konfrontiert worden.

»Bevor ihr etwas Außergewöhnliches, Besonderes machen wollt, tanzt. Tanzt, singt und lacht.

Tanzt immer wieder, denn eure Schatten können euch lähmen. Tanzt mit eurem Schatten.

Ich bitte euch morgen nach dem Frühstück, dass ihr euch Zeit für den buchstäblichen Schatten nehmt, der bei Sonnenschein euer ständiger Begleiter ist. Jetzt tanzen wir aber. Jakob und Florian, spielt ihr ein wenig auf?«

Es dauerte nicht lange und Jakob spielte auf seiner Trompete, Florian auf der Posaune. Bert trommelte dazu und Miriam tanzte. Franziska und ich hielten uns an den Händen, schaukelten hin und her und tanzten immer wieder. Ich schnappte meine Gitarre.

»Komm, Noah. *Jammen* wir auf österreichisch!«

»Wie meinst du das, Jakob?«

»*Bradln* wir einfach.«

»Ist doch spannend. Der Jazzer spielt seine Sessions für Marmelade, also Jam. Die österreichische Variante des Improvisierens wird für ein Bratl, also einen Braten gespielt.«

Wir musizierten mit viel Gefühl und Begeisterung. Auch wenn nicht alle Töne richtig waren, so war es das Gefühl, das uns führte.

Als Jakob und Florian ihre Instrumente zur Seite legten, sangen wir. Martin beklagte sich, dass er persönlich die Menschheitsentwicklung zum mehrstimmigen Singen nicht mitgemacht hatte. »Polyphones Singen ist Teil des Menschheitserbes und ich kann nicht einmal die zweite Stimme finden, geschweige denn halten.«

Mir wurde wieder bewusst, was Coyote mit der Gefahr der Professionalisierung bei seinem ersten Besuch gemeint hatte. Ist es nicht so, dass die meisten Menschen nicht mehr sangen und tanzten? Profis aber sangen und tanzten wahrscheinlich so gut, wie noch nie in der menschlichen Geschichte. Ein menschlicher Grundausdruck war nun einer Minderheit vorbehalten, die es zum Teil zu Spitzenleistungen brachte. Gesungen wurde in Proberäumen, Konzerthallen und auf Bühnen. Was war mit dem Gesang in Wirthäusern, in den Familien, beim Ausgehen? Wir waren in eine Konsumhaltung geraten, bei der wir nur das Beste zu uns nahmen. Es war leise geworden um unsere Stimmbänder. Sie erfüllten meist nur noch den Zweck, verbale Informationen weiterzugeben. Ist die Spiritualität nicht auch an bestimmte Orte und Zeiten gebunden worden? Der Priester war der Experte, das Gotteshaus der Ort und der Sonntag die Zeit für Spiritualität?

Nannte man die begrenzte Form von Spiritualität nicht einfach Religion?

Und war es nicht an der Zeit, religiös zu *jammen* und zu *bradln*, also freie Spiritualität für alle, die dafür offen waren, zu leben? War nicht auch die Sexualität am Ende eines Arbeitstages an das Ehebett gefesselt worden? Wo war hier die Freiheit und Spontaneität? Langeweile führte viele zu einem neuen Konsumverhalten unter dem Motto *Porn to be free.*

Die Perfektionierung einer bestimmten Form lief Gefahr, den Inhalt auszuhöhlen und eine leblose Form in Händen zu halten. Im Grunde genommen schaffte eine vom Leben entkoppelte Perfektionierung Konsum. Ob Musik, Spiritualität, Kochen. Egal. Wir genossen nur mehr das Können von Experten, waren aber selbst nicht mehr kreativ.

Als ich Jakob von meinen Gedanken erzählte, meinte er nur: »An den Musikschulen schaffen wir viel zu oft perfekte Instrumentalisten, leider aber keine Musiker. Wir unterrichten zu sehr über das Auge und zu wenig über das Ohr.«

War es das Auge, das sich an die Form klammerte, während das Ohr den Inhalt spontan und mit Gefühl erfasste?

Brauchten wir eine neue, hörende Spiritualität? Eine Spiritualität der Wale, die Liebeslieder über die Schöpfung in das Meer tönten? Diese riesigen Poeten der Meere, sie könnten uns so viel lehren.

»Kennt ihr die drei großen Sünden der Musikgeschichte?«, fragte Bert. »Zuerst die Aufgabe der reinen Stimmung gegenüber einer temperierten, später die Festlegung auf 440 Hertz. 432 Hertz wären viel natürlicher. Und die digitale Kompression MB3, die die angeblich nicht hörbaren Schwingungen ausspart. Alles genial, aber Musik ist eben viel mehr als eine Reduktion auf angeblich hörbare Daten, um Speicherplatz zu sparen. Sie berührt ebenso auf unsichtbaren und unhörbaren Ebenen.«

Ich dachte wieder an die Worte von Bob Marley: »*Manche Menschen spüren den Regen, andere werden nur nass.*«

WO SICH LEBENDIGKEIT UND NOTWENDIGKEIT TREFFEN, PASSIEREN WUNDER

Bert führte uns ein in eine verblüffende Form des Medizinrades. Die vier Schilde repräsentierten die vier Jahreszeiten, Himmelsrichtungen, Lebensalter, aber auch Farben und Identitätsschwerpunkte. Sie spiegelten auf natürliche Weise unsere Identifikationen. Coyote und Bert gaben uns Werkzeuge in die Hand, um Disharmonien zu erkennen und zu transformieren. Dieses dynamische Rad war für mich wie eine Landkarte der Seele.

»Es ist Teil einer alten, initiatorischen Therapie. Natur, Ekstase, Tanz, Berührung, Gesang, Verbindung mit Ahnen waren früher Teil der Therapien. Dem modernen Menschen erscheinen indigene Therapien oft befremdlich«, erklärte Bert und lächelte. »Viele Therapieformen heute sind so intellektuell, dass wir zwar die Probleme verstehen, uns aber nicht verändern.«

Bert und Coyote schickten uns raus in die Natur, um Klarheit über unsere Absicht zu finden. Warum wollten wir die vier Tage und Nächte in der Wildnis verbringen? Was stand konkret an im Leben? Wohin sollte die weitere Lebensreise gehen?

»Noah, dort, wo sich Lebendigkeit und Notwendigkeit treffen, passieren Wunder. Folge deiner Lebendigkeit, denn nichts wird mehr gebraucht als lebendige Menschen. Das wird die Not wenden.« Coyote hatte mich zur Seite genommen und mir diesen Satz geflüstert. Endlich hatte ich wieder mehr Kontakt zu ihm und Franziska, die an ihrer Intention feilte. Der Berg arbeitete ständig an mir.

»Hier habe ich meine Blackhills, meinen Kailash, meinen Arunachala und meinen Untersberg«, hatte Bert einmal gemeint. »Die Energie ist sehr hoch und zugleich sehr erdig. Sie streckt einen richtig.« Coyote machte uns klar, dass wir das Lachen und den Humor in den schwierigsten Momenten nicht vergessen sollten.

Äussere Schatten, der Traum

Hundemüde legte ich mich auf meine Unterlagsmatte in der Nähe eines Felsens. Nicht lange und ich träumte, ein Hirte von Kindern zu sein. Wir überwanden Berge und streiften durch Täler. Unsere Reise führte uns durch wilde Landschaften, vorbei an Städten und wieder rauf in große Höhen. Ich liebte meine Arbeit. Erkannte ich nicht Sahria, Lena, Konstantin, Kristina und viele andere aus meiner Klasse? Wir wanderten zur Schule, die in den Bergen als Freiluftklasse eingerichtet war. Martin, Bert, Miriam, Vanessa, Franziska und ich lebten in einer lernenden Gemeinschaft mit den Kindern. Franziska schminkte gerade ein paar Schüler für ein Theaterstück, Bert zeigte zwei Jungs, wie man einen Unterschlupf baute. Einige arbeiteten mit Projekten an Laptops. Draußen wurde an einer Holzbühne gebaut. Franziska begeisterte Schüler für ein Permakulturprojekt. Eltern packten mit an. Erst an einem harten Wintertag machten wir uns auf in die Stadt, die in einem entfernten Tal lag. Wir waren neugierig, denn wir hatten schon lange keinen Kontakt mehr zur Zivilisation gehabt. Wir lebten *Off-the-grid*, also autark.

Am Stadtrand angekommen, entdeckten wir Polizisten mit Mundschutz und modernen, kommunizierenden Helmen. Wir hatten keine Masken bei uns, was die Aufmerksamkeit der Ordnungshüter erregte.

Nach einer kurzen Unterredung wurden wir in einen selbstfahrenden Bus geladen, der uns in das Zentrum der Stadt brachte. Kein Auto war auf der Straße zu sehen, ausschließlich kleinere Shuttle-Busse, die allein den Weg fanden. Die Städter hatten die Route per Smartphone eingegeben und wurden von Shuttles abgeholt. Die Türen öffneten sich mit einem Iriserkennungsprogramm. Alle trugen Masken und schwiegen. Wenn sich Menschen zu nahe kamen, warnte sie ihr Smartphone und vibrierte. Eineinhalb Meter Abstand waren Pflicht. Über uns knatterten kleine Hubschrauber, Drohnen säumten den Himmel. Ein Mitfahrer zeigte auf ein Haus, das eine Familie nicht verlassen durfte. »Sie haben sich kritisch geäußert. Schauen Sie, jetzt öffnet die interaktiv kommunizierende Haustüre nicht mehr. Einfamilienhäuser gelten als rückständig und sind bald ohne Ausnahme verboten«, flüsterte er mir zu.

Überall waren Kameras angebracht. »Sie scannen deine Körpertemperatur, deine Bewegungen, dein Gesicht, deine Iris und dein Energiefeld. Sie wissen, wer und wie du bist. Sie tracken jeden. Mit Quantencomputern können sie jedes Passwort knacken.«

»Warum erzählen Sie mir das alles?«, fragte ich den Mitfahrer. Die Kinder waren erstaunlich ruhig.

»Weil Sie offensichtlich Lehrer und nicht von hier sind. Außerdem fahren wir sowieso zum Polizeihauptquartier. Ich hatte in mein Smartphone meine ehemalige Schule als Zielort eingegeben. Die wollte ich noch einmal besuchen, denn sie war aufgelöst worden. Die Kinder lernen jetzt meist zu Hause mit künstlichen Programmen, die ihnen Belohnung und Sanktionen zukommen lassen. Ähnlich wie bei Computerspielen.

Meist verbringen sie die Zeit mit Multi-D-Brillen in virtuellen Welten, wo sie ein Avatar, von einem komplexen KI-Programm zur Verfügung gestellt, begleitet. Er lehrt sie alles, was es zu lernen gibt. Die Hälfte der Kinder ist mittlerweile mit einem Chip in ihrem Gehirn ausgestattet. Diesen erhalten sie sofort mit dem Kaiserschnitt. Natürliche Geburten gibt es nicht mehr, die Befruchtung erfolgt künstlich. Alles andere wird als archaisch betrachtet. Die Kinder haben keine enge Bindung zu ihren Eltern wie früher.

Immer öfter werden Kinder in Laboren gezüchtet. Jedes dieser Kinder ist genmanipuliert, auf sie wurden Patente angemeldet. Diese Kinder gehören der herrschenden Klasse. Als es dieser nach langen Prozessen gelang, genveränderte Menschenaffen zu patentieren, war das der Durchbruch. Sehen Sie die Gruppe dort? Diese Kinder gehören zu einer Sportgruppe. Ihre Gene wurden so weit verändert, dass sie übermenschliche Leistungen vollbringen. Alle werden entweder von Profis oder künstlichen Intelligenzen erzogen. Mit den Chips im Gehirn wird auch eine Verbindung zu Computerprogrammen hergestellt. Diese Kinder sind anders, hat mir ein Sicherheitsbeamter hinter dem Energiescan verraten. Begonnen hat es mit den Haustieren. Es gibt kein Haustier ohne implantierten Chip. Sie finden hier keine neuen Häuser, auch

Autos sind verschwunden. Der Shuttle-Bus wäre umweltfreundlicher, sagten sie uns. Wir werden gefahren und bewohnt. Die Menschen wohnen in riesigen Wohnanlagen mit Parks, die von Robotern betreut werden. Viele haben mittlerweile als Haustierersatz hochintelligente Roboter. Da die Erkrankung namens Alzheimer dramatisch angewachsen ist, übernehmen Roboter auch die Betreuung im Alter.

Viele sind unfruchtbar, ich will auf die Ursachen nicht näher eingehen, und wählen humanoide, lernfähige Kinderroboter. Erwachsene flüchten in virtuelle Welten und träumen von längst vergangenen Zeiten.«

»Besitzen Sie noch Nutztiere?«

»Es gibt nicht mehr viele. Das Fleisch wird in Laboren gezüchtet. Aber ja, die restlichen Nutztiere haben einen Chip im Gehirn, der mit einem Computer verbunden ist. So lassen sich die Gehirnströme beeinflussen. Ansonsten gibt es als Nahrung, was früher in der Raumfahrt verwendet wurde. Kaum jemand kann noch kochen.«

Über unserem Shuttle schwirrte etwas. Ich blickte aus dem getönten Fensterglas und beobachtete, wie zwei Mini-Drohnen eine Frau verfolgten und auf eine geheimnisvolle Art zur Strecke brachten. Was hatte sie nur getan?

Der Mann erklärte mir, dass die Frau mittels zielgerichteter und starker Mikrowellen aus dem Verkehr gezogen wurde. Sie hatte wahrscheinlich rebellische oder kriminelle Gedanken gehegt. Sie war eine potentiell gefährliche Person, die ihre Tat noch nicht umgesetzt hatte. Rebellische und kriminelle Leute wurden identisch behandelt und als Terroristen oder Viren bezeichnet.

»Jeder von uns hat mittlerweile einen Chip unter der Haut«, sprach der Mann weiter. »Aber in Zukunft wird es verpflichtend, einen Chip im Gehirn zu tragen. Wir haben Angst davor, dass man uns als zukünftige Cyborgs hacken wird. Die derzeitigen Führer meinen, dass das die einzige Chance gegen die ständig steigende Macht der Roboter und der künstlichen Intelligenz sei. Wir haben künstliche Intelligenzen mit einem IQ von tausend. Früher erklärten sie noch, wir benötigten einen Chip unter der Haut, da die Karten mit den Daten zu unsicher wären. Zuvor war das Bargeld von den sauberen Karten gänzlich ersetzt worden. Die nähere Zukunft ist kontaktlos. Mini-Roboter sind in Planung, die sie uns in unsere Körper einsetzen wollen. Natürlich alles zu unserem Vorteil und unserer Sicherheit. Sagen sie.«

Auf den interaktiven Tafeln, die wie Werbeflächen wirkten, standen die Namen der Leute, die sich etwas zu Schulden hatten kommen lassen. Neben dem Namen war das Gesicht und darunter eine Punktezahl zu sehen. Je weniger Punkte, desto problematischer. Man war von vielem ausgeschlossen, manche mussten Hunger leiden. Die Partner wurden auf Partnerbörsen nach der Punkteanzahl ausgesucht, niedrige Punktezahlen führten zu einem Ausschluss aus dem gesellschaftlichen Leben.

»Unser Puls, unsere Herzfrequenz, unser Schlafrhythmus. Alles wird überwacht. Jetzt gibt es neue intelligente Toiletten, die den Stuhl und den Harn per Video und Algorithmen analysieren. Die Daten werden sofort an die Gesundheitszentrale weitergeleitet. Die Gesundheitsleistungen werden eingefroren oder minimiert, wenn wir anfällig auf Krankheiten sind oder uns nicht korrekt verhalten.

Viele ließen sich von Versicherungen ihre DNA zu Beginn der Entwicklung entschlüsseln. Dies wurde ihnen finanziert. Später stiegen die Versicherungen bei Leistungen aus, falls eine Disposition für bestimmte Krankheiten in der DNA zu erkennen war. Sogar die Leistungen bei Kindern und Enkelkindern der Getesteten wurden gekürzt. Naturheilverfahren und Naturmittel sind seit Jahren verboten. Sie gelten als veraltet, unwissenschaftlich und wirkungslos. Wir werden mit synthetischen Stoffen behandelt. Praktizierende von Naturheilverfahren wurden im Namen der Wissenschaft verbannt. Gegen sie wurde vorgegangen wie in der Zeit der Inquisition. Nur ohne analogen Scheiterhaufen. Viele landeten in Psychiatrien. Geisteswissenschaften werden belächelt, sie zählen zu den Pseudowissenschaften.

Die Kunst gilt höchstens noch als nette Dekoration, als Luxus für eine Minderheit. Publikum ist äußerst selten erlaubt, Live-Auftritte sind verboten. Tanzen, Singen und spontane Treffen wurden schon vor Jahren untersagt. Die kreativen Köpfe finden sich in der Software-Entwicklung. Heutige Stars sind entweder Programmierer oder seit neuestem auch hochintelligente KI-Identitäten. Mir fehlt Musik und Kabarett. Ich verrate Ihnen jetzt ein Geheimnis: Als alles begann, wurde der Humor als Erstes zu Grabe getragen.«

Der Mann lachte leise.

»Warum sind Sie nicht bei der Schule ausgestiegen?«

»Die Türe hat sich nicht geöffnet. Ich denke, weil ich die Abstandsregeln verletzt habe. Wir dürfen uns nicht mehr berühren und kaum mehr miteinander sprechen. Sie versuchen sicher, meine Lippenbewegungen zu lesen. Algorithmen einer künstlichen Intelligenz werten diese aus. In diesem Fall bietet die Maske einen gewissen Schutz. Mein Energiefeld halte ich bewusst in einer leisen Fröhlichkeit. Darauf reagieren die Sensoren am wenigsten. In unserer Stadt werden wir immer mehr zu bloßen Energielieferanten für Maschinen.«

»Wie hat all dies angefangen?«

»Es war ein im Vergleich zu früheren Seuchenerregern nicht besonders bedeutendes Virus, das es allein nicht geschafft hätte, die Welt zu ängstigen und so dramatisch zu verändern. Aber mit Hilfe der Medien war es der Politik und gewissen Kräften möglich, eine Stechmücke zu einem riesigen Elefanten aufzublasen.«

»Ach, darum der Babyelefant in Österreich?«

»Wie? Ich verstehe Sie nicht.«

»Entschuldigung, sprechen Sie bitte weiter.«

»Ja, damals hat alles begonnen. Es war der große Umbruch, der große Reset. Die Restdemokratie kam als Erstes in Quarantäne. Wir mussten Abstand halten, fast alle waren durchgehend online, die Digitalisierung erfuhr einen mächtigen Schub, an der künstlichen Intelligenz konnte ohne Bedenken gearbeitet werden. Viele fürchteten um ihre Arbeitsplätze, ängstigten sich vor dem Kollaps der Wirtschaft. Alle Staaten waren verschuldet und erpressbar. Aufgrund der ausgerufenen Pandemie stimmten die Menschen in ihrer Angst allem zu. Gesundheitsdaten wurden gespeichert und ausgewertet, Datenschutzgesetze ausgehebelt, Betretungsverbote ausgesprochen, zu guter Letzt sogar der private Raum geopfert. Viele glaubten daran, dass mit restriktiven

Überwachungsprogrammen das Virus kontrollierbar wäre. Die digitale Überwachungsindustrie wurde durch die Gesundheitskrise legitimiert. Eigentlich wäre das Virus der Aufruf zum Naturschutz gewesen, hätte zu einer Aufgabe der Zauberlehrlings-Haltung ermutigen sollen. Mittlerweile haben wir die dritte Pandemie. Keiner von uns weiß mehr, ob es die verständliche Rache der Natur ist oder ob die Viren als biologische Kampfstoffe eingesetzt werden, um uns zu ängstigen und weiter zu entrechten und zu dezimieren.

Jedenfalls waren die Geheimdienste, die Pharmafirmen und viele andere von Beginn an auffällig gut vorbereitet. Statt eine Welle der Ökologisierung einzuläuten, hat die herrschende Klasse mit den Viren einen Überwachungsstaat und Bio-Kapitalismus aufgebaut. Ich meine, sie kombinierten die Bio- und die Informationstechnologie auf eine neue Weise. Sie manipulieren nicht nur das äußere Feld, sondern die einzelnen Körper im Inneren.

Dieser technowissenschaftliche Kapitalismus ist eine Kombination aus Wissenschaft, Kapitalismus, Forschung, Pharmaindustrie, Geheimdiensten, Banken, privaten Konzernen, mächtigen Stiftungen und übergeordneten Machteinheiten. Wir sind moderne Sklaven, Leibeigene im wahrsten Sinn des Wortes. Als alles begonnen hatte, glaubten viele an eine medizinische Krise. Im Nachhinein wirkt es aber so, als wäre ein trojanisches Pferd im sanitären Kleid in unsere Stadt geschoben worden.« Der Mann hustete kurz, müde Gesichter blickten ihn an. »Die Impfung machte uns unerwartet zu gentechnisch veränderten Menschen. Bald wurde sie kombiniert, um den Mikrochip mit den Identitätsdaten unter die Haut zu jagen. Wir waren überrascht, denn wir hatten diese Tatsache für eine Verschwörungstheorie gehalten. Dokumente, Pässe, Führerscheine, Kreditkarten und so weiter wurden mit der Zeit überflüssig und durch den Chip ersetzt. 3-D-Drucker produzieren mittlerweile die Impfdosen und die Impfstoffe dezentral. Vor der buchstäblichen Einführung eines Chips erhielten wir noch eine transnationale, digitale Identität, die von Anfang an streng überwacht wurde. Auch Roboter, Cyborgs, Maschinen, Unternehmen und künstliche Intelligenzen bekamen diese. Biometrische Daten und alle anderen sensiblen persönlichen Daten wurden dezentral auf unterschiedlichen Servern geparkt. Sie galten aufgrund einer neuen Technik, bei der die

Datensätze mittels kryptografischer Verfahren miteinander verkettet werden, als nicht manipulierbar. Viele glaubten dieses Märchen. Nur manchen dämmerte schon, dass hinter der Einführung der digitalen, transnationalen Identität eine Hand mit wenigen Organisationen und Figuren stand. Der Chip verbindet sich jetzt übrigens automatisch mit diesem neuen System, unzählige Funkzellen erfassen die Daten in unfassbarer Geschwindigkeit und leiten sie weiter, wenn wir unterwegs sind. Der implantierte Chip verwaltet auch unser Verhalten, unsere Kompetenzen, die später von Algorithmen in Punkte umgerechnet werden. Man appellierte bei der Einführung an unsere Gemütlichkeit, an das Bewusstsein der Identitätssicherheit und unser Gewissen. Flüchtlinge sollten sich endlich ausweisen können, aber auch Kinderschänder mittels der biometrischen Daten gefunden werden. Geheimdienste und IT-Unternehmen jedoch hatten sich Hintertüren eingeplant, die Vision einer gestaltbaren und selbst verwaltbaren Identität ist zu einer Illusion geworden. Quantencomputer und KI entschlüsseln in Windeseile wichtige codierte Programme.

Wir sind gläsern, ein umherirrender Datensatz in einer künstlichen Matrix. Wissen Sie, wir leben in einem postgenomischen Zeitalter, der gläserne Mensch stört den Fluss nicht mehr, die Körper fließen im Tempo des Kapitals, das unsichtbar durch drahtlose Verbindungen in Lichtgeschwindigkeit jagt. Alles, was stört, wird eliminiert. Jeder von uns erhält für sein Dasein einfach Punkte statt Geld, mit gutem Verhalten wird es vermehrt, mit falschem Verhalten verringert. Genauso werden bei diesem Mining-Prozess vordefinierte Kompetenzen in Punkte umgewandelt.

Sie nannten es zu Beginn bedingungsloses Grundeinkommen.

Wissen Sie, wir stimmten dieser Zahlung anfänglich zu, da die meisten von uns schwer verschuldet waren. Die kleinen und mittelgroßen Geschäfte waren verschwunden. Die Arbeitslosigkeit war aufgrund der Lockdowns, ich nenne sie gerne Knockdowns, enorm. Wir erhielten das Grundeinkommen, besaßen aber nichts mehr selbst, waren also zu Sklaven geworden. Bedingungslos ist es jetzt schon lange nicht mehr. Das Mining hinter der Punktevergabe ist sehr primitiv. Das Belohnungs- und Bestrafungszentrum im menschlichen Gehirn wird aktiviert, um das Verhalten zu steuern, das mit allen Mitteln überwacht wird. Die unüberschaubare Menge an Daten wird mit hochintelligenten KI-Systemen ausgewertet.

Ich verachte diesen sinnlosen, primitiven und fremdgesteuerten Herdentrieb. Wir leben in einer äußerst beschränkten, aber hochtechnisierten Gesellschaft. Ich muss immer an die Worte des alten Humboldt denken:

Wenn aber ein Mensch lediglich auf fremde Forderungen und Anweisungen handelt, so mögen wir bewundern, was er tut, aber wir verachten, was er ist.

Die technische Explosion während und nach dem ersten Virus war so groß, dass fast alle überrollt wurden. Ich weiß noch, wie ich mit meinen Schülern die Klassenlektüre *Die Welle* las. Als wir uns fragten, wie dieses Experiment nur funktionieren konnte, erfasste uns eine pandemische Welle. Bald strampelten wir in pandemischen Fluten, Digitalisierungs- und Maßnahmenwellen, die unsere Freiheit fortspülten.

Demokratie, menschliche Wärme, offener Diskurs, persönliche Freiheit und Würde sind platt gedrückt von einer maschinellen Welt.«

»Spricht noch jemand von Gott in Ihrer Welt?«

Der Mann lachte leise. Er wollte offensichtlich keine Aufmerksamkeit erregen. »Gott? Gott gibt es nicht mehr. Gott ist ein Wort einer längst vergangenen Zeit, als die Menschen noch tierähnlich und unterentwickelt waren. Es regiert allein der Verstand mit den fünf Sinnen. Um dieses Ziel zu erreichen, wurden auch die oberen Drüsen des Menschen massiv gestört. Spüren Sie intuitiv, was ich meine? Die Entwicklung des Intellekts hat noch nie automatisch zu einer Erweiterung des Bewusstseins geführt. Das muss Ihnen klar sein. Die Erweiterung und die Vertiefung des Bewusstseins sind aber das Wesentlichste. Die echten Mystiker sind die widerständigsten Menschen. Sie werden noch mehr gefürchtet als die Künstler und Poeten. Die herrschende Klasse verwendet die Sprache der Poeten nur manchmal, um zu manipulieren, verstehen sie aber nicht. Das Schreckliche an der neuen Entwicklung war, dass die Intelligenten zu fasziniert waren und die Gefahren nicht erkannten. Als die ersten Inhalte auf den Plattformen zensiert wurden, waren viele noch einverstanden, da es sich oft um problematische Informationen handelte. Aber es ging weiter. Kritische Stimmen wurden ausgesperrt. Ernst zu nehmende Aussagen wurden mit den gewalttätigen Stimmen von Fanatikern zusammengeschnitten, gesendet und dadurch mundtot gemacht. Viele erkannten den Feind der Menschlichkeit zwar in den Geschichtsbüchern, den heranrollenden Feind aber erkannten sie nicht, da er als Sanitäter verkleidet war. Entschuldigend muss man sagen, dass der aktuelle Feind der Menschlichkeit immer am schwersten zu erkennen ist. Und gegen ihn aufzustehen verlangt Mut. Der ungefährliche Blick in den Rückspiegel war immer einfacher. Moralische Ansprüche an die Vergangenheit zu stellen, das macht sogar aus einem Schwächling einen Charakterhelden in seinem eigenen Wohnzimmer.

Die faschistische Entwicklung jedenfalls begann schleichend. Die meisten Menschen vertrauten den Maßnahmen ihrer Regierungen. Diese hatten mit Hilfe von international agierenden Konzernen und Geheimdiensten über viele Jahre eine riesige Menge an Daten abgeschöpft und ausgewertet. Sie hatten einen immensen Informationsvorsprung, den sie immer stärker zu ihrem Vorteil nutzten. Sie kannten uns besser als wir uns selbst. Sie engineerten alles, auch uns. Nun ist es eine riesige, komplexe Maschine und wir sind bloß Datenpakete, die veräußert werden und Energie liefern.«

»Warum wehren Sie sich nicht?«

»Wissen Sie: Ein offener Feind ist leichter zu bekämpfen als ein verstellter. Wir kennen den Feind kaum noch. Unsere Welt ist anonym geworden. Jene Herrschenden, die zu uns sprechen, sind nur über Endgeräte zu sehen. Wir wissen nicht einmal mehr, ob es sich um Menschen aus Fleisch und Blut handelt oder um visualisierte KI-Programme. Ihre Empathielosigkeit würde aber auf Letzteres schließen lassen. Ich gehöre zu einer verschworenen Gruppe, die trotz aller Schwierigkeiten an einer Befreiung arbeitet. Vor Jahren waren wir noch optimistischer. Es hatte sich damals ein Tor geöffnet. Die Chance der Verbindung von Spiritualität und Intellektualität war groß. Der technologische Fortschritt wäre fast in ein gewachsenes Bewusstsein integriert und die künstliche Matrix demütig in die lebendige Matrix eingebettet worden. Manche sprachen schon von einer Wiedervereinigung von Adler und Kondor. Doch wir unterschätzten die Kraft der Angst, des Egoismus. Viele der Spirituellen, wenn ich sie so bezeichnen darf, waren nicht erwacht, sondern schlafwandelten in diese Dystopie. Aus Angst vor dem Leben flüchteten sie in positive Fantasiewelten. Sie bevorzugten den Beruhigungsschnuller anstatt des wachen und initiativen Geistes des Mitgefühls. Wir hätten diese Menschen so sehr gebraucht. Machthungrige Eliten spielten auf der Angst- und Sicherheitsklaviatur und manipulierten geschickt die Massen. Sie nahmen ihnen die Luft zum Atmen. Nicht nur mittels subtiler Methoden der Angst, sondern mit den Masken, die die Sauerstoffzufuhr für das denkende Gehirn verringerten und an die Ohnmacht des Ausdrucks erinnerten.

Wir verbanden uns zu wenig mit unserer Kraft und standen zu zaghaft auf. Jetzt stehen die Schafe im Stall. Voll überwacht. Der Kondor hat sich verabschiedet. Er ist in den Süden zur Schlange geflogen, jenseits der Peripherie des Imperiums, an dessen Rändern ständige Rohstoffkriege herrschen. Er wartet auf die Rückkehr. Es ist sehr schwierig geworden.«

Der Mann hob langsam seinen Blick. Ich bemerkte Drohnen, die nicht nur Pakete transportierten, sondern auch Menschen. Andere wurden in Hyperloops, Schwebebahnen oder Shuttles durch die Stadt befördert.

»Wo sind die Vögel?«

»Es gibt sie nur mehr selten. Unsere vollautomatisierte Welt hat wenig Platz für Tiere. Ich denke, dass der intensive Einsatz von genmanipulierten Pflanzen und Schädlingsbekämpfungsmitteln die meisten der Vögel tötete. Sie werden kaum Insekten finden. Ihnen ging es ähnlich, wobei die Strahlenbelastung durch die Informationstechnologie ihren Teil dazu beitrug. Wir sind in der siebten Generation der Datenübertragung. Der immer engmaschigere Ausbau der Funkzellen aufgrund der immer höheren Frequenzen wirkte meiner Meinung nach fatal auf die Insektenwelt.

Bis vor Kurzem lieferten noch Terra-Hertz-Wellen die Daten. Insekten werden Sie bei uns kaum noch finden, deswegen haben wir Probleme mit der Ernte. Die Böden sind in ein Burnout geschlittert und sind bloß noch Unterlage für chemische Düngemittel. Die Klimaerwärmung schreitet unerbittlich voran, obwohl wir Wolken aufhellten, riesige Spiegel im Weltall montierten und künstlich CO_2 absaugten.

Es wurde sogar die Stratosphäre manipuliert. Sie hätten von Pinatubo gelernt, meinten sie. Da kann ich nur lachen, denn dieser Vulkan ist ein weiser Lehrer, der uns die Masken der Angst und Konformität entreißt und uns mit der Quelle verbindet. Ich bin oft im Kontakt mit ihm. Aber zurück zum Klima. Wir brauchen weiterhin für die Kühlung enorme Energiemengen, die von kleinen Atomkraftwerken zur Verfügung gestellt werden. All das setzt den Insekten massiv zu.

Es surren aber libellenartige Roboter durch die Lüfte. Sehen Sie diesen künstlichen Kolibri, der blitzschnell von einem Ort zum anderen schwirrt? Sie alle beobachten und liefern Daten. Und dort den Roboterhund? Er wird zur Überwachung eingesetzt und begleitet Polizisten so wie Androiden.«

Der Mann drehte sich zu mir und flüsterte: »Wissen Sie was? Einige von uns kolonisieren gerade den Mars. Ohne Rückflugticket. Es klappt aber noch nicht richtig. Leider können wir die Sterne und Planeten nicht mehr sehen. Der Himmel ist voll mit Fluggeräten und tausenden Satelliten rund um die Erde. Die Satelliten dienen auch der Überwachung, kommunizieren miteinander. Ein beliebtes Reality-Spiel ist derzeit, mithilfe von Satelliten-Echtzeitübertragungen gemeinsam vor den 3-D-Wandbildschirmen Feinde des Systems zu finden. Bekannte verwenden dafür sogar schon Hologramm-Projektionen statt Riesenbildschirme. Die virtuelle Realität ist somit im realen Raum körperlich präsent, ein technischer Sprung vorwärts. Ach ja, zurück zum Spiel. Also, wer den Feind zuerst lokalisiert hat, bekommt Punkte. Die entdeckte Person verschwindet daraufhin, auch aus dem Punktesystem. Sie wird nie wieder gesehen. Manchmal werden verdächtige Gruppen ausfindig gemacht und einer nach dem anderen lokalisiert, bis nur eine Person übrigbleibt. Diese darf weiterexistieren, gilt aber als unberührbar. Ich glaube, dass die früheren Casting-Shows auf diese Szenarien eingestimmt haben. Jetzt haben nur wenige Zugang zu den Privilegien. Wahrscheinlich werden wir alle in Zukunft noch zu einer nutzlosen Kaste für die Herrschenden. Wir erleben eine ständige Erosion der letzten

Rechte. Wenn ich alle Wellen der letzten Jahre analysiere, dann waren es letztendlich Kolonisationswellen, die auf der Pandemie der Angst basierten. Fast jeder von uns wurde kolonisiert. Ja, wir waren zu Kolonien für die Herrschenden geworden. Es gab einen Mann, der für viele dieser Entwicklungen die Tore öffnete. Wir haben nun die Rechnung zu bezahlen. Haben Sie Angst? Sie haben erstaunlich wenig Angst. Ihnen könnte eine Flucht mit Ihren Kindern noch gelingen. Wagen Sie es, bevor es zu spät ist. Wenn wir am städtischen Zoo vorbeikommen, wo Sie viele ausgestorbene Tierarten lebendig in ihren Gehegen bewundern können, beginne ich laut zu lachen. Lassen Sie sich aber nicht täuschen. Einige Tiere sind reine Hologramme.«

»Warum lachen Sie laut?«

»Weil sofort Sicherheitskräfte kommen und mich abführen werden. Lautes Lachen ist ein Zeichen für pathologisches Verhalten, das als ansteckend empfunden wird. So lenke ich die Polizisten ab. Ihre letzte Chance.«

»Wie entkomme ich unerkannt?«

»Zeigen Sie Ihren Kindern die Tiere und verabschieden Sie sich freundlich beim Hintereingang. Eine Freundin von mir arbeitet dort.«

»Wie wird sie mich erkennen?«

»Daran, dass Sie ein inneres Lied der Freude singen. Das ist Ihr geheimer Pass. Sie hat ein zweites Gesicht. Verstehen Sie? Niemand darf das wissen. Ich kommuniziere telepathisch mit ihr.«

»Und ich, kann ich die Frau erkennen?«

»Sie hat eine Seele. Sie ist seelenvoll. Und sie trägt ein geheimes Symbol, das sie Ihnen zeigen wird, wenn Sie mit den Kindern bei ihr vorbeikommen.«

»Welches Symbol ist das?«

»Ein weißer Kojote auf der linken Schulter eintätowiert. Wir folgen dem weißen Kojoten.«

Ich begann unkontrolliert zu lachen, immer lauter. Der Bus bebte, der Mann neben mir lachte mit, meine Schüler brüllten vor Lachen, Masken flogen durch die Luft, ein Wachmann kam angerannt, Sirenen heulten. Mein Gesicht war auf einem riesigen Monitor an einem Hochhaus zu sehen.

Während die Bilder vor mir verschwammen, hörte ich noch den Wachmann: »Was machen Sie hier?«

»Wir produzieren Lachdosen und tanzen einen Maskentanz!«, riefen die Kinder im Bus.

Masken flogen durch die Luft. Lachwellen breiteten sich pandemisch aus und erfassten den gesamten Planeten. Alles, was sich der Lebendigkeit entgegenstellte, wurde hinweggespült. Die Bilder lösten sich langsam auf und ich hörte eine Stimme nach mir rufen. Ich fuhr hoch und sah Coyote.

Bumm. Der Traum krachte in meinen Tag wie ein Lastwagen in einen Gemüsemarkt. Wie froh ich war, aus ihm entkommen zu sein!

»Noah, komm mal rüber!«, rief Coyote mit seiner warmen Stimme. Er saß auf einen Baumstumpf, etwas abseits vom Lagerplatz.

»Habe ich dir nicht immer wieder gesagt, wie wichtig herzenszentrierte Verrücktheit und der Fischottereffekt sind? Vergiss nie dein herzliches Lachen, dein großes Herz. Kümmere dich mehr um deinen Körper und verbinde dich mit dem Spirit. Du darfst deinem Denken gern mal Urlaub geben, sonst spürst du deinen Körper und deine Verbindung zum Ganzen kaum noch. Wo ist deine innere Musikbox, Noah? Weißt du, die objektive Wirklichkeit da draußen und deine subjektive da drinnen sind untrennbar miteinander verwoben. Deine Wahrnehmung der Welt ist nicht passiv, sondern schöpferisch. Verstehst du? Deswegen arbeiten wir am Werkzeug, mit dem ihr die Welt verbessern wollt. Du kannst nicht verwundet, ängstlich und nervös an einer neuen Welt basteln. Die Morgendämmerung beginnt in dir und breitet sich auf die ganze Welt aus. Dein Sonnenaufgang erhellt die Welt. Zuerst jedoch musst du durch deine Dunkelheit reisen. Das Leben fließt in Wahrheit von innen nach außen und wieder zurück. Dort, wo sie sich berühren, da findest du mich. Putze deine Wahrnehmungsbrille zuerst, danach gehe hinaus und setze dich ein für eine neue Welt. Ohne Liebe, ohne liebenden Blick und Humor wirst du durch die Welt und über deine Schatten stolpern. Also, tune dich ein auf den Spirit. Und tanze nach dem Rhythmus deines Herzens. Im Klartext, entkopple dich vom Massenbewusstsein. Unterzeichne eine Unabhängigkeitserklärung von der Illusion der Angst. Die *Liberty Bell* wird in deinem Herzrhythmus läuten.« Er lachte laut. Dann meinte er noch: »*Wo die Liebe erwacht, da stirbt das Ich, der dunkle Despot.* Und dies wird reiche Frucht bringen.«

Ich blickte ihn an, über seinem breiten Grinsen sah ich kurz ein violettes Licht, das sich mit dem goldenen Sonnenlicht vermischte.

Franziska rief nach mir. Sie hatte Lust auf einen Spaziergang, bevor wir die letzte Nacht vor der Solo-Zeit am Lagerfeuer verbrachten.

Bert hatte sie und Martin in die Kunst des Fährtenlesens eingeführt, bevor er ein neues Feuer mittels Bogen, Holzbrett und Spindel entfachte. Ihre Angst, verlassen zu werden, nagte tief in ihr, so wie die Angst, geliebte Menschen zu verlassen. Sie machte sich Vorwürfe, ihren Bruder, der mit der Diagnose Autismus lebte, zu wenig zu unterstützen.

»Noah, irgendwie gestaltet sich derzeit alles so schwierig. Mit Bert wurde mir klar, dass ich die Fährte meiner Seele suche. Wie edel ist die Kunst des Fährtenlesens. Ich bin meinem Leben wieder intensiver auf der Spur.«

Bert hatte mir viel von seiner Kunst des Fährtenlesens beigebracht. Das *Intuitive Tracking Training* im letzten Jahr war für mich ein Sprung in eine neue Dimension des Trackings. Bert war nach seiner Reise zu den Buschmännern in der Kalahari, den San, von dieser Art des Trackens angetan. Franziska und ich saßen noch eine Weile auf einem Felsen, der den Blick in das nächste Tal für uns freigab. Welche Vision würden wir wohl für uns allein und gemeinsam finden?

Aufbruch ins Basecamp

Bert schlug die Trommeln. Ich schlüpfte aus meinem Schlafsack und nahm die Haube vom Kopf. Die Kälte der Nacht war in meinen Schlafsack gekrochen, doch ich hatte gut geschlafen. Noch einmal saßen wir zu Rate, hörten und sprachen mit dem Herzen. Bert und Coyote, die vor Tatendrang nur so sprühten, erklärten die letzten Einzelheiten.

Dann packten wir unsere Rucksäcke und Schlafunterlagen und machten uns auf zum Basecamp. Coyote blieb bei Miriam. Er würde später zu uns stoßen. Der Tross bewegte sich langsam. Es war still, wir waren alle mit uns selbst beschäftigt.

Zuerst führte uns ein Pfad entlang eines Kammes. Bert wählte einen steilen Abhang, den wir mehr hinunterrutschten als wanderten. Niemand war zu sehen. Die Zivilisation hatte sich verabschiedet. Nur einmal erblickte ich in der Ferne Häuser. Der Himmel wölbte sich in einem wunderschönen, reinen Blau. Er war den Vögeln und einigen Insekten vorbehalten. Erst abends würden wieder Fledermäuse, diese kleinen Säugetiere, durch die Lüfte flattern.

Martin wanderte mit seinen Zehenschuhen dicht hinter Bert, der quer durch einen Mischwald seine Spur zog. Als wir an Höhe gewannen, verabschiedeten sich die letzten Laubbäume. Tannen, Fichten, Kiefern, Lärchen und Zirben beobachteten unser Team, das sich vollbeladen mit Rucksäcken in Richtung Basecamp wälzte.

Als wir auf einer Anhöhe angelangt waren, zeigte uns Bert seinen Lieblingsberg. »Hier habe ich schon Luchs- und Wolfsspuren gefunden«, flüsterte er mir zu. »Dass sich der Luchs nicht nachhaltig in unserem Land niederlassen kann, verrät leider sehr viel. Er ist völlig ungefährlich, scheu und faszinierend. Für die Nutztiere besteht wenig Gefahr. Nur, er stört die Jäger, weil er ein Jagdkonkurrent ist. Das ist alles. Egal, ob ein einzelner Luchs durch die Wälder streift oder ein Virus sich verbreitet. Wir haben vor allem eines: Angst. Die Medien spielen auf dieser Klaviatur vorzüglich. Ich freue mich natürlich nicht über ein neues Virus, ich freue mich aber über die Rückkehr der großen Beutegreifer Luchs,

Wolf, Goldschakal und Bär. Der Einzige, der für Menschen gefährlich werden könnte, ist der Bär. Im Vergleich zu Corona oder zur normalen Grippe ist auch der harmlos. Alle tierischen Rückkehrer zusammen könnten keinen Shutdown bewirken, den ich sowieso für völlig überzogen halte. Die jetzigen und wahrscheinlich auch zukünftigen Maßnahmen gegen das Virus halte ich für gefährlicher als das Virus selbst. Die psychologischen, sozialen, finanziellen und gesundheitlichen Auswirkungen werden wir noch deutlich spüren. Erinnerst du dich daran, wie anfangs alle als Verschwörer bezeichnet wurden, die Corona für gefährlich hielten? Und jetzt ist es genau umgekehrt. Der Rahmen, der um die offizielle Deutung gelegt wird, ist immer wieder erstaunlich. Wenn wir in Zukunft wieder in kleinerem und größerem Ausmaß das Leben herunterfahren, sollten wir uns überlegen, ob wir das Leben selbst nicht generell herunterfahren sollten. Als Argument würde ich den Tod ins Treffen führen. Daran sterben viel zu viele, darum sollten wir einen generellen Shutdown einführen und das Leben abschaffen.«

»Bert, die Maßnahmen haben ja eine ähnliche Wirkung wie der Selbstmord aus Angst vor dem Tod.«

Bert lachte, während er sich seinen Rucksack richtete und einem schmalen Pfad folgte. Nach wenigen Schritten blieb er wieder stehen. »Weißt du, welches Wildtier meiner Meinung nach am deutlichsten missverstanden wird? Der Wolf. Bei den Nutztieren ist es das Schwein. Ich habe das Gefühl, dass diese sensiblen Tiergattungen zu den traurigsten gehören. Aber viele Menschen sprechen Tieren Seele und Gefühl ab. Vor langer Zeit sprach man ihnen als Krafttiere sogar bestimmte Kräfte zu. Heute gelten sie für zu viele als unterkomplexe, seelenlose Bewohner am Rand des Menschenreiches, das seinen Innovationen mehr Interesse entgegenbringt als den Tieren. Entweder stören sie oder man nutzt sie. Diese Denke führt geradewegs in die Zerstörung der lebendigen Natur.

Der Mensch hat viele Fähigkeiten, aber das größte Talent entwickelt er bei der Vernichtung der Natur, schrieb im Mittelalter schon Rumi.

Man könnte den Spruch weiter fassen. Mit seiner arroganten, verstandeszentrierten Haltung zerstört der Mensch auch seine innere Natur, seinen inneren Reichtum. Zum Glück jedoch gibt es ein Umdenken.

Noch mal konkret zu den Wölfen. Warum setzt man in Europa vermehrt Lamas und Alpakas als Herdenschutztiere bei Schafen e. Unter bestimmten Voraussetzungen funktioniert dies hervorragend. Esel eignen sich auch, sogar bei Kühen. Es müssen nicht immer Hunde sein, die teuer in der Ausbildung sind und Probleme machen können. So würde die Koexistenz mit den großen Raubtieren besser funktionieren. Wo ein Wille ist, da ist auch ein Weg.«

Das Basecamp

Nach einer kurzen Wanderung bergab, vorbei an bizarren Felsformationen, landeten wir auf der Wiese. Unter den Bäumen entdeckte ich eine Lagerküche. Wir hatten unser Ziel erreicht.

Bert bat uns, die Rucksäcke abzuladen und gemeinsam zu kochen. Die Feldküche hatte er für uns aufgebaut. Wie er die Gasflasche rauftransportiert hatte, war mir ein Rätsel. Vegetarisches Chili stand auf dem Speiseplan. Ich holte Löffel und Teller aus meinem Rucksack und setzte mich neben Franziska in den Essenskreis. Die Bohnen und Linsen schmeckten vorzüglich. Franziska stieß mich und zeigte auf Jakob, der schon den dritten Teller befüllte.

»Das Fasten ab morgen dürfte ihm schon im Magen liegen«, flüsterte sie und lachte leise.

»Angst, Linsen und Bohnen sind gemeinsam gar nicht so einfach zu verdauen«, erklärte ich Franziska. Als Jakob später unter Flatulenzen litt, entschuldigte er sich bei jedem Furz damit, dass er auf einen Trompetenkäfer gestiegen wäre.

»Klingt und riecht eher nach Schas-Trommel-Käfer, du alte Stinkmorchel«, schimpfte Florian. Nach dem Mittagessen gab es Tee, Kaffee und Quellwasser zu trinken. Genau da traf Coyote bei uns im Lager ein.

»Hey John, welchen Weg hast du gewählt?«, rief Martin. »Du wirkst gar nicht verschwitzt.«

»Ich habe kaum Gepäck bei mir, deswegen. Ihr tragt oft viel zu viel mit euch herum. Das macht den Weg dann schwer.«

Coyote und ich waren die Einzigen, die mit den Kaffeehäferln prosteten.

»Vier Tage ohne Kaffee, wie soll ich das überleben, Bert?«, witzelte ich.

»Kann sein, dass du Kopfweh bekommst. Dein Körper hat sich leider an das Koffein gewöhnt.«

Mit diesen trüben Aussichten machte ich mich dann auf, um meine Wasserkanister zu holen.

Bert hatte sie vor einigen Tagen in die Nähe des Lagers gebracht. »Ich bin ausnahmsweise mit meinem Geländewagen verschiedene Forststraßen entlang bis in unsere Nähe gefahren. Dabei habe ich die Gasflasche mittransportiert. Diese Wege kennt kaum jemand«, erklärte er der Runde. Es war ein Gehweg von einer Viertelstunde bis zu den gestapelten Kanistern.

Nach einer halben Stunde kehrte ich mit den Wasserbehältern in beiden Händen zum Lager zurück.

Coyote, der genüsslich an einem Grashalm kaute, forderte uns nach einer weiteren Runde im Kreis auf, unsere Stelle zu finden, wo wir die nächsten vier Tage und Nächte verbringen sollten. Bert machte uns noch mal auf unsere Intention für die Visionssuche aufmerksam. Wir ließen die Kanister im Basecamp und wanderten ohne Gepäck los.

Ich betete zum Universum, dass es mir den passendsten Platz zuweisen sollte. Mein Gefühl ließ mich in Richtung einer Anhöhe schlendern. Oben angelangt, blieb ich stehen und wusste nicht mehr weiter. Ich drehte mich um und sah Franziska, die in meine Richtung marschierte. Kurz winkte ich ihr und wanderte weiter. Die Sonne verdunkelte sich für einen Moment. Ich erschrak und blickte nach oben, konnte aber nichts entdecken. So schnell der Schatten gekommen war, zog er weiter. Ein Bussard, der über mich hinweggeflogen war, hatte ihn geworfen. Ich folgte dem gefiederten Freund, der einige hundert Meter weiter in der Thermik zu kreisen begonnen hatte und sich immer weiter dem Licht entgegen schraubte.

Immer wieder stieß er seinen markanten Schrei aus. Jetzt wusste ich, wohin ich gehen musste. Nachdem ich mich durch einen dichten Jungwald gezwängt hatte, landete ich auf einer leicht abschüssigen Lichtung, die bei einer Felswand endete. Ich traute meinen Augen kaum, wie schön es hier war.

Sofort machte ich mich auf zur Mitte der Wiese, auf der vereinzelt Zirben, Latschen und Kiefern standen. Über mir kreiste der Bussard, dann suchte er das Weite, ohne mit den Flügeln schlagen zu müssen. Ich setze mich unter eine der Kiefern, deren Nadeln so hellgrün leuchteten, dass mein Herz vor Freude hüpfte. Der blaue Himmel im Hintergrund machte das Bild vollkommen. Ich blickte mich um und bemerkte Franziska, die entlang der Wiese spazierte, dann nach links abbog und in einem Wald verschwand.

Ich war dankbar, diese Stelle für mich gefunden zu haben, und hoffte für Franziska, dass sie ebenso ihren Platz für die nächsten Tage finden würde. Nach einer Weile trottete ich zurück zum Lagerplatz, nicht bevor ich einen Freudentanz zum Besten gab. Die Kiefer lachte, die Lärche wippte im Wind und ein Eichelhäher beäugte mich belustigt.

Im Lager wollte Bert wissen, wo wir ungefähr unsere Plätze gefunden hatten. Franziska und ich befanden uns lediglich zehn Minuten Gehzeit voneinander entfernt.

»Franziska, Noah ist nicht nur sonst dein Partner, sondern auch während der Visionssuche.«

»Das ist schön, Noah. Sogar das kleine Sicherheitsnetz spannen wir gemeinsam.«

Ich umarmte Franziska, über uns der gespannte Himmelsbogen. Die Teilnehmer unserer Gruppe bildeten Paare, die für einander als Buddys funktionierten. Sie wurden nach der Entfernung der Plätze ausgewählt.

Als wir mit unseren Wasserflaschen erneut zur Visionssuchestelle wanderten, zeigte mir Franziska ihr Gebiet. Ich weihte sie ein, ohne ihr den genauen Platz zu mitzuteilen. So war das mit Bert und Coyote ausgemacht.

In der Mitte zwischen unseren Kraftplätzen vereinbarten wir Buddys einen Treffpunkt, an dem jeder täglich ein Zeichen dafür ablegen sollte, dass es ihm gut ging. Nachdem wir die Wasserkanister abgestellt hatten, entdeckten Franziska und ich zwischen unseren Plätzen einen Stein, der wie ein Herz geformt war. Hier sollte unser gemeinsames Sicherheitsnetz zu finden sein.

An den Vormittagen würde ich den Stein in einen von uns mit kleinen Felsen gestalteten Kreis legen, am Abend Franziska. Wir sollten mit dem Ritual ab morgen Abend beginnen und nach vier Nächten am Vormittag des Ostersonntags insgesamt acht Steine gelegt haben. Die Nacht auf den Ostersonntag sollte, wenn möglich, durchwacht werden. Am Vormittag des Ostersonntags würden uns Coyote und Bert im Basecamp wieder willkommen heißen.

Gegen Abend saßen wir am Lagerfeuer und feilten an unserer Intention, mit der wir über die Schwelle in den Raum der Zeremonie eintreten würden. Coyote erklärte uns, dass er lebendige Rituale gern als Zeremonie bezeichnen möchte.

Es war eine vertraute Runde, in der wir vor unserer Solo-Zeit draußen saßen. Ich fühlte mich eins mit meinen Freunden und der Natur, wesensgleich, wenn auch von anderer Gestalt. An der Oberfläche war ich einzigartig, in der Tiefe verbunden und unteilbar.

Coyote ließ uns unsere Intention vortragen.

»Ich bin der verrückt liebende und lachende Noah, der inmitten der großen Veränderungen die Freude lebt«, sprach ich mit der Rassel in der Hand laut in den Kreis.

Patrizia nahm nach mir die Rassel. »Ich gehe hinaus, um mich selbst mehr lieben zu lernen.«

Franziskas Intention, die in starker Verbindung zur Erdenmutter Gaia stand, berührte mich tief. Ich wusste, dass sie sich in letzter Zeit intensiv mit den weiblichen Qualitäten von Shakti, Devi, Kali, Gaia, Perchta und so weiter auseinandergesetzt hatte. Viele Geschichten zu Maria, Miriam, Morgaine, Radha, Guanyin und weiteren weiblich-spirituellen Figuren säumten ihren Weg. Sie war ein Fan von Frauen, die für eine bessere Welt kämpften. Jane Goodall, Vandana Shiva, Joanna Macy und die verstorbene Wangari Maathai hatten es ihr angetan.

Bert stand auf. »Gestern Abend habe ich am Feuer mit Jakob über einen seiner Trompetenschüler gesprochen. Der Schüler, er kam mit unserer Welt nicht klar, wandte sich an einen Psychotherapeuten, um sich zu verändern. Jakob, kannst du erklären, was der zu deinem Schüler gesagt hat?«

»Gern«, antwortete Jakob. »Er sagte am Ende der Sitzung: ›Weißt du was? Du brauchst nicht mehr zu mir kommen. Du bist völlig gesund. Die Welt ist krank.‹«

Es war still im Kreis. Martin und Susi liefen Tränen über die Wangen.

»In Wahrheit behandeln die meisten Therapeuten die Falschen. Süchtige, Depressive, Ängstliche, an Selbstwert Leidende und viele mehr landen in den Praxen. Ja, sie brauchen oft eine Therapie. Die Psychopathen und Soziopathen an den Schalthebeln der Macht wären jedoch die wahren Patienten. Wir brauchen dringend neue Menschen mit Mitgefühl, Herz und Hirn an der Macht. Lasst uns furchtlos eine neue Welt gestalten!«, rief Martin.

»Furchtlosigkeit ist neben Empathiemangel und einem hohen Grad an Impulsivität ein Grundpfeiler der Psychopathie, Martin«, erklärte Florian. »Wenn die drei gemeinsam auftreten, dann hast du einen Psychopathen vor dir. Furcht ist bis zu einem gewissen Grad natürlich. Mut, Vertrauen und Mitgefühl wären passende Antworten auf Furcht. Psychopathen aber brauchen keinen Mut. Ihr Warnsignal Angst funktioniert nicht. Man kann das neurobiologisch nachweisen. Leider sind solche Menschen aufgrund ihrer Pathologie in einer pathologischen Gesellschaft erfolgreich. Nicht wenige Konzernchefs fallen mehr oder weniger in diese Rubrik.«

»Danke für diese wertvolle Ergänzung, Florian.« Martin lächelte wieder.

»Ich möchte über den wahren Virus aus indianischer Sicht sprechen«, begann Bert. »Das scheint mir passend. Ihr wisst, dass unsere Zeremonie auch ein Geschenk der amerikanischen Natives ist. Dazu gehört die schlichte und so tiefgehende Lehre von den vier Schilden und Himmelsrichtungen, die ihr kennengelernt habt. Sie hat ihren Ursprung vermutlich bei den Mayas, bis sie bei den Cheyenne und anderen Indianerstämmen landete. Leider wurden indianische Traditionen viel zu lange verboten. Die Wunde der Versklavung der Schwarzen ist tief, sehr tief. Die Wunde der Zerstörung der indianischen Kultur ist meiner Meinung nach noch tiefer, sodass es noch Zeit braucht, bis sie an die Oberfläche gelangt. Die meisten von uns wissen, dass Afroamerikaner täglich Opfer von Rassismus werden und viel öfter als Weiße bei Polizeieinsätzen getötet werden. Im Verhältnis verlieren aber noch öfter Indianer durch Polizisten ihr Leben. Sie sind die gefährdetste Minderheit und niemand spricht davon. Ihre Kultur und besonders ihre Vernichtung werden gekonnt verschwiegen.

Überlegt nur, wie wenig sie in Medien und in Filmen thematisiert werden. Indigene werden weltweit nach den gleichen Mustern kolonialisiert, isoliert und vernichtet. Zuerst aber wurde der Indigene in uns zu Fall gebracht.

So gibt es natürlich auch ein europäisches Medizinrad. Wir haben nicht nur die Indigenen außerhalb von uns abgewertet und an den Rand gedrängt, sondern unsere eigenen indigenen Wurzeln, den Indigenen in uns. Ein Teil unserer Arbeit ist, diesen Indigenen, der sich als Natur erlebt, wieder auferstehen zu lassen. Die neue Form des Kolonialismus von Konzernen gegenüber unserem Körper will den Indigenen aber unwiderruflich vernichten. Dagegen kämpfen wir an. Hand in Hand mit dem modernen Menschen wird der Indigene in uns etwas völlig Neues einläuten. Nur, die Geburt ist schwer. Falls sie gelingt, erleben wir eine einmalige Synthese.«

»Einen Sowohl-als-auch-Zustand, eine Superposition, einen Katzenzustand«, ergänzte ich.

Bert blickte zu Coyote, der ihm ein warmes Lächeln schenkte.

»Du redest keinen Käse. *Come-on-Bert*!«, hörte man Coyote rufen.

Während alle wegen Coyotes Anspielung auf den französischen Weichschimmelkäse lachten, meinte er nur: »Endlich traust du dich, dein Wissen und deine Weisheit zu zeigen. Komm her, Bert.«

Bert lachte, ging zu Coyote und meinte: »John, ich heiße zwar nicht Herbert, komme aber gern.«

»Ich nenne dich ab nun *Who bird*«, verkündete Coyote.

»Bert heißt übrigens Norbert«, erklärte ich.

»*Who is Bert? Neither virus nor bird?*«, sprach Coyote in Rätseln.

»Wer bist du? Ist das Universum ein freundlicher oder feindlicher Ort? Zwei der wesentlichsten Fragen. ›Wer bin ich?‹ Das ist wahrlich die größte aller Fragen. ›Ich bin‹ eine der stimmigsten Antworten. Das ›Wer bin ich?‹ und das ›Ich bin‹ sind Nadelöhre ins Erwachen«, ergänzte Coyote.

WETIKO, DIE INDIANISCHE SICHT

Bert holte tief Luft und fuhr fort. »Corona ist für mich Ausdruck des tiefer liegenden Virus namens *Wetiko*. Ich habe von den Cheyenne gesprochen. Dieser tapfere Indianerstamm spricht eine Algonkin-Sprache. Und in dieser Sprachfamilie findet sich das Wort *Wetiko*. Der Begriff bedeutet Selbstsucht. Wahrscheinlich verwendete der Indianerstamm der *Cree* das Wort das erste Mal, um das Virus der unersättlichen Gier, das die Weißen befallen hatte, zu beschreiben. Ursprünglich bedeutete die Wetiko-Krankheit bei den Indianern eine psychotische Gier nach Menschenfleisch, besonders in äußerst schwierigen Hungerwintern. *Wetiko* trieb eben den Menschen zum Kannibalismus. Dieses mentale Virus drängte ihn in die Angst und Isolation, in den totalen Mangel. Der Mensch mutierte zum Raubtier, das nach Tausenden Jahren Patriarchat, Hunderten Jahren Kapitalismus und Jahrzehnten Neoliberalismus alles kannibalistisch verzehrt, was mit ihm im weiteren Sinne verwandt ist. Imperien sind auf *Wetiko* aufgebaut, *Wetiko* ist in uns mittlerweile eingefleischt, unser Schatten, ein Teil der DNA. Wir ernähren uns buchstäblich von anderen. Wir erniedrigen andere, sprechen ihnen die Seele ab und konsumieren sie. Agent Smith in Matrix hatte recht, als er behauptete, wir Menschen verhalten uns wie Viren. *Wetiko* sucht seinen Wirt und verwandelt ihn selbst in ein Virus. Buddha wusste das, als er Gier, Hass und Verblendung die drei Geistesgifte nannte. Im Kern versuchen alle Religionen, mit Spiritualität *Wetiko* zu überwinden, fallen ihm aber selbst zum Opfer. Die Spiritualität der Indigenen ist da freier, weil nicht übertrieben strukturiert. Außerdem laufen sie durch ihre Erdverbundenheit und Wertschätzung des Weiblichen nicht so sehr Gefahr, in ein angstvolles Mangelbewusstsein zu geraten.

Dadurch sind sie schlechte Wirte für *Wetiko*. Die besten Wirtshäuser für *Wetiko* sind derzeit wahrscheinlich internationale Konzerne. Wir leben aus indianischer Sicht in einem kannibalistischen Wetiko-System.«

Berts Worte lösten Unbehagen aus. Ich dachte an Worte des Künstlers Friedensreich Hundertwasser, der einmal gemeint hatte, dass es sein

Lebensziel wäre, sich vom universellen Bluff unserer Zivilisation zu befreien.

Coyote schaltete sich ein. »Leute, nehmt euch heute Zeit für das Abendessen. Genießt es. Ich empfehle euch, mal anders zu essen als sonst. Nehmt eure nicht dominante Hand. Gebt euch Zeit. Kaut minutenlang. Summt beim Essen. Riecht daran. Esst auf einem Felsen. Steht auf einem Bein. Setzt euch auf die dominante Hand. Brecht Routinen. Das stellt die Zellen auf Veränderung ein. Die Gene in dir, die In-dir-Gene, antworten dankbar. Und morgen geht raus und verwandelt die gefräßige Wetiko-Raupe in einen Schmetterling. Dafür müsst ihr euch kurz zurückziehen in den Schoß der Mutter Natur. Sie hilft und beschützt euch im Kokon.

Nicht, dass die Wetiko-Agenten noch eure Seide stehlen, wenn ihr eure Träume spinnt. Ihr werdet sehen, ihr verwandelt bald Schatten in Licht, Blei in Gold, bittere Zitronen in köstliche Limonade. Hugh, ich habe gesprochen.«

Als Franziska und ich das Essen zu uns nahmen, schwiegen wir. Ich hatte Spaß daran, den Gemüsereis mit der linken Hand zu essen. Die rechte Hand hatte ich mir über den Kopf gelegt, die Schüssel war zwischen meinen Beinen eingeklemmt. Franziska amüsierte der Anblick. Ich hörte, wie Martin mit Coyote sprach.

»John, du wirkst so spirituell. Hält man dich an Zollkontrollen wegen deiner mitgeschleppten Ausstrahlung nicht auf? Wer bist du?«

»Ich bin. Und für dich bin ich ein spiritueller Anarchist, ein spiritueller Rebell. Ein Liebender und Poet, der über die Witze Gottes lacht. Regeln und Gesetze bedeuten mir nicht viel. Sie sind bloß für sicherheitsverliebte Menschen gedacht, die damit den Vogel der Freiheit und Freude verlieren.«

»Was denkst du? Kommt eine Maskenpflicht an den Schulen?«

»Ja, ich meine schon. Früher oder später wird sie da sein.«

»Wie soll ich dann meine Freiheit leben, John?«

»Dann fordere ich dich zu einem Maskentanz auf, Martin. Intelligenz tanzt, Angst marschiert. Mach dir keine Sorgen, auch wenn die Seefahrt noch eine Zeit lang ruppig ist. Ich sag's dir in christlicher Sprache, weil Ostern vor der Türe steht: Wenn der Christus an Bord schläft, dann ist die See extrem rau. Manche werden kentern. Wenn Christus, die Liebe, in dir erwacht, wird er die See beruhigen. Verabschiede dich in Liebe vom Herdenbewusstsein. Es gibt noch keine Herdenimmunität gegen das Angstvirus. Drehe deinen eigenen, unabhängigen Film, einen Indie-Film. Deine Gene reagieren auf diese Unabhängigkeit, sie werden zu Indie-Genen. Auf das Erwachen des Indigenen in dir, Martin!«

»John, wie wird das Wetter morgen?«, rief ich zu ihm rüber.

»Ach Noah. Schau auf die Vögel und Insekten. Dohlen, Eichelhäher und Ameisen verraten dir viel.«

»Danke, John. So genau wollte ich es gar nicht wissen.«

Seine Empfehlung erinnerte mich an die Hausbootfahrt am *Shannon* letztes Jahr. Vor der Überquerung des *Lough Ree* waren wir, Susi, Martin, Franziska und ich, nicht sicher, ob das Wetter halten würde.

Ein irischer Vagabund, der mit Hund und Gitarre auf einem alten Hausboot unterwegs war, hatte nur lapidar gemeint: »Beobachtet die Schwalben. Fragt die Natur und nicht das irische meteorologische Service. Der *Lough Ree* kann heftig werden, bevor ihr in *Athlone* das älteste Pub Irlands besuchen werdet.«

Er war ein Gypsy, ein Traveller, und hatte Kontakt zu Jenischen in Österreich. Wie wohl die Iren derzeit mit geschlossenen Pubs lebten? Wie Irre in geschlossenen Anstalten?

Musik, Tanz, Feiern, Gesang, Körperkontakt. Die elementarsten Dinge des menschlichen Lebens waren von der Angst gehemmt und lahmgelegt. Digitale Pubs waren schlicht und ergreifend weder möglich noch erwünscht.

Hier in den Bergen aber schlugen wir dieser Unbill ein Schnippchen. Ich dachte an den morgigen Tag und öffnete eine Seite in einem Buch, das Franziska mir vor Jahren geschenkt hatte. Folgende Zeilen von Rumi sprangen mir ins Auge.

Du hast eine Aufgabe zu erfüllen. Du magst tun, was du willst, magst Hunderte von Plänen verwirklichen, magst ohne Unterbrechung tätig sein – wenn du aber diese eine Aufgabe nicht erfüllst, wird alle deine Zeit vergeudet sein.

TAG 1: SCHWELLENZEIT – AUFBRUCH IN EINE NEUE WELT

In aller Früh spielte Bert auf seiner Trommel. Erleichtert und müde kroch ich aus meinem Schlafsack und trank meinen Tee, eine kleine Veränderung zu Lasten des Kaffees. Kein Essen, kein Zelt, kein Handy sollten uns in die Natur begleiten, wo wir als Unsichtbare galten.

Bert und Coyote luden zu einem kurzen Sitzkreis. Franziska und ich umarmten uns. Als ich sie fragte, ob sie nervös wäre, antwortete sie mit den Worten von Pippi Langstrumpf:

»Das habe ich noch nie vorher versucht, also bin ich völlig sicher, dass ich es schaffe.«

Wir sprachen uns Mut zu. Ein wenig später standen wir um einen Steinkreis. Eine archaische Stimmung lag in der Luft. Es roch nach weißem Salbei. Miriam war auch da.

Als ich in den Kreis trat, standen Coyote und Bert neben mir und sprachen Gebete. Ich erkannte in manchen Sätzen meine Intention, die mir so wieder begegnete. Die anderen warteten außerhalb der Schwelle. Ich sprach voller Kraft meine Intention, stieg aus dem Kreis und ging auf verborgenen Pfaden in die Wildnis.

Wie ein unsichtbarer Jaguar fühlte ich mich, der auf leisen Pfoten durch die Natur streifte und seinem Leben auf der Spur war. Ich konnte mich nicht umdrehen, spürte einen Auftrag, der mich vorwärts zog. Es gab nur noch mich und die Natur. Allein und all-eins mit allem. In meinem Rucksack hatte ich Schlafsack, Messer, Schnüre, Taschenlampe, Becher, Feuerzeug, Zahnbürste, Kerze, Räucherstäbchen, Kugelschreiber, Notizblock und Kleidung verstaut. Eine Haube hatte ich mit dabei, um mich in der Nacht vor dem Wärmeverlust über den Kopf zu schützen. Auf dem Rucksack waren eine Unterlagsmatte und eine Plane verzurrt, die ich notfalls als Sonnen- oder Regenschutz verwenden konnte.

Aufgeregt wie ein kleines Kind und mit Vorfreude wanderte ich zu meinem Platz. Ich fühlte mich frei und jeder Schritt war mir heilig. Auf einer Kuppe blickte ich kurz nach links und rechts. Hier war der Bussard vor Kurzem über mir geflogen. Ich bog in den Jungwald ein und genoss den abstandslosen Körperkontakt zu den jungen Bäumen. Sie erinnerten mich an die Jugendlichen an unserer Schule.

Von der Anhöhe blickte ich nach unten. Meine Wiese lag vor mir. Was ich wohl hier machen sollte? Würde mir das Fasten zum Problem werden?

Ich rollte neben der wunderschönen Kiefer, die ich am Vortag besucht hatte, meine Unterlagsmatte aus und stellte den Rucksack darauf. Dann vergewisserte ich mich, ob meine Wasserkanister noch auf mich warteten. Ich setzte mich an den felsigen Rand der Wiese und blickte ins Tal. Weit und breit war nur Natur zu sehen. Würde ich wie ein Vogel abheben und meinem Blick folgen können, dann würde ich irgendwann in meinem Heimatort landen. Ich drehte mich nach rechts und sah, wie die Felskante einen natürlichen Bogen machte. Irgendwo dort musste Martin sein, so viel hatte ich gestern mitbekommen.

Ich verband mich innerlich mit meinen Freunden. Coyote hatte mich darauf aufmerksam gemacht, mich mit jenen zu verbinden, mit denen ich eine gemeinsame Vision verfolgte, egal, wie weit entfernt sie waren. Was meine Freunde wohl machten?

Ich dachte an Clemens und Michael, die nicht teilnehmen konnten. Auf ihre Weise würden sie schon Teil der inneren Reise sein. Ich genoss die Fülle an Zeit, beobachtete die Tiere der Umgebung und meditierte über meine Intention.

Mittags baute ich an einem Medizinrad und am späten Nachmittag begann ich mit konkreten Übungen, um Freude aus der Tiefe zu schöpfen. Ich überlegte, was mich von der Freude abhielt und an die Freudlosigkeit band.

Ich schlenderte zu einem abgestorbenen Baum, fesselte mich an diesen mit mitgebrachten Schnüren und spürte der Freudlosigkeit und dem Fehlen der Freiheit nach. Bewusst zerschnitt ich die Seile mit meinem Messer und stieß am Ende einen Schrei der Befreiung aus.

Als sich der Abend ankündigte, legte ich Messer und Taschenlampe neben die Matte. Eine alte Tradition, die ich immer pflegte, wenn ich ohne Zelt in der Natur schlief. Der Vollmond erleuchtete sanft die Berglandschaft. Ich hatte Hunger und versuchte, diesen mit Wasser zu löschen. Die erste Nacht sollte ruhig werden. Nur die Träume waren intensiv wie lange nicht mehr.

TAG 2: DIE ENTDECKUNG DES INDIGENEN IN MIR UND VIVEKANANDA

Am nächsten Morgen lagen die Träume neben mir wie die abgebrochenen Äste der Kiefer, die mich herzlich begrüßte. Ich stand auf, putzte meine Zähne und freute mich auf meine Meditations- und Tanzübungen. Ich war aufgeregt, als ich zu der Stelle wanderte, die Franziska und ich vereinbart hatten. Würde ich den Platz finden? Hatte Franziska gestern Abend noch einen Stein in den Kreis gelegt?

Dort, wo sich Franziskas und mein Gebiet berührten, wartete schon ein Stein auf mich. Erleichterung und Freude erfassten mich. Franziska ging es also gut. Ich sammelte Klagesteine. Steine, die Ursachen für Freudlosigkeit darstellten. Jeder Stein stand für etwas, das mir Freude kostete. Ein Stein war für meinen Kollegen Johannes, ein anderer stand für Facebook, der nächste für Schuldgefühle. Ich hatte an die vierzig Steine gesammelt, die ich rituell und mit voller Kraft in die unendliche Weite des Tales warf. Dabei verabschiedete ich mich bewusst von ihnen und ihrer Bedeutung.

Nachmittags begann ich mein Grab zu gestalten. Ich hatte einen Platz gefunden, wo ich mich am dritten Tag hineinlegen und mich von meinen Mitmenschen rituell verabschieden würde. Coyote hatte mir dieses Ritual ans Herz gelegt.

»Es gibt etwas Paradoxes, das dir klar sein sollte, Noah. Wenn du dich vor deinem Tod ängstigst und ihm ausweichst, dann stirbst du ab. Stirb langsam wird dabei zu deinem persönlichen Film. Wenn du deinen Tod umarmst und mit ihm tanzt, dann erntest du Lebendigkeit. Also, gib dich dem Tod hin. Klammere dich aber nicht an ihn, sondern tanze. Dann wirst du sehen, dass der Tod anders ist, als du denkst.

Man wird dich nicht mehr ängstigen können, denn Angst ist das Hauptmittel der Wahl jeder Manipulation.«

Der zweite Tag verstrich mit Übungen und Erkenntnissen, die ich in meinem Notizblock festhielt. Ich dachte daran, wie es wohl möglich war, eine Synthese zwischen naturverbundenem und modernem Leben herzustellen. Slogans wie *Entdecke den Indigenen in dir, Befreie den Indigenen in dir, Werde ein Native deines eigenen Lebens, Rette den Eingeborenen in dir* kamen mir in den Sinn.

Würde ich Seminare dazu entwerfen und mit den verdienten Millionen die letzten Indigenen der Erde, die an der Kippe zum Aussterben standen, unterstützen?

Natürlich würde ich keinen sinnlosen Markt daraus machen. Aber wäre eine Synthese machbar?

Ich dachte an Vivekananda, den erhabenen Pionier und Brückenbauer zwischen Ost und West. Er hatte die Kraft, die Mauern zwischen dem wissenschaftlich und christlich geprägten Westen und dem Osten mit seinem riesigen spirituellen Erbe niederzureißen.

Als der intellektuelle und spirituelle Gigant, der Meisterschüler Ramakrishnas, das erste Weltparlament der Religionen 1893 in Chicago betrat, wurde er zu einem gefeierten Star und zu einem Held gegenseitiger Inspiration. Er inspirierte nicht nur Nikolas Tesla oder setzte dem ersten Milliardär der Weltgeschichte, John D. Rockefeller, erfolgreich Grenzen. Er machte Menschen im Westen den ungeheuren Reichtum des Ostens klar. Mitgebracht hatte er das Geschenk des *Advaita Vedanta*, eine nonduale spirituelle Lehre, die später mit weiteren Giganten wie Ramana Maharshi und Sri Nisargadatta die westliche Welt begeistern sollte. Während Vivekananda Indien wachrüttelte, ihm ein soziales Gewissen einimpfte, die Rechte von Frauen stärkte, das Kastenwesen ablehnte und dem riesigen Land ein neues Selbstbewusstsein vermittelte, legte er einen Grundstein für dessen Unabhängigkeit. Zugleich schaffte er eine Synthese zwischen Spiritualität und Wissenschaftlichkeit wie niemals zuvor. Er war ein Brückenbauer, wie sie selten zu finden waren.

Was würde Vivekananda heute tun? Wäre ihm der Schutz der Umwelt ein Anliegen? So wie dem Dalai Lama? Ich war mir sicher.

Martin meinte, dass der Dalai Lama schon deshalb für eine gesunde Umwelt kämpfe, weil an Reinkarnation glaube. Er wolle im nächsten Leben auf einem gesunden Planeten Erde einchecken. Vielleicht sei manchem Christen deshalb die Natur egal, weil sie an einen nur kurzen Aufenthalt auf unserem Planeten glaubten. Von Umweltschutz und Natur war in der Bibel wenig zu lesen.

Franz von Assisi dehnte später die Nächstenliebe bewusst auf die Schwestern und Brüder der Natur aus.

Swami Vivekanandas Geburtstag ist heute der nationale Tag der Jugend Indiens. Wer inspirierte derzeit Jugendliche? Wer kümmerte sich um sie? Junge Menschen standen vor genügend Herausforderungen.

Waren es YouTube-Stars, Influencer oder Menschen wie der Dalai Lama? Jesus war für viele kein Vorbild mehr. Die Kirche hatte sich diesen faszinierenden und berührenden Menschen patentieren lassen, mit erbitterten Patentstreitigkeiten, sogar kriegerischen Auseinandersetzungen, weil niemand diesen Samen der Liebe frei in sein Erdreich säen durfte. Wer dagegen aufbegehrte, wurde verbannt, verbrannt, gefoltert oder ermordet. Es sollte nur den Hybridsamen der Kirche geben, der zum Teil bis zur Unkenntlichkeit vom Ursamen abwich. Eine regelrechte Monokultur des Glaubens, die weltweit exportiert wurde. Was früher die *Theopiraten* gewesen waren, waren nun die *Biopiraten*. Hinter beidem steckte der Gedanke, Leben durch feindliche Übernahme besitzen und sich einverleiben zu können. Nur, jeder Besitzgedanke verwandelte Leben in Tod.

»Wenn man die Zeremonie der Kommunion falsch versteht, dann isst man den toten Leib von Jesus. Brot und Wein sind jedoch Sinnbild für das Leben«, meinte Coyote.

Wahrscheinlich musste man sich entscheiden: Liebe oder *Wetiko*, Kommunion oder Konsum, Auferstehung oder als Toter die Toten zu begraben.

Ich lag am Boden, blickte auf den Himmel und hing meinen Gedanken nach. Für mich war die Natur die schönste Kathedrale. Alles war lebendig, die Größe unermesslich. Kein noch so hochmoderner Kartograf konnte die Vermessung der Welt und des menschlichen Gehirns in allen Facetten erzwingen. Auch nicht, wenn er parallel eine Suchmaschine betrieb.

Ich dachte an die Worte des Häuptlings Crowfoot vom Stamm der Blackfoot.

Was ist das Leben? Es ist die Spur des Leuchtkäfers in der Nacht. Es ist der Atem des Büffels im Winter. Es ist nicht mehr als ein kleiner Schatten, der über die Gräser huscht und sich im Sonnenlicht verliert.

Ich wollte mich diese Nacht tiefen Ängsten stellen.

Mir war bewusst, dass das hochansteckende Wetiko-Virus in der Angst wurzelte. Es musste die große Angst eines sich isoliert fühlenden Wesens sein. Ein Spaziergang in der Finsternis ohne Taschenlampe sollte mich an verschiedene Plätze innerhalb meines Gebietes führen.

Als es stockdunkel war, brach ich auf, um meine Ängste zu suchen. Dies war einfacher als gedacht, denn schon mit dem ersten Schritt trat ich auf eine der Ängste. Ich hatte das Gefühl, auf einem Tier gelandet zu sein und es verletzt zu haben, merkte aber sofort, dass es mein Polster gewesen war, den ich mitgebracht hatte. Kurz darauf fuhr mir beim Schrei eines weiblichen Waldkauzes die Angst in die Glieder. Ich spürte ihr nach, atmete tief durch und schlich weiter. Es war ungewöhnlich, hier oben noch ein Waldkäuzchen zu hören. Der Anblick eines schwarzen Mannes ließ mich erstarren. Ich war wie angewurzelt.

War das ein Verrückter, der mich beobachtet hatte? Ein Massenmörder, der sich im Wald versteckt hielt?

Ich dachte an Coyote und meine Angst ließ nach. Ich atmete bewusst und langsam und erkannte, dass es nur ein hoher Baumstumpf war, der sich in meinem Gehirn zu einem Monster gewandelt hatte.

Aufmerksam schlenderte ich weiter. Mein Geist war ruhiger geworden, die Produktion von Adrenalin in den Nebennieren beinahe eingestellt. Ich setzte mich an den Abgrund am Ende der Wiese. Mein Blick fiel in ein schwarzes Meer. Über mir funkelten die Sterne. Mich fröstelte ein wenig. Wie viel Angst hatten wir alle?

Angst vor Bestrafung, Zurückweisung, Ohnmacht, Nähe, Kontrollverlust, Blamage, nicht gut genug zu sein, nicht genug Geld zu haben, nicht geliebt zu werden, nicht verstanden zu werden, zu versagen. Die Liste konnte unendlich erweitert werden. Was lehrten uns die Regierungen, Massenmedien, die Schule und Eltern? Nahmen sie uns Ängste oder schürten sie diese?

Brachten sie uns bei, dass wir von allem zu wenig hatten? Dass wir nicht gut genug wären? Dass wir falsch dachten, eine falsche Einstellung zum Leben hatten, die wieder in richtige Bahnen gelenkt gehörte?

Sollten wir mit anderen in Konkurrenz treten und besser sein als sie? War schon in jungen Jahren die Jagd nach den wenigen Ressourcen in der Gesellschaft eröffnet? Waren wir darauf fixiert, Krankheiten zu fürchten statt Gesundheit zu lieben? Trainierten wir einen defizitären Blick, der bald jedes Verhalten pathologisierte? Lebte nicht eine ganze Industrie davon?

Lebte man von unserer Angst, ernährten sich viele nicht geradezu von davon? Oder umgekehrt? Trieb uns die Angst mit aller Gewalt aus unserem Zuhause auf den Marktplatz, um dort als armes Schwein geschlachtet zu werden? Das Konsumieren eines anderen als Objekt aufgrund einer tiefsitzenden Angst?

Waren wir außer uns, wenn wir im Zustand der Angst lebten? Die Angst schien der große Treiber hinter all unseren Handlungen zu sein, weit mehr als wir es vermuteten. Es war Zeit, sie zu umarmen und anzunehmen.

Welche Grundangst hatte ich? Angst vor dem Tod?

Lag hinter der Angst vor dem Tod vielleicht sogar die Angst vor der Strafe nach dem Tod?

Coyote sagte, dass die schrecklichste Illusion, die zur Versklavung des menschlichen Geistes erfunden wurde, der Glaube an die Hölle war. Nichts hätte den Menschen in schlimmere Albträume und Wahnvorstellungen gestürzt. Die Angst vor dem Leben und Tod steige durch diese Idee explosionsartig. »Dieser Glaube ist eine geistige Atombombe, Noah«, waren seine Worte.

Das wurde noch verschärft, indem man die Schreckenstat einer ewigen Verdammung einem bedingungslos liebenden Gott unterstellte. Der größte Doublebind der Weltgeschichte.

Nicht einmal ein menschlicher Durchschnittsvater würde sich so eine Strafe für sein Kind ausdenken können.

Gott als schizophrenen Diktator, als dysfunktionalen Vater darzustellen, verbreitete Angst und Schrecken. Schuld, Angst und Sünde wurden zu einem Dreigespann, das die Unschuld des inneren Indigenen verdammte und ihn vertrieb. Danach konnte die Seele kolonialisiert werden.

Aus der einladenden Frohbotschaft *Fürchte dich nicht* war die expandierende Drohbotschaft *Fürchte dich* geworden.

Ihr verbreitet den Tod, ihr kauft und verkauft Tod, aber ihr verleugnet ihn; ihr wollt ihm nicht ins Gesicht sehen. Ihr habt den Tod steril gemacht, unter den Teppich gekehrt, ihn seiner Würde beraubt, hatte Lame Deer, ein heiliger Mann der Lakota, einmal gemeint.

Ich lud in dieser Nacht meine Ängste als Gäste ein. Natürlich hatte ich Angst vor meinen Ängsten, aber ich bewirtete sie fürstlich und hörte mir ihre Geschichten an. Mühsam suchte ich in der Finsternis nach Steinen, die meine Ängste repräsentieren sollten. Ich legte sie als großen Kreis aus und setze mich zu ihnen. Stunden vergingen. Ich lauschte. Der Terror der Angst wich einem tiefen Berührt-sein. Warum hatte ich meinen Ängsten nicht schon früher zugehört?

Frieden erfasste mich. Es war Zeit, meinen Schlafsack zu finden. Meine Persönlichkeit sollte ihre Freizeit bekommen, während ich als Bewusstsein die Ewigkeit genoss.

Tag 3: Das Sterberitual und des Sensenmann

Als ich am dritten Tag erwachte, hörte ich leise Klänge einer Indianerflöte. Das musste Martin sein! Wie schön! Meine morgendlichen Übungen fielen mir um einiges leichter. Ich stapfte den Hang hinauf, um nach Franziskas Stein zu sehen, ein wenig erschöpft, denn die Nacht hatte es in sich gehabt. Wieder sah ich ihren Stein im Kreis, freute mich und genoss die Zeit bis zu meinem Sterberitual am Nachmittag.

Zu Beginn des Rituals verabschiedete ich mich von allen Bekannten, Freunden, Verwandten und meiner Familie. Einige bat ich um Verzeihung. Es tat mir leid, sie verletzt zu haben. Dann legte ich mich in mein selbst bereitetes Grab. Die Tiefe der Erfahrung war jenseits von Worten. Mir kam in den Sinn, dass es Karfreitag sein musste. Wie passend!

Was würde auf meinem Grabstein stehen? *Jung gestorben, nichts verdorben?*

Später trottete ich zurück zu meinem Schlafplatz, träumte vom Sensenmann, der die Menschenmassen jagte. Hinter jeder Ecke lauerte er, überall war er zu finden. Die Menschen flüchteten panisch, wenn er sich näherte. Sie entwarfen die kühnsten Verteidigungsmaschinen, um seiner Herr zu werden, doch er lächelte nur und nahm trotz aller Bemühungen jedem das Leben.

Als er mich sah, wollte ich schon zur Flucht ansetzten. Doch dann erinnerte ich mich daran, dass ich in Wahrheit unsterblich war. Ich blieb stehen, der Sensenmann kam näher und ich erklärte ihm, dass er mir bloß meinen Körper nehmen konnte. Nicht mehr und nicht weniger.

Er riss Maske und Umhang herunter und lachte.

»Komm lass dich umarmen, ich bin's, *Old Man Coyote*!«

»Sterbe ich jetzt in deinen Armen?«

»Ja, du stirbst, bevor der originale Sensenmann dich holt. Aber er findet dich nicht mehr, weil niemand da ist, der einen Schatten wirft. Du stirbst, bevor du stirbst. Der große Tod. Ist das nicht lustig?«

TAG 4: DER GEIST DER NATUR UND PANCAKE

Der letzte Tag war angebrochen. Ich fühlte mich kraftvoll, friedlich und zu Späßen aufgelegt, rannte quer über meinen Platz, sprang auf Felsen und imitierte Vogelstimmen. Dann sammelte ich Fichtenzapfen, die noch zu finden waren, und schmiss sie in einen Kreis. Sie stellten jene Dinge dar, die mir Freude und Spaß bereiteten.

Bald streifte ich wieder durch die Wildnis und hatte das Gefühl, als würde sie mit einer stimmlosen Stimme zu mir sprechen. Nicht nur einzelne Bäume kommunizierten mit mir, sondern die gesamte Gegend.

Gegen Mittag hörte ich ein Flötenspiel, legte mich auf die Wiese und döste ein. Es war still, der Schlaf hatte alle Macht über mich, als ein gellender Schrei die Stille zerriss.

Panisch fuhr ich hoch. Mein Herz pumpte in einer Sonderschicht. Ich blickte zur Seite und schrie. Der Mann, den ich als Pan kannte, saß seelenruhig neben mir und spielte auf seiner Flöte.

»Oh, habe ich dich aus dem Schlaf geschrien? Ein guter Hirte liebt seine Schafe. Wer führen will, muss Menschen mögen. Tut mir leid, aber manchmal muss man euch aus dem Schlafe schrecken. Darf ich mich vorstellen? Ich bin Pan. Der Geist der Natur. Ich erscheine, wann und wie ich will, und lebe gestaltlos, wenn es mich freut. Eigentlich bin ich beides gleichzeitig. Die Natur ist beseelt. Ich bin ihr Geist.« Er lachte und es klang nach einem Glockenspiel.

Ich war schon einiges gewohnt, nur damit hatte ich nicht gerechnet. »Ich bin Noah. Aber das weißt du schon. Wir haben uns in einem Zwischenbereich von Realität und Traum getroffen.«

Pan lächelte und blickte mir tief in die Augen. Universen schienen darin zu schwimmen.

»Bist du eigentlich Pantheist?«, erkundigte ich mich.

Pan lachte wieder. »Im weitesten Sinne. Wobei, all diese *Ismen*, mit denen ihr Menschenkinder Zäune um die Gärten der Wahrheit baut, mir nur Dornen im Auge sind. Ich bin das Leben in den Gärten selbst. Ist das logisch?«

»Ja, mythologisch.«

Er nahm seine Flöte und spielte wieder. Der schöne Klang der Panflöte.

»Es muss großartig sein, wenn eine Flöte sogar nach einem selbst benannt ist.«

»Ist es. Meine Hirtenflöte habe ich immer dabei.«

Ich erinnerte mich, den Klang kurz vor dem Einschlafen gehört zu haben.

»Ist es nicht ärgerlich aus dem Schlaf geweckt zu werden?«, fragte er und unterbrach sein Spiel.

»Wenn Pan Panik verbreitet. Ja.«

»Es ist Zeit aufzuwachen, Noah. Dein Herz ist die Arche, mit der du dein Leben rettest. Und dann das Leben anderer. Pan heilt übrigens in Wahrheit Panik. In einer Zeit großer Angst und Entfremdung von der Natur biete ich Heilung. Ich helfe dir, dich selbst zu heilen, Noah.«

»Ich muss mich also zuerst selbst retten?«

»Du rettest zuerst dein verlorenes Schaf, danach kannst du anderen helfen. Hast du Hunger?«

»Ja, nach einem Pan-cake!«, scherzte ich.

»Nein, nach dem Leben selbst?«

»Das hab ich.«

»Gut, denn in Wahrheit verzehrt sich das Leben nach dir, Noah.«

»Von wo kommst du gerade, Pan?«

»Von Bert. Ich besuche ihn von Zeit zu Zeit. Ich bin für deinen Mentor eingesprungen.«

»Echt?«

»Er wird heute noch die Glocken läuten. Das wird eine Auferstehung!«

»Du bist also auch der Ziegenfisch, nicht wahr?«

»Ja, ich bin's. Der tanzende Steinbock, Ziegenfisch und Ziegenbock mit Menschenoberkörper.« Er lachte wieder. »Ich freue mich, dich besuchen zu können. Ich bin hier, weil du deine Ängste transformierst. Ich verwandle Panik in Leben, mein Junge. Möchtest du nochmals meinen gellenden Schrei hören?«

»Nein, bitte nicht. Der Schock sitzt mir jetzt noch in den Gliedern.«

»Kennst du die Wut, als du merktest, dass du in der Matrix gefangen warst und immer noch schliefst? Diese Unzufriedenheit, dem Verstand auf den Leim gegangen zu sein? Zeit über dieses Werkzeug hinauszugehen und ins Herz zu springen. Nicht wahr? Dann beginnt auch der Verstand zu schwingen, mein Lieber. Ein äußerst kreatives Werkzeug in den richtigen Händen.«

»Was ist die Matrix, Pan?«

»Nicht die erste Schöpfung, aus der ich komme. Sie ist wie eine zweite künstliche Schöpfung, ein Schleier der Trennung, der sich über eure Wahrnehmung legte. Nun träumt ihr von Getrenntheit. Ich steige gern in eure Träume. Mir macht es Spaß, euch unsanft zu wecken. Es ist Zeit aufzustehen. Auferstehung.«

»Oh, da hast du recht. Zeit, sich dem Spirituellen in der Gesellschaft zuzuwenden.«

»Es gibt keine Trennung zwischen spirituell und materiell, heilig und profan, alltäglich und außergewöhnlich. Es sind nur die zwei Seiten derselben Münze. Fällt der Groschen bei dir?«

»Es geht also um Verbindung, Vereinigung?«

»Genau. Wir verbinden den Unterkörper mit dem Oberkörper, den Kopf mit dem Rest, Himmel und Erde, den modernen Menschen und den Indigenen.«

»Klingt nach Integration.«

»Richtig. Aber zuerst musst du dein indigenes Erbe wiedererwecken, damit du dich einheimisch fühlst. Der Native in dir fühlt sich in der Natur zu Hause, der moderne Mensch ist ein Fremder im eigenen Land.

Hol den vertriebenen Indigenen in dir zurück, damit er nicht unerkannt kolonialisiert werden kann.«

»Wo beginnen wir?«

»Bei deinem Körper. Dein Land, das du bewohnst. Der Ort organischer Freude. Er ist weder lästiges Anhängsel noch ein Konsumtempel, weder ein Ort der Sünde noch ein Ort manipulativer Ausbeutung. Die Verneinung und Geringschätzung des Körpers, der von vielen Religionen wie eine Behinderung der absoluten Reinheit wahrgenommen wird, hat den Ausdruck von Freude behindert. Der Körper verliert seine Schönheit und Lebendigkeit, während er sich mehr und mehr verspannt. Der Verstand gewinnt die Oberhand. Und ihr habt ein wunderschönes und subtiles Instrument verloren, das in seiner Spontaneität schnelle Entscheidungen trifft, während der Verstand Jahrhunderte dafür braucht. Der Körper erfasst die Wirklichkeit in Windeseile. Schenk ihm Vertrauen. Er wird es dir mit Lebendigkeit und Freude danken. Vertraust du ihm nicht, landest du bestenfalls im Wachsfigurenkabinett.«

»Im Pan-Optikum also.«

»Siehst du. Du verstehst. Schau nur, was sie mit dem Körper, dem Leib gemacht haben. Im Namen der Religion wurde er zu einem Ort der Sünde. Sie haben ihm die Heiligkeit genommen. Und ich wurde parallel dazu die Steilvorlage für den Leibhaftigen an sich, für den Teufel also.«

»Du wurdest also vom Gott zum Teufel geframt. Damals wurde ein neuer Rahmen hergestellt, der uns heute auf den Kopf fällt. Ich falle gern aus diesem Rahmen.«

»Die Propaganda funktionierte erfolgreich. Die Dämonisierung war immer schon der Trick, um Unerwünschtes loszuwerden. Die Dämonisierung des Weiblichen, des Körpers, der Materie, des Planeten Erde und des heiligen Feuers der Sexualität hatte euch in eine neue Dimension der Trennung geführt. Die Scheidung von Himmel und Erde. Noah, es ist Zeit für eine Hochzeit von Himmel und Erde. Es wird ein ekstatisches Freudenfest. Spürst du das Feuer der Kreativität am heiligen Boden der Erde? Sei ein Rebell und befreie den Ureinwohner in dir. Logisch?«

»Ja, ethnologisch.«

»Also, während du dich verwandelst, schütze ich dich vor Frequenzen der Manipulation. Nicht, dass dein Kokon als Seide die Gewänder der Arroganz noch ziert. Übrigens, aus der Matrix kommst du nicht mit einem Hack raus. Logisch.«

»Technologisch, würde ich sagen.«

»Es geht um spirituelle Transformation, die alles miteinschließt. Ausschließlich äußere Lösungen des Verstandes kühlen das Herz so weit ab, dass Eisberge in ihm schwimmen. Die Titanen rütteln in einer Zeit, in der Liebe und Güte schwinden, immer heftiger an ihren Ketten und versuchen, aus dem dunklen Abgrund hervorzubrechen. Sie bringen Kälte und gefrieren das Herz. Ihre Vision führt in die kalte Fremde. Darum rette den Menschen, der du bist, indem du den Native in dir erweckst. Außen ist es kalt, innen ist es warm. Am Schnittpunkt lässt es sich gut leben. Nur keine Panik auf der Titanic.«

»Wie erwecke ich den Native in mir?«

»Frag deinen Körper.«

»Er ist also mein Joker.«

»Ja. Seine Zellen sind voller Licht, er ist mit allem verbunden. Seine Sinne sind Tore in die Ewigkeit. Sex ist die kreativ-ekstatische Kraft der Vereinigung von Raumkörpern. Alles Ausdruck des Göttlichen. Wertest du ihn aber ab und fällst ein Urteil, verlierst du den heiligen Raum. Du lebst dann in der Enge der Angst.«

Pan begann auf seinen Ziegenfüßen zu tanzen.

»Die ganze Schöpfung tanzt. Ich bin Teil der ersten Schöpfung. Der Fake-Schöpfung gehe ich nicht auf den Leim. Ich schleuse mich nur kreativ in die Matrix ein. Ich bin die unschuldige Biene in der Maya, naja eigentlich Flip. Gott kocht dich schon eine Weile, Noah. Er hat dir einen der wildesten und besten Köche geschickt. Den Kojoten, diesen alten Fuchs. Angst lähmt und kühlt ab. Sie verdreht das Leben. Liebe wärmt und kocht. Noah, lebe gefährlich. Geh mit dem Wandel. Der Fluss der Veränderung wird immer brausender. Wie schön.«

Pans kindliche Unschuld und Erhabenheit zugleich beeindruckten mich. »Pan, mit dem Wandel zu gehen ist nicht immer einfach.«

»Ihr seid so kreativ, so viel größer als ihr meint. Ihr könntet in kurzer Zeit den Planeten zu einem Paradies verwandeln. Sucht nach neuen Lösungen. Ihr habt so viele Möglichkeiten, euch und Gaia zu heilen. Verbindet eure Spiritualität mit konkretem Handeln. Seid kreativ. Bringt das Feuer auf die Erde. Jeden Tag neu und ganz konkret.«

»Die Erde zu heilen ist unsere moralische Pflicht.«

»Nein, es ist mehr. Es ist eure spirituelle Verantwortung.«

Pan wirkte groß. Verschiedene Farben umgaben ihn. Besonders türkise, rote und goldene Farbtöne konnte ich entdecken. Er war heiter und verspielt. »Komm, Noah. Ich zeig dir was.«

Das Licht des Tages hatte sich zurückgezogen. Die Sonne verabschiedete sich am Abendhimmel.

»Siehst du die Corona?«, frage Pan.

»Die Heilige oder das Virus? Beide sind für mein Auge unsichtbar.«

»Nein, ich meine die Corona um die Sonne.«

»Stimmt. Wunderschön.«

Pan deutete mir, ihm zu folgen. Er hüpfte mit seinem gekrümmten Stab voraus, ich eilte ihm hinterher. Nach wenigen Hundert Meter standen wir vor einem Wald, der wie eine Kathedrale wirkte.

»Schau nur. Die Osterzeit ist auch für uns eine besondere Zeit.«

Obwohl es jetzt finster war, sah ich die wundervollsten Lichter, die ich je gesehen habe. Alle Pflanzen schienen von einem Licht beseelt zu sein, das sich in verschiedenste Wesen aufgeteilt hatte.

»Sie feiern gerade eine Prozession. Sie ehren das Leben selbst.«

Ich konnte meinen Blick nicht abwenden. Die Farben erzeugten Töne, voller Harmonie.

»Komm, lass uns die Füße am Abgrund baumeln!«, forderte er mich auf.

Ich folgte Pan wieder zu meinem Platz und zündete eine der mitgebrachten Fackeln an, um meinen Gast besser sehen können. Als wir beide ins dunkle Tal blickten, meinte er: »Horch, Noah.«

Glockengeläut war zu hören. Was Coyote wohl machte? Hatte er nicht gesagt, er würde die Glocken der Auferstehung in meinem Heimatort läuten? Hörte ich sein Gebimmel? Zwischen meinen Augen spürte ich einen starken Druck, ein Gefühl, als würde ich nach innen gezogen. Vor mir sah ich Coyote, der voller Lachen die Glocken läutete. Er lief ins Zentrum des Kirchenschiffes. Dort war ein riesiges Seil an eine kalte Mauer gebunden, das durch die Kirche bis in den Himmel reichte. Er öffnete den Knoten, nahm und schwang das Seil. Das Kirchengebäude begann zu schwanken, immer stärker. Ich hörte ein göttliches Lachen. Alles schwang und tanzte.

Während Coyote das eindrucksvolle Seil bewegte, waren über den wenigen Kirchenbesuchern, die verstreut saßen, kleinere Seile zu erkennen, die in den Himmel ragten. Das Dach der Kirche war verschwunden. Wie ein Schiff segelte sie auf einem Meer der Glückseligkeit. Endlich war sie unterwegs, zu lange war sie stillgestanden.«

Pan und ich saßen eine Weile auf einem Felsen. Er spielte wieder auf seiner Flöte.

»Noah, dein Lebensschiff ist eine Arche der Freude in einer oftmals stürmischen See. Teile sie mit anderen, mit den Wesen der Natur.«

Hinter mir hörte ich Schritte. »Oh, ein Sommernachtstraum! Puck, du geiler Bock. Bist du hier? Noah, welche Rolle spielst du im Stück?«

»Ach, Shakespeare meinte, Lysander wäre mir auf den Leib geschnitten.«

»Ist Pan da?«, schrie er plötzlich.

»Weit und breit kein Panda. Bambus wächst hier nicht.«

»Ah, hier ist Pan. Schleicht auf leisen Sohlen mitten durch die Pandemie. Das freut mich aber. Mit Pan gegen die Panik vor der Pandemie. Und das ohne Plan. Echte Medizin!«

»Alter Kojote, auch schon da? Ich habe Noah gerade vermittelt, dass seine Arche als offenes Schiff gedacht ist.«

»Nimmst du uns Typen in deiner Arche mit, Noah?«, erkundigte sich Coyote mit einem schelmischen Lächeln.

»Dann habe ich ja zwei Archetypen bei mir. Sehr gern«, konterte ich. Wir brüllten vor Lachen. Coyote schlug mit dem Ellbogen bei Pan ein, bevor er mit seinen Stiefeln gegen die Ziegenfüße Pans trat.

»Wir halten uns an die Hygieneempfehlungen des Koch-Instituts«, rief er noch, bevor er Pan umarmte.

»Weißt du, das Virus der Angst muss man verkochen. Berührung eignet sich hierfür hervorragend.«

Die zwei tanzten an mir vorbei. Dann war ich an der Reihe.

»Kochst du Noah gerade?«, fragte er Pan.

»Ja, er ist bald virenfrei. Das Angstvirus ist kaum noch wahrnehmbar.«

Coyote setzte sich und erzählte von seinem wilden Geläut im Dorf. Der Pfarrer, der Messner und die Ordensschwester seien erst kreidebleich vor Schreck gewesen, am Ende aber förmlich aus der Kirche getanzt.

»Josef war begeistert. Ich sag's dir. Er hat geweint vor Freude.«

»Bist du dir sicher, Coyote? War es nicht Verzweiflung?«

»An diese Auferstehung wird sich der Ort noch lange erinnern. Ich weiß aber nicht, ob ich noch einmal läuten darf. Der Polizist, der in seiner Uniform gefangen ist, stand neben der Kirche. Ich denke, dass er sich nun völlig sicher ist, dass ich durchgeknallt bin. Recht hat er. Danke, dass du meine Rolle in der Zwischenzeit übernommen hast, mein Ziegenfisch.«

»Bitte, gern alter Kojotenmann.«

Links von mir saß Pan, rechts Coyote.

»Idealisiert er die Natur schon wieder? Nervt dich seine ödipale Naturverliebtheit bereits?«, fragte Coyote schelmisch. Er zwinkerte Pan zu. »Ich bin eben ein Kosmopolit, du ein griechischer Esel.«

»Du brauchst mich nicht zu pflanzen, alter Kojotenkumpel. Ich bin ein zartes Pflänzchen und du höchstens ein Kosmoprolet. Globetrottel würde ich nie zu dir sagen, das wäre unter meinem Niveau.«

»Spiel uns auf deiner Syrinx ein Lied, mein göttlicher Freund ... Weißt du Noah, unser Freund, der Hornträger, war damals so *horny* auf die

Nymphe Syrinx, dass er ihr überall nachstellte. Sie war nicht sehr nymphomanisch veranlagt. Lieber ließ sie sich in Schilf verwandeln. Er wollte mit ihr spielen, jetzt spielt er auf ihr.«

Pan räusperte sich kurz. »Musst du immer in alten Wunden bohren? Das ist schon alles geheilt. Bevor du mich jetzt noch mit Apollo aufziehst, auch diese Wunde ist verziehen. Mein Herz ist offen. Weißt du was, Noah? Viele Geschichten, die sich um mich ranken, sind nicht eins zu eins so passiert, wie du dir vielleicht vorstellen kannst.«

»Kann ich gut. Pan, wohin reist die Menschheit? Sind wir gerade am Weg in eine totale Digitalisierung, die es dem Indigenen in mir sehr schwer macht?«

»Weißt du, die wahre Digitalisierung, die die Menschheit braucht, ist jene mit *Digitalis*, wie du schon weißt. *Digitalis* sind die Fingerhüte. Eine korrekte Behandlung mit ihnen bezeichnete man früher als Digitalisierung. Der Fingerhut hilft bei Herzschwäche, dann, wenn die Pumpkraft nachlässt, die geistige und körperliche Leistungsfähigkeit eingeschränkt sind. Der Fingerhut schützt davor, dass sich der Mensch beim Nähen des Zukunftsstoffes mit der Nadel des technischen Fortschrittes verletzt. Lass dich von der Energie von *Digitalis* führen, bereite aber daraus keine stoffliche Arznei zu. Falls du dein Herz konkret und ungefährdet unterstützen möchtest, dann empfehle ich dir den göttlichen Weißdorn. Du kannst den Tee seiner Blätter und Blüten trinken.«

»So ähnlich hat's mir Coyote schon erklärt. Danke für die Hinweise auf *Digitalis* und *Coronarius*. Und natürlich auf den Weißdorn, Pan.«

»Gern, es geht nichts über ein kraftvolles, verrücktes Herz. Die Kombination der Energien von *Digitalis* und *Coronarius* hat etwas Verwegenes, Männlich-Herzhaftes. Das ist derzeit besonders wichtig. Männer sind gefragt, wieder zu Menschen mit Herz zu werden, die die Natur schätzen und schützen. Und die ihr inneres Kind feiern und das Weibliche auf Augenhöhe lieben.«

»Wir reden von kraftvollen Männern. Wenn sie ihr Herz an ihre Kinder weitergeben, ist das ein fantastischer Hebel«, ergänzte Coyote.

Ich dachte an Studien, die zeigten, dass Kinder, die einen fürsorglichen, anwesenden und guten Vater hatten, sich als empathische Menschen entwickelten. Coyote kaute an einem Grashalm und blickte in die Weite.

»Kojoten sind liebevolle Väter, nicht wahr?«, erkundigte ich mich.

Coyote nickte, Pan lächelte und ließ seine Bocksfüße am Abhang baumeln. Ich dachte an die Jungs an unserer Schule, die ihren Weg ohne Väter suchen mussten.

»Wisst ihr was?«, erklärte ich. »Ich würde gern an einem Lagerfeuer mit euch sitzen. Das wäre noch schöner als die brennende Fackel hier.«

»Noah, du sitzt schon an deinem Lagerfeuer. Es brennt wunderschön«, betonte Coyote.

»Echt?«

»Ja, und du hast uns eingeladen. Dein inneres Feuer lodert hell. Lass es dir nicht nehmen. Es schenkt Wärme und gehört allen. Das Feuer wird euch retten. Dann geht ihr nicht in die Falle der kühlen Isoliertheit. Ihr verbindet euch, denn Verbindung ist das neue und ewige Paradigma.«

Pan klopfte mit dem Huf gegen die Felswand. »Danke, alter Grieche. Die Frage ist: Lasst ihr euch euer Feuer stehlen und eure Lagerfeuer verbieten? Oder setzt ihr euch mehr und mehr an euer persönliches Lagerfeuer? Herz ist sein anderer Name. Dein inneres Lagerfeuer ist das Herz. Wärme dich, so oft es geht, an ihm. Das äußere Lagerfeuer hilf dir dabei. Auf den tanzenden Stern!«

Pan kratzte sich mit seinem linken Huf am anderen Bein und meinte dann.

»Information ist zu wenig, Noah. Sie bringt euch zwar in Form. Aber ihr seid schöpferisch. Werdet deswegen von Schwarzmalern zu Lichtschöpfern. Dafür müsst ihr den Schatten integrieren und durchlichten. Das innere Feuer wird euch helfen. Das ist der Preis.«

»Danke, Pan. Das klingt wunderschön.«

»Das ist es. Du darfst dir deine Wildheit, deine Spontaneität, deine poetische Kraft zurückerobern. Deine innere Natur ist dein Zuhause, wie auch die äußere Natur. Beiden wurde die Tür zugeschlagen, beide werden als tote Objekte gesehen, die Ressourcen liefern. Spiel nicht mit bei diesem Bergbau, diesem Raubbau an Schätzen. Die Natur wartet auf dich. Du bist sie. Sie ist belebt von Energien, von denen der moderne Mensch keinen blassen Schimmer mehr hat. Die Erde lebt, das ganze Universum lebt. Noah, es gibt zu jeder Zeit einen spirituellen Königsweg. Sei dir gewiss, dass in der Zeitlosigkeit keine Wege entstehen, nur die Fährten des Windes am ewigen Meer. In dieser Epoche jedoch ist es der Dienst an der Schöpfung, die Fürsorge um das Leben selbst, die euch erwachen lässt.

Setzt leidenschaftlich eure kreative Intelligenz zum Schutz und zur Heilung der Erde und die mit ihr in Verbindung lebenden Wesen des Mineral-, Pflanzen- und Tierreichs ein. Es ist notwendig, die Stimme für alle lebendigen Formen zu erheben. Dabei geht ihr raus aus der Angst der Isolation und mit der wachrüttelnden Stimme des Kosmos steht ihr ein für eure Geschwister anderer Reiche. Ein neuer lebensbejahender Einsatz von Technik zeigt sich am Firmament, wenn ihr ohne Wenn und Aber eure Verantwortung für den Planeten übernehmt. Ihr stimmt ein in den Chor des Lebens, den sinnlich-sphärischen Klängen voller Musikalität. Es ist Zeit aufzustehen, die Schöpfung zu ehren und denen Schutz zu gewähren, die scheinbar schwächer sind als ihr. Es gibt nur Heilung für alle oder für niemanden. Kennst du den Gesang der Wale? Stimme in diesen ein. Eine mächtige Woge voller Liebe wird dich erfassen. Es ist in der Essenz die Spiritualität der Wale, von der ich gerade spreche. Ihre Liebes- und Klangwellen überfluten die Erde und rütteln an den Mauern der Angst, des Neids und des Egoismus. Öffne dein Herz weit, unendlich weit, bis alle Lebewesen Platz haben. Alle haben es verdient. Die Wale singen ein Lied der Würde für alle Wesen. Für alle. Auch für dich.«

Ich schwieg. Als ich mir eine Träne aus den Augen wischte, meinte Pan: »Die neue Spiritualität hat viel mit Klang zu tun. Jetzt ist erst der Beginn, aber die Wellen des Klanges breiten sich immer weiter aus. Die Heilung der Natur beginnt mit deinem Körper, Noah. Behandle ihn so, wie du willst, dass man den Planeten behandelt. Gib mir deine Hand, Noah.«

Ich reichte sie ihm augenblicklich.

»Siehst du, wir sind jetzt eine Symbiose des modernen Menschen und des Indigenen. Adler und Kondor kommen wieder zusammen, wie du weißt. Sie fliegen gemeinsam. Eine neue Ära bricht heran. Verstand und Spiritualität verbinden sich. Entdecke Pan in dir, Noah. Vergiss nie den Kondor. Er bringt dir die Freiheit des Indigenen, verbindet dich mit dem Erbe der Intuition. Er liebt Gaia über alles. Siehst du, wie er mit der Weisheit des Herzens aus den Anden kommt und vorbeizieht? Hörst du den Klang der Panflöte? Wir sind alle eins. Am neuen Horizont kreisen Adler und Kondor gemeinsam.«

»*El condór pasa*«, flüsterte Coyote und lächelte. »So, und jetzt sattle die Hühner. Hebe ab mit den Schwingen des Adlers und Kondors. Schnall dir den Fischotter auf den Rücken, damit du den Humor nicht vergisst. Flieg in die neue Zukunft der Freiheit. In eine verrückte Freiheit des Herzens!«

»Ich fange schon an zu träumen.«

»Träum nur weiter.«

Und alles begann wie immer mit Träumen, die zu laufen und zu fliegen anhoben. Gemeinsam geträumt, wurden sie zu dem Stoff der Wirklichkeit, der ein neues Utopia erschuf.

»Pan, Coyote. Darf ich mit euch noch ein wenig weiterträumen? Von einer neuen, besseren Welt?«

Wir sprachen in dieser Nacht noch lange von einem neuen Morgenrot, von den Wunden der Nacht, den Fledermäusen der Intrige, den Tauben des Friedens, den Walen der liebenden Klänge. Wesensgleichheit, Verbundenheit, Gleichwertigkeit, die Würde aller Lebewesen, wahre Lebendigkeit, Mitgefühl, Humor und Lachen. Coyote sprang immer wieder auf, tanzte und erzählte Witze. Mir wurde klar, dass die Angst vor dem Tod der große Treiber war, der uns stresste.

Tod, wo ist dein Sieg? Tod, wo ist dein Stachel? hatte vor vielen Jahrhunderten ein weiser, sehr inspirierter Mann formuliert.

Die Auferstehung ins Leben hinein, ins große Leben, das alles umfasste. Das war es. Nicht wie eine gefräßige Wetiko-Raupe am Boden kriechend, sondern als auferstandene, entpuppte Raupe namens Schmetterling die Blumen des Lebens befruchten und ins Licht fliegen. Es war Zeit für eine Verwandlung.

Angst, wo ist dein Virus?, dachte ich und lächelte in die Nacht hinein.

»Wenn du den Tod richtig verstehst, dann katapultiert er dich in dein Herz. Er federt dich rein in die Auferstehung. Nicht die Flucht vor dem Tod führt in die Auferstehung, sondern die Hingabe. Du wirst zu einem liebevollen und tiefenentspannten Menschen. Begleite deine Oma und du wirst es verstehen.«

»Wir sehen uns, Noah«, sagte Pan. »Und bleiben in Kontakt. Nur eines noch, weil du an die Angst gedacht hast: Willst du Schafe lebendig scheren, dann mache ihnen Angst mit einem imaginären Wolf. Sie vertrauen dir als Schäfer und laufen ohne nachzudenken in den Stall. Auf rebellische, schwarze Schafe aber hetze deinen scharfen Hund. Willst du die Schafe aus ihrem Schafschlaf wecken, dann sende ihnen einen göttlichen Hund. Einen verrückten Kojoten. Nur sei dir bewusst, nicht jedes Schaf will das Spiel mit der Angst und die Falle der Sicherheit verlassen. Ich bin der Gott der Hirten, hier ist der verrückte alte Kojote. Wir wissen, wie das Schaf tickt und wir kennen den Wecker für das Erwachen. Stimmt's Bruder?«

Coyote lachte.

»Aber was ist, wenn der Schäfer keinen imaginären, sondern einen echten Wolf, der in der Umgebung herumstreunt, für seine Zwecke instrumentalisiert?«, fragte ich nach. »Und was ist, wenn der Hirte den Schafen einen entlaufenen, heimatlosen und verhaltensauffälligen Fuchs als schrecklichen Wolf verkauft?«, gab Pan zurück.

Pan streckte sich, stand auf und umarmte mich. Dann gab er Coyote einen Tritt mit seinen Bocksfüßen.

»Pass auf meinen Schwanz auf«, knurrte Coyote. »Wen wundert's, dass dich die Fischreligion verteufelte, du stinkender Ziegenfisch? Vielleicht mag dich der Wassermann mehr. Ich aber liebe dich, du alter Esel.«

Nachdem ich mich kurz umgeblickt hatte, war Pan verschwunden. Was für ein sympathisches und lebendiges Wesen. In der Ferne hörte ich Flötenklänge. War es Pan oder Martin? Nein, es musste Pan sein. So virtuos spielte Martin seine Flöte nicht.

»Noah, nur noch dies: Die Gegenwart ist das Tor. Okay? Das *Ich bin* ist das Tor. Du erinnerst dich in der Gegenwart an die Vergangenheit und du imaginierst die Zukunft in der Gegenwart. Nur, alles, was einen Anfang hat, muss auch sterben. Alles hat ein Ende, nur die Wurst hat zwei. Das, was geboren wurde, hat ein Mindesthaltbarkeitsdatum unsichtbar auf die Form tätowiert. Das, was du bist, diese ewige Gegenwart, ist ungeboren und deswegen unsterblich. Nur das Werden stirbt, Noah. Lebe gefährlich in diesem Werden, denn du bist die Formlosigkeit dahinter. Wenn du dich aus Angst und Unwissenheit vom Leben zurückziehst und alles vermeidest, dann kannst du gleich im Bett liegen bleiben. Nur, im Bett sterben die meisten Menschen. Also, es gibt keine Fluchtmöglichkeit vor dem Tod.«

»Außer Bill Gates finanziert einen Impfstoff gegen den Tod«, witzelte ich.

»Wirtshäuser für Viren müssen, wenn sich die Tore in eine neue Dimension öffnen, die Zeche zahlen. Wenn du aber in der Liebe stirbst, dann findet dich der Tod in der ewigen Gegenwart nicht mehr. Du wurdest zu einem Gasthaus der Liebe. So, und jetzt lass uns rauchen.«

»Coyote, ich soll fasten! In Gasthäusern herrscht außerdem Rauchverbot.«

»Ach, dann rauche ich allein. Scheiß der Hund aufs Feuerzeug.«

Er drehte sich genüsslich neben mir eine Zigarette und blies Ringe in die nächtliche Landschaft.

»Du hast noch lange Zeit. Wache die Nacht, bis der Tag anbricht. Ehre die Nacht, ernte den Tag. Würdige den Tod, feiere die Auferstehung. Die Wunde führt zum Wunder. Sei ein Wildschwein, das sich im Dreck der Freiheit suhlt, und kein glückliches Hausschwein, das von seinem Besitzer gefüttert und geimpft wird. Positiver Schein oder echtes Schwein? Das ist die Frage. Bist du eine positiv gefütterte, zufriedene Hausgans oder bist du wild und ganz?

Wenn du ganz bist, wirkt auch der faule Zauber des großen Hobbit nicht. Ich verschwinde mal in der ewigen Gegenwart.«

Weg war er. Nur die Ringe, die er blies, schwebten noch in der Luft. Sie bildeten wunderschöne Zacken, bevor sie sich auflösten. Wen hatte er wohl mit dem Hobbit gemeint?

Während ich an Hausschweine und -gänse dachte, erinnerte ich mich an die Worte von Marie Ebner-Eschenbach:

Die glücklichen Sklaven sind die erbittertsten Feinde der Freiheit.

Ich stapfte zurück zu meinem Platz, beobachtete, was um mich vorging. Ich lauschte in die Landschaft. Es war beeindruckend, wie allein schon die sichtbare Natur in der Nacht belebt war. Neben mir knackste es, dann hörte ich den Ruf eines Vogels. Ich genoss die Stille und die vereinzelten Geräusche. Ich zog mir meine Jacke über, schnappte mir den Schlafsack und trottete zurück zur Felswand.

Als ich Gefahr lief, einzunicken, hörte ich hinter mir ein Stampfen, das immer näherkam. Offensichtlich ein großes Tier. Ein Bär? Konnte das einer der wenigen Bären sein, die sich in unser Land verirrten? Ein tiefes Schnauben. Dann ein heftiges Stampfen. Ich verhielt mich ruhig und blickte zur Stelle. War es das Virus auf seinem Durchzug, übergroß aufgeblasen?

Es war ein Hirsch, der sich mir genähert hatte und nicht einverstanden mit meinem Platz wirkte. Heute war jedenfalls ich der Platzhirsch. Erleichterung machte sich breit. Ein Bär war Sohlengänger und würde trotz seines Gewichtes wahrscheinlich kaum hörbar sein. Mein Atem beruhigte sich und verband mich mit allen, die um mich atmeten und lebten. In der Ferne hörte ich Glocken, was aber um diese Zeit nicht möglich sein konnte. Mein Magen knurrte leise, ich trank Wasser von meinem Kanister. Mehr als zwei Liter flossen täglich in meinen Körper. Der Mond wanderte langsam über das Firmament. Ich zwang mich, die Augen offen zu halten, denn ich wusste, dass das die letzte Nacht einer Geburtsreise war. Ein tanzender Stern war dabei, geboren zu werden. Und der brauchte etwas Chaos, Verrücktheit und Spontaneität.

Ich sang, trommelte auf meinen Füßen, summte, tanzte und saß in der Stille, während Sterne über meinen Kopf hinwegzogen.

Mein Körper war erschöpft, als sich der Himmel von Minute zu Minute mehr aufhellte. Ich zog mir die Kleidung aus, stand aufrecht da und blickte in Richtung des Sonnenaufgangs. Ich wollte die ersten Sonnenstrahlen in voller Größe nackt empfangen. Das Farbenspiel im Hintergrund der Berge fesselte mich. Die Konturen der stillen Wächter verloren an Schärfe, Sonnenlicht bepinselte sanft die ersten Bergspitzen. Als die Strahlen die Berggipfel erleuchteten und die Sonne siegreich hervorbrach, war es wie eine Geburt. Der tanzende Stern war als Feuerball am Himmel zu sehen, die Berge in Lichtfarbe getaucht. Das Morgenrot entflammte den Tag mit einer neuen, erhabenen Vision.

Ich sog das Licht in meinen Körper und badete mich in diesem. Der Gesang der Vögel untermalte den Beginn eines neuen Lebens. Ich schrie meine Intention laut in die Welt hinaus: »Ich bin der verrückt liebende und lachende Noah, der inmitten der großen Veränderungen die Freude lebt!«

Dann zog ich meine Kleidung an, packte den Rucksack und verabschiedete mich mit Tränen in den Augen von meinem Visionsplatz. Was für eine Nacht!

Mit meiner Ausrüstung am Rücken marschierte ich noch zu Franziskas und meinem Buddy-Platz. Zuvor hatte ich Spuren, die an mich erinnern konnten, verwischt.

Franziskas Stein lag seelenruhig im Kreis. Das Sicherheitsnetz hatte seine edle Aufgabe erfüllt. Ich legte die Steine zurück auf den Boden. Dann ging ich los Richtung Basecamp.

Bevor ich an der Kuppe in einen Wald einbog, drehte ich mich nochmals um und blickte über die Wiese. Kraft und ungeheure Dankbarkeit durchfluteten mich. Ich verbeugte mich.

Als ich den Wald verließ, entdeckte ich Franziska ein gutes Stück vor mir. Mein Herz hüpfte vor Freude. Sie hatte es geschafft, weil sie es zuvor noch nie getan hatte! Ich freute mich für sie. Wie ein unsichtbarer Spirit, der bald menschliche Gestalt annehmen würde, wanderte ich zum Base-camp hinab. Ich fühlte mich leicht und kraftvoll, hatte das Gefühl, noch eine Woche fasten zu können.

DIE RÜCKKEHR UND
DER TANZENDE STERN

Während ich den Hang hinunterspazierte und mich dem Kreis näherte, aus dem Bert und Coyote uns verabschiedet hatten und in dem sie jetzt auf uns warteten, pochte mein Herz vor Freude. Achtsam und mit einem Lächeln trat ich in den Steinkreis. Ich wurde wieder mit Salbei und Segnungen empfangen. Wir umarmten uns und ich gehörte wieder in die Welt der Menschen. Ich hatte das Feuer aus meinem Himmel geholt. Es loderte in mir und ich trug es sanft zu den anderen. Franziska drehte sich um, sah mich und rannte mir entgegen. Wir umarmten uns minutenlang. Keiner redete. Niemand erzählte von seinen Erlebnissen. Dafür war noch später Zeit. Ein Blick in die Gesichter meiner Freunde verriet schon viel. Alle wirkten freudvoll, verwandelt und erschöpft. Heute Abend sollte gefeiert werden. So richtig! Das war Teil des Programms. Früher feierte Bert mit Visionssuchern im *Shannon Inn*. Corona verhinderte dies. Wir würden Berts Hütte und Lagerfeuerplatz zu einer Partymeile machen. Zuvor sammelten wir uns noch im Basecamp.

Miriam hatte verschiedenste Früchte und Säfte, Tee und Gemüsereis in der Feldküche vorbereitet. Jeder sollte umarmt werden, der von seiner Visionssuche zurückgekehrt war. Wir plauderten nur wenig und setzten uns für eine kurze Info in den Sitzkreis. Coyote und Bert bliesen zum Aufbruch. Coyote marschierte mit uns zu Berts Hütte. Ich fühlte mich leicht und erschöpft, als ich im Tross der Freunde wanderte. Es war ein fröhlicher und stiller Marsch in eine neue Zukunft.

Bei Bert baute schon ein Freund eine Musikanlage auf. Bert hatte mit dem Besitzer unseres Irish Pubs, das für seine hervorragende Küche bekannt war, zusätzlich ein Catering-Service vereinbart. Der Abend sollte gastronomisch und musikalisch wertvoll werden.

Einige von uns duschten in Miriams und Berts Badezimmer, andere bei der Gartendusche.

Während die Kinder aufgeregt umherliefen, bereiteten wir uns für den Abend vor. Wir hatten schöne Ausgehkleidung, die wir für den Feierabend anziehen wollten.

Ich genoss es, Zeit zu haben, bis die Feier anbrechen würde. Die letzten Tage hatten das Tempo aus meinem Leben genommen und es brauchte noch Zeit, um den Erlebnissen innerlichen Raum zu geben.

»Liebe Visionäre und -innen«, begann Coyote. »Ich bin stolz auf euch, ihr Vorboten einer neuen Morgenröte. Ich sehe in euren Augen das Feuer des Lebens. Es wird viele Menschen wärmen und einigen den Bart versengen. Damit müsst ihr rechnen, wenn ihr eure Vision konkret auf diesem wunderbaren Planeten lebt. Heute aber feiern wir. Lasst euch das Trinken und Essen schmecken. Behaltet eure Vision in euch und feiert den Tanz des Lebens. *Heyoka! Slainté*! Prost!«

Coyote hob das Glas, prostete auf das Leben und jeder nahm vom Buffet, was ihm nach Tagen des Fastens besonders schmeckte. Auf meinem Teller landete ein vegetarischer Burger, daneben stand bald ein Biobier einer lokalen Privatbrauerei. Neben mir saß Franziska. Sie wirkte glücklich. Patrizia strahlte eine Unbeschwertheit aus, die ich von ihr nicht mehr gekannt hatte.

»Du wirkst sexy, Noah«, flüsterte mir Franziska ins Ohr. Rund um mich wurde gelacht, die Gläser klirrten und schöne Kleider hatten es aus den Rucksäcken und Taschen auf die Körper geschafft.

Der Anblick meiner Freunde verzauberte mir den Abend.

Bert legte Musik auf und irgendwann tanzten wir vor dem Holzstoß und auf der Veranda. Zu guter Letzt landeten wir rund um das Lagerfeuer und sangen bis spät in die Nacht. Woher hatten wir all diese Energie nach diesen anstrengenden und so verheißungsvollen Tagen und Nächten?

»Frieden wird in die Herzen der Menschen kommen, wenn sie ihre Einheit mit dem Universum erkennen.«

Bert schickte uns mit diesen Worten des legendären Lakota-Medizinmannes Black Elk zu unserem Schlafplatz. Müde kroch ich in das Zelt und kuschelte mich zu Franziska. Ich freute mich auf die nächsten Tage der Integration der Visionssuche, der Zeit der Rückkehr.

Bert, Miriam und Coyote würden alles wieder hervorragend spiegeln. Da war ich mir sicher.

Ich wusste für mich, wohin die Reise ging.

EIN NEUER MORGEN

Als ich meine müden Glieder reckte und streckte und zum gemeinsamen Sitzplatz torkelte, hatte ich noch Coyotes Worte, die ich geträumt hatte, im Ohr:

»Sir, haben Sie den Pass der Freude dabei? Oh, ich sehe: Sie lieben die Freude. Sie verlassen den dreckigen, abgestandenen Hafen der Sicherheit mit seinen hässlichen Kneipen, weil Schiffe nun mal nicht für Häfen gemacht sind. Sir, ich wünsche Ihnen eine gute Reise mit Ihrer Arche. Nein, eine fantastische Reise. Gott kocht bei Ihnen auf dem Schiff höchstpersönlich. Er freut sich, bei Ihnen sein zu dürfen. Übrigens: Er liebt Humor und lustige Geschichten. Liebe ist sein Codewort, Angst verkocht er.

Haben Sie Freunde mit dabei? Rauf mit ihnen! Der Wind weht Richtung Utopia, mein Junge.

Seien Sie offen und gespannt wie Ihr Seelensegel. Lassen Sie sich nicht von den Funksprüchen täuschen, die die Fahrt im Wind propagieren. Fahren Sie mit dem Wind, dorthin, wo das Leben licht und leicht gedeiht. Lassen Sie sich von den Möwen leiten. Verabschieden Sie sich von den Sicherheitsbeamten. Öffnen Sie das Herz, Ihre Musikbox. Oh, ich höre schon den Beat! Die Musik kommt von innen. Sie haben somit die Aufnahmeprüfung für die Bordkapelle bestanden. Wir freuen uns, wenn Sie mitspielen. Musik ist in meinem Ohr. Auf die Fahrt nach Utopia, ihr freien Wesen einer neuen Welt!«

Wie in Trance setzte ich mich in den Kreis, der fast vollendet war. Die Geschichten warteten darauf, von jedem erzählt und gehört zu werden. Die Spiegel waren blank geputzt und warfen das Licht der Geschichten in unterschiedlichsten Farbtönen zurück.

Franziska sprach und sang. Sie hatte ein Lied erhalten. Einige weinten, als sie erzählte. Tränen der Freude rannten über meine Wangen. Wie schön und edel wir Menschen sein konnten. Ich wartete darauf, meine Geschichte erzählen zu dürfen.

»Hast du Pan und diesen Coyoten wirklich getroffen?«, fragte Jakob.

»Diese schrägen Archetypen? Ja, sicher!«

Jakob lächelte. Irgendwie wusste er.

»Und, hat er auf der Fotzhobel, auf der Papagenopfeife gespielt?«, erkundigte sich Bert leise bei mir.

»Auf wen?«

»Auf der Panflöte. So nennen sie manche hier in der Gegend.«

»Ja, musikalisch äußerst wertvoll. Es war eine wundervolle Zeit da draußen.«

»Noah, du bist, wie man gestern bemerken konnte, nicht nur ein musikalisch, sondern auch gastronomisch äußerst wertvoller Mensch. Den Wert deiner Freundschaft kann ich aber nicht in Worte ausdrücken. Ich freue mich, dich als Freund zu wissen. In Wahrheit kennen wir uns schon lange, sehr lange.«

Neben mir landete ein Rotkehlchen, neigte den Kopf und schwirrte wieder davon.

Ich stand auf und sang *Being a coyote*. Meine Freunde sangen mit, sogar Coyote. Sie kannten den Song. Franziska hatte ein Gedicht vorbereitet. Jenes, das Coyote uns aufgetragen hatte. Es handelte von Fledermäusen, Klopapier, Arschlöchern, Dunkelheit und Pluto. Bert lachte herzhaft und meinte: »Leute, ich kann euch eines nicht ersparen. Ihr seid dazu verdonnert, meinen Lieblingszeilen zu lauschen, formuliert von Teilhard de Chardin.«

Er umarmte Miriam und begann:

»*Eines Tages, nachdem wir die Winde, die Wellen, Ebbe und Flut und die Gravitation gemeistert haben, werden wir uns auch die Energien der Liebe nutzbar machen. Und dann, zum zweiten Mal in der Geschichte unseres Planeten, wird der Mensch das Feuer entdecken.*«

Und irgendwann träumten wir gemeinsam von einer liebevollen Welt, in der der technische Fortschritt mit dem Tanz der Liebe in Einklang war. Die Digitalisierung des Herzens und die Digitalisierung gesellschaftlicher Prozesse wurden zu einem Tandem, das in eine lichte Zukunft radelte. Corona war ein gigantischer Katalysator, eine starke Medizin mit Nebenwirkungen.

Wir blickten aus der Zukunft zurück und wir waren tief berührt von den starken und transformierenden Jahren, die die Welt in Atem gehalten und in eine helle Zukunft geführt hatten. Es war eine Zeit der überraschenden und zum Teil dramatischen Wendungen. Den Bestrebungen einer zentralisierten Macht wurde eine klare Absage erteilt. Die Schafe waren den falschen Hirten nicht mehr gefolgt. Sie hatten ihre Würde und ihre Selbstliebe neu entdeckt und der epochalen Transformation einen Spin in Richtung Verbundenheit gegeben. Junge Menschen führten den Aufbruch in ein neues Zeitalter an. Unbekannte, herzliche und offene Menschen standen auf und tanzten unbeirrt und voller Mut in eine neue Morgenröte. Diese lebendige Bewegung ließ sich nicht mehr instrumentalisieren. Manche Dunkelheit der vergangenen Jahre war wohl auch Teil von jener Kraft, die stets das Böse will und stets das Gute schafft, so wie Mephisto in Goethes Faust es formuliert hatte.

Die Wetiko-Raupen hatten sich in Schmetterlinge gewandelt und in einem neuen Licht die Welt befruchtet. Alle Systeme wurden nach und nach transformiert und dienten nun dem Leben. Die Medien hatten sich geändert, machten den Menschen Mut und informierten redlich. Die großen Religionen reichten sich die Hände. Statt zu radikalisieren und zu spalten, halfen sie dabei, die neue Währung Mitgefühl einzuführen. Der Umbau der Gesellschaft war ohne Krieg erfolgt.

Es war bewegend, diesen schönen und auch schmerzlichen Geburtsprozess rückwirkend zu betrachten. Viele hatten den Kopfsprung ins Herz und den verrückten Tanz der Liebe gewagt. Mittlerweile wurde jedes Jahr ein Corona-Feiertag zelebriert. Es waren Familienfeste im engsten Kreis. So wie damals. Einige trugen sogar bunte Masken und setzten sich eine neue Krone der Würde und Verbundenheit auf. Es fanden sich Menschen, die eine Dauerwelle trugen, als Erinnerung an die andauernden Wellen der Veränderung der damaligen Zeit. Andere legten für ein paar Tage ihre Arbeit nieder, zogen sich zurück, hielten inne und suchten nach einer neuen Vision. Alle waren sich bewusst, was ein Innehalten bewirken konnte.

Wir wussten, Corona war der Gongschlag für eine neue Zeit gewesen. All die Mühe, die Kämpfe für eine bessere Welt hatten sich bezahlt gemacht. Eine neue Reise als tanzender Stern hatte begonnen.

Die Welt war neu. Die technische Entwicklung hatte einen wahren Quantensprung vollzogen, ebenso die spirituelle. Die Quanten- und Nanotechnologie, die KI-Systeme hatten die Welt revolutioniert. Die Bereitstellung von Energie passierte auf völlig neue Weise nachhaltig. Die Digitalisierung des Herzens war ebenso erfolgreich, der Indigene in uns konnte gerettet werden.

Die Verbindung zu Mutter Erde, Gaia, machte uns wieder zu Einheimischen des Planeten, verbunden mit Milliarden anderer Lebewesen.

In der Stunde der Not war uns als Menschheitsfamilie bewusst geworden, was es hieß, unsere Seele und unseren Planeten zu bewahren. Wir kämpften gemeinsam mit größtem Einsatz für den Schutz und die Vielfalt der Natur, für eine gerechte Welt.

Unzählige Tierarten konnte vor dem Aussterben gerettet werden, Massentierhaltung und Massenproduktion von Lebensmitteln kannten wir nur noch in der Erinnerung. Nationalparks, Schutz- und Wildnisgebiete wurden großflächig erweitert und waren vor menschlichen Interessen geschützt.

Die Klimaerwärmung konnte eingebremst werden, eine neue Form der Landwirtschaft, pflanzliche Ernährung und Aufforstung ließen die Natur aufatmen. Kriege gehörten der Vergangenheit an, Entscheidungen wurden in kleineren Einheiten gemeinsam getroffen. Und auch wenn es vereinzelt zu Unstimmigkeiten kam, so blieb die Tür der Kommunikation immer offen. Josefs Vision von kommunizierenden Räumen war auf konkrete Weise Wirklichkeit geworden.

Weder Nationalismus noch eine globale Diktatur hatten ihre Chance bekommen, auch wenn sie energisch dafür gekämpft hatten. Wir vernetzten uns nicht nur technisch, wir waren wieder in das große Netz des Lebens eingebunden. Wir hatten Corona als Chance genutzt. Es war nicht immer einfach, aber jetzt kreisten Kondor und Adler Flügel an Flügel am neuen Himmel.

Wir hatten Geschichte geschrieben, eine neue Geschichte erzählt. Die von einem blauen Planeten der Liebe, der sich von einem Ort der Trennung in einen Planeten der Liebe verwandelt hatte.

Der tanzende Stern war geboren worden!

Epilog

Zu Hause angekommen, verschwanden Franziska und ich jeden Tag zu zweit oder allein in die Natur, besuchten unsere Lieblingsplätze. Wir sangen, tanzten, meditierten und liebten uns.

Unsere Freude teilten wir bald wieder mit den Kollegen an unserer Mittelschule und den Gästen im *Shannon Inn*. Beide Institutionen im Ort waren stockend angelaufen.

Coyote spazierte ein und aus wie Pablo, der die Katzenklappe bei Josef fleißig nutzte. Bei uns fehlte nur noch die Kojotenklappe. Allein um Pan war es still geworden. Coyote lächelte, wenn ich ihn auf den Geist der Natur ansprach.

Das Leben meiner Großeltern hatte sich eingependelt. Aber es war unübersehbar, dass mein Großvater Unterstützung brauchte, sobald dies möglich war.

Die Nachrichten zu Corona überschlugen sich. Sie waren nach der Zeit in der Natur selbst wie Wellen einer pandemischen Sintflut, die nicht abebben wollten. Wir freuten uns auf zukünftige Theater- und Kinobesuche. Diese Einrichtungen waren aufgrund durchdachter Hygienekonzepte sichere Orte. Sicherer waren höchstens noch die Raumstation ISS und die Innenministerien der jeweiligen Länder.

Nur, manch Innenministerium konnte auch ein Superspreader für Angst-Viren sein, wie das Strategiepapier zur Corona-Pandemie verdeutlichte. Vor Corona war es die heilige pädagogische Pflicht, keine Angst zu vermitteln. Nun erlebten wir eine Renaissance der Angst-Pädagogik. Bilder von Särgen, Beatmungsgeräten, überfüllten Krankenhäusern wurden zu Mitteln der Verhaltenserziehung. Es war erstaunlich, denn Angst galt eben noch als schlechter Ratgeber. Jetzt war sie der angeblich beste Ratschläger.

Es war für viele schwierig, den Glauben an das Gute und an sich selbst nicht zu verlieren. Die Zeit verlangte einen starken Spirit. Franziska und ich nahmen lange Auszeiten von den Medien und unseren eigenen Gedanken. Die Abhängigkeit von unseren Smartphones reduzierten wir konsequent. Wir suchten nicht außerhalb von uns, sondern fanden in uns. Wenn wir nur an Probleme dachten, würden wir keine Lösungen finden.

Nicht wenige litten still, voller Angst, andere verspürten eine gewisse Lust an den Bedrohungsszenarien. Die täglichen Fallzahlen wurden wie Börsenkurse studiert. Die Herausforderungen der Naturzerstörung, des Klimawandels, der politischen Gewalt, der aufkeimenden Technokratie und der unfassbar ungerechten Verteilung von Vermögen wurden kaum angetastet. Viel zu sehr wurde die breite Masse der Bevölkerung mit der Angst vor einem Virus in Atem gehalten, das jedoch keineswegs an die Gefährlichkeit von Bakterien und Viren heranreichte, die früher Pandemien ausgelöst hatten. Ich dachte an die Worte von Vivekananda:

Alles, was dich schwach macht, physisch, intellektuell und spirituell: Weise es als Gift zurück. Wer nicht an sich selbst glaubt, ist ein Atheist.

Aufrecht und kraftvoll durch die Pandemie zu gehen, das fiel auf und machte verdächtig. Die Maßnahmen zum neuen Virus polarisierten, ein offener Diskurs war schwierig, auch für namhafte kritische Expertinnen und Experten, die nicht mitmarschierten, sondern aus der Reihe tanzten.

Die Herde war aufgeteilt in Covidioten, Coronaleugner (besonders fieses Framing), Verschwörungstheoretiker auf der einen und Corona-Gläubige, Zeugen Coronas und Verschwörungsleugner auf der anderen Seite. Jede Wortspende wurde einem der beiden Lager zugeordnet, das Polaritäts-Framing schnappte jedes Mal zu, statt eines Farbspektrums gab es Schwarz-Weiß.

Es war klar, dass derzeit jene von der Pandemie profitierten, die von der Distanz der Menschen lebten. Die IT- und Kommunikationsbranche, der Online-Handel blühte, die Digitalisierung erhielt einen kräftigen Schub. Alle, die auf körperliche Begegnung setzten, auf ein Zusammentreffen unterschiedlicher Menschen, waren ausgebremst.

Meine Visionssuche hatte mich durch eine Pforte geführt und ich blickte neu auf die Welt. Meine erste Bewährungsprobe hatte ich an meiner Schule zu bestehen.

Nachdem der Schulbetrieb wieder unvollständig hochgefahren war, stand ich vor der Hälfte meiner geliebten Klasse. Die zweite Hälfte musste zu Hause ihre Aufgaben erledigen. Täglich abwechselnd fanden sich die beiden Gruppen ein. Es war erstaunlich, dass sich die meisten Klassen in eine extrovertierte und introvertierte Gruppe geteilt hatten.

Irgendwann war die Idee geboren, Masken an den Schulen zu verwenden.

»Siehst du, die Zeit des Maskentanzes ist gekommen«, meinte Coyote.

»Vielleicht bleiben uns dann zumindest Maskenbälle«, erwiderte ich.

Singen, Tanzen, Sport und Werken galten als die gefährlichsten Fächer, als pädagogische Virenschleudern. Ich erklärte den Schülern die Bedeutung von Aerosolen, um danach ein *Aer-o-sole-mio* anzustimmen. Die Bedrohung schwebte mittlerweile sogar in der Luft. Würde sie sich auch in Luft auflösen?

Wenn Bewegung, spontane Berührung, frische Luft, Gemeinschaft und erhebende Gedanken förderlich für die Gesundheit waren, so fehlten diese Zutaten exakt im Namen der Gesundheit. Alles, was uns zu Menschen machte, erschien gefährlich. Subtil wurden wir zu Maschinen konditioniert.

Bald war mir klar, dass die eine Hälfte der Klasse nie wieder die andere Hälfte sehen würde. Meine Abschlussklasse traf dies hart nach vier gemeinsamen Jahren. Die meisten Erwachsenen reagierten darauf mit Achselzucken.

Als ich mit Franziska an Katjas Direktorentüre klopfte und um eine würdige Abschlussfeier bat, lehnte sie dies ab: »Habt ihr noch so einen wahnsinnigen Wunsch?«

»Ja, das Lied aus der Superspreader-Werbung«, erklärte ich.

Dietmar, der zufällig anwesend war, lachte laut auf, Franziska begann zu steppen.

»Seid ihr noch bei Trost?«, rief Katja.

»Nein, das nicht. Aber ich brauche von dir auch mal tröstliche und nicht nur drostliche Worte«, erklärte ich ihr. Mir widerstrebte es zutiefst, dass Kinder und Jugendliche, die schon die Schulden- und Umweltlast voriger Generationen zu tragen hatten, in solidarischer Geiselhaft die Gesundheitslast mitzutragen hatten. Praktika, Auslandsstudien, Reisen, Feiern, Au-pair-Aufenthalte und Abschlüsse waren gecancelt, obwohl das Virus für die meisten jungen Menschen ungefährlich war.

Letztendlich aber gelang uns ein großartiger Abschied der Abschlussklassen. Wir hatten mit viel Kreativität und Beharrlichkeit den gesetzlichen Rahmen bis auf den letzten Millimeter ausgereizt. Eine lokale Transformation vom Viren- zurück zum Hoffnungsträger war gelungen.

Ich war müde, hatte hart gekämpft. Sogar Katja wirkte zufrieden. Tags zuvor feierten wir ihren Ruhestand, sie hatte allen Mut zusammengenommen, um sich bei einer Feier von uns zu verabschieden.

Als ich zur Privatfeier der Schüler eingeladen wurde, war meine Freude groß. Meine Klasse feierte auf einer Alpenvereinshütte, die abgelegen neben einem Klettergebiet lag.

Niemand sollte sie sehen, außer die beiden Eltern, die die undankbare Aufgabe übernommen hatten, am besten unsichtbar aufzupassen und es sich mit dem eigenen Kind beinahe zu verscherzen. Wer mochte schon die Eltern auf der Abschlussparty dabeihaben?

Ich genoss die Feier und entließ meine Schüler in die Freiheit. Bei der Heimfahrt war mir unter Tränen bewusst, dass wieder eine Ära zu Ende gegangen war. Die Brücke, die ich als Lehrer war, war nun eingestürzt. Die Schüler hatten sie erfolgreich überquert. War es nicht die edle Aufgabe eines Lehrers, sich überflüssig zu machen?

Bald schon würde ich neue Schüler in die Zukunft begleiten. Die Zeit der großen Veränderungen war da, Turbulenzen unvermeidlich. »Wellenreiten ist angesagt. Überraschungen sind garantiert. Bleibt gut am Surfbrett der Selbstliebe«, erklärte Coyote, als ich mich bei ihm über die Entwicklung der nächsten Monate erkundigte. Der Corona-Reset war eine Einladung, gemeinsame und offene Programme in unser Gesellschaftssystem zu spielen, ansonsten würden wir von Egomanen mit monopolistischen Betriebssystemen bespielt.

Meine Freunde und ich schufen sanfte Dauerwellen des freudvollen Widerstandes, kämpften für die Verbindung des Indigenen und des modernen Menschen. Waren wir deswegen Covidioten?

Vielleicht in den Köpfen anderer. Sicher aber waren wir ein Pack Kojoten, das den Ruf der Freiheit in den abendlichen Himmel heulte. Und *Old Man Coyote* heulte mit uns allen kräftig mit! Wir fielen aus dem vorgefertigten Rahmen und hatten Spaß daran. Auf die Geburt des tanzenden Sterns, der die Musik hören konnte!

Ich bin der verrückt liebende und lachende Noah, der inmitten der großen Veränderungen die Freude lebt!

Slainté!

Heilige Narren, Clowns und Trickster – vereinigt euch! Der Zustand der Welt ist viel zu ernst!

KÄSESPÄTZLE –
FÜR VIER PERSONEN

500 g Mehl
1 EL Öl
250 ml Wasser
4 TL Salz
6 Eier
3 mittlere Zwiebel(n)
300 g Käse (z. B. Allgäuer Emmentaler),
gerieben

Für den Teig die Eier, das Mehl, das Öl und das Salz verrühren. Je nach Größe der Eier das Wasser so zugeben, dass sich ein zähflüssiger Teig ergibt.

In der Zwischenzeit Salzwasser zum Kochen bringen. Danach den Teig löffelweise in eine Spätzlepresse oder -hobel geben und in das kochende Wasser drücken.

Die Spätzle kommen nach kurzer Zeit im Wasser wieder hoch.

Aus dem Wasser »fischen« und in eine Schüssel geben.

Zu jeder Portion der fertigen Spätzle ein wenig vom Käse beifügen, sodass sich immer eine gleichmäßige Durchmischung ergibt. Die nächste Portion Spätzle in das Wasser geben usw. Darauf achten, dass das Kochwasser ausreichend Salz enthält, da die Spätzle es mit dem Wasser aufsaugen.

Gelegentlich am Topfboden mit dem Kochlöffel kratzen, es könnten Spätzle am Boden festkleben.

Die Zwiebeln schälen, in Ringe schneiden und dunkelbraun braten. Anschließend auf den Käsespätzle verteilen.

Dazu serviert man am besten grünen Salat.

Guten Appetit!

ERKLÄRUNG

Der Kojote ist eine der populärsten mythologischen Figuren der Native Americans. Besonders viele indianische Erzählungen stammen aus dem Südwesten der USA.

Dieser Trickster verhält sich meist nicht »systemkonform« und liebt es, Regeln und Tabus zu brechen. Er ist der große Narr in den indianischen Legenden, vergleichbar mit dem Fuchs in unserer Kultur. Nur noch etwas verrückter.

Old Man Coyote ist die menschliche Gestalt dieses kreativen Helden, der in manchen Legenden nicht nur das Feuer auf die Erde holte, die Pferde den Menschen brachte, sondern auch die Sterne an das Himmelszelt warf. Kojote nimmt also eine zentrale Rolle in der indianischen Mythologie ein. Dabei wurde er nicht nur bewundert und verehrt, sondern auch wegen seiner Streiche und seiner unberechenbaren Art gefürchtet. Warum taucht *Old Man Coyote* in meinem neuen Roman abermals auf?

Erstens: Er wollte unbedingt wieder dabei sein. Zweitens: Weil er dringend gebraucht wird. Unsere Welt, die Gefahr läuft, ihre Freiheit auf die eine oder andere Weise zu verlieren, benötigt heilige Narren. Coyote stahl und brachte nicht nur das äußere Feuer. Er bringt vor allem das Feuer der Lebendigkeit zum inneren Lagerfeuer des Herzens. Und das mit einer gehörigen Portion Humor und Kreativität.

Nur, wer hortet eigentlich das innere Feuer, das es zu stehlen gilt?

Coyotes Auftritt außerhalb des nordamerikanischen Kontinents erfolgt mit größtem Respekt vor der indianischen Kultur. *Old Man Coyote* – kurz Coyote – ist nun mal ein Wesen, das sich nicht eingrenzen lässt. Das wäre wider seine Natur. Und so findet er sich, selten, aber doch, in scheinbar fremden Gefilden …

Österreichische Begriffe

angreifen: attackieren; aber auch berühren, anfassen

auf die Socken machen: auf den Weg machen, losgehen

blechen: zahlen

bradln: freies, zwangloses, gemeinsames Musizieren

Bratl: Schweinsbraten, Schweinebraten

Direktor: Rektor, Schulleiter

Eierpecken: eine österr. Ostertradition; Die Spieler wählen ein hartgekochtes Ei ihrer Lieblingsfarbe. Ein Spieler beginnt und schlägt mit der Spitze seines Eies auf das Ei des Gegners. Dabei gilt es genau abzuwägen, wie fest man schlägt. Ziel ist es, die Eierschale des Gegners zu knacken, ohne dass das eigene Ei beschädigt wird. Gewonnen hat der Spieler, bei dem die Eierschale ganz geblieben ist.

Erdapfel: Kartoffel

Fleckerlteppich: Flickenteppich

Gaudi: Spaß

Gemütlichkeit: zwanglose Geselligkeit, Gefühl einer behaglichen Atmosphäre

Gewand: Kleidung

Goldhaubengruppe: Ansammlung von Frauen, die an hohen kirchlichen Festtagen wertvolle, selbst gefertigte Goldhauben tragen

Goli bzw. Godi: Taufpatin

Häferl: größere Tasse; ein mit einem Henkel versehenes Trinkgefäß

Häfn: Gefängnis

Haube: Mütze

hauen: werfen, schlagen

Hollerstaude: Holunderstrauch

Kasperl: auch Kasper, Kasperle genannt. Komischer Held des Kasperltheaters. Dieses Puppentheater wird meist mit Handpuppen gespielt.

Krampus: eine Gestalt des Adventbrauchtums in Österreich, Bayern, Südtirol, Ungarn, Slowenien. Er kommt in Begleitung des Nikolaus und bestraft die »schlimmen« Kinder, während die »braven« vom Nikolaus belohnt werden. Der Krampus besitzt einen Schweif, Hörner und ein zottiges Fell.

Lackel: grober, ungehobelter Mensch

Marmelade: Konfitüre

Mistkübel: Mülleimer

Schmäh: verbindliche Freundlichkeit, feiner Witz und Humor, Sprüche, Scherze; aber auch Trick, Schwindelei

Paradeiser: Tomate

Pensionist: Rentner

der Polster: Kissen

Puff: Bordell

Schas: Furz, Pfurz, Darmwind, Pups, Flatulenz; aber auch Unsinn

Schastrommel: Bezeichnung für eine tratschhafte Person, die über andere Leute schlechte Nachrichten verbreitet und sich ausschließlich eines misanthropischen Fundus bedient; zum Teil auch für Mitbürger verwendet, die allzu gerne flatulieren

schnapsen: Kartenspiel, besonders in Österreich und Bayern verbreitet

Schober: Kuchen

Schwammerl: Pilz

Schwammerlsucher: Pilzesucher, -finder

Sockenbär, auch Söckibär: Schaf

Spatz: Sperling; auch Penis

Stamperl: genormtes Schnapsglas

Stube: geräumiges Wohnzimmer; Wohn-, Esszimmer in Bauernhöfen

Volksschule: Grundschule

Wappler: Trottel, Vollkoffer, Dodl, Schoitl, Hiat, Daumdöli

Wönreitn: Wellenreiten (am Fluss)

zerkugeln: übermäßig lachen

Literatur

Lame Deer jun, in: Der Gesang des Donnervogels, Scherz Verlag, Bern, München, Wien, für den Otto Wilhelm Barth Verlag, herausgegeben und ausgewählt Amelie Schenk, Seite 85

Leonhard Crow Dog, Sioux, in: Der Gesang des Donnervogels, Scherz Verlag, Bern, München, Wien, für den Otto Wilhelm Barth Verlag, herausgegeben und ausgewählt von Amelie Schenk, Seite 78

Blake, William: Die Hochzeit von Himmel und Hölle, edition Tramontane, 1987, Seite 70

Dschalal ad-Din al-Rumi, in: Kopfsprung ins Herz – Als Old Man Coyote das Schulsystem sprengte, Kamphausen Verlag, Seite 212

Neruda, Pablo: Liebesgedichte, Luchterhand Literaturverlag GmbH, Hamburg, Seite 23

Bly, Robert: Eisenhans, Rowohlt Taschenbuch Verlag, 5. Auflage, April 2009, Seite 190, 191

Casals, Pablo, in: Glenda Green, »Liebe und Bewusstsein, Neue Weisheiten von Jeshua«, Koha Verlag, 1. Auflage Nov. 2003, Seite 100

Blake, William: Die Hochzeit von Himmel und Hölle, edition Tramontane, 1987, Seite 72

Luther Standing Bear, in: Der Gesang des Donnervogels, Scherz Verlag, Bern, München, Wien, für den Otto Wilhelm Barth Verlag, herausgegeben und ausgewählt von Amelie Schenk, Seite 77

Heller, André: Feuerkopf. Die Biografie, Autor Christian Seiler, C. Bertelsmann Verlag München, Seite 101

Blake, William: Die Hochzeit von Himmel und Hölle, edition Tramontane, 1987, Seite 69, 70

Blake, William: Die Hochzeit von Himmel und Hölle, edition Tramontane, 1987, Seite 89

Blake, William: Die Hochzeit von Himmel und Hölle, edition Tramontane, 1987, Seite 71

Khan, Hazrat Inayat, in: Ich ging den Weg des Derwisch, Reshad Feild, Rowohlt Taschenbuch Verlag, 1997, Seite 135

Blake, William: Die Hochzeit von Himmel und Hölle, edition Tramontane, 1987, Seite 48

Laotse: Tao Te King, Vers 29, Stephen Mitchell. Deutschsprachige Ausgabe, W. Goldmann Verlag, München, 2003

Crowfoot, in: Der Gesang des Donnervogels, Scherz Verlag, Bern, München, Wien, für den Otto Wilhelm Barth Verlag, herausgegeben und ausgewählt von Amelie Schenk, Seite 50

Teilhard de Chardin, »L'evolution de la chasteté« (Fev. 1934), in: »Les diretions de l'avenir«, Paris, Seuil, 1973, Seite 92

Mayr, Theresa: Gedicht, während des Deutschunterrichts im Schulhof geschrieben, 2020

Nietzsche, Friedrich,
Quelle: https://www.goodreads.com/quotes/724886-man-muss-noch-chaos-in-sich-haben-um-einen-tanzenden

Shakespeare, William,
Quelle: https://www.aphorismen.de/zitat/80716

Shakespeare, William,
Quelle: https://www.aphorismen.de/zitat/133599

Shakespeare, William,
Quelle: https://gutezitate.com/zitat/264 916

Seneca, Lucius Annaeus,
Quelle: https://1000-zitate.de/30406/Es-hat-keinen-grossen-Geist-ohne.html

Nietzsche, Friedrich,
Quelle: https://de.musicthoughts.com/t/2467; https://falschzitate.
blogspot.com/2019/09/die-tanzenden-wurden-fur-verruckt.html

Hader, Josef,
Quelle: https://www.songtexte.com/songtext/josef-hader/
topfpflanzen-3b2ade7.html

Shakespeare, William,
Quelle: https://www.aphorismen.de/zitat/60247

Herz, Otto,
Quelle: http://otto-herz.de/wp-content/uploads/2014/01/interview_
ansicht.pdf

Binazir, Ali,
Quelle: https://www.biek-ausbildung.de/meditation-achtsamkeit/
sie-sind-ein-ganz-besonderer-gluecksfall/

Schwab, Werner,
Quelle: https://de.wikipedia.org/wiki/Werner_Schwab

Marie von Ebner-Eschenbach,
Quelle: https://gutezitate.com/zitat/157838

Zweig, Stefan,
Quelle: https://wecker.de/de/weckers-welt/item/843-aber-in-
Wahrheit-krepiert-sie-daran.html

Dschalal ad-Din al-Rumi,
Quelle: https://www.azquotes.com/quote/752101

Kraus, Karl (unsicher),
Quelle: https://www.kraus.wienbibliothek.at/content/wenn-die-
sonne-der-kultur-niedrig-steht-werfen-selbst-zwerge-lange-schatten-
when-sun-culture

Hundertwasser, Friedensreich,
Quelle: https://1000-zitate.de/autor/Friedensreich+Hundertwasser/

Lennon, John,
Quelle: https://www.goodreads.com/quotes/7163202-when-it-gets-down-to-having-to-use-violence-then

Shakespeare, William,
Quelle: https://www.aphorismen.de/zitat/85034

Dschalal ad-Din al-Rumi,
Quelle: https://www.deutschlandfunk.de/der-persische-mystiker-rumi-in-harmonie-mit-sich-selbst-und.2540.de.html?dram:article_id=333134

Dschalal ad-Din al-Rumi,
Quelle: https://mymonk.de/rumi-zitate/

Marley, Bob,
Quelle: https://beruhmte-zitate.de/zitate/1959528-bob-marley-manche-leute-spuren-den-regen-andere-werden-einfa/

Rilke, Rainer Maria,
Quelle: http://www.rilke.de/gedichte/in_dubiis.htm

Seneca, Lucius Annaeus,
Quelle: https://gutezitate.com/zitat/172601

Swami Vivekananda:
Quelle: https://zitatezumnachdenken.com/swami-vivekananda/6223

Alexander von Humboldt,
Quelle: https://hpd.de/artikel/erziehung-und-neoliberalismus-16145

Dschalal ad-Din al-Rumi,
Quelle: https://zitatezumnachdenken.com/rumi/243

Dschalal ad-Din al-Rumi,
Quelle: https://zitatezumnachdenken.com/rumi/460

Hundertwasser Friedensreich,
Quelle: https://1000-zitate.de/autor/Friedensreich+Hundertwasser/

Dschalal ad-Din al-Rumi,
Quelle: https://zitatezumnachdenken.com/rumi/236

Lindgren, Astrid,
Zitat Pippi Langstrumpf; Quelle: https://1000-zitate.de/autor/
Pippi+Langstrumpf/

Lame Deer,
Quelle: https://mymonk.de/indianer-weisheiten/

Ebner-Eschenbach, Marie,
Quelle: https://www.aphorismen.de/zitat/1690

Nietzsche, Friedrich,
Quelle: https://www.gutzitiert.de/zitat_autor_friedrich_wilhelm_
nietzsche_thema_tanz_zitat_19940.html

Black Elk,
Quelle: https://www.indian-drums.de/indianische-weisheiten/

Goethe, Johann Wolfang von,
Quelle: https://www.aphorismen.de/gedicht/676

Swami Vivekananda,
Quelle: https://zitatezumnachdenken.com/swami-vivekananda

»Der liebe Augustin«,
Quelle: http://www.sagen.at/texte/sagen/oesterreich/wien/1_bezirk/
derliebeaugustin.html

ZUSÄTZLICHE QUELLEN

Institut f. Virologie Wuhan, Schutzstufe 4:

»Fledermaus-Expedition« und Experimente + Luc Montagnier, in »Heise online«, 2020
Quelle: https://www.heise.de/tp/features/pLai3-envLuc2-Wurde-mit-HIV-Pseudovirus-das-Coronavirus-fuer-den-Menschen-gefaehrlich-4705632.html
in »SüdtirolNews«, 2020
https://www.suedtirolnews.it/chronik/nobelpreistraeger-sagt-coronavirus-entstand-im-labor

Veröffentlichung in Fachmagazin »Nature« zur Isolation eines Sars-ähnlichen Virus nach »Fledermaus-Expedition«, 2013
Quelle: https://www.nature.com/articles/nature12711

Viren-Experimente mit Fledermaus-, Mäuse- und Menschenzellen in »Nature Medicine«, 2015: https://www.nature.com/articles/nm.3985

Transnationale, digitale Identität:

Über Impfstoffe zur digitalen Identität?
Quelle: https://www.heise.de/tp/features/Ueber-Impfstoffe-zur-digitalen-Identitaet-4713041.html?seite=all

Kommt bald die totale Überwachung?, in Radiosender »Österreich 1«, kurz Ö1
Quelle: https://oe1.orf.at/programm/20200922/612300/Kommt-bald-die-totale-Ueberwachung
Der Blockchain weiss alles – kommt die totale Überwachung?, in »Schweizer Radio und Fernsehen«, kurz SRF

Quelle:
https://www.srf.ch/kultur/gesellschaft-religion/digitale-identitaet-die-blockchain-weiss-alles-kommt-die-totale-ueberwachung?fbclid=IwAR2bjc_Vt2Zp2WcL8HHtytKV-qJ9q3bETFj82N3T-BrYCCziS1tl8Hh5XKlA

Im schlimmsten Fall kollabiert unsere Weltordnung-
Die Überwachung des Menschen aufgrund der Corona-Pandemie,
Star-Historiker Yual Noah Harari im Interview, t-online, 2020
Quelle: https://www.t-online.de/nachrichten/wissen/geschichte/id_88582030/harari-zur-pandemie-corona-hat-das-potential-die-welt-besser-zu-machen-.html?utm_source=pocket-newtab-global-de-DE

ID 2020:
»ID2020 – Die UNO-Weltidentität«, in »IT-Wirtschaftsmaga-
zin CIO«
Quelle: https://www.cio.de/a/id2020-die-uno-weltidentitaet,3600553;

ID 2020 – offizielle website (»The need for good digital ID is univer-
sal«)
Quelle: https://id2020.org/digital-identity
https://id2020.org/projects#programs

Bill Gates und Melinda & Bill Gates Stiftung:

Woher das Geld kommt – wohin es geht, in »Deutschlandfunk
Nova«, 2020
Quelle: https://www.deutschlandfunknova.de/beitrag/bill-und-melinda-gates-foundation-woher-das-geld-kommt-und-wohin-es-geht

»Gates-Stiftung kauft massig Aktien von Apple, Amazon und Aliba-
ba«, in »t3n-digital pioneers«, 2020
Quelle: https://t3n.de/news/gates-stiftung-kauft-massig-1284498/

Die WHO am Bettelstab: Was gesund ist, bestimmt Bill Gates; in SWR2, 2019
Quelle: https://www.swr.de/swr2/wissen/who-am-bettelstab-was-gesund-ist-bestimmt-bill-gates-100.html

Das schmutzige Geheimnis der Gates-Stiftung, in »Der Standard«, 2008
Quelle: https://www.derstandard.at/story/2720170/das-schmutzige-geheimnis-der-gates-stiftung

Bill Gates Investitionen in neue Atomkraftwerke:
Der Bill Gates-Reaktor, in »Klimareporter«, 2020
Quelle: https://www.klimareporter.de/technik/der-bill-gates-reaktor

Terra Power: Bill Gates will hunderte kleine Atomkraftwerke bauen, in »Der Brutkasten«, 2020
Quelle: https://www.klimareporter.de/technik/der-bill-gates-reaktor

Terra Power, in Wikipedia,
Quelle: https://de.wikipedia.org/wiki/TerraPower

Spiegel-Gates, in »M – Menschen Machen Medien« der Gewerkschaft »Verdi«, 2020
Quelle: https://mmm.verdi.de/beruf/spiegel-gates-63537

Der ideale Dünger für neue Verschwörungstheorien (Spende Gates-Stiftung von 2,5 Millionen Dollar an den »Spiegel«), in Monatsmagazin »Cicero«
Quelle: https://www.cicero.de/innenpolitik/spiegel-magazin-foerderung-bill-gates-duenger-verschwoerungstheorien-corona-proteste

<u>Weitere Projekte, unterstützt von Gates bzw. der Gates-Stiftung:</u>

Solar- und Geo-Engineering mit »Stratospheric Controlled Perturbation Experiment (SCoPEx)« –

Verdunkelung der Sonne mittels Calciumcarbonat; in »Future Zone«, 2019
Quelle: https://www.futurezone.de/science/article226763489/Gegen-den-Weltuntergang-Bill-Gates-will-die-Sonne-verdunkeln.html

Solar- und Geo-Engineering, in »n-tv«, 2019
Quelle: https://www.n-tv.de/wissen/Forscher-testen-Verdunkelung-der-Sonne-article20807902.html
First sun-dimming experiment will test a way to cool earth, in Fachmagazin »Nature«, 2018
Quelle: https://www.nature.com/articles/d41586-018-07533-4

Marine Cloud Brightening Project
offizielle website: http://mcbproject.org/

Wie Geoingenieure das Klima reparieren wollen, in »Der Standard«, 2019
Quelle: https://www.derstandard.at/story/2000111618543/wie-geoingenieure-das-klima-reparieren-wollen

Projekt EarthNow – Echtzeit-Erdbeobachtung mittels Hunderter Satelliten
Quelle: https://earthnow.com/

EarthNow: Gates & Co finanzieren Echtzeit-Satelliten-Stream der Erde, in »WinFuture«, 2018
Quelle: https://winfuture.de/news,102878.html

EarthNow: Dreht sich die Erde bald live?, in »Otto«, 2018
Quelle: https://www.otto.de/updated/news/earthnow-dreht-sich-die-erde-bald-live-48434/

»Patent WO2020 060606« – Microsoft-Patent zum Mining von Kryptowährungen per körperlicher wie auch geistiger Aktivitäten
Quelle: https://patentscope.wipo.int/search/en/detail.jsf?-docId=WO2020060606

Quelle: https://www.mimikama.at/aktuelles/besitzt-microsoft-ein-patent-666-fuer-mikrochip-implantate-faktencheck/

**Bill Gates' global agenda and how we can resist his war on life, in: »Independent science news«
by Vandava Shiva, 2020**
Quelle: https://www.independentsciencenews.org/biotechnology/bill-gates-global-agenda-and-how-we-can-resist-his-war-on-life/

Genbasierte Impfung: Schnell oder sicher – baldige Corona-Impfung als Gefahr?, in: Addendum, 2020
Quelle: https://www.addendum.org/debatte-corona/impfung-clemens-arvay/

Unerprobter Corona-Impfstoff soll bald in Massenproduktion gehen
Quelle: https://futurezone.at/science/unerprobter-corona-impfstoff-soll-bald-in-massenproduktion-gehen/400933433

Geschätzte halbe Million getötete Haie für Corona-Impfstoff
Quelle: https://www.laborpraxis.vogel.de/warum-fuer-impfstoffe-haie-sterben-noch-a-969691/
Quelle: https://futurezone.at/science/corona-impfstoff-hefe-statt-hai/401066382

»Green revolution«, in Website der Gates-Foundation
Quelle: https://www.gatesfoundation.org/Media-Center/Press-Releases/2006/09/Foundations-Form-Alliance-to-Help-Spur-Green-Revolution-in-Africa

Revolte gegen die »grüne Revolution«, in »Süddeutsche Zeitung«, 2020
Quelle: https://www.sueddeutsche.de/wirtschaft/agraralliannz-afrika-gates-stiftung-1.4963169

Afrika auf falschem Pfad – eine neue Studie widerlegt Versprechen der Grünen Revolution, in »Neues Deutschland«, 2020
Quelle:
https://www.neues-deutschland.de/artikel/1138988.gruene-revolution-afrika-auf-falschem-pfad.html

Event201, Planspiel im Oktober 2019 mit einer angenommenen Corona-Pandemie, offizielle Website:
https://www.centerforhealthsecurity.org/event201/scenario.html
weitere Quellen Event201: »Geld und mehr – ein Blog von Norbert Häring«, 2020
https://norberthaering.de/medienversagen/event-201-fake-news/
weitere Quellen Event201: in »Institut für sozialökologische Wirtschaftsforschung«, 2020
https://www.isw-muenchen.de/2020/05/pandemien-korrumpierte-wissenschaft-johns-hopkins-university-und-ihr-global-health-security-index/
Scenarios for the future of technology and international development, Rockefeller foundation, 2010
Quelle: https://norberthaering.de/wp-content/uploads/2020/05/Scenarios-for-the-Future-ofTechnology-and-International-Development.pdf
Quelle: https://corona-transition.org/gleichschritt-das-unheimlich-weitsichtige-pandemie-szenario-der-rockefeller

Crimson Contagion
Quelle: https://de.wikipedia.org/wiki/Crimson_Contagion

National Covid-19 testing action plan – pragmatic steps to reopen our workplaces and our communities; Rockefeller-Stiftung
Quelle: https://www.rockefellerfoundation.org/national-covid-19-testing-action-plan/

Covid 19: The great reset, Klaus Schwab & Thierry Malleret, in »GlobalResearch«, 2020
Quelle: https://www.globalresearch.ca/great-reset-revisited/5723573

Wie wir Covid19 unter Kontrolle bekommen – das Strategiepapier des deutschen Innenministeriums, »Worst case verdeutlichen«, Seite 13, Punkt 4a

Quelle:
https://www.bmi.bund.de/SharedDocs/downloads/DE/
veroeffentlichungen/2020/corona/szenarienpapier-covid-19.pdf?__
blob=publicationFile&v=4

Corona: Vitamin-D-Spiegel zeigt Mortalitätsrisiko, in »Der Standard«, 2020

Quelle: https://www.derstandard.at/story/2000118484442/corona-
vitamin-d-spiegel-zeigt-mortalitaetsrisiko

Vitamin D beeinflusst Covid-Verlauf, in »Wiener Zeitung«, 2020

Quelle:
https://www.wienerzeitung.at/nachrichten/wissen/mensch/2080799-
Vitamin-D-beeinflusst-Covid-19-Verlauf.html?fbclid=IwAR0psAJe4pq7
as8lmOIsX43yFn3WS7MuKS8HawUyeOOOWMwEI-5Fgj1Nc6o

Edward Snowden zu Corona-Überwachung: Schaffen Architektur der Unterdrückung; in »Der Standard«, 2020

Quelle: https://www.derstandard.at/story/2000116750250/edward-
snowden-zu-corona-ueberwachung-schaffen-architektur-der-
unterdrueckung

Chinas Überwachungsmaschinerie, in »Das Handelsblatt«

Quelle: https://www.handelsblatt.com/technik/digitale-revolution/
digitale-revolution-chinas-code-system-wie-die-coronakrise-zu-
noch-mehr-ueberwachung-fuehrte/25653166.html?ticket=ST-
234166-F4S2KWaaeSe7ZOCYA1Kq-ap1

Quelle: https://www.zeit.de/politik/ausland/2020-01/human-rights-
watch-china-ueberwachung-uiguren-menschenrechte

Millionen Menschen werden zu nutzloser Klasse
- Wir können das Paradies oder die Hölle auf Erden schaffen,
Star-Historiker Yual Noah Harari im Interview, »t-online«, 2018

Quelle: https://www.t-online.de/nachrichten/deutschland/
gesellschaft/id_84478722/yuval-noah-harari-viele-menschen-werden-
wirtschaftlichen-wert-verlieren.html

Vandana Shiva, im Interview, in »Magazin Utopia«, 2020
Quelle: https://utopia.de/vandana-shiva-monsanto-nestle-
interview-174448/

**Eine andere Welt ist möglich: Aufforderung zum zivilen Ungehor-
sam; Vandana Shiva, Oekom Verlag, 2019**

**Großer Erfolg: Kein Patent auf gentechnisch veränderte Schimpan-
sen, 2020**
Quelle: https://janegoodall.de/blog-post/grosser-erfolg-kein-patent-
auf-gentechnisch-veraenderte-schimpansen/

Eating our future, 2008
Quelle: https://wildbeimwild.com/wp-content/uploads/2015/08/
eating-our-future_english_tcm46–28198.pdf, Seite 7

Insektensterben, in »Science media center germany«,2017
Quelle: https://www.sciencemediacenter.de/alle-angebote/research-
in-context/details/news/rueckgang-der-insektenbiomasse-um-ueber-
75-prozent/

Saatgut:
**»Unser Saatgut – wir ernten, was wir säen«; mit Vandana Shiva,
Jane Goodall**
Seed – the untold story; Jon Betz, Taggart Siegel, US 2016, 94 Min.

Irakkrieg, Erdölministerium, in »Neues Deutschland«, 2003
Quelle: https://www.neues-deutschland.de/artikel/33977.rueckkehr-
in-die-zeit-von-iraq-petroleum.html

**Kosten der US-Kriege und Anzahl der Flüchtlinge (bis zu 59 Millio-
nen) aufgrund der US-Kriege seit 2001:**

Watson Institute – International and public affairs, Brown university, 2020
Quelle: https://watson.brown.edu/costsofwar/files/cow/imce/papers/2020/Displacement_Vine%20et%20al_Costs%20of%20War%202020%2009%2008.pdf?fbclid=IwAR020i4s41AMrahxaj-kzpvutV6nh_UeCvN1Y6pIglf6tZoI-nkGkD6h2pB8

Neruda, Pablo, Todesursache, in »Taz – Die Tageszeitung«, 2013
Quelle: https://taz.de/Ermittlungen-im-Todesfall-Pablo-Neruda/!5066193/

Griechische Militärjunta
Quelle: https://www.spiegel.de/geschichte/militaerputsch-in-griechenland-1967-als-die-junta-die-demokratie-toetete-a-1143692.html

Polizeigewalt gegenüber Native Americans
Quelle: https://www.democracynow.org/2016/10/19/the_police_killings_no_one_is?fbclid=IwAR14TBQqcP9KxFcVKoAD3B6Qh-x3EI-Oh5ME368U1hTiaSU1DNTeR6RRnTJY

»Starlink-Projekt« von Elon Musk – ein globaler Breitband-Internetgürtel um die Erde mit einer Flotte zwischen 12000 und 42000 Satelliten in relativ niedrigen Umlaufbahnen,
Quelle: https://t3n.de/news/starlink-satelliten-internet-spacex-musk-1272753/

Neuralink: Elon Musk, in »Der Standard«, 2020
Quelle: https://www.derstandard.at/story/2000120748042/neuralink-elon-musk-geht-uns-auf-den-nerv

Weltrekord bei Datenübertragung mit 6G, Welt.de, 2020
Quelle: https://www.welt.de/wissenschaft/article215803880/6G-Netz-Forscher-aus-Karlsruhe-brechen-Daten-Weltrekord.html

Erstes interkontinentales Quantentelefonat, in »Die Presse«, 2017
Quelle: https://www.diepresse.com/5294582/quantenphysik-erstes-gesprach-uber-satellit

Nikolas Tesla und Swami Vivekananda

Quelle: http://www.mysteryofindia.com/2015/01/nikola-tesla-influenced-swami-vivekananda.html

Quelle: http://www.borderlands.de/net_pdf/NET0913druck42–43.pdf

Weiterführende Informationen und Tipps

zu inspirierenden Büchern, Filmen und Organisationen finden Sie auf der Website **https://geraldehegartner.com/**

DANK

Ich danke Ihnen, liebe Leserin, lieber Leser, dass Sie das Buch in Händen halten.

Schön, dass Coyote auch Sie gefunden hat.

Ein Buch schreibt man nicht alleine. Darum möchte ich nicht nur den vielen unbekannten Menschen danken, die für die Herstellung meines Computers, des Schreibtischsessels usw. verantwortlich sind, sondern besonders jenen, die mich sichtbar unterstützten.

Zuallererst ist das meine wunderbare Frau Irene. Sie war es, die mich zum Schreiben des ersten Buches ermutigte, und Sie war es auch, die während der Entstehung des zweitens Romans die Kontrolle über Kinder und Haus nicht verlor.

Meinen fantastischen Kindern sei dafür gedankt, dass sie Verständnis für ihren manchmal verwirrten Vater hatten, besonders dann, wenn Beruf, Familie und Schreiben zur gleichen Zeit gefragt waren.

Danke an Kater Fredi, der turbulenten Zeiten mit Verspieltheit und einem großen Schnurren begegnet.

Großer Dank gilt meinen Eltern, besonders meinem Vater, dem ich dieses Buch widme. Er verließ seinen Körper einen Tag nach der Fertigstellung meines Manuskripts. Papa hat mich mit seiner Liebe zur Natur und den Kindern enorm geprägt. Als wir am Vorabend des Begräbnisses vor der Kirche standen und auf die Andachtsfeier warteten, kreisten überraschend Störche über uns. Sie setzten sich auf den Kirchturm und warteten, bis wir zur Andacht schritten. Nach Ende der Feier saßen immer noch einige auf ihren Plätzen.

Für uns alle, die wir an keine Zufälle glauben, ein himmlisches Zeichen!

Noch dazu, wo es in der Gegend normalerweise keine Störche gibt.

Ein großer Dank geht an meine erweiterte Familie, an meine Cousins und Cousinen, meine Tanten und Onkel. Besonders aber an meine Goli, die kurz nach meinem Vater in feinere Ebenen wechselte.

All meinen Freunden, ob in meiner Nähe oder in der Welt verstreut – herzlichen Dank.

Wegen euch verstehe ich, warum die Worte Freunde und Freude so knapp beieinander liegen.

Ein riesiger Dank gilt auch meinen Schülern, besonders der ehemaligen 4a. Wir hatten nicht nur großartige gemeinsame Jahre, ihr habt mich auch gedanklich immer wieder beim Schreiben begleitet.

Danke an meine jetzige, so sympathische Klasse und all die Schüler, die mich inspirierten und inspirieren.

Danke an Theresa Mayr, dass sie ihr Gedicht für den Roman zur Verfügung stellte.

Danke an meine Lehrer, besonders jenen, die mir mit Wertschätzung begegneten und die mir neue Horizonte eröffneten.

Der Kamphausen Media Verlagsgruppe und besonders Joachim Kamphausen möchte ich für den Glauben an das Buch und die große Unterstützung danken.

Meiner lieben Lektorin Eva Maria Nielsen vom Lektorat *Der rote Faden* sei gedankt für ihre Fähigkeit, das »Treibholz« aus dem Wörterfluss zu nehmen. Die Zusammenarbeit war wieder sehr bereichernd.

Danke an Peter Schipek und Gerald Hüther für die wertvolle und aufrichtige Unterstützung meines Buches. Ein weiterer Dank geht an den Produzenten und »Panda-Award-Gewinner« Wolfgang Knöpfler von *Terra Mater* für die Zitationserlaubnis aus dem Dok-Thriller *Sea of shadows,* bei welchem Leonardo DiCaprio als Executive Producer agierte.

Danke an *School of lost borders*, an meine Buddys, an Betsy und Emerald.

Ihr habt mir mitten in der Wildnis eine verrückte Fährte gezeigt, der ich seither folge.

Eine riesiges Dankeschön erhält abschließend *Old Man Coyote*. Du lehrst mich jeden Tag, dass Gott, das Universum unendlich viel Liebe und Humor besitzen.

Über den Autor

Gerald Ehegartner, Jahrgang 1971, verbrachte seine Kindheits- und Jugendjahre in St. Valentin. Jetzt lebt er mit seiner Frau Irene, seinen Kindern Sara und Florian und Kater Fredi in Dietach bei Steyr. Er arbeitete als Musikschul-, Grundschul-, Religions- und Integrationslehrer. Derzeit ist er als Mittelschullehrer tätig. Er zählt zu den Mitbegründern des ersten österreichischen Naturpädagogik-Wahlpflichtfaches – »Abenteuer Natur« – und ist Mitglied des »Lernweltteams«, einer Bildungsinitiative, die sich der Förderung der Talente von Kindern und Jugendlichen verschrieben hat.

Gerald Ehegartner ist ausgebildet in Council, in Theater-, Natur- und Wildnispädagogik und als »Vision quest guide«.

Mittlerweile ist er gefragter Autor für verschiedene Magazine und Zeitschriften sowie Sprecher zu den Themen Bildung, Natur und Spiritualität.

Sein erster Roman »Kopfsprung ins Herz – Als Old Man Coyote das Schulsystem sprengte« wurde zu einem großen Erfolg und hervorragend rezensiert.

»Feuer ins Herz – Wie ich lernte, mit der Angst zu tanzen« ist der mit Spannung erwartete zweite Trickster-Roman des Autors.

Informationen zum Autor finden Sie unter:

https://geraldehegartner.com/

Jeder, der sagt, Einzelne können nichts bewirken, dem entgegne ich: Schau, was wir hier schon erreicht haben.

All die Wale, die wir gerettet haben, all die Delfine, Seelöwen und Rochen.

Dreißig Leute können hier Tausende von Leben retten.

Jack Hutton (21), Umweltaktivist, Steuermann und Drone-Operator für Sea shepherd in der preisgekrönten Doku »Sea of shadows«

Verloren sei uns der Tag, wo nicht einmal getanzt wurde. Und falsch heiße uns jede Wahrheit, bei der es nicht ein Gelächter gab.

Friedrich W. Nietzsche